Zu diesem Buch

Ulrich Gregor und Enno Patalas sind als Filmhistoriker ein Begriff. Ihre »Geschichte des Films«, von Kennern als Standardwerk hochgeschätzt, ist nicht nur ein Handbuch für Cinéasten. Jeder, der im Kino oder Fernsehen auf klassische Filme und wichtige Regisseure trifft, kann hier sein Verständnis des Einzelwerks vertiefen und Zusammenhänge erkennen lernen. Gregor und Patalas bewerten Filme nach ihrer künstlerischen Eigenart, beschreiben darüber hinaus aber, wie sich in ihnen die gesellschaftlichen Verhältnisse einer Epoche abbilden. Auch der filmästhetisch weniger Geschulte findet so einen unmittelbaren Zugang zum Wesen des Films. Durch die akribische Dokumentation und das ausgefeilte Register hat das Buch, bei aller Lesbarkeit, die Verläßlichkeit eines Nachschlagewerkes.

Ulrich Gregor. Vorsitzender der »Freunde der deutschen Kinemathek« in West-Berlin, verantwortlich für Programme des kommunalen Kinos »Arsenal«, des »Internationalen Forums des Jungen Films« (das im Rahmen der Berliner Filmfestspiele experimentelle Filme zeigt) und für einen Verleih künstlerischer Filme. Außerdem Dozent für Filmgeschichte und -theorie an der Deutschen Film- und Fernseh-Akademie Berlin. Enno Patalas: Leiter der Filmabteilung im Münchner Stadtmuseum. 1957 bis 1971 Redakteur der Zeitschrift »Filmkritik«. Veröffentlichte 1963 eine »Sozialgeschichte der Stars«, 1974 zusammen mit Frieda Grafe »Im Off. Filmartikel«.

Zur Neuausgabe siehe Nachworte der Autoren in Band 2.

Ulrich Gregor/Enno Patalas

Geschichte des Films

1 1895—1939

Rowohlt

Umschlagentwurf Werner Rebhuhn
(Foto aus: Charles Chaplin »Der Zirkus« 1928,
Sammlung Patalas, München)

33.–35. Tausend November 1982

Veröffentlicht im Rowohlt Taschenbuch Verlag GmbH,
Reinbek bei Hamburg, Januar 1976
© Verlagsgruppe Bertelsmann GmbH / C. Bertelsmann Verlag,
München–Gütersloh–Wien, 1973
Gesamtherstellung Clausen & Bosse, Leck
Printed in Germany
980-ISBN 3 499 16193 1

Inhaltsverzeichnis

Vorwort

Geschichte des Films – dieser Titel bedarf hier der Erläuterung.

Eigentlich sollte dieses Buch *Geschichte der Filmkunst* heißen, denn nur mit der Geschichte des Films als Kunst befaßt es sich, mit den geglückten und nicht geglückten Versuchen, Filmkunst zu realisieren, mit den Pionierleistungen, die zur Etablierung neuer Stilformen beitrugen. Eine *Geschichte des Films,* die ihren Titel mit vollem Recht trüge, müßte sich darüber hinaus auch mit den außerkünstlerischen Phänomenen der Filmgeschichte beschäftigen; sie müßte Kunst-, Sozial- und Wirtschaftsgeschichte des Films in einem sein. *Geschichte der Filmkunst* aber konnte dies Buch nur deshalb nicht genannt werden, weil der Titel bereits mit Beschlag belegt war.

Auch *Geschichte der Filmkunst* nimmt sich noch recht anspruchsvoll aus; eher wäre *Einführung in die Geschichte der Filmkunst* angemessen. Denn mehr als eine Einführung vermag ein Buch dieses Umfangs schwerlich zu geben. Mit der Zeit wird es immer schwieriger, die Kontinuität filmgeschichtlicher Entwicklung überhaupt noch in einem Band zusammenzufassen. Namentlich in der Behandlung der überseeischen Filmländer muß das vorliegende Buch fragmentarisch bleiben, da die Perspektive des hiesigen Beobachters wesentlich von den Zufälligkeiten des Filmimports nach Europa bestimmt wird. Weder können in den folgenden Seiten alle je hergestellten Werke der Filmkunst gebührend behandelt, noch alle bedeutsamen Regisseure und Autoren hinreichend gewürdigt werden. Leser, die sich auskennen, werden keine Schwierigkeiten haben, hier Lücken festzustellen. Angesichts der Alternative, entweder auf lexikalische Vollständigkeit oder auf vertiefende Interpretation zu verzichten, erschien der Verzicht auf Vollständigkeit sinnvoller. Eine *Geschichte der Filmkunst,* die alle ästhetisch irgend bedeutsamen Erscheinungen der Filmgeschichte mit hinreichender Gründlichkeit abhandelt, ist noch zu schreiben. Sie ist schwerlich von einem oder zwei Autoren oder auch nur in einem Land zu bewältigen.

Statt *Einführung in die...* hieße es besser noch: *Kritische Einführung...* Die Autoren geben nicht vor, filmgeschichtliche Phänomene »objektiv« deuten zu wollen. Sie leugnen nicht, daß sie jedem Film mit dezidierter Parteilichkeit gegenübertreten. Auch sind sie der Meinung, daß die ästhetische Betrachtung eines Kunstwerks nicht an seinem ideologischen und politischen Gehalt vorbeigehen und daß die gesellschaftliche Grundlage, auf der ein Film entsteht, vom Kritiker und Historiker nicht ignoriert werden darf. So stellen die einführenden Abschnitte zu jedem Kapitel dieses Buchs die Frage, unter welchen Bedingungen in dem jeweils behandelten Zeitraum und Land Filmkunst entstehen konnte. Im weiteren wird dann auch versucht, darzulegen, wie die Filme auf die gesellschaftliche Realität geantwortet haben.

Schließlich wäre *Einführung... für Zeitgenossen* eine weitere sinnvolle Einschränkung des Titels gewesen. Denn Geschichte wird hier nicht sub specie aeternitatis, sondern mit dem Blick auf die Gegenwart dargestellt. Die Autoren wenden sich nicht an einen idealen Leser, der alle Zeiträume der Filmgeschichte aus der gleichen Perspektive betrachtet; sie erstreben nicht, wie es in vielen vorliegenden Filmgeschichten der Fall ist, umfangreiche Gründlichkeit in den Anfangsepochen und summarische Kürze in den späteren Abschnitten, zu denen »noch kein historischer Abstand gewonnen ist«, sondern im Gegenteil wachsende Dichte der Darstellung zur Gegenwart hin. Dies Buch richtet sich an die Filmfreunde unter den Zeitgenossen. Was ohne Belang für das Verständnis gegenwärtiger Filmkunst schien, bleibt angedeutet oder unerwähnt; was dagegen im modernen Filmschaffen als Tradition oder Stimulans lebendig geblieben ist, erfährt ausführlichere Behandlung.

So dürfte dieses Buch eigentlich nur den Titel *Kritische Einführung in die Geschichte der Filmkunst – für Zeitgenossen* beanspruchen.

Trotz dieser notwendigen Einschränkungen haben sich die Autoren im Rahmen des Möglichen um Zuverlässigkeit der Dokumentation bemüht. So versuchen sie, dem bislang in Filmgeschichten üblichen Wirrwarr verschiedenartiger Titelübersetzungen vorzubeugen, indem sie grundsätzlich jeden Film zunächst mit seinem Originaltitel in der jeweiligen Landessprache benennen, dem dort, wo der Film erstmals ausführlichere Behandlung findet, in Klammern die deutsche Übersetzung oder der Verleih titel folgt, falls der betreffende Film nach 1945 in der Bundesrepublik öffentlich gezeigt worden ist. Innerhalb der Klammer erscheinen Übersetzungen in normalen Schrifttypen, Verleihtitel dagegen *kursiv*. Bei weiteren Nennungen des Films wird nur der Originaltitel wiederholt, sofern es sich um einen englischen, amerikanischen, französischen oder italienischen Film handelt; in allen anderen Fällen wird der Film später mit seinem deutschen (übersetzten oder Verleih-) Titel zitiert.

Die Jahreszahlen beziehen sich im allgemeinen auf das Datum der ersten öffentlichen Aufführung eines Films, falls Realisierung und Aufführung nicht mehr als ein Jahr auseinanderliegen.

Die Perspektive des Buchs drückt sich nicht zuletzt in der Gliederung des Stoffs aus. Übergreifende Hauptabschnitte markieren die wichtigsten Epochen der Filmgeschichte: die Pionierzeit von den ersten Erfindungen bis zum Ende des Weltkriegs; die Blütezeit des Stummfilms von 1919 bis 1929; die Entstehung nationaler Stilrichtungen im Tonfilm zwischen 1930 und 1939; die Reaktionen der Filmkunst auf die Ereignisse der Kriegs- und Nachkriegszeit von 1940 bis 1949; schließlich die Epoche vorherrschender Restauration von 1950 bis 1959 und die eben erst beginnende Periode, in der sich – etwa ab 1960 – eine neue Generation im Filmschaffen der verschiedenen Länder zu Wort meldet. Sind diese Zäsuren auch nicht für die Filmgeschichte aller Nationen gleichermaßen bedeutsam, so lassen sie dennoch die vorherrschenden Tendenzen der Entwicklung deutlicher hervortreten, in deren Licht auch das isolierte Detail größere Verbindlichkeit gewinnt. Aus der gleichen Intention heraus wird die streng chronologische Darstellung, die die Kontinuität der Geschichte nur allzuleicht in ein Nebeneinander beziehungsloser Fakten auflöst, immer da verlassen, wo es gilt, das Werk eines Regisseurs im Zusammenhang zu interpretieren. So erlauben sich die Autoren wiederholt, Zukünftiges vorwegzunehmen und Vergangenes in »Rückblenden« nachzuholen, um eine synthetische Darstellung zu erreichen.

Auch der Bildteil des Buches trägt der Anlage des Textes Rechnung. Statt einer Vielzahl einzelner Illustrationen erscheint jeweils eine Serie von Bildern aus einem Film, der im Text ausführlich behandelt wird; die Bilder wurden dabei so ausgewählt, daß sich aus ihrer Konfrontation ein möglichst plastischer Gesamteindruck des betreffenden Films ergibt.

Berlin und München, August 1962
Ulrich Gregor   Enno Patalas

1895-1918

Man ist übereingekommen, die erste öffentliche Vorführung von fotografischen Bewegungsbildern mittels eines Projektors als Geburtsstunde des Films zu feiern. Wie alle chronologischen Fixierungen historischer Prozesse hat auch diese etwas Gewaltsames. Eine Definition des Films, die auch die ohne Kamera hergestellten, durch direkte Behandlung des Zelluloidstreifens gestalteten Werke erfaßt, müßte auch die *Praxinoskop*-Streifen Emile Reynauds einbeziehen, die dieser zuerst 1877 vorführte: Zeichenfilm bereits vor der Erfindung des Kinematographen. Die Streifen, die W. K. Laurie Dickson 1894 in Thomas A. Edisons *Black Maria*, dem ersten Filmstudio der Welt, in West Orange, Kalifornien, herstellte, unterschieden sich grundsätzlich nicht von denen Lumières, wenn sie auch nicht für Projektion, sondern für den Kinetoskop-Guckkasten bestimmt waren.

Indessen: erst mit der öffentlichen Vorführung des lumièreschen Kinematographen im Dezember 1895 beginnt die Geschichte des Films als eines souveränen publizistischen Mediums, als »Sprache« und »Schauspiel«. Die Jahre bis zum Ende des Ersten Weltkriegs brachten die Entfaltung der prinzipiellen Möglichkeiten des Films, seine Entwicklung vom »Kinematographen« zum »Kino«. In dieser Zeit wurde aus der technischen Novität und Jahrmarktsattraktion eine neue Industrie und eine neue Kunst.

Zur Kunst wurde der Film, indem er über die bloße Reproduktion vorgegebener Bewegungsabläufe, authentischer Vorgänge und gestellter Szenen hinausging – ohne doch seine fotografische Natur zu verleugnen –, indem er lernte, den dargestellten Gegenstand durch die in der Natur des bewegten Bildes angelegten Mittel zu interpretieren: durch die Wahl und den Wechsel des Bildausschnitts und der Perspektive, durch die Verteilung von Licht und Schatten, durch die Bewegung der Objekte und des Aufnahmeapparats, durch den Schnitt. Von den ersten Artikulationsversuchen unmittelbar nach der Jahrhundertwende an erfuhr die Filmsprache eine stetige Entwicklung, bis sie in den Hauptwerken des Amerikaners David W. Griffith zum erstenmal zu künstlerischer Formulierung verwendet wurde.

Die filmische Sprache entwickelte sich in Wechselbeziehung zur Ausbildung einer Filmindustrie: Im selben Maße, in dem findige Unternehmer den Film zum Medium der Massenunterhaltung aufbauten, verfeinerten Regisseure seine Ausdrucksmöglichkeiten. Der Erfolg der einzelnen Gesellschaften hing in der Frühzeit des Films in nicht geringem Maße davon ab, wie weit ihre Regisseure im Gebrauch der filmischen Grammatik fortgeschritten waren.

Die Struktur der Filmwirtschaft begann sich zu konstituieren, nachdem Produktion, Theatergewerbe und Handel (das heißt Verleih) sich als Sparten etabliert hatten. Sogleich machten sich auch monopolistische Tendenzen bemerkbar; Unternehmen aus jeder der drei Sparten suchten ihren Einfluß auf die anderen auszudehnen. Schließlich gewann auch im internationalen Maßstab die Filmwirtschaft jene Gestalt, die sie in Grundzügen auf Jahrzehnte hinaus behalten sollte. Als Folge des Ersten Weltkriegs errang Amerika seine Hegemonie über den Filmmarkt beider Welthälften.

Die erste öffentliche Filmvorführung gegen Eintrittsgeld fand am 28. Dezember 1895 im Keller des *Grand Café* auf dem pariser Boulevard des Capucines statt.

Dieses Datum wird allgemein als Beginn der Filmgeschichte angesehen. Es bezeichnet zugleich auch den Anfang der Filmwirtschaft. Louis Lumière, Fotofabrikant aus Lyon, Erfinder des *Cinématographe* und – zusammen mit seinem Bruder Auguste – Hersteller der ersten Filme, mußte dem pariser Caféhausbesitzer im voraus ein Fixum von dreißig Francs pro Tag entrichten; aber schon nach wenigen Wochen stiegen die Einnahmen auf zweitausend Francs täglich an. Oft wird von Filmhistorikern die Ansicht vertreten, die Lumières seien weltfremde Wissenschaftler gewesen, die ihre Entdeckung mit amüsierter Skepsis betrachtet hätten. Berühmt ist die Antwort, die Antoine Lumière, der Vater der Brüder, dem jungen Méliès gab, der die Erfindung gegen ein hohes Angebot zu kaufen suchte: »Junger Mann, diese Erfindung ist nicht zu verkaufen, und für Sie wäre sie der Ruin. Man kann sie einige Zeit als wissenschaftliche Kuriosität ausbeuten, aber davon abgesehen besitzt sie keine kommerzielle Zukunft[1].« Glaubwürdiger ist die These René Thévénots[2], derzufolge die Lumières doch von Anfang an die kommerzielle Auswertung ihres Kinematographen im Auge gehabt haben. Dafür spricht nicht zuletzt, daß Lumière zahlreiche Kameraleute ausbilden ließ und auf ausgedehnte Reisen durch Europa sandte, von denen sie dokumentarisches Filmmaterial nach Frankreich zurückbrachten. Lumière gründete sogar eine Gesellschaft für den Export seiner Filme in die USA; dieser Plan scheiterte nur an der Konkurrenz Edisons. Auch verlor das Publikum allmählich das Interesse an den einfallslos aufgenommenen, kurzen Reportagestreifen Lumières; nach 1898 gab der erste Filmpionier die Herstellung von Filmen ganz auf und beschränkte sich auf die Fabrikation von Kameras und Projektoren.

Geschäftstüchtigere Unternehmer bemächtigten sich um die Jahrhundertwende des französischen Filmmarktes. Georges Méliès errang mit seinen phantastischen Zauberdramen Erfolg; seine Firma, die *Star-Film*, eroberte sich auch im Ausland Absatzmöglichkeiten und eröffnete 1904 sogar eine Filiale in den USA. Méliès setzte 1908 auf einem filmtechnischen Kongreß die internationale Vereinheitlichung der Filmperforation durch. Auf die Dauer vermochte auch er sich jedoch nicht zu halten. Ihm erwuchs ein mächtiger Konkurrent in Charles Pathé. Der ehemalige Jahrmarktschausteller Pathé, der über beträchtliches Kapital verfügte, zog seine Filmproduktion nach modernen, industriellen Methoden auf; er verstand es, sich dem Aktivismus des neuen Zeitalters anzupassen. Die Firma *Pathé* eroberte sich zwischen 1903 und 1909 das absolute Filmmonopol in allen europäischen Ländern und in den Vereinigten Staaten. 1908 verkaufte Pathé doppelt soviel Filmmeter in den USA wie alle amerikanischen Produzenten zusammen. Dem entsprachen die Profite des *Pathé*-Trusts, der schließlich auch über Rohfilmfabriken, Verleih- und Theaterketten verfügte. Seinen Erfolg errang Pathé durch die Massenproduktion billiger Serienfilme, die genau die moralischen Konventionen ihrer Zeit reflektierten und dabei doch den Bedürfnissen des Publikums entgegenkamen. Pathés Produktion orientierte sich an den melodramatischen Bildern des pariser Wachsmuseums *Grévin*; daneben imitierte man Méliès, die Engländer der Brighton-Schule und die ersten Italiener.

In Frankreich rivalisierten mit Pathé nur noch die *Société Gaumont*, die sich vor 1905 der Herstellung fotografischer Apparate gewidmet hatte, und die Gesellschaft *Eclair*. Nach 1910 wurde Pathé von Gaumont überflügelt; für dieses Unternehmen arbeitete der populäre und vielseitige Regisseur Feuillade. Aber auch Feuillades erfolgreiche *Fantômas*-Kriminalfilmserie konnte den allmählichen Niedergang des französischen Films nicht aufhalten, dem in Italiens und Dänemarks Filmunternehmen gefährliche Konkurrenten erstanden waren. Der Erste Weltkrieg brachte die Schließung vieler Ateliers und das fast völlige Erliegen der Filmproduktion. Statt dessen gewannen die amerikanischen Filme große Popularität in Frankreich und beherrschten schließlich den französischen Filmmarkt zu drei Vierteln. Waren noch 1914 neunzig Prozent aller in der Welt vorgeführten Filme französischer Herkunft, so sollten 1928 fünfundachtzig Prozent aller Filme aus den USA kommen.

England war das einzige Land Europas, das um die Jahrhundertwende eine nennenswerte eigene Produktion entwickelte, die sich – zunächst wenigstens – neben der französischen Konkurrenz behaupten konnte. Die englischen Produzenten – William Paul, James Williamson, Cecil Hepworth und einige andere – beherrschten den Inlandsmarkt fast vollständig, exportierten nach Mitteleuropa und selbst nach Frankreich. Der Niedergang des englischen Films setzte 1902 mit dem Aufstieg Pathés ein, der den Briten die kontinentale Absatzbasis nahm und ihnen im eigenen Land Konkurrenz machte. Gegen 1912 entfaltete der englische Film nochmals Aktivität. Der Niedergang der französischen Produktion bot einigen Produzenten, wie dem Pionier Cecil Hepworth, vorübergehende Chancen. Doch ehe sie sie recht nutzen konnten, sahen sie sich durch die Agenturen des jäh erstarkenden Hollywood geschlagen.

In Italien etablierte sich eine eigene Filmproduktion erst 1905. Die vorerst kleine Gesellschaft *Cines* machte sich mit dem historischen Film *Die Einnahme von Rom* einen Namen; 1908 brachte der ehemalige Fotograf Ambrosio *Die letzten Tage von Pompeji* auf die Leinwand. Dem Erfolg dieser beiden Filme verdankte die italienische Filmproduktion der nächsten Jahre ihren Aufschwung. Eine Flut pompös inszenierter Massen- und Kostümfilme verließ die Studios. 1914 eroberte sich der italienische Film *Cabiria* weltweites Prestige: Pastrones Werk verzeichnete allein in New York eine sechsmonatige Laufzeit. Zu Beginn des Ersten Weltkrieges hatte die italienische Filmindustrie ein Höchstmaß an Aktivität erreicht: 1915 wurden vierhundertachtundachtzig Filme produziert. Während der Kriegsjahre breitete sich in Italien der Kult um die Filmdiven aus; man begann Filme nach dem System des »Blindbuchens«, nur im Vertrauen auf den Namen einer berühmten »Diva«, zu produzieren und zu exportieren. Nach 1918 gelang es Italien nicht mehr, die ausländischen Filmmärkte neu zu erobern; die Mittelmäßigkeit seiner bald unter Mussolinis Regime geratenden Produktion verurteilte den italienischen Film zwei Jahrzehnte hindurch zu einem Schattendasein.

Während des Ersten Weltkrieges, als die französische und die italienische Filmproduktion zur Bedeutungslosigkeit absanken, erlebte der dänische Film die Zeit seiner wirtschaftlichen Blüte. Schon 1906 hatte der einstige Schausteller, Gaukler und Spielsaaldirektor Ole Olsen die *Nordisk Film Compagni* gegründet, der es zwischen 1911 und 1914 gelang, in die meisten europäischen Märkte und selbst in die amerikanischen einzubrechen. 1914 sperrten allerdings die alliierten Staaten den Import für die

Erzeugnisse solcher Firmen, die mit deutschem Kapital arbeiteten – das war bei der *Nordisk* der Fall; dafür aber nahm die Gesellschaft in Deutschland eine eigene Produktion auf und löste die französischen Firmen in ihrer Hegemonie über den mitteleuropäischen Markt ab; 1916 wurden von dänischen Gesellschaften über hundertfünfzig Filme hergestellt. Demgegenüber war die schwedische Filmindustrie noch wenig entwickelt, die ihre Filme zwar in die Staaten beider kriegführenden Parteien einzuführen vermochte, dennoch aber nicht mehr als zwanzig Filme im Jahr produzierte.

In Deutschland hatten die Brüder Skladanowski ihre Filme schon 1895 in Berlin vorgeführt; sie erwiesen sich jedoch denen Lumières unterlegen; auch der erste nennenswerte deutsche Filmproduzent, Oskar Meßter, errang niemals eine Stellung, die derjenigen der großen französischen, dänischen oder italienischen Unternehmer vergleichbar gewesen wäre. Erst im Weltkrieg begannen Reichsregierung, Schwerindustrie und Banken sich für den Film zu interessieren; 1917 verfügte Ludendorff die Fusion der mächtigsten deutschen Filmgesellschaften – der *Meßter*, der *PAGU* und des deutschen Zweigs der *Nordisk* – zu einem Großkonzern, der *Universum Film AG (Ufa)*; rigorose Einfuhrbeschränkungen zwangen die ausländischen Gesellschaften, ihre deutschen Filialen zu veräußern. Bald dominierte die *Ufa* fast konkurrenzlos auf dem mittel- und südosteuropäischen Markt.

Auch Österreich-Ungarn, Rußland, Spanien, Portugal und Norwegen zeigten vor 1914 Ansätze zu eigener Filmproduktion, die jedoch nur lokale Bedeutung besaß.

Lumière und Méliès

Die Geburt des Films rehabilitierte eine Form der Wirklichkeitswiedergabe, die bereits als überwunden galt: den Naturalismus. Während gegen Ende des vorigen Jahrhunderts in Europa Impressionismus und Jugendstil herrschten, boten sich den Besuchern der ersten Filmvorstellungen im *Grand Café* Ausschnitte aus der konkreten Wirklichkeit, deren »wunderbare Natürlichkeit« die ersten Kritiker nicht genug zu rühmen wußten. Dies festzustellen scheint vielleicht nicht unangebracht, da der Illusionismus oft als ursprüngliche Eigenschaft der Kinematographie bezeichnet wird. Tatsächlich verhielt es sich genau umgekehrt: die Brüder Auguste Lumière (1862 bis 1954) und Louis Lumière (1864–1948) richteten das Objektiv ihrer Kamera, einem selbstverständlichen Entdeckerdrange folgend, auf das, was ihnen zunächst unter die Augen kam. Lumières kurze Streifen waren Dokumentarfilme im heutigen Sinne des Wortes. Ungewollt fixierten die meisten von ihnen den bürgerlichen Lebensstil der Jahrhundertwende. Die teils erschreckten, teils faszinierten Zuschauer erlebten »Szenen aus dem Alltag«: das Baby auf den Knien der Mutter, dem sein Frühstück in den Mund gestopft wird *(Le Déjeuner de bébé)*; *Arbeiter, die die Fabrik der Lumières verlassen (La Sortie des usines)*; die Ankunft des Kongresses für Fotografie in Lyon *(Le Débarquement du congrès de photographie à Lyon)*; den »begossenen Gärtner« *(L'Arroseur arrosé)* – die Urform der Filmburleske: Ein Junge tritt auf den Schlauch eines Gärtners; der untersucht die Spritze, worauf ihm der Wasserstrahl ins Gesicht schießt –; später fügte man die »Ankunft eines Zuges« hinzu *(L'Arrivée d'un train en gare de La Ciotat)*, dessen Lokomotive das Publikum, wie überliefert wird, in panischen Schrecken versetzte. Die Lokomotive taucht aus der Tiefe der Leinwand auf, wird größer und rast dicht an der Kamera vorbei. Noch heute pflegt man die Ankunft eines Zuges nicht anders zu filmen. Die Aussagekraft der lumièreschen Streifen blieb freilich beschränkt, einmal wegen ihrer Kürze und ihres Verzichts auf Formung des Materials; zum anderen aber auch wegen ihrer thematischen Anpassung an den Geschmack eines kleinbürgerlichen Publikums. Dieser Zug des lumièreschen Naturalismus kam auch später in der Motivwahl der ersten »Aktualitäten« zum Ausdruck: Lumières Kameraleute brachten von ihren Auslandsreisen vorzugsweise Aufnahmen kaiserlicher Hoheiten, Majestäten und Minister zurück, um ihr Publikum auf bisher ungekannte direkte Weise am Glanz der »großen Welt« partizipieren zu lassen.

Der Zeichner, Zauberspieler und Theaterbesitzer Georges Méliès (1861–1938), Abkömmling einer reichen Fabrikantenfamilie, begriff zum erstenmal, daß der Film mehr bieten müsse als die kunstlosen Streifen Lumières, um das Schaubedürfnis der Massen zu befriedigen, daß er der Fiktion, der Erfindung bedürfe, um dramatische Spannung zu wecken. Méliès verschaffte sich – nach der Ablehnung, die ihm vom Vater der Lumières zuteil geworden war – aus London eine Filmkamera und errichtete 1897 in Montreuil ein großes Studio. Während seine ersten Filme (aus dem Jahre 1896) noch überwiegend den Aktualitäten Lumières ähnelten, entwickelte Méliès schon bald seinen spezifischen Filmstil, der sich sowohl an den »magischen« Darbietungen des Zaubertheaters *Robert Houdin* (das Méliès damals leitete) wie an der Tradition der *Châtelet*-Bühne und ihren Illusionsschauspielen orientierte. Méliès' berühmteste Filme sind phantastische und skurrile Märchenspiele, die sich einer ausgeklügelten Tricktechnik bedienen. Durch Zufall entdeckte er 1898 die Doppelbelichtung, als sich der Filmstreifen einmal in seiner Kamera verklemmte; er experimentierte mit den Möglichkeiten der Blende und des Zeitraffers. Die meisten Tricks, mit denen Méliès' Filme brillieren, stammen jedoch von der Illusionsbühne: ausgiebig wird in ihnen mit Fallklappen, Attrappen und unsichtbaren Seilen operiert, an denen Figurantinnen durch die Luft »schweben«.

In den Mittelpunkt seiner zugleich überkomplizierten und kindlich naiven Feenspiele stellte Méliès häufig das Wunder der Geschwindigkeit, der Überwindung von Raum und Zeit. In *Le Voyage dans la lune* (Die Reise zum Mond, 1902), Méliès' erstem ganz nach persönlichen Neigungen gestalteten Film, der die damals ungewöhnliche Spieldauer von sechzehn Minuten erreichte, überließ er sich einer von Jules Verne und den technischen Errungenschaften der Zeit inspirierten Phantasie, der sich freilich auch Ironie beimischte: bärtige und gestikulierende Wissenschaftler lassen sich in einer unförmigen Rakete zum Mond schießen; das Projektil bohrt sich in das eine Auge des Gestirns. Nachdem die Reisenden gefahrvolle Kämpfe mit den Mondbewohnern, insektenhaften »Seleniten«, bestanden haben, fällt ihre Rakete zur Erde zurück und landet im Meer; schließlich wird den erretteten Kosmonauten von uniformierten Girls eine groteske Ovation bereitet. In *Le Voyage à travers l'impossible* (Die Reise durch das Unmögliche, 1904) vertrauen sich die Mitglieder der »Gesellschaft für inkohärente Geographie« den phantastischen Flug- und Fahrmaschinen des Ingenieurs Mabouloff an, die sie unter anderem bis in die Sonne führen, während in *Les Quatre cents farces du diable* (Die vierhundert Streiche des Teufels, 1906) – die Bühnenversion dieses Illusionsspiels datiert bereits aus dem Jahre 1839 – der Teufel den Ingenieur Crackford dazu verleitet, in einem »Sternenwagen«, der von einem absonderlichen mechanischen Pferd gezogen wird, die Weiten des Universums zu durchmessen. Méliès' beste Leistung auf dem Gebiet des utopischen Films ist *A la conquête du pôle* (Die Eroberung des Pols, 1912), schon gegen Ende seiner Karriere gedreht: hier begibt sich eine Forschungsexpedition an Bord eines vogelähnlichen »Aero-Bus« zum Nordpol, hißt dort die französische Flagge und bekämpft einen unvermutet auftauchenden gigantischen »Schneeriesen« (den Méliès in überlebensgroßen Dimensionen aus Holz konstruieren ließ) mit Kanonen. Die Satire auf die Wissenschaftlichkeit trat in diesem Film besonders deutlich zutage: nachdem sie die Kollision mit einer Gewitterwolke überwunden haben, fliegen Méliès' Luftreisende an kulissenhaften Sternengebilden vorüber, von denen allegorische Mädchengestalten freundlich herabwinken.

Oft aber stellte Méliès seine Tricktechnik auch nur in den Dienst einfacher Burlesken. So in *Le Locataire diabolique* (Der diabolische Mieter, 1908 oder 1909): aus einem Koffer holt ein Mann in kurzer Zeit das ganze Mobiliar eines Zimmers hervor – nacheinander erscheinen ein Klavier, ein gedeckter Tisch, eine Gruppe von Gästen und schließlich ein Dienstmädchen, das gebratene Hühnchen serviert; darauf verschwindet alles wieder blitzartig in dem Koffer. *Le Tunnel sous la Manche ou le cauchemar franco-anglais* (Der Tunnel unter dem Ärmelkanal oder der französisch-englische Alptraum, 1907), eine »burleske Phantasie in dreißig Bildern«, stellte eine Parodie der zeitgenössischen Pläne zur Untertunnelung des Ärmelkanals dar.

Trotz ihres Reichtums an Einfällen vermochten die Filme Méliès' einen autonomen Stil nicht zu entwickeln. Fast immer fotografiert in ihnen die Kamera ein starr und theaterhaft in gleichbleibender Distanz sich vollziehendes Geschehen. Méliès machte den Film, der bei Lumière noch ein offenes Auge auf die Welt gewesen war, zu einer Guckkastenbühne der Illusionen; andererseits war er in der Geschichte des Films der erste, der eine Technik der filmischen Inszenierung, der mise-en-scène, entwickelte. In bewußter Opposition zu Lumière annoncierte Méliès ab 1897 seine Filme als »reproduzierte Theaterstücke, die sich von den bisher üblichen kinematographischen Aufnahmen unterscheiden«. So können Lumière und Méliès als die Begründer zweier gegensätzlicher ästhetischer Tendenzen gelten, die sich bis heute in der Filmkunst erhalten haben: Während man Lumière als den Urvater des Dokumentarismus betrachten muß, ist Méliès der früheste Exponent filmischer Abstraktionstechnik; er unterwarf das neue Medium zum erstenmal der Subjektivität eines Gestalters. Was aber seinen Filmen bis heute ihre ursprüngliche Frische und Zauberkraft bewahrt hat, das ist ihre kindliche und zugleich barocke Phantasie, ihr balletthafter Rhythmus und ihr Hang zur Selbstparodie, der die technische Utopie oft in die Farce und ins pure Kasperletheater umschlagen läßt.

Méliès verarbeitete auch Themen aus der politischen Aktualität in seiner kaum übersehbaren Produktion (insgesamt stellte er fast fünfhundert Filme her, von denen aber nur ein Teil erhalten geblieben ist). So entstand 1899 *L'Affaire Dreyfus*. Die Dreyfus-Affäre war damals gerade auf ihrem Höhepunkt angekommen; sie teilte ganz Frankreich in zwei Lager und beschwor zeitweilig die Gefahr eines Bürgerkriegs herauf. Méliès stand wie Anatole France, Emile Zola und Jean Jaurès im Lager der armeefeindlichen »Dreyfusarden«; sein Film lieferte ein nachdrückliches Plädoyer für die Revision des Urteils.

Nach 1912 fanden die Filme Méliès' beim Publikum keine Resonanz mehr – gegenüber den Filmen der Italiener schienen sie primitiv und veraltet. Ein ergebnisloser Versuch, in den USA Fuß zu fassen, und eine gescheiterte Weltreise ruinierten Méliès. 1928 entdeckten Journalisten den Pionier als verarmten Spielzeughändler auf dem pariser Bahnhof Montparnasse und brachten ihn in einem Altersheim unter.

Vom Film d'Art zu Feuillade

Allmählich machte sich im französischen Film das Streben bemerkbar, die »plebejischen« Inhalte zu überwinden. Die Jahre nach 1907 standen im Zeichen eines ebenso wirklichkeitsfremden wie akademischen Genres: des »Film d'Art« (wörtlich: Kunstfilm). Diese Filme, die den Ansprüchen eines gehobenen Publikums gerecht zu werden suchten, schilderten heroische Momente der Geschichte, Sternstunden der nationalen Vergangenheit, oder suchten literarische Juwelen für die Leinwand zuzubereiten; ihre Hauptattraktion war jedesmal das Mitwirken eines von der Bühne her bekannten Schauspielers. Von der Bühne war auch der Stil der Filme bestimmt: theatralische Konventionen walteten in Regie und Dekor; die Darsteller »deklamierten« vor der Kamera. Berühmtestes Werk dieses Genres und sensationeller Erfolg der ersten Film d'Art-Soirée in Paris war 1908 *L'Assassinat du Duc de Guise* (Die Ermordung des Herzogs von Guise, Regie Le Bargy und Calmette). Der Film, der die zeitgenössische Kritik begeisterte, erscheint heute museal, die stilisierte Gestik seiner Darsteller (Prominenz der *Comédie Française*: Le Bargy und Lavedan) wirkt ridikül. Trotzdem begründete er eine Mode, die sich auch in Italien und Dänemark ausbreitete. Die Inhaber der *Compagnie des Films d'Art*, die Brüder Laffitte, verstanden es, immer neue bedeutende Schauspieler zur Mitarbeit in ihren Filmen heranzuziehen, so Mounet-Sully und Sarah Bernhardt; sie vergaben Drehbuchaufträge an Schriftsteller wie Anatole France und Edmond Rostand (bald darauf brach allerdings ihre Gesellschaft zusammen). Wenn der Film d'Art mit seiner Theaterästhetik stilgeschichtlich auch ein Umweg war, so befreite er den Film doch aus den Fesseln einer mechanisierten Genreproduktion und zugleich vom Odium des Plebejerschauspiels; er verschaffte dem neuen Medium erstmals die Achtung der Intellektuellen. Vom breiten Publikum wurde der Film d'Art übrigens kühl aufgenommen; die literarischen und historischen Themen überschritten oft seinen Bildungshorizont. Ihr Ende fand die Film d'Art-Bewegung 1912 mit einer kommerzialisierten *Pathé*-Bearbeitung von *Les Misérables* (Die Elenden, nach Victor Hugo; Regie Capellani).

Zu den bedeutendsten Leistungen des französischen Films vor 1914 gehört die Komikerschule um Max Linder. Schon seit der Jahrhundertwende hatten Regisseure wie Emile Cohl und André Heuzé die Trick- und Überraschungsmöglichkeiten des Films in burlesken Verfolgungs- und Verwechslungskomödien angewandt, von denen sogar ein Mack Sennett sich anregen ließ. Diese frühen Komödien parodierten aber auch jene Pseudowirklichkeit, aus der man sonst erhabene Dramen destillierte. So drehte der bekannte und populäre Komiker Rigadin (eine Art Vorläufer Fernandels, der in Deutschland *Moritz* und in England *Whiffles* genannt wurde) fast gleichzeitig Burlesken des Titels *Rigadin père de famille* und *Rigadin président de la République* (Rigadin als Familienvater, Rigadin als Präsident der Republik). André Deed kreierte die Figuren *Boireau* und *Gribouille*, Helden derber Zirkuskomödien, bevor er 1908 nach Italien ging und dort als *Cretinetti* große Berühmtheit erlangte; Ernest Bourbon, ein Clown und Akrobat, stand im Mittelpunkt der phantastischen und übermütigen *Onésime*-Filmserie.

Doch alle diese Komiker übertrumpfte Max Linder (1885–1925) durch die Eleganz und Präzision seines Stils. Linder wurde nach dem Fortgang André Deeds 1907 zum Star der Filmkomödien Pathés; die Reklame lancierte ihn als Empfänger ungeheurer Honorare, vor denen »der Geist sich entsetzte«. Linder repräsentiert – ganz im Gegensatz zu Chaplin, auf den er nichtsdestoweniger Einfluß ausgeübt hat – den Typ des

»aristokratischen« Komikers, der stets untadelige Kleidung trägt, elegante Appartements bewohnt und dessen ausschließlicher Zeitvertreib der Flirt mit vornehmen Schönheiten ist. Seine Filme, vor allem die berühmte *Max*-Serie (1911–1915), sind wie Novellen konzipiert; ihre besten sind von einer Konzision und Treffsicherheit der Akzente, die an Maupassant erinnert. Die Linearität ihrer Handlung klingt schon in den Titeln an: *Max cherche une fiancée* (Max sucht eine Braut, 1911), *Max et l'inauguration de la statue* (Max und die Einweihung der Statue, 1913), *Max virtuose* (Max als Virtuose, 1913).

Linders Filme lassen alle damals bekannten Elemente der Filmkomödie – Trick- und Situationskomik, Verfolgungen, Stürze – zu einem feinabgestimmten Arrangement verschmelzen, das meist von maliziöser Ironie gewürzt ist. So beleidigt der betrunkene Linder in *Max et le quinquina* (Max und der Quinquina, 1911) nacheinander einen Polizeikommissar, einen Botschafter und einen General, die ihm alle ihre Karten überreichen. Diese Karten zieht Max hervor, als Polizisten ihn später wegen eines Taschendiebstahls verhaften wollen. Die Gendarmen erstarren vor Ehrfurcht, bringen ihn erst zum Kommissar, dann zum Botschafter und schließlich zur Generalsgattin, bis Max, aus dem Fenster geworfen, wieder bei den drei Gendarmen landet, die vor ihm salutieren. Niemals jedoch erscheint eine Grausamkeit oder soziale Härte in Linders Filmen; ihr Stil ist charmant und freundlich, ihr Lebenshorizont der der »guten Familien«. Max Linder drehte noch nach dem Ersten Weltkrieg längere Filme in den USA und in Österreich; sein Talent stand jedoch später im Schatten Chaplins.

Die Entwicklung Feuillades spiegelt die widerspruchsvolle Situation des französischen Films vor 1914. Louis Feuillade (1874–1925), Journalist und Drehbuchschreiber, wurde 1906 zum künstlerischen Direktor und Hauptregisseur der Firma *Gaumont* ernannt. Seine ersten Filme waren psychologische Komödien, die sich allerlei technischer Tricks bedienten. Beeinflußt von den Ideen des Theater-Naturalisten André Antoine (der zwischen 1916 und 1922 selbst eine Reihe realistischer Filme mit Laiendarstellern drehen sollte), aber auch als Reaktion auf die erfolgreiche Serie der amerikanischen Vitagraph, *Scenes from Real Life* (Szenen aus dem wirklichen Leben), lancierte Feuillade von 1911 bis 1913 eine Filmserie, die er *Scènes de la vie telle qu'elle est* (Szenen aus dem Leben, wie es ist) betitelte. In einem Manifest bezeichnete er diese Filme als einen »ersten Versuch, den Realismus auf die Leinwand zu transponieren, wie das vor Jahren schon in der Literatur, dem Theater und den Künsten geschah. Diese Szenen wollen Ausschnitte aus dem Leben sein..., sie verbieten sich jegliche Phantasie und geben Menschen und Dinge so wieder, wie sie sind, und nicht, wie sie sein sollen[3].« Obwohl Feuillade sich in seinen Filmen (*En Grève* – Streik, *Le Trust* – Der Trust, *Les Braves gens* – Die rechtschaffenen Leute, *Le Destin des mères* – Das Schicksal der Mütter) um detailgetreue Schilderung »alltäglichen« Milieus bemühte, entfernte er sich dennoch kaum von der Linie eines strikten sozialen Konformismus. *La Vie telle qu'elle est* führte zwar das Publikum in eine »volkstümliche« Umgebung, aber nur, um dort das Wirken einer »hohen und bedeutungsvollen Moral« aufzudecken. Feuillades hochfliegende Intentionen gerieten, wohl auch infolge ihrer eigenen Unklarheit und des kommerziellen Druckes, den Gaumont auf ihn ausübte, nur zu einer Folge oberflächlicher Herzensdramen, an denen allenfalls das nüchterne Spiel der Akteure und die Verwendung realer Schauplätze auffallen mochten. Weit realistischer war dagegen eine Bearbeitung von Zolas *L'Assommoir* (Der Totschläger), die Gérard Bourgeois 1911 für Pathé drehte: *Les Victimes de l'alcool* (Die Opfer des Alkohols). (Bereits 1902 hatte Zecca *Les Victimes de l'alcool* für Pathé inszeniert.)

An den Kriegsdrohungen und den sozialen Unruhen, die die französische Gesellschaft vor 1914 beunruhigten, nahm der französische Film, von einigen patriotischen Propagandastreifen abgesehen, keinen Anteil. Das Kino fuhr fort, jenen Zustand sozialer Idyllik auszumalen, den man im Mythos von der »belle époque« konservierte. Für ein latentes Gefühl der Unruhe freilich stand ein Name, der den französischen Film um 1913 und 1914 charakterisierte: *Fantômas*. Louis Feuillades berühmte Serie von Verbrecherfilmen, die den Regisseur diesmal recht weit entfernt vom Realismus zeigte, besaß ihre Vorläufer in den *Nick-Carter-* und *Pinkerton*-Fortsetzungsheften, die ab 1908 Europa überschwemmten. Zwei junge Feuilletonisten hatten die Gestalt des maskierten und mit einer Kapuze bedeckten Banditen Fantômas durch eine Serie von Fortsetzungsromanen populär gemacht, die jeden Monat eine Auflage von sechshunderttausend erreichten; die Berühmtheit ihres Helden wurde durch Feuillades Filme – insgesamt erschienen sechs – jedoch noch gesteigert. In der Gestalt Fantômas' sah man die Inkarnation des Bösen, den *Empereur du crime*, aber auch den gefallenen Engel der Romantik; er galt als Abkömmling Mathurins und Byrons. Fantômas war das erste soziale Leitbild des französischen Films – ein anarchistisches Leitbild, das einen Feind, Verächter und Außenseiter der Gesellschaft mit der Aura des geheimnisvoll Anziehenden umgab.

Zur Besonderheit dieses Helden gehörte es, sich jederzeit verwandeln zu können – er trat nacheinander als Doktor, Dorftrottel, Apache, Mönch, König von Holland oder Waldeinsiedler auf; der Detektiv Juve und der Journalist Fandor führten gegen ihn einen nie endenden und ergebnislosen Kampf. Man klagte Fantômas an, die Grundlagen der Gesellschaft zu unterminieren. Bemerkenswert war auch die Begeisterung einer Reihe von Intellektuellen und Schriftstellern für den neuen Filmhelden: Max Jacob und Guillaume Apollinaire gründeten eine *Société des amis de Fantômas* und widmeten ihm Gedichte.

Les Vampires (1915) und *Judex* (1916–1917) waren weitere Serien Feuillades, die kriminalistische Spannung mit Phantastik und einem Unterton des Satanismus vereinten und das Publikum, welches vom Krieg nichts wissen wollte, ebenso in Begeisterung versetzten wie die späteren Surrealisten Eluard, Breton und Aragon. *Les Vampires* machten vor allem die geheimnisvolle, stets in einem schwarzen Trikot auftretende Vamp-Darstellerin Musidora populär.

1907 konnte ein Film der amerikanischen Gesellschaft *Vitagraph* wegen seiner neuartigen Tricktechnik in Frankreich großen Erfolg verzeichnen. In *The Haunted Hotel* (Spuk im Hotel, 1906, Regie Stuart Blackton) bewegten sich zum erstenmal Gegenstände, als ob sie von unsichtbarer Hand gelenkt würden: ein Messer schnitt von selbst Brot ab; Wein floß aus einer Flasche, die niemand berührte, ins Glas. Die Amerikaner hatten die Möglichkeit der Einzelbildaufnahme entdeckt, bei der jedes Bild des Filmstreifens separat belichtet wird. Der erste Regisseur, der in Europa das neue Verfahren durchschaute und künstlerisch anwandte, war der Franzose Emile Cohl (1857–1937). Als ehemaliger Karikaturist bediente sich Cohl der Einzelbildtechnik und ihrer Möglichkeiten aber nicht nur in Burlesken und unwirklichen Verfolgungskomödien (etwa in *La Course aux potirons* – Das Rennen um die Kürbisse, 1907), sondern vor allem in gezeichneten Filmen, die er mit einer eigenen Welt von Strichwesen belebte. Seine Figuren, die er »fantoches« nannte, zeichnen sich durch ihre extreme Stilisierung aus: sie bestehen meist nur aus wenigen Linien, die Körper, Gliedmaßen und Kopf markieren; ihre Bewegungen sind auf die einfachsten Grundformen reduziert; Hintergründe werden bloß angedeutet oder fehlen ganz. Cohl ließ seine gezeichneten Personen »richtige« Dramen erleben, so in *Le Cauchemar du fantoche* (Der Alptraum der Marionette, 1908) oder in *Drame chez les fantoches* (Drama bei den Marionetten, 1908). Um das Flimmern des Hintergrunds zu vermeiden, das bei der damaligen Technik störend wirkte, projizierte Cohl seine Filme im Negativ: die Figuren erschienen so wie mit Kreide auf einen schwarzen Hintergrund gezeichnet. Cohl, der sich später auch an der Kombination von gezeichneten und fotografierten Bildern versuchte und vorübergehend in den USA arbeitete, begründete nicht nur die Technik des heutigen Zeichentrickfilms, sondern war auch einer der ersten Pioniere des Puppenfilms (mit *Le Tout petit Faust* – Der ganz kleine Faust, 1910). Die Abstraktheit seines Stils hat Emile Cohl neuerdings wieder zum Anreger moderner Schulen des Zeichenfilms werden lassen, etwa bei dem Kanadier McLaren.

England: die Schule von Brighton

Während Georges Méliès um die Jahrhundertwende mit Hilfe des Films bereits eine ganz persönliche Welt, einen eigenen Stil, kreierte, sein Vokabular dabei aber wesentlich das des Theaters blieb, schufen englische Filmhersteller von vergleichsweise geringem individuellem Profil die Anfangsgründe dessen, was später zur »Sprache des Films« wurde.

James Williamson (1885–1933), ein im südenglischen Küstenort Brighton arbeitender ehemaliger Fotograf, übertrug das Prinzip des Szenenwechsels auf den Dokumentarfilm, als er 1899 eine Reportage über die Henley-Regatta in zehn Bildern aufnahm, beginnend mit einem Prolog – Panorama-Aufnahme des Schauplatzes – und endend mit dem Durchgang der Boote durchs Ziel. Indessen ging diese Art des Einstellungswechsels nicht über Méliès hinaus; sie setzte Szene und Einstellung gleich. 1900 inszenierte Williamson *Attack on a China Mission* (Angriff auf eine China-Mission), eine durch Berichte vom Boxeraufstand angeregte Episode, die sich als »rekonstruierte Aktualität« in der Art anderer zeitgenössischer Streifen gab, in Wahrheit aber schon ein dramatischer Kurzspielfilm war. Die banale Lesebuchgeschichte – Boxer bestürmen ein Missionshaus, englische Matrosen retten die Missionarsfamilie durch einen Sturmangriff – wurde in vier Einstellungen aufgelöst. Zwar bestand noch jede Einstellung aus einer Totalen – analog der Zuschauerperspektive auf die Bühne –, aber die vier Bilder waren einander nicht mehr nur zeitlich, sondern auch räumlich und dramaturgisch zugeordnet. Die Kamera verließ den Schauplatz, ehe die Handlung dort abgeschlossen war, und nahm sie an einem anderen wieder auf. Der Einstellungswechsel schuf ein neues Zeitgefühl, ohne daß dem Zuschauer die Zeitsprünge bewußt wurden. Auch vom Schauplatz der Handlung zeigte der Film nur Ausschnitte: das Tor, die Hausfront, den Hintereingang. Daß sie zu einem Grundstück gehörten, wurde dem Zuschauer erst durch die Handlung deutlich gemacht. Handlung und Einstellungswechsel vermittelten ihm ein Raumgefühl, für das es im Theater keine Analogie gab. Handlung, Raum und Zeit konstituierten hier einander. Damit war die Grundlage für die Entwicklung der filmischen Erzählweise geschaffen. Eine der späterhin beliebtesten filmdramaturgischen Formeln war in *Attack on a China Mission* bereits angelegt: die »last minute's rescue«, die Rettung in letzter Minute, mit ihrem wiederholten Szenenwechsel zwischen dem Ort der Gefahr und den herbeieilenden Rettern. Auch für einen filmischen Inszenierungsstil innerhalb der Einstellung bewies Williamson Sinn. Er sah die Kamera nicht als passiven Registrierapparat an wie Méliès, sondern bezog sie ins Geschehen mit ein. Schon in *Attack on a China Mission* ließ er die Matrosen auf die Kamera zu- und knapp an ihr vorbeistürmen. In *The Big Swallow* (Der große Schluck) ging gar ein Darsteller auf den Apparat zu, öffnete den Mund, schickte sich scheinbar an, den Apparat zu verschlingen: in einer Einstellung gab es hier alle Einstellungsarten von der Halbtotalen bis zur Detailaufnahme. Nicht nur die Montage als Schnitt, sondern auch die »interne Montage«, der Wechsel der Einstellungsart innerhalb einer Einstellung, wie ihn die modernen Regisseure der fünfziger Jahre wieder bevorzugen sollten, wurde also von Williamson bereits realisiert.

G. A. Smith (geb. 1864), ein anderer Exfotograf in Brighton, drehte spätestens 1898 seine ersten Filme, die nur aus einer Großaufnahme bestanden; ab 1900 oder 1901 beschränkte er seine Produktion zeitweilig fast ganz auf diese Serie *Facial Expressions* (Gesichtsausdrücke). Man konnte etwa das Gesicht einer Großmutter beim Versuch beobachten, einen Faden durch das Nadelöhr zu führen, zwei alte Jungfern beim Kaffeeklatsch oder den Versuch eines Mannes, sich ein Monokel einzuklemmen. Doch nicht als »Erfinder der Großaufnahme«, nach dem so viele Filmhistoriker in fehlgeleitetem Ehrgeiz fahndeten, wäre er zu rühmen: schließlich wandte er so weit nur die Praxis der Porträtfotografie auf den Film an, wie vor ihm Porträts auf Lebensrädern, Wundertrommeln und Kinetoskopstreifen erschienen waren. Smith ging aber weiter, indem er Einstellungen verschiedener Art montierte. In *Grandma's Reading Glass* (Großmutters Leselupe) ließ er 1900 zum erstenmal eine Großaufnahme auf eine Nahaufnahme folgen. Noch versuchte er, den Wechsel thematisch zu motivieren: man sah zuerst eine Großmutter mit ihrem Enkel, der ihr die Lupe entwendete und durch sie hindurchblickte; durch die Lupe hindurch erst erschienen in Großaufnahme verschiedene Gegenstände, die der Junge so sehen konnte. Auch in weiteren Filmen bediente sich Smith eines Vorwandes: durch ein Fernglas, das ein alter Voyeur benutzte, sah man die Großaufnahme eines weiblichen Fußes in Schnürstiefeln (*As Seen Through a Telescope* – Wie durch ein Teleskop gesehen, 1900); im Kegel der Taschenlampe eines Polizisten erblickte man, was diesem auf seinem Streifengang begegnete (*During the Night* or *the Policeman and his Lantern* – Während der Nacht oder der Polizist und seine Lampe, 1900); und durch ein Vergrößerungsglas sah man den Zahn, den sich ein Mann extrahiert hatte (*At Last That Awful Tooth* – Endlich der fürchterliche Zahn, 1902). Vor diesem letzten Film aber hatte Smith auch bereits auf derartige Vorwände verzichtet. In *The Little Doctor* (Der kleine Doktor, 1900) erblickte man Kinder, die mit einer Katze »Arzt und Patient« spielten, die Katze entwischte ihnen, und – nun folgte eine Großaufnahme – man sah sie einen Löffel Milch ausschlecken. In *The Mouse in the Art School* (Die Maus in der Kunstschule, 1902) erschien statt der Katze eine Maus in Großaufnahme, die unter den Schülerinnen einer Malklasse Angst und Schrecken verbreitete.

Williamson und Smith hatten den ersten entscheidenden Schritt über das bewegte Bild und die fotografierte Szene hinaus getan, aber weiter gingen sie nicht. Sie waren weit davon entfernt, die Möglichkeiten zu erkennen, die in ihren Entdeckungen angelegt waren. Méliès, ein soviel konservativerer Regisseur, schuf doch mit seinen begrenzteren Mitteln ein künstlerisch ungleich reicheres Werk. Williamsons und Smiths Beitrag zur Entwicklung des Films von einer Technik zur Kunst erfüllte sich in den vier Jahren zwischen 1899 und 1903. Beide zogen sich bald von der Filmregie zurück. Sie fanden auch in England keine Fortsetzer vom Format eines Griffith. In der Geschichte des englischen Films blieb die »Schule von Brighton« eine bald vergessene Episode.

Italien: historischer Monumentalfilm und Verismus

Auch Italien besaß seinen Erfinder des Films: Filoteo Alberini, der sich 1895 einen *Kinetografo Alberini* patentieren ließ. Jedoch regte sich zunächst in Italien keine eigene Filmproduktion; französische Filme von Méliès, Pathé und Gaumont beherrschten die Kinoprogramme. Erst 1904 drehte der Turiner Optiker Ambrosio zwei Dokumentarfilme über Manöver in den Alpen und über ein Automobilrennen *(Le Manovre degli Alpini al Colle della Ranzola, La Prima corsa automobilistica Susa-Moncenisio)*. Im darauffolgenden Jahr inszenierte der Erfinder Alberini den ersten italienischen Historienfilm: *La Presa di Roma* (Die Einnahme von Rom). Mit viel Pomp und Aufwand wurde hier der Einzug Viktor Emanuels II. in Rom 1870 rekonstruiert. Alberini gründete 1906 in Rom die Gesellschaft *Cines*. Internationalen Erfolg konnte jedoch erstmalig Ambrosio mit *Gli Ultimi giorni di Pompei* (Die letzten Tage von Pompeji, 1908, Regie Luigi Maggi) verzeichnen. Für mehrere Jahre verschrieb sich nun der italienische Film, der im wesentlichen von den drei Firmen *Cines, Ambrosio* und *Itala* beherrscht wurde, der Produktion von historischen Ausstattungsdramen: die Filme mußten »grandios« und »edel« sein; verschwenderische Dekoration, gigantische Schauplätze und unübersehbare Statistenmengen garantierten hohe Einnahmen. Thematisch griff man auf die Geschichte, auf die akademische und die populäre Literatur zurück. So entstanden *Othello* (1907, Regie Mario Caserini), *Il Cid* (1909, Mario Caserini), *La Caduta di Troia* (Der Fall Trojas, 1910, Giovanni Pastrone), *Quo vadis?* (1912, Enrico Guazzoni), *Antonio e Cleopatra* (1913, Enrico Guazzoni). Vor keinem Stoff scheuten die italienischen Regisseure in ihrem Bearbeitungseifer zurück. Die Vorliebe für historische Themen war so groß, daß gewisse Sujets immer wieder verfilmt wurden, *Die letzten Tage von Pompeji* im Jahre 1913 beispielsweise gleich zweimal.

Das Dominieren der Historienfilme in Italien vor 1914 hat man verschiedentlich mit den niedrigen Kosten für Statisten, dem für Außenaufnahmen meist günstigen Klima und schließlich mit dem künstlerischen Temperament der Italiener zu begründen gesucht, das sie zur übertriebenen, pathetischen Geste hinreiße[4]. Ausschlaggebend bei der Entwicklung dieses Genres scheint wohl der große kommerzielle Erfolg im Ausland gewesen zu sein. Die Strömung des historischen Ausstattungsfilmes kulminierte in Giovanni Pastrones *Cabiria* (1914). Pastrone (der sich später das Pseudonym Piero Fosco wählte) hatte die Idee, den Dichter Gabriele d'Annunzio für seinen Film zu interessieren. Gegen ein Honorar von fünfzigtausend Lire ließ sich d'Annunzio herbei, das Drehbuch zu signieren, obwohl nicht er, sondern Pastrone es geschrieben hatte; der Dichter verfaßte einzig die prätentiösen Zwischentitel des Films und gab den Personen exotisch klingende Namen: Cabiria, Maciste, Karthalo, Bodastoret. Die recht verworrene Handlung des Films nannte d'Annunzio »ein tragisches Schauspiel vom Kampf der Rassen«. Ihr Zeitraum ist das dritte Jahrhundert vor Christus. Der Film beginnt mit einem pompos inszenierten Ätna-Ausbruch und einer sich anschließenden Sklavenflucht. Das vornehme römische Mädchen Cabiria wird von Seeräubern entführt und auf einem orientalischen Sklavenmarkt verkauft; fast schon soll sie dem schrecklichen Feuergott Moloch geopfert werden, als der antike Supermann Maciste, ein herkulischer Sklave (der noch in vielen Filmen bis heute Auferstehung feierte), sie den heidnischen Priestern entreißt. Überall herrschen in diesem Film Pomp und edle Attitüden. Eingeblendet in das Geschehen sind Episoden aus den Punischen Kriegen: Wie auf einem Bilderbogen sieht man Hannibal mit gewaltigem Gefolge »monumental« die Alpen überschreiten.

Auf der filmtechnischen Ebene mag einem Film wie *Cabiria* wohl Bedeutung zukommen. Pastrone setzte in seinem Film erstmalig künstliches Licht zu ästhetischen Zwecken ein. Seine Kamera machte er beweglich; *Cabiria* ist einer der ersten Filme, die Kamerafahrten als Ausdrucksmittel verwenden. So mag verständlich scheinen, daß dieser Monumental- und Ausstattungsfilm Griffith beeindruckte und zum Vorbild für *Intolerance* wurde. Die Freiheit jedoch, mit der Pastrone das Geschehen des Films auf seine Grundzüge reduzierte, wirkt heute als dessen unfreiwillige Karikatur; die Personen sind sentimental und idealisiert gezeichnet, und die Massenszenen schwelgen in Effekten, die die Rhetorik Fritz Langs vorwegnehmen. Die Strömung des Historienfilms, die *Cabiria* repräsentierte, mündete bald in eine Sackgasse; ein spätes Echo fand sie in faschistischen Propagandafilmen wie *Scipione l'Africano* (Scipio der Afrikaner, Regie Carmine Gallone, 1937).

Italien war das erste Land, in dem sich ein Kult um »göttliche« Filmschauspielerinnen zu ranken begann. Zu den berühmtesten »Diven« des italienischen Stummfilms gehörte Lyda Borelli, die Mario Caserini zum erstenmal in *Ma l'amor mio non muore* (Aber meine Liebe stirbt nicht, 1913) lancierte, einem sentimentalen Drama um die Liebe eines Fürstensohnes zu einer Schauspielerin und Spionin. Lyda Borelli, eine blasse, ätherische und erhabene Heroine, gleichsam aus der Phantasie d'Annunzios hervorgegangen, wurde zu einer halb mythologischen Figur; sie war der erste *Star* in der Geschichte des Films. *Ma l'amor mio non muore* brachte aber auch eine Verfeinerung des schauspielerischen Gestus und die systematische Anwendung der Großaufnahme. Lyda Borelli steigerte ihr Spiel zu hektischer Gestikulation in *La Donna nuda* (Die nackte Frau, 1914, Carmine Gallone), *Rapsodia satanica* (Nino Oxilia, 1915) und *Perfido incanto* (Trügerischer Zauber, 1916, Antonio Giulio Bragaglia), einem Film in futuristischen Dekors. Aus Neapel stammte die Rivalin der Borelli, Francesca Bertini, ein temperamentvollerer und vitalerer Typ als die zerbrechliche Borelli. Francesca Bertini debütierte unter der Regie Baldassare Negronis in *Histoire d'un pierrot* (Die Geschichte eines Pierrot, 1913), einer tänzerischen Pantomime, in welcher die Bertini selbst den Pierrot spielte; in den ersten Kriegsjahren war sie die Heldin zahlreicher Salondramen, aber auch des realistischen *Assunta Spina* (1915, Gustavo Serena). Pina Menichelli schließlich, die dritte große Diva des italienischen Stummfilms, gab sich in *Il Fuoco* (Das Feuer, 1915, Giovanni Pastrone) delirierend und exzentrisch. Der Film, in einem bizarren Kastell spielend, schilderte die Liebe einer edlen Schloßdame zu einem jungen Maler. Pina Menichelli wurde zum Prototyp der femme fatale, der Frau, die man zugleich lieben und hassen muß; ihr nächster Film, *Tigra reale* (1916, Pastrone), gab ihr den Beinamen »Königstigerin«. Der Divenkult führte den italienischen Film mehr und mehr in eine eskapistische und romantische Scheinwelt. Immer ausschließlicher drehte man Filme nur noch berühmter Darstellerinnen wegen; Produzenten und Regisseure wurden zu Sklaven der weiblichen Filmidole.

Der Divenkult brachte vorübergehend auch Eleonora Duse zum Film. In *Cenere* (Asche, 1916, Febo Mari) spielte sie eine Mutter, die aus Kummer über die Trennung von ihrem Sohn stirbt. Der Film – nach einem Roman von Grazia Deledda – spielte auf Sardinien und bezog die reale Landschaft in sein Geschehen ein; aber weder das beherrschte und intensive Spiel der Duse noch eine um Symbolismus bemühte Fotografie konnten die Sentimentalität der Handlung aufwiegen.

Neben den vorherrschenden Strömungen des Monumentalfilms und des Divenkults machte sich im italienischen Stummfilm auch eine Richtung bemerkbar, die an die veristische Tradition der Romanschule Giovanni Vergas anknüpfte, allerdings nur vereinzelte Werke hervorbrachte. Wichtigster Film dieser Richtung war Nino Martoglios *Sperduti nel buio* (Im Dunkeln verloren, 1914). *Sperduti nel buio* schreibt man sogar einen Einfluß auf die Entwicklung des Neorealismus von 1945 zu, da der Filmtheoretiker Umberto Barbaro diesen Film häufig vor Regieschülern des römischen *Centro Sperimentale* zeigte. Der Film – nach einem Bühnenstück des neapolitanischen Autors Roberto Bracco – erzählt die Geschichte einer illegitimen Grafentochter, die von einem blinden Bettler großgezogen wird. Fortwährend kontrastiert Martoglio dabei das aristokratische Milieu mit der ärmlich-proletarischen Umgebung, in der das Kind aufwächst – eine Erzähltechnik, die Griffith vervollkommnen sollte. Besonders in der Beschreibung neapolitanischen Alltagslebens bewies der Film dokumentarische Sachlichkeit; auch in der Fotografie verzichtete er auf Ausschmückung und Romantisierung und strebte nach realistischer Prägnanz. Martoglio drehte in ganz ähnlichem Stil 1915 *Teresa Raquin* nach Zola.

Ein anderer Film der veristischen Richtung war Gustavo Serenas *Assunta Spina* (1915, nach einem Roman von Salvatore de Giacomo). Zwar stand im Mittelpunkt von *Assunta Spina* die Diva Francesca Bertini; dennoch handelte es sich um einen Film unprätentiöser Gestaltung, der auf Beobachtung des Alltags abzielte. Die etwas melodramatische Geschichte eines Mädchens und ihrer zwei Bewerber enthält eine für die Zeit ungewöhnliche Dosis Sozialkritik: wie ein Gerichtsbeamter kraft seines Amtes die Braut eines Gefangenen erpreßt, wird mit satirischer Schärfe dargestellt; vielleicht das Beste an diesem Film aber sind seine veristischen Randdetails – etwa die breit ausgespielten Szenen eines Hochzeitsmahles am Ufer des Meeres. Doch dieser Zweig der italienischen Filmproduktion blieb vorerst ohne rechte Entwicklung. *Sperduti nel buio* wurde während des Ersten Weltkrieges in Paris und London angeboten, fand aber keinen Verleiher. Der italienische Film erstarrte in seinen alten Erfolgsformeln. *Tigra reale* (1916), *Fabiola*, *La Gerusalemme liberata* (Das befreite Jerusalem, 1917 und 1918, Enrico Guazzoni) und Filme ähnlichen Genres dominierten im italienischen Film der Weltkriegsjahre.

Dänemark: kurze Blüte im Ersten Weltkrieg

Der dänische Film verdankte seinen wirtschaftlichen Aufstieg der Einführung verschiedener Zugmittel, die viele der nach dem Kriege in Hollywood kodifizierten »box office values« naiv vorwegnahmen. Das Luxusmilieu, das im zeitgenössischen amerikanischen Film nur im polemischen Kontrast zum Leben der Armen vorkam, wählten die Dänen zum Schauplatz mondäner Dramen. Der erotische Dreieckskonflikt wurde eine ihrer Spezialitäten, wobei einmal der elegante Salon, ein andermal die Zirkusarena den Hintergrund abgab. Der »Vamp« war zuerst in dänischen Filmen zu Hause. Libertinage drückte sich nicht nur im Handlungsablauf aus, sondern bestimmte auch die optischen Erscheinungsformen: Der Kuß, bisher nur ein konventionelles Zeichen, gewann eine für die Zeit unerhörte sinnliche Deutlichkeit.

Die Regisseure der *Nordisk* sahen die Aufgabe der Regie nicht im erzählerischen Zugriff auf die Realität, sondern im Arrangement wirkungsvoller Elemente, des luxuriösen Dekors und der attraktiven Darsteller. Gleich DeMille und den modernen amerikanischen Regisseuren spezialisierten sie sich auf ein Genre, bis der Trend des Publikumsgeschmacks ihnen einen Wechsel angeraten erscheinen ließ. So optierte

August Blom ab 1911 für das frivole Salonstück; er trug aber 1914 mit *Pro Patria* prompt dem Umstand Rechnung, daß der dänische Film in Deutschland seinen wichtigsten Kunden gefunden hatte. Zirkusgeschichten bevorzugten Schnedler Sörensen und andere Regisseure. Holger Madsen spezialisierte sich zuerst auf exotische Abenteuer- und Liebesgeschichten (wie *Tempeldanserindens Elskov* – Die Liebe der Tempeltänzerin), dann auf die Darstellung übernatürlicher Phänomene und Rauschgiftträume *(Spiritisten, Morfinisten, Opiumdroemmen)*; nach 1916 appellierte er mit *Pax aeterna* und *Ned med vaabne* (Die Waffen nieder) an die Kriegsmüdigkeit der Europäer.

Auch der Typ des Regisseurs, der im Dienst an einer Darstellerin aufgeht, begegnet uns bereits im frühen dänischen Film. Urban Gad »entdeckte« Asta Nielsen, verhalf ihr zu ihrem Filmdebüt, heiratete sie und wurde für lange Zeit der Manager ihrer Reize. Er war für sie, was Josef von Sternberg für Marlene Dietrich und erst Mauritz Stiller, dann Clarence Brown für Greta Garbo werden sollten. Lange ehe Hollywood das System des »type casting« entwickelt hatte, praktizierte er es, indem er die Nielsen immer wieder in verwandten Rollen auftreten ließ. Nach ihrem ersten Erfolgsfilm wurden die weiteren modelliert. In *Afgrunden* (Abgründe, 1911) hatte sie ein Bürgermädchen gespielt, das im Zirkus auftritt und mit dem es ein übles Ende nimmt. Den Reiz des Verbotenen mußte sie auch weiter verkörpern, als Zigeunerin *(Det hede blod* – Das heiße Blut, *Pigen uden Faedreland* – Mädchen ohne Vaterland), spanische Tänzerin *(Spansk elskov* – Spanische Liebe) oder »Arbeitermädchen« *(Proletar pigen)*. Die Nielsen war die erste Schauspielerin, die in den Augen des Publikums über ihre Filme hinauswuchs, sie erschien als Mythos, der sich in ihren Rollen nur momentweise materialisierte, als »Star«. Vor ihren Filmen vollzogen die Zuschauer die Identifikation von Rolle und Darsteller, die den Starkult kennzeichnet. Im folgenden schenkte der dänische Film dem mitteleuropäischen Film seine erste Stargarde. Valdemar Psilander, der romantische Held, der in *Revolutionsbryllup* (Revolutionshochzeit, 1914) einen edelmütigen Opfertod stirbt, war der erste Star, der, wie später James Dean, noch im Tode seinem Mythos genügte: Auf dem Höhepunkt seines Ruhms nahm er sich 1916 das Leben.

Mit dem wirtschaftlichen Niedergang des dänischen Films nach 1917 fanden die meisten Autoren, Regisseure und Darsteller der kopenhagener Studios sich schnell ab, sie wanderten entweder aus – nach Schweden oder Deutschland – oder kehrten zum Theater zurück, woher die meisten von ihnen gekommen waren. Der dänische Film sank auf das provinzielle Niveau ab, über das er sich künftig nur mehr sporadisch erheben sollte.

Die Geburt des amerikanischen Films

Am 16. April 1896 fand in New York die erste öffentliche Filmvorführung auf dem amerikanischen Kontinent statt. Der Vorführapparat stammte von Thomas A. Edison, dessen Gesellschaft auch die Streifen produziert hatte, die gezeigt wurden. Kurze Zeit darauf gehörten Filmprogramme von fünfzehn bis dreißig Minuten zum Repertoire zahlreicher Varietétheater, und während eines Schauspielerstreiks im Jahre 1900 gingen einige Bühnen dazu über, nur noch Filme zu zeigen. Ihnen folgten die »Penny-Arkaden«, kleine Lokale in Vorstädten und Nebenstraßen, die bis dahin Filmstreifen nur in Guckkästen vorgeführt hatten. Ab 1902 stellten sich viele von ihnen ganz auf die Projektion von Filmen um. Auf dem Lande wurde der Film hauptsächlich durch wandernde Schausteller bekannt. 1905 stattete ein Unternehmer in Pittsburgh als erster seinen Theatersaal mit Annehmlichkeiten aus, wie sie bisher den »richtigen« Theatern vorbehalten waren; mit seinem »Nickelodeon« schuf er den Prototyp für Tausende fester Filmtheater, die dem Film nun ein ständiges Publikum zuführten.

Produziert wurden die Filme zunächst von den Gesellschaften, die das Monopol im Apparatebau besaßen: *Edison, Biograph und Vitagraph*. Als die Nachfrage nach neuen Filmen ab 1902 rapide stieg, begannen mehrere neue Gesellschaften das Monopol der drei alten zu unterhöhlen; *Lubin, Selig, Kalem* und *Essanay* waren unter ihnen die erfolgreichsten. New York blieb auch nicht das einzige Produktionszentrum. In Chicago, Philadelphia, Florida und Kalifornien entstanden ebenfalls Filmateliers.

Als dritte Sparte der Filmwirtschaft trat nach dem Aufschwung des Kinogewerbes zwischen Produktion und Theater der Filmhandel. 1903 etablierten sich die Brüder Harry J. und Herbert Miles als erstes selbständiges Verleihunternehmen. Bis 1907 fanden sie über hundert Konkurrenten.

Der Aufschwung des Kinogewerbes führte bald zu einem rücksichtslosen Konkurrenzkampf im Verleihwesen. Um das dadurch bewirkte Absinken der Filmpreise zu verhindern, schlossen sich 1909 die führenden Produzenten und Importeure mit einem Verleih zum ersten Filmtrust, der *Motion Picture Patents Company*, zusammen. Durch das Monopol über alle für Aufnahme- und Vorführapparate notwendigen Patente sowie durch ein Abkommen mit dem einzigen Rohfilmlieferanten, *Eastman-Kodak*, hofften sie den Markt ganz in die Hand zu bekommen. Um die Filmherstellung zu rationalisieren, normierten sie die Produkte und beschränkten sich auf die Herstellung von Zehn- bis Fünfzehn-Minuten-Filmen. Unabhängige Produzenten, Verleiher und Theaterbesitzer begannen indessen damit, nach dem Vorbild europäischer Firmen längere Spielfilme herauszubringen, deren Popularität die Stellung des Trusts bald erschütterte. Zudem trugen die Unabhängigen dem Interesse Rechnung, das viele Zuschauer den Schauspielern entgegenbrachten. Während die Mitglieder des Trusts deren Namen geheimhielten, um die Gagen zu drücken, gaben die Unabhängigen ihre Darsteller bekannt und propagierten sie, was die Beliebtheit ihrer Filme steigerte und die Akteure der alten Firmen bewegte, zu ihnen überzulaufen.

Durch die Einführung des langen Spielfilms und des »Star-Systems« wurde die

Macht des Trusts 1912 endgültig gebrochen. Als er 1917 durch einen Gerichtsbeschluß aufgrund des Sherman-Antitrust-Gesetzes aufgelöst wurde, spielte er ohnehin wirtschaftlich keine Rolle mehr. Neue Unternehmer, wie William Fox, Adolph Zukor, Marcus Loew, Carl Laemmle, Samuel Goldwyn und Jesse Lasky, wurden die beherrschenden Gestalten der Filmproduktion und nahmen Einfluß auf das Verleih- und Theaterwesen. Durch sie wurde Hollywood zum wichtigsten und bald zum einzigen Produktionszentrum der Vereinigten Staaten.

Der Übergang zum langen Spielfilm hatte eine erhebliche Verteuerung der Produktion zur Folge – die Preise für Manuskripte, Bauten und Schauspieler und der Aufwand an Rohfilmmaterial stiegen gleichermaßen. So mußten auch die Miet- und Eintrittspreise erhöht werden. Größere und repräsentativere Kinos wurden in den Stadtzentren errichtet. In den Jahren des Ersten Weltkriegs zogen sie auch das bisher filmfeindliche Kleinbürgertum an; der Film verlor seinen Charakter als vornehmlich proletarische Unterhaltung.

Von Porter zu Griffith

Während europäische Filmgestalter der Frühzeit in verschiedenen Richtungen experimentierten, den Film einerseits in den Dienst dokumentarischer Wirklichkeitsschilderung stellten und andererseits mit den Mitteln des Tricks eine irrealistische Phantasiewelt schufen, schlugen die amerikanischen Regisseure schon früh den Weg ein, dem sie in fast allen ihren künstlerisch relevanten Äußerungen gefolgt sind: den des realistischen Films. Phantastische Filme, wie die des Franzosen Méliès, fanden in Amerika keine Nachahmer.

Vor allem Edwin S. Porter und David W. Griffith entdeckten und entwickelten zwischen 1902 und 1914 die wesentlichen Möglichkeiten der realistischen Filmerzählung. Wenn ihnen in der Erfindung einzelner Erzähltechniken auch einige Europäer zuvorgekommen waren, so brachten erst sie sie zu der Vollkommenheit, die den Film als der Literatur ebenbürtiges episches Medium erscheinen lassen konnte.

Edwin S. Porter (1870–1941), ein erfinderischer Mechaniker, kam 1896 hauptsächlich wegen seines Interesses für Automobile zur *Edison Company*. Die Gesellschaft beschäftigte ihn statt dessen als Kameramann. Bis 1902 filmte er, wie andere Kameraleute in aller Welt, aktuelle politische und sportliche Ereignisse, Varieténummern, Landschaften, Sensationen, Genrebilder – alle in einer Einstellung, die »stand«, bis der Streifen durch die Kamera gelaufen war. Ab 1902 regte ihn das Beispiel europäischer Filme, die Edison importiert hatte, dazu an, einen Vorgang, der zeitlich oder räumlich nicht in einer Einstellung zu erfassen war, in mehreren aufzunehmen und diese aneinanderzufügen. Dabei wechselte er auch bereits die Einstellungsart und montierte Totalen und Großaufnahmen aneinander – zwei Jahre nach dem Engländer G. A. Smith.

Die Anfänge von Spielhandlung und Montage im amerikanischen Film finden sich in Porters Streifen von 1902 und 1903. *The Life of an American Fireman* (Das Leben eines amerikanischen Feuerwehrmannes, 1902) und *The Great Train Robbery* (Der große Eisenbahnraub, 1903) zeigen im Ansatz bereits die spezifischen Züge, die den amerikanischen Film in späteren Jahren bestimmen sollten. *The Life of an American Fireman* kombinierte als erster Film vorgegebene Dokumentaraufnahmen mit nachgedrehten, inszenierten Spielszenen. Im Archiv fand Porter mehrere Aufnahmen von ausfahrender Feuerwehr (mit Pferdegespann). Um diese herum gruppierte er verschiedene Szenen: Einem schlafenden Feuerwehrmann erscheint im Traum die Vision eines Kindes in einem brennenden Zimmer; eine Hand betätigt eine Alarmglocke; Feuerwehrmänner schlüpfen in ihre Uniformen; das Kind im rauchgefüllten Zimmer wird von einem Feuerwehrmann auf die Arme genommen; er klettert mit ihm eine Leiter hinab. Die prinzipielle Möglichkeit der Montage, einer Einstellung durch die Kombination mit anderen einen neuen Sinn zu unterlegen, wurde hier für den amerikanischen Film zum erstenmal verwirklicht. Die Einstellung mit der Hand, die eine Alarmanlage betätigt, ist ein schönes Beispiel künstlerischer Ökonomie und dramatischer Verdichtung: eine ganze Szene ist in dieser Großaufnahme zusammengerafft.

In *The Great Train Robbery*, einem vollständig inszenierten Film, vermehrte Porter die Zahl der Szenen beträchtlich, faßte diese so kurz wie möglich und sorgte so für häufigen Szenenwechsel. Das Geschehen wird dabei auf mehreren Schauplätzen gleichzeitig vorangetrieben, und einzelne Vorgänge werden elliptisch ausgespart. Später trieb Porter die Möglichkeiten des Szenenwechsels noch weiter. In *The Ex-Convict* (Der Vorbestrafte, 1905), konfrontierte er polemisch die Wohnungen eines Reichen und eines Armen. Dieses Verfahren baute er in *The Kleptomaniac* (Der Kleptomane, 1906) noch aus, indem er in zwei gegensätzlichen Milieus parallele Vorgänge spielen ließ.

Porter behandelte eine Szene bereits wie eine Einstellung; ein Schnitt bedeutet für ihn nicht nur eine Trennung von zwei Vorgängen, sondern auch eine Verknüpfung. Aber er dachte nicht daran, die Szene selbst in verschiedene Einstellungen aufzulösen, was in England G. A. Smith bereits getan hatte. Jede Szene ist bei ihm so inszeniert, daß sie in eine Einstellung hineinpaßt.

Die Originalität seiner Erfindungen ist vielfach überschätzt worden, aber er behält das Verdienst, den amerikanischen Film auf den Weg geführt zu haben, auf dem er zu sich selbst fand. *The Great Train Robbery* war der erste Film, der nur in Amerika spielen und nur dort entstehen konnte. Mit diesem und einer ganzen Reihe von verwandten Filmen (*The Little Train Robbery* – Der kleine Eisenbahnraub, *The Great Bank Robbery* – Der große Bankraub, *The Capture of the Yegg Bank Burglar* – Die Gefangennahme des Yegg-Bank-Räubers) kreierte er das Genre, in dem der amerikanische Film seine originalsten Leistungen hervorbringen sollte: den Western. Requisiten und Dekor des Westerns – der Colt, die Prärie, die Lokomotive, der Tanzsaal – sind in *The Great Train Robbery* schon da.

Siebzehn Jahre arbeitete Porter in der werdenden Filmindustrie, aber nur vier Jahre, von 1902 bis 1906, wirkte er als Schrittmacher. Weitaus erfinderischer zeigte sich ab 1908 sein Schüler Griffith.

David Wark Griffith (1875–1948) stammte aus einer verarmten Südstaaten-Familie. Sein Vater war Oberst der Konföderierten-Armee gewesen. In seiner Jugend zeigte Griffith vornehmlich literarischen Ehrgeiz. Er schrieb romantische Gedichte und ein Drama, das von zwei Provinzbühnen aufgeführt wurde. Die *Edison Company*, der er Manuskripte angeboten hatte, beschäftigte ihn 1907 als Darsteller. Kurz darauf engagierte ihn die *Biograph* als Darsteller und Autor.

Im folgenden Jahr, 1908, erhielt Griffith seinen ersten Regieauftrag, zu *The Adventures of Dolly* (Dollies Abenteuer). Bis 1914 drehte er für die *Biograph* über vierhundert Filme, bis 1913 ausschließlich Fünfzehn-Minuten-Filme (»Einakter«). Die sechs Jahre der *Biograph*-Periode bezeichnen Griffiths Lehr- und Probejahre, in denen seine »Sprache« eine Flexibilität gewann, wie sie ähnlich kein Regisseur bis zu dieser Zeit erreicht hatte.

Griffiths Vorläufer hatten die eine oder andere Neuerung als Überraschungseffekt eingeführt und es zunächst dabei belassen: Smith etwa die Großaufnahme in seiner Serie *Facial Expressions* oder Williamson die »interne Montage« in *The Big Swallow*. Bei Griffith entsprach dagegen die Einführung jeder Neuerung einer erzählerischen Notwendigkeit. In der *Biograph*-Periode verfilmte Griffith Vorlagen seiner literarischen Idole: Shakespeare, Dickens, Stevenson, Poe, Jack London, O. Henry, Cooper, Frank Norris, Tolstoi und Maupassant. Literarische Interessen (noch 1915 betrachtete Griffith die Filmarbeit nur als Broterwerb, der ihn frei machen sollte für seine literarische Tätigkeit) trieben ihn dazu, die Erzähltechnik seiner Vorlagen auf·die Filme zu übertragen. Griffiths Abhängigkeit von Dickens ist bezeugt und untersucht worden. Als seine Auftraggeber den unkonventionellen Szenenwechsel in *Enoch Arden* tadelten, entspann sich der folgende Dialog[5]. Griffith: »Nun, schreibt Dickens nicht so?« Produzent: »Ja, aber das ist Dickens, das ist Romanliteratur, das ist etwas anderes.« Griffith: »Nicht so sehr, dies sind Bilderzählungen; das ist nicht etwas ganz anderes.« S. M. Eisenstein hat den Beziehungen zwischen Dickens und Griffith einen Aufsatz gewidmet[6], in dem er schreibt: »... bei Dickens, beim viktorianischen Roman, entspringt jenes erste Aufblühen der Ästhetik im amerikanischen Film, das mit dem Namen David Wark Griffith verbunden ist.«

Die ersten Filme Griffiths unterschieden sich noch kaum von denen Porters. Griffith hielt zunächst ebenso an der Identität von Szene und Einstellung fest wie an der Totaleinstellung. Er drehte Dutzende von Filmen, ehe er zögernd begann, die Mittel einzusetzen, die die Briten bereits um die Jahrhundertwende benutzt hatten. In *For Love of Gold* (Aus Liebe zum Gold, 1908, nach Jack London) wollte Griffith das Mißtrauen deutlich machen, das einen seiner Helden dem anderen gegenüber ergreift. Er verschmähte es, den Ausdruck des Schauspielers so zu übertreiben, daß er auch in der Totale wahrnehmbar gewesen wäre, und rückte die Kamera für einen Moment näher an ihn heran. In dieser Weise verwendete er die Nahaufnahme und den Wechsel von Totale und Nahaufnahme innerhalb einer Szene in einer Reihe von Filmen, ehe er wagte, bis zur Großaufnahme zu gehen. In *After Many Years* (Nach vielen Jahren, 1908, nach der Ballade *Enoch Arden* von Alfred Tennyson) wollte er die Trauer einer Frau über das Fernsein ihres Mannes zeigen. Er rückte die Kamera dicht vor das Gesicht der Darstellerin, deren Mienen Bewegung verrieten, und montierte hinter diese Großaufnahme die Totale eines einsamen Landstrichs, in den der Mann sich verirrt hat: der Inhalt ihrer Gedanken, der sonst in einer »Blase« über ihrem Kopf dargestellt worden wäre, wird in einer gesonderten Einstellung in den Szenenablauf einmontiert. Das bedeutet, daß er nicht länger in Szenen – analog einer Bühnenhandlung – dachte, sondern in Sequenzen, deren Zusammenhang nicht durch Einheit des Ortes und der Zeit gestiftet wird, sondern durch die gedankliche Kontinuität.

Nicht nur die Art der Einstellungen variierte Griffith immer häufiger und bewußter, sondern auch ihr Format und ihre Länge. Durch zunehmend schnellen Bildwechsel suchte er die Dramatik vor allem bei den »Rettungen in letzter Minute« zu steigern. Im Gegensatz zu den meisten späteren Regisseuren unterwarf er sich nicht der von Edison normierten Relation des Bildformats, sondern veränderte dieses durch »cashs«, machte es breit – eine Vorwegnahme der späteren Breitwandformate – oder rund (bei bestimmten Großaufnahmen). Ein sich vergrößernder oder verkleinernder runder Bildausschnitt war die erste, von ihm eingeführte Form des Auf- und Abblendens.

Zu den »Neuerungen«, deren er sich 1913, bei seinem Ausscheiden aus der *Biograph*, in einer Zeitungsanzeige rühmte, gehört außer Großaufnahme, Landschafts-totale, Rückblende, »verstärkter Spannung« und Ausblendung auch »Zurückhaltung im Ausdruck, die die Filmdarstellung auf ein höheres Niveau gehoben und ihr die Anerkennung als ursprüngliche Kunst gewonnen hat[7]«. Griffith suchte das outrierte Spiel der vom Theater kommenden oder am Theater orientierten frühen Filmdar-steller durch einen natürlicheren und subtileren Ausdruck zu ersetzen, zu welchem Zweck er auch Laien engagierte. Bühnenschauspieler erzog Griffith zum zurückhal-tenden Spiel vor der Kamera.

Die Elastizität, die Griffith dem Medium verliehen hatte, drängte ihn dazu, über die Kurzformen short story, Ballade, Dramolett hinauszugehen. Bis 1912 waren seine Filme nicht länger als die Porters von 1903 gewesen. *Enoch Arden* (1912, die zweite Version des Gedichts von Tennyson) wurde sein erster »Zweiakter«, noch im selben Jahr drehte er Filme mit drei und vier Rollen. Der erste amerikanische »Vierakter« war *Judith of Bethulia* (1913), der letzte Film, den Griffith für die *Biograph* drehte, ein Monumentalfilm nach einer apokryphen Episode aus der Bibel. In sechs Jahren hatte er den Film vollends von einem Mittel der mechanischen Reproduktion zu einem differenzierten Medium der Erzählung entwickelt.

Die Hauptwerke David W. Griffiths

Alle von ihm in den sechs Jahren bei der *Biograph* entwickelten Erzähltechniken faßte Griffith in den beiden Filmromanen zusammen, die er während des Ersten Weltkrieges drehte: *Birth of a Nation* (Geburt einer Nation, 1915) und *Intolerance* (Intoleranz, 1916).

Thema des Drei-Stunden-Films *Birth of a Nation* ist, wie es in einem der Zwischen-titel heißt, »die Agonie, die der Süden durchstehen mußte, damit eine Nation geboren werden konnte«. Der mächtige historische Stoff gliedert sich in zwei Teile; zwei kür-zere Sequenzen dienen als Prolog und Epilog. Der Prolog schildert die Einfuhr afri-kanischer Neger als Sklaven nach Amerika und das Aufkommen der »abolitionists« in den Nordstaaten, der Bewegung zur Abschaffung der Sklaverei. Der erste Teil zeigt dann den Bürgerkrieg von seinem Ausbruch 1861 bis zur Kapitulation des Generals Lee bei Appomattox und zur Ermordung Präsident Lincolns 1865. Der zweite Teil behandelt die »reconstruction«-Periode, die Erniedrigung des »Weißen Südens« durch die befreiten Sklaven und ihre weißen Hintermänner, die »carpetbaggers«, und die Bildung des Ku-Klux-Klan als Selbsthilfeorganisation der Weißen. Der Epilog teilt mit, daß »die Einsetzung des Südens in seinen rechtmäßigen Platz die Geburt einer neuen Nation« bedeutet habe. Vor diesem Hintergrund und in diesen ver-woben vollzieht sich das Schicksal zweier Familien, der Stonemans aus Pennsylvanien im Norden und der Camerons aus South Carolina im Süden der USA. Schulfreund-schaften und eben sich anbahnende Liebesbeziehungen verbinden die jungen Leute, als der Krieg sie auseinanderreißt. Mehrere Söhne beider Familien fallen, ein Came-ron, Oberst der Konföderierten, trifft in der Gefangenschaft seinen Jugendfreund Stoneman als Offizier der Unionstruppen wieder. Nach dem Krieg verlobt er sich mit einer Stoneman-Tochter, deren Bruder wiederum seine, Camerons, Schwester um-wirbt. Der alte Stoneman wird indessen im Kongreß einer der Einpeitscher der Rache-politik gegen die Weißen in den Südstaaten. Es kommt zum Bruch zwischen den

Liebenden, der junge Cameron wird ein Führer des Ku-Klux-Klan. Schließlich, als sie selbst unter Übergriffen freigelassener Neger zu leiden haben, sehen die Stonemans die Vermessenheit der Rassengleichheitspolitik ein, und eine doppelte Verlobung beschließt symbolisch die Versöhnung von Norden und Süden.

Schon bald nach seiner Uraufführung wurde *Birth of a Nation* rassistisches Vorurteil vorgeworfen. Der Film zeichnet die Farbigen als geborene Sklaven und spricht ihnen jedes Talent zu vollwertigen Staatsbürgern ab. Die Befreiung setzt nur ihre animalischen Instinkte frei: ein schwarzer Wüstling verfolgt eine Tochter der Stonemans, die sich schließlich von einer Felsenspitze stürzt. Griffiths Vorurteil, das ihm seine Eltern vermittelt hatten, war in den bitteren Erfahrungen des Weißen Südens während der »reconstruction« begründet. In seinem Film ging es Griffith schwerlich um aktuelle Polemik; aber in einer Zeit, deren Perspektive weiter war als die von 1865, mußte der Film unvermeidlich als solche verstanden werden.

Die Handlung entnahm Griffith zwei Romanen eines Thomas Dixon, deren literarischer Wert zweifelhaft ist. Eine wichtigere Inspirationsquelle dürften für Griffith die Bürgerkriegserinnerungen seines Vaters gewesen sein. Wenn literarische Vorbilder eine Bedeutung für die Entstehung des Films hatten, so jedenfalls weniger die Bücher des Reverend Dixon als Tolstois »Krieg und Frieden«, an dessen Gestalten die Helden Griffiths ebenso denken lassen wie seine Schlachtensequenz an die Borodino-Kapitel bei Tolstoi.

In *Birth of a Nation* versuchte Griffith das Erscheinungsbild einer Periode wiederherzustellen, die in der Erinnerung älterer Zeitgenossen noch lebendig war. Es gelang Griffith, wie James Agee[8] schrieb, die »vollkommene Verwirklichung eines kollektiven Traumgesichts vom Bürgerkrieg« auf die Leinwand zu bringen, »wie Veteranen sich seiner fünfzig Jahre später erinnern oder wie ihn sich Kinder fünfzig Jahre später vorstellen mögen«.

Die Genreszenen, mit denen der erste Teil beginnt, stellen eine liebevolle Beschwörung biedermeierlichen Familienlebens in den vergangenen Zeiten vor dem Bürgerkrieg dar. Der Stil dieser Szenen – fast nur Totalen, wenige Schnitte – unterscheidet sich deutlich von den folgenden Kriegsszenen. Die Sequenz, die die Schlacht von Petersburg schildert, ist das erste längere Stück Film, das ganz auf Montage hin konzipiert ist. Die weiträumigen Vorgänge sind in zahlreiche Einstellungen verschiedener Art und Länge aufgelöst, die in der Montage das Geschehen und seinen Rhythmus konstituieren. Von Totalen wechselt Griffith zu Nah-, Groß- und selbst Detailaufnahmen. Nicht nur vermittelt er dadurch ein Gefühl für die Simultaneität der gezeigten Vorgänge, sondern er deckt auch die Widersprüchlichkeit des Kriegserlebnisses auf: etwa von den imponierenden Totalen mit den langen Sturmlinien der gegnerischen Heere die Nahaufnahmen einander zerfleischender Bajonettkämpfer folgen. In jeder Einstellung vernimmt man das Echo der Berichte, die die Veteranen des Bürgerkrieges – einige dienten Griffith als Komparsen – der nächsten Generation weitergegeben hatten. Auch die »innere Montage«, die Einstellungswechsel ohne Schnitt mittels einer Erweiterung des Blickfeldes oder eines Schwenks, setzte Griffith ein, um das Kriegserlebnis ins Bild zu bringen. Die Aufnahme beginnt mit einer Naheinstellung in kreisrundem »cash«: Auf einem Hügel, wohin sie vor den anrückenden Truppen geflüchtet ist, hat Mrs. Cameron ihre Kinder um sich geschart; dann blendet das Bild ganz auf, und die Kamera schwenkt nach rechts in eine Totale: Im Tal erkennt man den Ort, den die Familie eben verlassen hat und der nun von den durchziehenden Unionstruppen in Brand gesteckt und geplündert wird.

Bilder, die wie eingefrorene Erinnerungen wirken, glückten Griffith im zweiten Teil, vor allem in den Liebesszenen. Was später auch unter seiner Regie unfehlbar zum Kitsch geriet, die Verherrlichung viktorianischer Vorstellungen von Frauentugend und reiner Liebe, ist hier noch ganz frei davon und besitzt einen besonderen Charme. Die Symbole, mit denen Griffith eine erotische Atmosphäre um die Darsteller webt, ohne deren »sex appeal« zu strapazieren, wurden später vielfach kopiert: so die der Traumsprache entlehnten Symbole des Vogels, den zwei Liebende streicheln, oder des Bettpfostens, den Lillian Gish in einer Gefühlsaufwallung umarmt – wie neunzehn Jahre später Greta Grabo in der berühmten Szene von *Queen Christina* (1933).

Der unerwartete Erfolg von *Birth of a Nation* versetzte Griffith in die Lage, ein noch ehrgeizigeres Projekt zu verwirklichen, den Mammutfilm *Intolerance*. Hatte Griffith in *Birth of a Nation* naiv eine Vision der Erinnerung geschaffen, ohne sich ihrer ideologischen Implikationen bewußt zu sein, so unternahm er es jetzt – nicht zuletzt, um sich gegen den Vorwurf des Rassenvorurteils zu wehren –, eine »philosophische« Interpretation der Menschheitsgeschichte zu geben. In vier inhaltlich analogen Geschichten aus verschiedenen Epochen sollte der »ewige Kampf zwischen Gut und Böse« dargestellt werden. Einen mittellangen Film über die Auseinandersetzung zwischen Kapitalisten und Arbeitern hatte Griffith bereits abgedreht, als er sich entschloß, dieser Geschichte drei weitere beizugeben, je eine über den Fall Babylons, die Passion Christi und die Bartholomäusnacht.

Jede der vier Geschichten ist in sich geschlossen und könnte einen selbständigen Film abgeben – wirklich wurden die beiden längeren Episoden, *The Mother and the Law* (Die Mutter und das Gesetz) und *The Fall of Babylon* (Der Fall von Babylon), nach dem kommerziellen Fehlschlag des ganzen Films gesondert gezeigt. Die moderne Episode setzt die Tradition der sozialkritischen Melodramen Porters und des frühen Griffith fort. Reichtum und Armut, Übermut und Not werden in polemischen Parallelmontagen einander gegenübergestellt, bis eine »Rettung in letzter Minute« zu einem Happy-End führt. Weniger die technische Bravour der Schlußsequenz als die Lebendigkeit der Typen- und Milieuzeichnung hebt diese Episode von den anderen ab. Die Szene, in der streikende Arbeiter von Fabrikmiliz niedergemetzelt werden (ihr lag ein authentischer Fall zugrunde), erinnert in dem präzisen Wechsel von Groß- und Totalaufnahmen an die Schlachtensequenz von *Birth of a Nation*; Eisensteins *Streik* und Pudowkins *Mutter* zeigen deutlich den Einfluß dieser Szene. Eine andere, künstlerisch weniger relevante Nachfolge hatten die historischen Episoden. In ihnen finden sich alle Merkmale der zählebigen Schule des Historienfilms, der sich auf genaue Wiedergabe von Details kapriziert, ohne auf die Natur historischer Prozesse Rücksicht zu nehmen. Die aufwendige und phantasievolle Rekonstruktion Babylons und die sorgfältige Kopistenarbeit der Passionsszene mit ihren »Grünewald-Händen« vermögen nicht über die Fragwürdigkeit des geistigen Konzepts hinwegzutäuschen, das in jedem historischen Konflikt nur den »Kampf zwischen Gut und Böse« sieht.

Derselbe Mangel macht sich in der Verknüpfung der vier Geschichten bemerkbar. »Die Geschichten beginnen«, erklärte Griffith[9], »wie vier Ströme, auf die man vom Gipfel eines Berges hinabblickt. Zunächst fließen die vier Ströme, langsam und ruhig, jeder in seinem Bett. Während sie dahinfließen, kommen sie indessen einander immer näher, werden immer schneller und vereinigen sich am Ende im letzten Akt zu einem mächtigen Strom von aufwühlender Emotion.« In der Tat wechseln, nach vier geschlossenen Expositionen, Zeit und Schauplatz in immer schnellerem Rhythmus. Der raum-zeitliche Zusammenhang und die Kontinuität der Fabeln werden schließlich aufgegeben zugunsten der inneren Parallelität der vier verschiedenen Handlungen, deren Figuren am Ende fast gleichzeitig im Bild sind.

Die Fragwürdigkeit der Identifizierung von Babylons Fall, Passion, Hugenotten-Verfolgung und Klassenkampf liegt auf der Hand. »Wie sollte jemals ein geringfügiger gemeinsamer Zug, ein gemeinsames äußeres Kennzeichen der metaphysisch und mit wenig Einsicht verstandenen Unduldsamkeit, im Bewußtsein so empörende, historisch unvereinbare Erscheinungen miteinander verbinden können wie den religiösen Fanatismus der Bartholomäusnacht und den Streikkampf in einem hochkapitalistischen Land? Oder die blutigen Kapitel des Kampfes um die Hegemonie über Asien und den komplizierten Prozeß des innerkolonialen Kampfes des jüdischen Volkes zur Zeit der Unterjochung durch Rom!« (S. M. Eisenstein [10]).

Indessen zehrt in der Schlußsequenz die Kraft von Griffiths Montage die Einzelheiten der vier Storys und ihre fragwürdigen Prämissen fast vollständig auf. Wie in *Birth of a Nation* das kollektive Erinnerungsbild des amerikanischen Bürgerkrieges Gestalt gewann, so verschmelzen hier Bruchstücke abendländischer Geschichtserinnerung, vermittelt durch *Altes* und *Neues Testament,* Geschichtsbuch und Zeitungslektüre, zu einem kruden Strom von Assoziationen, in dem Raum und Zeit aufgehoben werden und der sich ausnimmt wie ein Traumprotokoll. Am Ende, wenn »Katharina von Medici die Armen New Yorks besucht, während Jesus die Kurtisanen des Königs Balthasar segnet und die Armeen des Darius den *Chicago-Expreß* im Sturm nahmen« (L. Delluc [11]), erreicht der Film die paradoxe Qualität eines surrealistischen Traumbildes.

Mit *Birth of a Nation* und *Intolerance* hatte Griffith seine Grenzen erreicht. In seinen weiteren Filmen – achtundzwanzig inszenierte er noch bis 1931 – trat die Beschränktheit seiner naiv-moralistischen Perspektive immer deutlicher hervor. Die besten seiner späteren Filme beschwören das Traumbild einer Vergangenheit, in der »gut« und »böse« ein präzises Koordinatensystem bildeten. In *Broken Blossoms* (Gebrochene Blüten, 1919) definieren Handlung und Atmosphäre einander ganz und gar: die melancholische Geschichte der unmöglichen Liebe zwischen einer armen Weißen und einem edlen Chinesen (nach Thomas Burkes *Limehouse Nights*) geht auf in der zwielichtigen Atmosphäre phantastischer Slums. Griffith kehrte hier zu schlichten, eng umgrenzten und abgeschlossenen Dekorationen zurück, die er in seinen lyrischen Einaktern oft benutzt hatte. Die Enge der Dekors – eine Straße und drei Interieurs –, eine unbestimmte Beleuchtung und eine weiche Fotografie schaffen eine Atmosphäre, die sich in den Darstellern nur momentweise zu konkretisieren scheint. Der deutsche Kammerspielfilm und der französische Film der dreißiger Jahre zeigten sich von diesem Film beeinflußt. Immer wieder glückten Griffith Variationen von Motiven seiner früheren Filme, der viktorianischen Genreszenen aus *Birth of a Nation* in *Way Down East* (Weit im Osten, 1920), der Liebesszenen desselben Films und der sozialen Melodramen in *Isn't Life Wonderful* (Ist das Leben nicht wundervoll, 1925), einer bitteren Romanze aus dem Deutschland der Inflationsjahre. Dieselbe visionäre Naivität, die ihn befähigte, Momentbilder der Vergangenheit zu verwirklichen, ließ ihn an der veränderten Wirklichkeit der zwanziger Jahre scheitern. Sie verurteilte ihn zur künstlerischen Stagnation und zum wirtschaftlichen Mißerfolg. Nachdem sein zweiter Tonfilm kurz nach der Premiere aus dem Verleih gezogen werden mußte, verwehrte ihm die Filmindustrie jede weitere Arbeitsmöglichkeit.

Mack Sennett und die Slapstick Comedy

David W. Griffith stellte die von ihm entwickelten filmischen Gestaltungsmittel in den Dienst des Realismus und der epischen Erzählung, er schloß den Film der literarischen Tradition des 19. Jahrhunderts an. Mack Sennett dagegen benutzte Griffiths Erfindungen, um Wirklichkeitsillusion und erzählerische Kontinuität mit einem Knalleffekt explodieren zu lassen, er kehrte den Film gegen die literarische Tradition und wurde zum ersten Filmschöpfer, der ganz dem 20. Jahrhundert gehört.

Mack Sennett (eigentlich Michael Sinnott, 1880–1960), ein Kanadier irischer Herkunft, war in Varietés als Sänger, Tänzer und Clown aufgetreten, ehe er 1908 zur *Biograph* verpflichtet wurde. Vier Jahre arbeitete er unter Griffith als Schauspieler, Regieassistent und Regisseur. »Griffith wurde«, bekannte er später[12], »meine Schule, mein Fortbildungsunterricht, meine Universität.« 1912 wurde Sennett Direktor einer neugegründeten Produktionsfirma für Lustspielfilme, der *Keystone. Cohen at Coney Island* (1912) ist der Titel des ersten Films, den er für die Gesellschaft drehte und mit dem die Geschichte der »Slapstick Comedy«, der amerikanischen Filmburleske, beginnt. Bis Ende 1913 hatte Sennett ein neues Genre und einen Stil kreiert und zum kommerziellen Erfolg geführt. 1915 wurde die *Keystone* mit den Gesellschaften von Griffith und dem zu dieser Zeit erfolgreichen und renommierten Regisseur und Produzenten Thomas H. Ince zur *Triangle* zusammengeschlossen, die 1917 in der *Paramount* aufging. Thomas Harper Ince (1880–1924), dessen Talent hauptsächlich auf organisatorischer Ebene lag, hatte seit 1910 eine umfangreiche Produktion von Wildwest- und Bürgerkriegsfilmen entfaltet, deren Regie er bald an einen ganzen Stab von Mitarbeitern abtrat. Seine Werke wurden in Europa begeistert als Sendboten eines neuen Filmstils von exotischem Reiz begrüßt.

Die Jahre 1912–1917, die *Keystone*- und *Triangle*-Jahre, waren die fruchtbarsten in der Karriere Sennetts. Anfänglich trat er selbst als Darsteller in seinen Filmen auf und zeichnete für sie als Regisseur. Dann überließ er die Durchführung der Dreharbeiten anderen. Aber auch die zahllosen kurzen Filme, die unter Sennetts Oberleitung von anderen Regisseuren mit anderen Darstellern gedreht wurden, lassen den unverwechselbaren Stil erkennen, den er entwickelt hatte. Dieser Stil ist das Resultat einer bestimmten Arbeitsmethode. Ähnlich wie in der Commedia dell'arte und im Jazz wurde der Verlauf der Slapstick Comedies nicht im vorhinein genau festgelegt, sondern unter Beachtung gewisser Grundmuster improvisiert. Die Wahl des thematischen Vorwurfs zum einzelnen Film blieb oft dem Zufall überlassen. Sennett unterhielt beispielsweise ständigen Kontakt mit der örtlichen Feuerwehr: Sobald irgendwo in Los Angeles ein Brand gemeldet wurde, jagte eine Sennett-Truppe zum Brandort und improvisierte an Ort und Stelle gefährlich-groteske Abenteuer. Autorennen und andere öffentliche Ereignisse dienten ebenfalls als Kulisse und thematischer Vorwand. Bei den meisten Filmen gab Sennett das Thema, ein paar Motive und Gags an und überließ die Inszenierung einem seiner Regisseure. Die Funktion der Darsteller hatte dabei der Rolle zu entsprechen, auf die sie – nach ausführlicher Erörterung mit Sennett – bei ihrem Debüt festgelegt wurden. Retuschen waren in einzelnen Fällen aber auch später noch möglich – so definierte sich die Kontur der Charlie-Figur erst im Laufe des Jahres, in dem Chaplin bei Sennett arbeitete. Festgelegt waren auch bestimmte dramaturgische Formeln, wie die große Verfolgungsjagd, in die sich am Ende alle Handlungsmotive auflösten. Das letzte Wort bei der Gestaltung jedes Films hatte wiederum Sennett: Der Montage jedes der kurzen Filme widmete er oft mehrere Tage.

Sennett hatte eine Armee von Komikern aufgestellt, aus der er die Mannschaft für die einzelnen Filme rekrutierte; jeden Darsteller legte er auf einen Typ mit stereotypem Make-up und Kostüm fest. Zumeist basierte die Komik einer Gestalt auf der schlichten Übertreibung ihrer physischen Eigentümlichkeiten. Beliebt waren komische Bärte: Mack Swain trug einen gewaltigen Vollbart, Ford Sterling einen eitlen Knebelbart à la Napoleon III., Charlie Chaplin eine knappe Bürste, die von Film zu Film kleiner wurde. Eine feinere Komik entsprang der Karikatur sozialer Typen und dem Widerspruch zwischen Gestalt und Gebaren. Ben Turpins pathetische Gestik stand in komischem Widerspruch zu seinen grausig schielenden Augen, seinem flatternden dünnen Haar und seinem bebenden Adamsapfel; Roscoe »Fatty« Arbuckle war ein Dicker, dem niemand seine Geschicklichkeit im Schleudern von Preiselbeertorten zugetraut hätte; Hank Mann bewegte sich langsam, was seine plötzlichen akrobatischen Kunststücke um so verblüffender machte; Louise Fazenda wirkte wie eine friedfertige Dorfschöne, konnte sich aber schlagartig in eine gefährliche Megäre verwandeln. Daß das Auftreten von Gruppen ebenso komisch sein kann wie das von Individuen, bewies Sennett mit seinen beiden Truppen, den »Keystone Cops«, ewig im Alarmzustand befindlichen Polizisten, und den »Bathing Beauties«, Pin-up-Schönheiten in aufregenden Badekostümen.

Solisten und »Chor« haben dieselbe Aufgabe: systematisch Unordnung zu stiften, absichtlich oder unabsichtlich. Die Badeschönheiten – Gloria Swanson ging aus diesem Korps hervor – verbreiten durch ihren freimütig zur Schau gestellten Sex-Appeal (eine Entdeckung des Tages) Verwirrung unter der Männerwelt; die »Cops« zeigen sich zwar um die Wiederherstellung der Ordnung bemüht, verursachen aber durch Ungeschick und Übereifer nur noch größere Verwirrung. Alle Beteiligten geraten in den Sog eines Taifuns, dessen Nahen niemand ahnt. Nicht nur begegnet dem Friedfertigen sogleich der Gewalttätige, der ihn zu zerschmettern droht, auch die leblosen Dinge empören sich gegen die Menschen. In solchen Passagen erreichen die Keystone Comedies ihre hintergründigsten Effekte: Automobile und Lokomotiven spielen verrückt, Feuerwerkskörper explodieren im unpassendsten Moment, Rolltreppen bewegen sich in der verkehrten Richtung. Die technischen Errungenschaften des 19. Jahrhunderts befreien sich aus der Gewalt der Menschen und wenden sich gegen ihre Erfinder. In der Tortenschlacht und in der großen finalen Verfolgungsjagd, zwei Ritualen fröhlicher Zerstörungswut, kulminiert das Chaos. Die Destruktion hat nichts Finsteres, der Zuschauer wird aufgefordert, mitzumachen bei der Vernichtung der Zivilisation. »Surrealismus ohne Tränen« nennt ein englischer Autor den Stil der Slapstick Comedy[13]. »Wir zerreißen, wütender Wind, die Wäsche der Wolken und der Gebete und bereiten das große Schauspiel des Untergangs vor, den Brand, die Zersetzung« – was Tristan Tzara im Dada-Manifest von 1920[14] postulierte, hatte der Slapstick fünf Jahre zuvor heiter vorweggenommen.

Sennett verlieh allen Vorgängen eine eigene, komische, absurde Qualität bereits durch die Anwendung des Zeitraffers. Tricks, die Méliès benutzt hatte, um magische Effekte zu produzieren, dienten Sennett zur fröhlichen Umkehrung aller Ordnungen. Die schöpferischen Möglichkeiten der Montage erkannte und nutzte er vor Kuleschow und Dsiga Wertow. Er konnte einen kompletten Film aus den Überbleibseln anderer montieren. Schwachen Stellen in seinen Filmen half er durch Zwischenschnitte auf. Dabei ließ Sennett sich doch selbst nie von seinen Gags mitreißen. Der Rhythmus, den er selbst am Schneidetisch bestimmte, ist wohl rapid, aber auch nuanciert; jedem Vorgang wird die ihm gemäße Zeit zugebilligt, aber nicht der Bruchteil einer Sekunde mehr; das Geschehen erhält einen geschmeidigen, beschwingten, schwerelosen Fluß.

Sennetts fruchtbare Zeit war vorbei, als andere Groteskfilmregisseure, wie sein einstiger Schüler Chaplin, dazu übergingen, lange Filme zu drehen. Auch Sennett versuchte sich in der Form der dramatischen Filmkomödie, aber seine Stärke war der Sketch gewesen. Mit den kurzen Beiprogrammfilmen, die er weiterhin produzierte, geriet Sennett durch die Einführung des Doppelprogramms um 1925 und die Konkurrenz des Zeichenfilms ab 1930 kommerziell ins Hintertreffen; in der Wirtschaftskrise verlor er sein Vermögen und blieb bis zu seinem Tode ohne Einfluß auf die Filmproduktion. Sennetts Schule aber bewährte sich aufs schönste erst in den zwanziger Jahren, als seine bedeutendsten Schüler, Chaplin, Keaton, Langdon, ihre besten Filme drehten.

Chaplins frühe Kurzfilme

André Malraux berichtet [15], er habe im Iran »einen Film gesehen, der in Wirklichkeit nie gedreht wurde«: eine Biographie Charlies. Szenen aus vielen Charlie-Filmen hätten die persischen Verleiher zu einem überlangen Spielfilm zusammenmontiert: »Der Mythos Chaplins erschien im Reinzustand.« Ob wirklich jene Montage der Biographie Charlies gerecht wurde, mag dahinstehen. Vorstellbar ist ein solcher Film, der durch die Kompilation bezeichnender Sequenzen aus allen Perioden der chaplinschen Filmographie nicht nur Charlies vielfache Abenteuer wiedergibt, sondern auch seine Entwicklung: kein bloßer Abenteuer-, sondern fast ein Bildungsroman. Denn Charlie ist – entgegen der Vorstellung vieler seiner Exegeten – nie zu einer ein für allemal definierten Gestalt geworden. Er reift vom infantilen Sadisten der *Essanays* und *Mutuals* von 1915 bis 1917 zu dem empfindsamen Helden des *Gold Rush* und der *City Lights* und zeigt im Alter einen stärker schillernden Charakter als früher: denn auch der »große Diktator« ist noch Charlie, Monsieur Verdoux nicht minder als der Calvero von *Limelight*. Mit der Figur änderte sich aber auch ihr »Biograph«, Chaplin, der Autor und Regisseur. Von seinem Helden und von der Welt wußte der Chaplin von 1915 weniger als der von 1947; seine Kenntnis weitete sich und mit ihr die Perspektive seiner Filme und ihr Stil.

Charles Spencer Chaplin (geb. 1889), Sohn englischer Varietéschauspieler, kam 1910 als Angehöriger der reisenden Schauspieltruppe Fred Karnos zum erstenmal nach Amerika. Eine zweite Tournee brachte ihn 1914 zu Mack Sennetts *Keystone Company*, für die er im Lauf des Jahres in fünfunddreißig Kurzfilmen auftrat. In den ersten vier war er nur Darsteller, zu acht weiteren lieferte er auch die Ideen und in abermals sieben arrivierte er zum Mitregisseur. Vom zwanzigsten Film an war er sein eigener Regisseur, der er dann blieb. Als Unbekannter war Chaplin Anfang 1914 zu Sennett gekommen, als Star verließ er ihn noch vor Jahresende. Trotz öffentlicher Anfeindungen blieb seine Beliebtheit in Amerika bis in die fünfziger Jahre ungebrochen.

Künstlerisch war für Chaplin das Jahr bei Sennett eine Zeit des Experimentierens. Er legte sich das Make-up und das Kostüm zu, das ihn dann für mehrere Jahrzehnte kennzeichnete: den Habitus des Deklassierten, als der er sich mehr und mehr definierte. »Chaplins Kostüm verkörpert schäbige Vornehmheit – den heruntergekommenen Aristokraten, der der Armut ins Auge sieht. Der Stock ist ein Symbol des Versuchs zur Würde, das kecke Bärtchen ein Zeuge der Eitelkeit« (Theodore Huff [16]). Die Gestalt ist aber noch ganz dem rapiden Rhythmus der Slapstick Comedy unterworfen, die ihren Helden nur einen schematischen Charakter zubilligte.

Erst in den vierzehn Filmsketches, die Chaplin 1915 und 1916 für die *Essanay* drehte — u. a. *A Night Out* (Eine Nacht draußen), *The Champion*, *The Tramp*, *The Bank*, *Shanghaied* (alle 1915), *Carmen* (1916) — zeichnen sich Züge von Charlies Charakter deutlicher ab. Im hartnäckigen Kampf mit den Widrigkeiten der Welt *(The Tramp)* wird Charlie zum Individualisten. In anderen *Essanay*-Filmen tritt wiederum ein ironischer Zeitbezug deutlicher hervor: sie mokieren sich über mondäne Sportarten *(The Champion)*, die Spitzen der Gesellschaft *(The Bank)* oder die Große Oper *(Carmen)*. Dann widmete Chaplin seine ganze Aufmerksamkeit wieder der Ausarbeitung grotesker Situationen und Gags im Stil Sennetts *(Shanghaied)*. Es blieb ein Merkmal der Entwicklung Chaplins bis zu seinen Alterswerken, daß er sie nie linear in einer, sondern abwechselnd in verschiedenen Richtungen vortrieb.

Mythos (der »Mythos Charlie«, von dem Pierre Leprohon als erster gesprochen hat[17]), Ironie und Burleske, die in den Filmen der »Essanay«-Periode noch getrennt sind, durchdringen sich in den meisten der zwölf Filme, die Chaplin 1916 und 1917 für die *Mutual* inszenierte und unter denen sich seine ersten Meisterwerke befinden — u. a. *The Floor-Walker*, (Der Ladenaufseher), *The Vagabond*, *One A. M.* (Ein Uhr nachts), *The Rink* (Die Rollschuhbahn, 1916), *Easy Street*, *The Cure* (Die Kur) und *The Immigrant* (Der Einwanderer, 1917).

Die Persönlichkeit Charlies hat hier bereits ihre erste Ausbildung erfahren. Der frühe Charlie ist ganz Wille zur Selbstbehauptung, zur bedingungslosen Freiheit. Er ist ein krasser Egoist. Begierde vor allem bestimmt seine Handlungen. Sein Verhältnis zu den Frauen wird von unreflektiertem Habenwollen bestimmt: Das Erscheinen eines schönen Mädchens löst augenblicklich eine Folge werbender Gesten aus, die aber ebenso schnell ihr Objekt wechseln können, sobald ein anziehenderes auf der Bildfläche erscheint. Dieses von keiner Moral bestimmte Verhalten verleiht dem frühen Charlie Züge eines aggressiven Kindes oder eines nicht domestizierten Tieres.

Charlies Weltbild ist egozentrisch. Er nimmt nur wahr (und Chaplins Kamera zeigt nur), was ihn betrifft. Aber so prompt wie sein Wunsch, alles zu besitzen, ist die Weigerung der Menschen und Dinge, sich ihm zu ergeben. Alles steht ihm entgegen: sein eigenes bescheidenes Äußeres, die Vorgesetzten und die Polizisten, Rolltreppen und ausgestopfte Tiere. Zuweilen trägt die Erniedrigung, die ihm zuteil wird, die Züge sozialer Unterdrückung. Erinnerungen an die eigene Jugend in den londoner Slums verarbeitete Chaplin in *Easy Street*, an die Methoden der newyorker Einwanderungsbehörden in *The Immigrant*. Im allgemeinen bezieht sich Chaplins Ironie in diesen Jahren aber eher auf Charaktere als auf soziale Erscheinungen. Die »Welt« der meisten *Mutual*-Filme zeigt ein schematisches Abziehbild der Wirklichkeit. Charlie ist auch noch kein sozial Deklassierter. Einmal ist er ein Vagabund *(The Vagabond)*, dann aber ein Stutzer *(One A. M.)* oder ein Kurgast *(The Cure)*. Soziales Elend erscheint nur als eine Form der Erniedrigung, nicht als ihre Quelle. Vielmehr tritt Charlie als der Herausforderer auf, dessen Unbedingtheit die Welt fortwährend provoziert. Der Individualist ist ein Ärgernis: den Dingen nicht minder als den Menschen, den Schwachen nicht minder als den Starken.

Charlies unbedingte Freiheitsliebe findet ihren reinsten Ausdruck in dem tänzerischen Gestus, der ihn bis zu seinen späten Filmen kennzeichnet. Der Tanz erscheint als unmittelbarer Ausdruck der Freiheit, als Triumph der Unbeschwerten und Verhöhnung der Schwerfälligen. In ihm manifestiert sich der Versuch, sich vom Gesetz der Schwerkraft wie von allen anderen zu befreien.

Zwei Filme, die Chaplin 1918, nach der *Mutual*-Periode, für die *First National* drehte, bezeichnen einen neuen Aufbruch. *A Dog's Life* (Ein Hundeleben) und *Shoulder Arms* (Gewehr über) sind bereits wesentlich länger als die Zweiakter der *Mutual*-Periode. Der Unterschied ist nicht rein statistisch. Die Sketch-Filme reihen lediglich Situationen aneinander, eine Entwicklung ist in ihnen nicht möglich. Darin entspricht die Struktur dieser Filme Charlies zweidimensionalem Charakter und seiner einseitigen Haltung zur Umwelt. Aber schon in den Kurzfilmen (z. B. in *The Immigrant*) zeigen sich Ansätze zu einer Differenzierung der »Charlie«-Figur. Charlie zeigt Gefühle, er liebt, empfindet Schmerz. Von der Sketch-Dramaturgie, von der Typenkomik und vom isolierten Situationsgag drängte es Chaplin zur epischen Erzählung, zur psychologischen Differenzierung und Tragikomik.

In *A Dog's Life* (enthalten in *Die Chaplin Revue*), dem ersten Film der *First National*-Periode, ist Charlie zum erstenmal ein lebendiges Wesen als Partner beigegeben, der Hund Scraps. Charlie beweist Solidarität mit einem Schicksalsgefährten und freut sich über die Beweise seiner Zuneigung. Die Komik durchläuft eine größere Skala von Nuancen. Die Szene in einem Arbeitsamt, in der Charlie immer wieder vom Schalter abgedrängt wird und keinen Job bekommt, attackiert die soziale Realität direkter als irgendeine frühere bei Chaplin. Umgekehrt ironisiert das Ende – Charlie bewirtschaftet seine eigene Farm – die kleinbürgerliche Glücksvorstellung von »Trautes Heim – Glück allein«.

Shoulder Arms, Chaplins zweiter Film von 1918, war als Beitrag zu Amerikas Kriegsanstrengungen gedacht, aber Charlies Individualismus durchschlug die patriotische Propaganda. Im Trainingslager versuchen die Ausbilder, Charlies eigenwillige Bewegungen dem Exerzierreglement zu unterwerfen – eine komische, zugleich aber hintergründig-unheimliche Satire auf den militärischen Schliff, der hier augenfällig darauf aus ist, die Individualität des Rekruten zu brechen, und zugleich die trotzig-heitere Bestätigung der Unbeugsamkeit des absoluten Individualisten. Auch das Ende – Charlie nimmt den deutschen Kaiser gefangen – ist schwerlich ein Beweis vaterländischer Gesinnung, sondern vielmehr der utopische Triumph des Schwachen über die Macht. Daß Charlie hier als amerikanischer, in *The Great Dictator* als deutscher Weltkriegssoldat auftritt, bedeutet gar keinen Widerspruch: er dient jeder Gewalt nur notgedrungen und ist im Grunde staatenlos.

1919-1929

Am Ende des Ersten Weltkriegs waren die Prämissen für die weitere Entwicklung des Films festgelegt. Der Krieg hatte die Märkte der alliierten Länder unter die Herrschaft Hollywoods gebracht. Er hatte den mitteleuropäischen Markt von fremden Einflüssen befreit und den Aufstieg der deutschen Filmindustrie ermöglicht – bis auch diese sich der vordringenden amerikanischen Konkurrenz unterwerfen mußte. Der Krieg hatte schließlich in Rußland die Voraussetzungen für den Aufbau einer sozialisierten und zentralistischen Filmindustrie geschaffen. Nach Überwindung der Kriegsfolgen und »Normalisierung« der wirtschaftlichen Verhältnisse in Europa verfestigte sich die »Makrostruktur« der Weltfilmindustrie: außer der Sowjetunion wurden alle Filmländer mehr oder minder von den Konzernen Hollywoods kontrolliert.

Der Krieg und seine Folgen bestimmten auch die Kunstäußerungen des Films: indirekt durch die Änderungen in der Wirtschaftsstruktur, direkt durch den Eindruck, den sie bei den Filmgestaltern hinterließen. Unmittelbar nach dem Kriege konnte das neutrale Schweden vorübergehend mit seinen elegischen Naturfilmen in den vom Krieg heimgesuchten Ländern Erfolge erzielen. In Deutschland fand in einer Zeit wirtschaftlicher Anarchie das Unbehagen an den politischen Erschütterungen in Visionen des Schreckens Gestalt, ehe die politische und wirtschaftliche Stabilisierung eine Rückkehr zu den Normen des Markts und zu einer sachlichen Attitüde der Gestalter brachte. In Frankreich beteiligte sich, unabhängig vom kommerziellen Filmbetrieb, die Avantgarde an der Revolte der Künstler und Literaten gegen das konventionelle Weltbild, das durch den Krieg dementiert worden war. In der Sowjetunion gestattete eine nicht länger ausschließlich am Konsum orientierte Industrie den revolutionären kommunistischen Filmkünstlern, ihren Entwurf der Revolution auf die Leinwand zu projizieren. In den Vereinigten Staaten hingegen definierte sich zum erstenmal ganz klar das Verhältnis zwischen Kunst und Industrie in der kapitalistischen Filmwirtschaft: Möglichkeiten zur individuellen Formulierung eröffneten sich hier künftighin nur mehr dem naiven Konformisten, dessen Weltsicht sich glücklich mit den Forderungen der Industrie deckt, und fallweise dem Außenseiter des Betriebs.

Die Großen des skandinavischen Films

Nach dem italienischen und dem dänischen Film erlebte der schwedische eine kurze wirtschaftliche und künstlerische Blütezeit. Unmittelbar nach Kriegsende, als deutsche Filme in den bisherigen Feindländern noch nicht willkommen waren, der amerikanische Import erst anlief und die französische Filmwirtschaft sich noch nicht erholt hatte, schlug die Stunde des schwedischen Films, dessen monopolistische Struktur – die *Svensk Filmindustri* war die einzige Firma von Bedeutung – seine Expansion begünstigte. Schon nach zwei Jahren wurde der schwedische Film indessen wieder vom kontinentalen Markt verdrängt. Nachdem sich der quasi-exotische Reiz der nordischen Natur- und Folklore-Filme abgenutzt hatte, wandte sich das Publikum den moderneren, kosmopolitischen Produkten Hollywoods zu, die nun in den Kinos erschienen. Einige teure, auf den Export ausgerichtete schwedische Filme erzielten nicht die erwartete Wirkung und verschärften die Krise. 1923 ließ sich Victor Sjöström, 1926 Mauritz Stiller nach Hollywood engagieren. Der Verlust ihrer renommiertesten Regisseure verurteilte die *Svensk Filmindustri* auf Jahre hinaus zur Bedeutungslosigkeit. Erst der Zweite Weltkrieg, der sich wirtschaftlich ähnlich auswirkte wie der Erste, führte zu einer Renaissance des schwedischen Films.

Victor Sjöström

Von den beiden Meistern des schwedischen Stummfilms blieb Sjöström den Grundlagen skandinavischer Kultur, dem Bauerntum, der Natur und der Folklore, stärker verbunden als Stiller, der sich auch dann als moderner Städter und kosmopolitisch eingestellter Bürger erwies, wenn er Themen aus der Vergangenheit abhandelte.

Victor Sjöström (1879–1960), Sohn einer Schauspielerin und eines bankrotten Fabrikerben, war auf Wanderbühnen aufgetreten und hatte am Theater von Göteborg inszeniert, als Charles Magnusson, der Gründer der *Svensk Filmindustri*, auf ihn aufmerksam wurde und ihn als Darsteller und Regisseur engagierte. Seine frühen Filme – zwischen 1912 und 1915 drehte er neunundzwanzig – scheinen zumeist an den zeitgenössischen Erfolgen der dänischen Schule orientiert gewesen zu sein, doch hielt dieser Einfluß nicht vor.

Der Zyklus der Hauptwerke Sjöströms beginnt mit *Terje Vigen* (1916), nach einer Ballade von Ibsen. Fast der ganze Film spielt auf dem Meer: Ein Fischer von der norwegischen Küste versucht während der englischen Festlandsperre gegen Napoleon für seine hungernde Familie Lebensmittel aus Dänemark zu beschaffen. Sein Boot wird aufgebracht und er selbst eingekerkert; als er heimkehrt, ist seine Familie verhungert. Nachdem er Jahre in stummem Haß auf einer Felseninsel gelebt hat, bietet sich ihm im Sturm die Chance zur Rache an dem Verderber seiner Familie, dem englischen Kapitän – doch er nutzt sie nicht. Zum erstenmal erschloß Sjöström dem Film die Natur als Reservoir einer spezifischen Metaphorik. Natur erscheint hier nicht als bloßer Hintergrund, sondern als mystisches Geschehen, analog dem Schicksal des Helden. Handlung und Milieu verbanden sich zu atmosphärischer Einheit. Der Sturm, der niedrige Flug der Möwen, die Starrheit des Felsens – sie erscheinen als unmittelbarer Ausdruck dessen, was dem Helden widerfährt und was er selbst empfindet.

In *Berg-Eyvind och hans hustru* (Berg-Eyvind und seine Frau, 1917) übernahm die Landschaft die Funktion, die in *Terje Vigen* das Meer hatte. Eine Bäuerin im Norden Islands liebt einen Vagabunden. Als bekannt wird, daß dieser wegen eines Verbrechens gesucht wird, flüchtet sie mit ihm in die Berge; immer neue Gefahren drohen ihnen, vor denen sie sich in immer rauhere Regionen zurückziehen; schließlich kommen sie in einem Schneesturm um. Die Vegetation wird karger, das Klima härter, je schlimmer das Schicksal den Liebenden mitspielt, bis die Elemente sie ganz verderben.

In den beiden von ihm realisierten Teilen einer Trilogie nach Selma Lagerlöfs Roman *Jerusalem in Dalekarlien* (den dritten Teil drehte Gustav Molander), *Ingmarssönerna* (Die Ingmarssöhne, 1918) und *Karin Ingmarsdotter* (Karin vom Ingmarshof, 1919) benutzte Sjöström auch Kunstlicht dazu, eine fatalistische Atmosphäre zu schaffen, ebenso in *Klostret i Sendomir* (Das Kloster von Sendomir, 1919 nach einer Novelle von Grillparzer); diesen Film drehte er ganz im Atelier, um auch die Bauten phantastischer Stilisierung unterwerfen und die Lichtführung vollkommen kontrollieren zu können. Übernatürliche Kräfte, in den früheren Filmen symbolisch gegenwärtig, treten hier und vor allem in *Körkarlen* (Der Fuhrmann des Todes, 1920), dem renommiertesten Film Sjöströms, konkret ins Bild. In diesem Film erscheint in Doppelbelichtung ein Geisterkarren, der, den gewöhnlichen Sterblichen unsichtbar, die Seelen der Gestorbenen abholt; und die Schemen des Fuhrmanns und der Toten wandeln zwischen den Lebenden umher. Mittelalterliche Legendenthematik projiziert Sjöström hier in zeitgenössisches proletarisches Milieu hinein. In mittelalterlichem Gewand und leicht abgewandelt erscheint das Thema von *Berg-Eyvind och hans hustru* in *Vem dömer?* (Wer richtet?, 1921) wieder: Ein Mädchen wird als Hexe verfolgt, weil man sie verdächtigt, ihren alternden Mann vergiftet zu haben, um mit ihrem jungen Geliebten leben zu können.

1922 ließ Sjöström sich von der *Metro-Goldwyn-Mayer* nach Hollywood engagieren. In mehreren der zehn Filme, die er dort bis 1929 drehte, kehrte Sjöström zum Naturmystizismus seiner früheren Filme zurück, vor allem in *The Wind* (Der Wind, 1928). Hier wird ein verwöhntes Stadtmädchen in den rauhen Westen verschlagen; zum Symbol ihres bitteren Geschicks wird der Sandsturm, der jedes Jahr für Monate den Ort von der Welt abschließt.

Nachdem Sjöström 1929 nach Schweden zurückgekehrt war, betrat er, gleich Stroheim, nunmehr als Schauspieler ein Filmstudio – zuletzt in der Rolle des Professors in Ingmar Bergmans *Wilde Erdbeeren*.

Mauritz Stiller

»Stiller war der geringere Künstler, und seine Hervorbringungen waren ungleich, wenn auch einige bemerkenswerte Werke darunter sind. Während Sjöström seine Filme von innen heraus konzipierte, sein Gefühl durch Vertiefung des Konflikts und Intensivierung des Anteils der Schauspieler ausdrückte, bediente sich Stiller der äußerlichen Mittel von Kameraarbeit und Schnitt, um viele seiner Effekte zu sichern« (Forsyth Hardy [1]). Eine von idealistischer Ästhetik bestimmte Filmgeschichtsschreibung hat Stiller den zweiten Platz im klassischen schwedischen Film zudiktiert. In Wirklichkeit repräsentieren Sjöström und Stiller aber zwei diametral gegensätzliche Regisseurtypen.

Mauritz Stiller (1883–1928), Sohn eines russischen Militärmusikers, begann wie Sjöström als Bühnenschauspieler und -regisseur und wurde wie dieser 1912 von Magnusson engagiert. Auch Stiller begann mit mondänen Lustspielen im dänischen Stil; Titel wie *De svarta maskerna* (Schwarze Masken, 1912), *Vampyren* (1912) oder *Mannekängen* (1913) sprechen für sich. Während aber in Sjöströms späteren Filmen diese Schule keine Spuren hinterließ, setzte Stiller in mehreren Werken die dänische Tradition fort. Zu seinem Hauptwerk in diesem Genre und vielleicht zu seinem besten Film geriet *Erotikon* (1920). Ein junger Biologieprofessor, seine Frau (die er vernachlässigt), seine Nichte (sie ist ihm nicht gleichgültig), ein Flieger und ein Bildhauer (beide Verehrer der Ehefrau) sind die Partner eines erotischen Bäumchen-wechsle-dich-Spiels. Die frivol sich gebende Marivaudage deckt sarkastisch die mangelnde Liebesfähigkeit der Männer auf. Der bombastische Dekor der Bürgerwohnung, den Sadoul[2] zu Unrecht mit dem »Kosmopolitismus der Hotelpaläste und der Schlafwagen« in Hollywood-Filmen gleichsetzt, kontrastiert ironisch mit der Impotenz seines Besitzers: allenthalben stehen Gegenstände wie Ritterstandbilder und dergleichen herum, die Virilität simulieren. Die bewegliche Kamera, die elliptische Montage, die mehrfachen Spiegelungen des Geschehens etwa in einer Ballettaufführung konstituieren mit dem Dekor den reflektiven Stil des Films.

In denselben Jahren, in denen er im Genre des ironischen Gesellschaftsstückes exzellierte, bearbeitete Stiller indessen auch, gleich Sjöström, literarische Werke mit folkloristischer Thematik. Aber auch in *Sangen om den eldröda blomman* (Das Lied von der feuerroten Blume, 1918), einer in den finnischen Wäldern spielenden Geschichte, hält er der männlichen Attitüde gegenüber dem weiblichen Geschlecht einen Spiegel vor: Ein rustikaler Don Juan muß schließlich die Schalheit seiner Abenteuer erkennen, als er der Liebe begegnet. Drei von Stillers Hauptwerken gehen auf Romanvorlagen der Selma Lagerlöf zurück: *Herr Arnes pengar* (Herrn Arnes Schatz, 1919), *Gunnar Hedes Saga* (1922) und *Gösta Berlings Saga* (1924). Vor allem *Herrn Arnes Schatz* markiert die Gegensätzlichkeit der künstlerischen Temperamente Sjöströms und Stillers. Der Film spielt im 16. Jahrhundert und berichtet von der Liebe eines Mädchens, Elsalill, zu einem schottischen Söldnerhauptmann, der, wie sie schließlich erfährt, ihren Vater erschlagen hat. Sie sühnt ihre Liebe mit dem Tod. Im Gegensatz zu Sjöström, der das Geschehen seiner Filme von Anfang an in ein Tragik suggerierendes Helldunkel taucht, jede Einstellung lange festhält und den Dekor über die Menschen dominieren läßt, wendet Stiller auch hier einen dynamischen Erzählstil an; Kamerabewegungen und rascher Schnitt lassen die Einstellung nie zum »schönen Bild« gerinnen – bis zur Schlußsequenz mit dem grafisch strukturierten Bild von Elsalills Leichenzug; hier scheint der Schmerz die Bewegung erstarren zu lassen.

Sjöströms Filme stellen die Entfaltung einer einheitlichen Haltung und eines identischen Regieentwurfs dar; sie sind Ausdruck eines subjektiven Lebensgefühls, dem sie die Realität unterwerfen. Stillers Filme dagegen führen einen ständigen Dialog mit dem Objekt, ob dieses, wie in *Erotikon*, der zeitgenössischen Wirklichkeit entstammt oder, wie in den Lagerlöf-Adaptationen, literarisch fixierte Vergangenheit ist.

In seinem letzten schwedischen Film, *Gösta Berlings Saga*, hatte Stiller der jungen Greta Garbo die Rolle gegeben, die ihre Karriere begründete. In ihrem mehrdeutigen melancholischen Reiz, der die Identifizierung ausschließt und den Zuschauer zugleich anzieht und fernhält, blieb die Garbo das Werk Stillers. Wenn Balázs[3] in Garbos Schönheit den »Kummer der Fremdheit und Einsamkeit« sah und sie als »oppositionelle Schönheit« definierte, so traf er damit auch Stiller. Dessen eigene Regiearbeit in den letzten fünf Jahren seines Lebens wurde aufgezehrt von seinem Dienst am »Mythos« der Garbo. Stiller ging mit seinem Star zunächst nach Berlin, wo er mit ihr eine Rolle in Pabsts *Die freudlose Gasse* einstudierte, dann nach Hollywood. Seinen ersten dort gedrehten Film beendete ein anderer Regisseur, zwei weitere trugen ebenfalls nicht zu seiner Reputation bei. Er starb 1930.

Carl Theodor Dreyer

Der bedeutendste dänische Regisseur drehte seinen ersten Film genau zu der Zeit, als die wirtschaftliche Blüte des dänischen Films zu Ende ging. So kam es, daß von dreizehn Spielfilmen, die er zwischen 1918 und 1954 realisierte, nur fünf als dänische Produktionen firmieren, je drei als schwedische und deutsche und je einer als französische und norwegische. In der Filmgeschichte jedes ihrer Entstehungsländer nehmen sie sich jedoch gleich fremdartig aus; fast jeden dieser Filme könnte man sich auch in einem anderen Lande entstanden denken. Ebenso würde es schwerfallen, sie nach einem inneren Zeitbezug zu datieren. Sie haben nur an der individuellen Geschichte ihres Autors teil, der wie wenige den Zeitströmungen seine Gefolgschaft verweigerte.

Carl Theodor Dreyer (geb. 1889), früh verwaist, von Adoptiveltern aufgezogen, zeitweilig Angestellter in einem Telegrafenamt, dann Journalist (Theaterkritiker und Flugsportreporter), wurde 1912 von der *Nordisk* als Redakteur für Zwischentitel und bald auch als Drehbuchautor engagiert. In den nächsten Jahren arbeitete er auch als Cutter, bis ihm 1918 die erste Regie übertragen wurde.

In den ersten acht Jahren seiner Regietätigkeit drehte Dreyer acht Filme, in weiteren drei Jahrzehnten nur fünf – von einigen Kurzfilmen abgesehen. Die acht frühen, in schneller Folge entstandenen Filme bezeichnen Dreyers Lehr- und Experimentierzeit. Sie weisen deutlich Einflüsse anderer Regisseure auf, Griffiths, Sjöströms, Stillers, Murnaus, deren eingehendes Studium schon frühe Aufsätze des Regisseurs bezeugen – wohingegen Dreyer sich später jahrelang nicht einen Film mehr ansah.

Kaum einer dieser frühen Filme läßt völlig indifferent; Thematik und Stilzüge der späteren Werke sind auf mannigfache Weise in ihnen angelegt. In seinem ersten Film *Praesidenten* (Der Präsident, 1920) arbeitete Dreyer bereits mit Laiendarstellern, die er nach ihrer Physiognomie auswählte; »Typage« im Sinne der späteren Russenfilme wandte er weiter in *Blade af Satans Bog* (Blätter aus Satans Buch, 1920), *Prästänkan* (Die Pastorswitwe, 1920) und *Die Gezeichneten* (1922) an, in denen er finnische und norwegische Bauern sowie Schauspieler des moskauer jüdischen Theaters einsetzte. Ebenfalls hat der Dekor in *Satans Buch* und *Die Pastorswitwe*, aber auch in *Michael* (1924) und *Du skal aere din hustru* (Du sollst deine Frau ehren, 1925) ähnliche Funktion wie in den späteren Filmen. Er zeichnet sich durch Authentizität aus, zugleich aber dient er der Intensivierung der psychischen Konflikte; abgesetzt gegen weiße Mauern, abstrahiert von ihrer Umgebung, erscheinen die Gesichter der Helden bereits in *Satans Buch*. Die charakteristischen dreyerschen Großaufnahmen kommen schon in *Der Präsident* vor, später auch die Fahrtaufnahmen, die in unregelmäßigem Tempo und wechselnder Richtung Gruppenszenen in kontinuierliche Folgen examinierender Großaufnahmen auflösen. »Die besten amerikanischen Filme haben drei wesentliche Elemente gebracht: die Naheinstellung, die Ausarbeitung der Typen und den Realismus«, schrieb Dreyer[4] 1920 – er kennzeichnete damit die Stilelemente, die er selbst bevorzugen sollte.

Ebenso skizzieren die frühen Filme bereits die Themen der späteren: Die Leiden der Verfolgten sind das Thema von *Satans Buch* mit seinen vier Episoden (angeregt von Griffiths *Intolerance*) über die Passion Christi, die Inquisition, die Französische Revolution von 1789 und die russische von 1917, und von *Die Gezeichneten*, einer Geschichte aus der russischen Revolution von 1905. Der Teufel, unsichtbare Hauptperson der späteren Filme, erscheint leibhaftig in *Satans Buch* als Pharisäer, Großinquisitor, Jakobiner und Bolschewik. Hexerei und sexuelle Obsession sind Themen einer Episode von *Satans Buch*, wie auch von *Die Pastorswitwe* und *Michael*.

Die Melodie, die er in seinen ersten acht Filmen anschlug, orchestrierte Dreyer in vier seiner fünf weiteren Filme, die sein eigentliches Œuvre bilden: in *La Passion de Jeanne d'Arc (Die Passion der heiligen Johanna*, 1928), *Vampyr* (1932), *Vredens dag – Dies irae* (Tag des Zorns, 1943) und *Ordet* (Das Wort, 1954).

Ein Thema beherrscht Dreyers Welt vor allem: das Leiden. Er sieht es nicht negativ; es bedeutet für ihn die Teilnahme des Menschen an den Leiden Christi. Ihnen widmete er ausdrücklich die erste Episode seines frühen Films *Blätter aus Satans Buch*; sie sind Gegenstand seines letzten, noch nicht realisierten Projekts. An den Leiden Christi partizipieren die Märtyrer, seine Jeanne d'Arc, der Arzt in *Vampyr*, der in einer Mühle im Mehl erstickt, Anne, die »Hexe« in *Dies irae*, die wie Johanna verbrannt wird, Inger, die junge Witwe in *Ordet*, die nach einer Fehlgeburt stirbt. Der christliche Bezug ist offensichtlich in *Jeanne d'Arc*, *Dies irae* und *Ordet*. Nur in *Vampyr* ist er verdeckt, der Film gibt sich als Gruselstory in der Tradition E. Λ. Poes. Es ist ein persönliches Christentum, das der Vermittlung durch die Kirche nicht bedarf, ja fast immer in Opposition gegen sie mündet – der Einfluß Kierkegaards, den der Held von *Ordet* zitiert, wirkt unverkennbar in Dreyers Werk. Die Theologen und Kirchenfürsten in *Jeanne d'Arc*, die Inquisitoren in *Dies irae*, die Frommen in *Ordet* sind Agenten des Bösen. In *Ordet* ist derjenige, der das »Wort« spricht und Inger vom Tode erweckt, ein von allen verlachter Irrer, der sich für Christus hält und »die Kirche, die mich in meinem eigenen Namen getötet hat«, verdammt; nur weil ein Kind an das Wunder glaubt, kann er es tun. Das Böse ist eine ebenso reale Kraft wie das Gute; Satan selbst ist der Held des frühen Mysterienfilms, unsichtbar ist er in allen großen Filmen Dreyers anwesend. Gerade derer bemächtigt er sich vorübergehend, die im Leiden Schwestern Christi werden: der Hexen und der Heiligen, die auf den Scheiterhaufen der Inquisition verbrannt werden. Die Szene in *Vampyr*, in der ein unschuldiges junges Mädchen selbst momentan vom Blutdurst ergriffen wird, ehe es fassungslos zusammenbricht, hat eine Parallele in *Jeanne d'Arc*, der vorübergehenden Umkehr Johannas.

Dreyers Stil, der in *La Passion de Jeanne d'Arc* seine Vollendung erfuhr, ist ein Stil der Zeugenschaft. Die Seele der Helden wird der Kamera preisgegeben; man könnte von einem Dokumentarfilm über die Seele sprechen. Das Gesicht als Spiegel der Seele ist Dreyers wichtigstes Gestaltungsmittel. »Schauspieler sollten nach ihrer geistigen Ähnlichkeit mit dem Charakter, den sie spielen sollen, ausgewählt werden, so daß man die Seele eines Menschen durch seinen Gesichtsausdruck erkennen kann«, forderte Dreyer wiederholt[5]. Seine Darsteller suchte sich Dreyer auf ähnliche Weise aus wie die frühen Neorealisten: wie Rossellini später die Varieté-Schauspielerin Magnani, so wählte Dreyer eine Tingeltangel-Actrice, die unbekannte Maria Falconetti, für eine tragische Rolle, die der heiligen Johanna. Ein russischer Kaffeehausbesitzer spielte einen Kerkermeister, ein Aktmodell das unschuldige Opfer in *Vampyr*.

Wie in einigen seiner frühen Filme suchte Dreyer für seine späteren »historischen« Filme entweder einen Dekor, der etwa die Züge des 17. Jahrhunderts weitgehend bewahrt hatte (die Kirche von Vordingborg und die Keller des Schlosses von Dronninglund in *Dies irae*), oder er ließ die komplette Szenerie nach historischen Vorlagen wiederherstellen (die Burg von *Jeanne d'Arc* nach dem *Livre des Merveilles* von 1400), wie er auch für die Handlung und die Zwischentitel von *Jeanne d'Arc* auf die Gerichtsprotokolle und nicht auf literarische Versionen zurückgriff.

Daß solche Authentizität nicht den unmittelbaren Zugang zum seelischen Geschehen verstellt oder dieses in historische Ferne rücken läßt, bewirken die vielgerühmten und -gelästerten Großaufnahmen, die in *Jeanne d'Arc* dominieren und in *Dies irae* eine bedeutsame Funktion haben. Sie lassen als unmittelbare Gegenwart erscheinen, was in der Distanz der Totale einen historischen Aspekt gewinnen würde. Dreyer selbst komponierte *Ordet* vornehmlich in Totalen und verzichtete hier ganz auf den Gebrauch der Großaufnahme. Jene langen horizontalen Kamerafahrten, die in *Jeanne d'Arc* die Gesichter der Ritter abtasten, kehren hier wieder in den Totalen, die das zeitgenössische bäuerliche Milieu dieses Films ausmessen. So wie Dreyer das Entlegene dem Zuschauer als vertraut erscheinen läßt, so »verfremdet« er das Vertraute: Gesichter, in *Jeanne d'Arc* gegen weiße Mauern gesetzt, erscheinen so fremd wie die Bauernstuben von *Ordet* samt ihren Bewohnern, eine kalte, erstarrte Welt. »Stellen Sie sich vor, wir sitzen in einem gewöhnlichen Raum«, erklärte Dreyer[6] einem Besucher während der Dreharbeiten zu *Vampyr*, »plötzlich erfahren wir, daß hinter der Tür eine Leiche liegt. In einem Augenblick ist der Raum, in dem wir sitzen, völlig verwandelt; alles in ihm hat ein anderes Gesicht bekommen; das Licht, die Atmosphäre haben sich geändert, obwohl sie physisch dieselben sind. Dies ist so, weil wir uns geändert haben und die Objekte sind, wie wir sie begreifen. Das ist der Effekt, den ich in meinem Film zu erzielen wünsche.« Es ist die Nähe des Numinosen, des göttlichen Leidens, des Todes, des Wunders, die in Dreyers Filmen die Realität fremd erscheinen läßt, die seinen Realismus charakterisiert.

Nur außergewöhnliche Umstände gaben Dreyer nach *La Passion de Jeanne d'Arc* noch Gelegenheit, einen Spielfilm zu drehen. Streitigkeiten mit dem Produzenten seines letzten Stummfilms veranlaßten ihn, sein nächstes Werk außerhalb der Filmwirtschaft zu realisieren. *Vampyr* entstand in Deutschland unter Produktionsbedingungen, wie sie bei Experimentalfilmen üblich sind. Ein adliger Mäzen, der selbst eine Hauptrolle übernahm, finanzierte ihn, ähnlich wie der Gönner Buñuels und Cocteaus deren gleichzeitige Erstlingswerke. Der kommerzielle Fehlschlag des Unternehmens verstellte Dreyer diesen Weg für die Zukunft. Er arbeitete lange Zeit wieder in Kopenhagen als Reporter, ehe eine staatliche Stelle ihm Dokumentarfilme in Auftrag gab, die ihm das Vertrauen seines einstigen dänischen Produzenten aus den zwanziger Jahren zurückgewannen. So entstand *Dies irae*, der nach seinem abermaligen Mißerfolg Dreyers letzter dänischer Film für wiederum elf Jahre wurde. Ein schwedischer Produzent gab ihm den Zwei-Personen-Film *Tva människor* (Zwei Menschen, 1945) in Auftrag, zwang ihm aber eine unerwünschte Besetzung auf. Der Film verschwand sofort nach seiner Premiere in den Archiven. Später sicherte ein Kino, das der dänische Staat ihm in Regie gab, Dreyers Unterhalt. Das seit vielen Jahren von ihm verfolgte Projekt eines Christus-Films konnte er immer noch nicht realisieren.

Deutschland: Expressionismus und Neue Sachlichkeit

Unmittelbar nach dem Ende des Ersten Weltkriegs erlebte der deutsche Film eine kurze wirtschaftliche Scheinblüte. Die Entwertung der Mark ermöglichte es, deutsche Filme im Ausland zu praktisch konkurrenzlosen Preisen anzubieten, und nahm umgekehrt ausländischen Produzenten den Anreiz, nach Deutschland zu exportieren. Zu dieser Zeit genügte die Summe, die ein deutscher Film in der Schweiz einspielte, um seine Herstellungskosten zu amortisieren[7]. Diese ungewöhnliche Situation ermunterte einerseits eine Unzahl von Spekulanten, sich im Filmgeschäft zu betätigen; andererseits begründeten in dieser Zeit einige Großfirmen ihre Vormachtstellung. Das Nebeneinander weniger Konzerne mit großem Aktienkapital und einer großen Zahl kapitalschwacher Firmen charakterisierte die deutsche Filmwirtschaft bis zur zwangsweisen Konzentration durch die Nationalsozialisten. Der stärkste Produktions-Verleih-Theater-Konzern blieb die 1917 gegründete *Ufa*, die nach Kriegsende ganz in die Hand der Deutschen Bank geriet. Neben ihr konnten sich nur wenige Konzerne, wie *Decla-Bioscop*, *Emelka*, *Phoebus* und *Terra*, behaupten, und auch diese teilweise nur kurze Zeit, wie die *Decla-Bioscop*, die von der *Ufa* übernommen wurde. 1922 erreichte die Scheinblüte ihren Höhepunkt: in diesem Jahr wurden in Deutschland vierhundertvierundsiebzig lange Spielfilme hergestellt, eine Zahl, die hier später nie wieder erreicht und zur selben Zeit nur in den Vereinigten Staaten übertroffen wurde.

Die Stabilisierung der Mark beendete schon im folgenden Jahr die Konjunktur. Sie normalisierte die Produktionsbedingungen und war auch der Grund dafür, daß amerikanische Unternehmer sich für den deutschen Markt zu interessieren begannen. Die einheimischen Unternehmer zeigten sich der ausländischen Konkurrenz nicht gewachsen. Die Reichsregierung suchte ihr durch einen Erlaß zu begegnen, demzufolge nicht mehr Filme zur Einfuhr freigegeben werden durften, als in Deutschland produziert wurden. Dem antworteten die amerikanischen Gesellschaften durch die Herstellung von »Kontingentfilmen«, die als deutsche Produkte firmierten. Am schwersten litten die Konzerne, voran die *Ufa*, unter der Konkurrenz. 1926 sah diese sich gezwungen, bei den amerikanischen Konzernen *Metro-Goldwyn-Mayer* und *Paramount* ein Darlehen von vier Millionen Dollar aufzunehmen. Als der Niedergang des Unternehmens auch dadurch nicht aufzuhalten war, beteiligte sich der *Hugenberg-Konzern* an seiner Sanierung und brachte es ganz in seine Hand. Er führte die *Ufa* in der Folgezeit weniger nach wirtschaftlichen als nach politisch-publizistischen Gesichtspunkten und brachte sie als eines der wirksamsten Propagandainstrumente ins »Dritte Reich« ein.

Im deutschen Film der zwanziger Jahre zeigte sich, was später mannigfach Bestätigung erfahren sollte: daß Krisenzeiten der künstlerischen Betätigung des Mediums größere Chancen bieten als Perioden der Konsolidierung und Sekurität. Aufstieg und Niedergang der deutschen Filmkunst korrespondieren mit der wirtschaftlichen, gesellschaftlichen und politischen Entwicklung. Zwischen 1919 und 1923 gestatteten es die außergewöhnlichen Verhältnisse aufgeschlossenen Produktionschefs, wie Erich Pommer von der *Decla-Bioscop*, ohne wesentliches Risiko künstlerische Experimente zu wagen. Nach der Stabilisierung der Mark finanzierten die großen Gesellschaften »Kunst« nurmehr in Gestalt schauprächtiger Repräsentationsfilme. Vereinzelt gaben ausländische Gesellschaften im Rahmen ihres »Kontingents« deutschen Regisseuren Gelegenheit, billige Experimente durchzuführen. Die wenigen künstlerisch ambitionierten Filme der zweiten Hälfte des Jahrzehnts wurden zur Mehrzahl von kleinen Gesellschaften, wie der *Nero*, der *Prometheus* und dem *Studio 29*, produziert. Bei der *Ufa* verdrängten spätestens nach ihrer Übernahme durch den *Hugenberg-Konzern* politische und wirtschaftliche Erwägungen jegliches künstlerische Verantwortungsbewußtsein.

Der historische Ausstattungsfilm und Ernst Lubitsch

Bald nach ihrer Gründung erhob die *Ufa* ein Genre zu ihrer Spezialität, dem sie bis zu ihrer vorläufigen Liquidierung 1945 ihre besondere Pflege angedeihen ließ: den historischen Ausstattungsfilm. Angeregt von den Erfolgen, die die Italiener mit *Cabiria* und *Quo vadis?* erzielt hatten, entschieden sich die *Ufa*-Direktoren, mit ähnlichen Filmen einen Vorstoß auf dem Weltmarkt zu unternehmen. Wirtschaftliche Überlegungen hatten dabei noch den Vorrang vor politischen: die publizistischen Möglichkeiten, die im »Großfilm« angelegt waren, erkannte man bei der *Ufa* erst später.

Die Regisseure, die mit der Inszenierung von »Großfilmen« betraut wurden, waren keineswegs auf das Vorbild der Italiener angewiesen. Im zeitgenössischen Theater, bei Max Reinhardt, bot ihnen das eigene Land eine Inspirationsquelle. Das chorische Arrangement der Komparserie und die dynamisch wechselnden Helldunkelkontraste ließen sich direkt in den Film übernehmen. Regisseure wie Dimitri Buchowetzki *(Danton*, 1920, *Othello*, 1922), Richard Oswald *(Lucrezia Borgia*, 1922, *Carlos und Elisabeth*, 1924) und Richard Eichberg *(Monna Vanna*, 1922) verließen sich fast gänzlich auf Anregungen, die sie von reinhardtschen Bühneninszenierungen empfingen.

Von den Kolossalfilmregisseuren um 1920 bewies nur Lubitsch Individualität. Ernst Lubitsch (1892–1947) war unter Reinhardt als Schauspieler aufgetreten, hatte aber schon früh den Weg zum Film gefunden. Als Darsteller wie als Regisseur spezialisierte er sich zunächst auf komische Volksstücke, wie *Schuhsalon Pinkus* (1916) und *Das fidele Gefängnis* (1917). Nach der Gründung der *Ufa* gewann ihn einer der Generaldirektoren, Paul Davidson, für die Regie von »Großfilmen«. Noch während des Krieges entstanden *Die Augen der Mumie Ma* (1918) und *Carmen* (1918) – beiden fehlte die historische Thematik seiner späteren Filme. Ihnen folgten *Madame Dubarry* (1919), *Anna Boleyn* (1921) und *Das Weib des Pharao* (1922). Dazwischen kehrte Lubitsch mit *Die Austernprinzessin* (1919) und *Kohlhiesels Töchter* (1920) zum Lustspiel zurück und versuchte sich in *Die Puppe* (1919), *Sumurun* (1920) und *Die Bergkatze* (1921) an phantastischen Themen und stilisierten Dekors.

Trotz ihrer thematischen Verschiedenheit spricht aus allen Lubitsch-Filmen die Person ihres Schöpfers. Lubitsch sah in den Ausstattungsfilmen weniger eine Gelegenheit zu monumentaler Stilisierung als zur Demonstration menschlicher Schwächen – eine Tendenz, die er in allen seinen weiteren Filmen verfolgte und später in Amerika zur Vollkommenheit entwickelte. Weltgeschichte schilderte er aus der Schlüssellochperspektive. In *Madame Dubarry* deutete er die Französische Revolution als Resultat privater Eifersüchteleien am Hof Ludwigs XV.; das Thema für *Anna Boleyn* war gleich so gewählt, daß Geschichte unterm Aspekt erotischer Pikanterie erscheinen mußte. *Das Weib des Pharao* signalisierte bereits mit dem Titel Lubitschs Attitüde: die Tyrannenherrschaft im alten Ägypten wird im Rahmen einer Liebestragödie abgehandelt. In allen drei Filmen rächt ein beleidigter Tyrann sich an denen, die sich nicht fügen. Das Motiv seiner Rache bleibt, wie das der Revolte gegen ihn, privat: unerwiderte Liebe oder ihre Unterdrückung. Der Tyrann ist in Lubitschs Filmen ein eifersüchtiger kleinbürgerlicher Hahnrei, dem alle nur denkbaren Folterwerkzeuge zur Verfügung stehen. Andererseits strebte Lubitsch in der Darstellung seiner französischen, englischen und ägyptischen Königshöfe nach äußerster Prachtentfaltung. Sein zweideutiges Verhältnis zur Macht offenbart sich vor allem in *Sumurun*, wo die Thematik der Historienfilme im Gewand einer phantastischen Pantomime (Reinhardt hatte sie auf der Bühne mehrmals inszeniert) abgehandelt wird. Eine blutige Moritat um Tyrannei, Eifersucht, Denunziation und Doppelmord lieferte Lubitsch den Vorwand zu einer Ausstattungsrevue mit vielen formalen Arabesken. Lubitschs Spott trifft immer wieder die Vertreter der Herrschaft, ob es sich um die Tyrannen der Geschichte, um amerikanische Wirtschaftsmagnaten, den Klerus und Lehrer (in *Die Puppe*) oder später um Sowjet-Kommissare (in *Ninotchka*) und Gestapo-Agenten (in *To Be Or Not to Be*) handelt. Aber das System der Gewalt wird resignierend akzeptiert; die Unterdrückten begnügen sich damit, ihm ein Schnippchen zu schlagen.

In Deutschland, das er 1922 verließ, fand Lubitsch keine direkten Nachahmer. Die späteren Regisseure historischer Ausstattungsfilme, Arsèn von Cserèpy oder Veit Harlan, zeigen ein eindeutigeres Verhältnis zur Macht.

Vom Expressionismus ...

Die fünf Jahre, in denen Deutschland die Folgen des verlorenen Krieges am schwersten spüren mußte, in denen es von Aufständen und Putschen, militärischen Interventionen, Geldentwertung und Hunger erschüttert wurde – diese fünf Jahre von 1919 bis 1924 waren die künstlerisch reichste Zeit des deutschen Films. Zu dieser Zeit war es »allgemein üblich, auf den deutschen Film zu blicken, um den wahren Gebrauch des filmischen Mediums zu sehen« (Paul Rotha[8]).

Bereits die frühesten künstlerischen Versuche im deutschen Film zeigen die Neigung zur Darstellung »innerseelischer« Vorgänge und deren symbolhafter Objektivierung. Der Schauspieler Paul Wegener (1874–1948), ein Mitglied des Reinhardt-Ensembles wie Lubitsch und Murnau, übertrug romantische Märchenmotive auf die Leinwand. *Der Student von Prag* (1. Fassung, 1913), für den er den Dänen Stellan Rye als Regisseur verpflichtete, führte ein charakteristisches Motiv in den deutschen Film ein: Ein Zauberer handelt einem Studenten dessen Spiegelbild ab; er läßt es einen Mord begehen; man legt ihn dem Studenten zur Last; dieser wird dadurch in den Selbstmord getrieben. Die Identitätsspaltung ist eine Erfahrung, die sich in deutschen Filmen zur Besessenheit steigerte: ein Mensch wird von unsichtbaren Mächten verleitet und vollbringt Taten, für die er sich nicht verantwortlich fühlt. Das Spiegelbild und der Schatten sind die sinnfälligsten Manifestationen dieses »anderen Ichs«, des »Bösen« in der eigenen Seele oder auch des »Es«, des Unterbewußtseins. In *Der Golem* (1. Fassung, 1915), bei dem Wegener selbst mit Henrik Galeen für die Regie zeichnete, graben Bauarbeiter ein mittelalterliches Lehmwesen aus; ein Antiquitätenhändler erweckt es mit einer alten Zauberformel zum Leben; es wird von unerlaubten Neigungen zu der Tochter seines Meisters ergriffen und schließlich wahnsinnig: auch hier die Entfesselung unbekannter Kräfte, die undeutlich als die des eigenen Unterbewußtseins erkennbar sind.

Otto Rippert, ein Regisseur, der sich mit einer populären Detektiv-Serie, *Nick Carter*, hervorgetan hatte, wandelte das Golem-Motiv in seiner *Homunculus*-Serie (1916) ab. Darin entzieht sich gleichfalls ein Kunstwesen seinem Meister, einem Chemiker; es macht sich zum Diktator, terrorisiert das Volk, entfacht einen Weltkrieg und wird erst durch einen Blitzschlag getötet. Expressionistische Dekorationen, wie sie Stellan Rye zum erstenmal in *Das Haus ohne Türen und Fenster* (1914) verwandt hatte, finden in der *Homunculus*-Serie eine Ergänzung durch die Darsteller, die bizarr kostümiert sind und unnaturalistisch-ekstatisch agieren.

Die »klassische Periode« des deutschen Films begann mit dem Auftreten eines Autors, der in ihr eine ähnlich bedeutende Rolle spielen sollte wie Cesare Zavattini im italienischen Neorealismus. Carl Mayer (1894–1944) stammte aus Graz, sein Vater war ein Spieler und Bankrotteur, der sich schließlich selbst das Leben nahm. Mayer betätigte sich als Hausierer, Chorsänger, Statist, Schnellzeichner und Dramaturg. In Berlin begegnete er 1919 dem ehemaligen Offizier Hans Janowitz. Gemeinsam verfaßten sie das Szenarium zu *Das Kabinett des Dr. Caligari* (1920). Seine zahlreichen weiteren Drehbücher verfaßte Mayer allein. Auf Mayers Texten basieren außer *Caligari* Wienes *Genuine* (1920), Leopold Jeßners *Hintertreppe* (1921), Lupu Picks *Scherben* (1921) und *Sylvester* (1923), Arthur von Gerlachs *Vanina* (1922) und *Chronik von Grieshuus* (1925) und Friedrich Wilhelm Murnaus *Schloß Vogelöd* (1921), *Der letzte Mann* (1924), *Tartuffe* (1925) und *Sunrise* (1927). Mayers Drehbücher, in einem eruptiven, expressionistischen Stil abgefaßt, waren bereits präzise Regieentwürfe. »Ein Manuskript von Carl Mayer war bereits ein Film«, äußerte sich der Kameramann Karl Freund [9]. Mayer dachte in den Termini der Filmsprache — er hat daher auch nie etwas anderes verfaßt als Drehbücher. Die meisten Errungenschaften des deutschen Stummfilms auf dem Gebiet der Kameraführung gingen auf seine Initiative zurück. Er schrieb in ständigem Kontakt mit den Technikern, denen er immer neue komplizierte Manöver abverlangte. Dabei blieb er doch der einsichtigste Kritiker des von ihm begründeten Stils. Nachdem er *Panzerkreuzer Potemkin* gesehen hatte, arbeitete er nur noch sporadisch an Spielfilmszenen mit. Chancen für den künftigen Film erblickte er nun in der Anwendung russischer Montageprinzipien auf dokumentarisches Material. Die Anregung zu *Berlin, Symphonie einer Großstadt*, ging auf ihn zurück. Nach England emigriert, assistierte Mayer beim Schnitt von Dokumentarfilmen, so bei Paul Rothas *World of Plenty*.

Das Drehbuch zu *Das Kabinett des Dr. Caligari* beginnt auf einem Jahrmarkt; dort führt ein Schausteller sein Medium Cesare vor. Ein Student, dem Cesare seinen baldigen Tod voraussagt, wird in der folgenden Nacht ermordet; auch auf ein Mädchen wird ein Mordanschlag unternommen. Ein Freund der beiden verfolgt eine Spur und stellt fest, daß der Schausteller mit dem Direktor der Irrenanstalt identisch ist. Dieser wird überführt, seine Patienten, darunter Cesare, durch Hypnose zu einer Serie von Morden verleitet zu haben. Entlarvt und seiner Macht beraubt, verfällt der Direktor selbst dem Wahnsinn.

Nach Siegfried Kracauer [10] war es die erklärte Absicht von Mayer und Janowitz, »die Allmacht der Staatsautorität anzuprangern, die durch Militärdienstpflicht und Kriegserklärungen über Leben und Tod ihrer Untertanen verfügt«. Mit dem Psychiater hätten sie die autoritäre Tyrannei denunzieren wollen; Cesare, das Medium, sei ihnen als der »kleine Mann« erschienen, der der Autorität unbedingten Gehorsam erweist; und der Student Francis sei als Vertreter der Vernunft zu verstehen, die am Ende die »unvernünftige Gewalt« zu besiegen vermöchte. So bemerkenswert wie diese Absicht der Autoren ist der Umstand, daß sie glaubten, sie in die Form einer psychopathologischen Fabel fassen zu müssen. Tyrannische Macht wird nicht in ihrer konkreten gesellschaftlichen Gestalt vorgestellt, sondern verschlüsselt als geheimnisvolles Wesen, das über magische Kräfte verfügt, im Dunkeln wirkt und selbst unter einem psychotischen Zwang steht. Erich Pommer, Direktor der *Decla-Bioscop*, und der Regisseur Robert Wiene umgaben (auf Anregung von Fritz Lang, der ursprünglich als Regisseur vorgesehen war) die Geschichte von Mayer und Janowitz noch mit einem Rahmen: Dieser stempelte den Widersacher Caligaris zum Verrückten, der dem in Wahrheit philanthropischen Anstaltsleiter die ganze Geschichte nur angedichtet hat. Kracauer[11] glaubt, daß man dadurch einen »revolutionären« in einen »konformistischen« Film verwandelt habe. Die Operation konnte aber nur deshalb so reibungslos glücken, weil ihr der ursprüngliche Entwurf entgegenkam: Weil auch die eigentliche Handlung »im Dunkel der Seele« (Rudolf Kurtz[12]) spielte, paßte sie sich widerstandslos der Rahmenhandlung ein.

Für die Gestaltung der Dekorationen hatten Mayer und Janowitz Alfred Kubin vorgeschlagen, den Vorläufer und Verwandten der Surrealisten. Auch dieser Vorschlag zeigt, wie sehr die beiden Autoren selbst Gefangene jenes Zwanges waren, gegen den sie vorgeblich zur Revolte aufrufen wollten. Schwerlich eignete Kubins von Weltangst erfüllten Gespenstervisionen und Wahnsinnsszenen die Kraft, befreiende Impulse zu vermitteln. Auch die drei Maler des *Sturm*, Hermann Warm, Walter Röhrig und Walter Reimann, die an Kubins Stelle verpflichtet wurden, schufen einen Dekor, der das Geschehen eher als einen Alptraum denn als revolutionäre Parabel auf soziale Mechanismen erscheinen läßt. Der Boden ist mit Dreiecken bemalt, die wie gebieterische Wegweiser wirken; Ackerschollen und Giebel dringen auf den Passanten ein und treiben ihn weiter; der Himmel bildet eine bleiche Fläche, von der sich bizarre kahle Bäume wie drohende Signale abheben. Von den Darstellern tragen nur Werner Krauß und Conrad Veidt, als Caligari und Cesare, der expressionistischen Konzeption Rechnung, indem sie »machtvoll auf eine metaphysische Konzeption hin spielen« (Rudolf Kurtz[13]).

Es fehlte in den zwanziger Jahren nicht an Versuchen, *Caligari* nachzuahmen: Robert Wiene selbst bediente sich in *Genuine* (1920), *Raskolnikoff* (1923) und *Orlacs Hände* (1924) expressionistischer Dekors, Kostüme und Darsteller, ebenso Karl Heinz Martin in *Von morgens bis Mitternacht* (1920), Hans Kobe in *Torgus* (1920), Fritz Lang in *Dr. Mabuse, der Spieler* (1922) und Paul Leni in *Wachsfigurenkabinett* (1924). Keiner dieser Filme erreichte indessen sein Vorbild. Expressionistische Formen degenerierten zum bloßen Ornament; es gelang ihnen nicht, die Vorstellung einer dreidimensionalen Welt hervorzurufen; naturalistisch spielende Darsteller stempelten den Dekor zur Kulisse. *Das Kabinett des Dr. Caligari* selbst ist nicht frei von diesen Mängeln. Wirklich sind es nur einzelne Szenen und Einstellungen, die auf die Dauer die Geschlossenheit der Vision bewahrt haben. Merklich tritt in den übrigen Passagen des Films das Künstliche, Fabrizierte hervor. Die aus der Malerei übernommenen Formen verraten ihre Herkunft und lassen sich nicht in eine Einheit mit den Darstellern, mit Kamera und Schnitt zwingen.

Andererseits finden sich Elemente des *Caligari*-Stils modifiziert in zahlreichen

Filmen wieder, abgelöst vom Vorbild des malerischen Expressionismus und in einer dem visuellen Wirklichkeitseindruck angenäherten Form. Die gemalten Schatten aus *Caligari* kehren wieder in den realen — einen gibt es ja auch in diesem Film schon: Als Cesare das Mädchen ermorden will, sieht man von ihm zunächst nur seinen übergroßen Schatten, der auf die Schlafende fällt. Kein anderes Motiv des Films hat so sehr Schule gemacht wie dieses. Den Signalcharakter der Giebel, Bäume, Ackerschollen und Schatten, der Dreiecke und gezackten Linien haben spätere Regisseure hervorzurufen gewußt, ohne zu gemalten Dekorationen ihre Zuflucht zu nehmen. Was von *Caligari* im deutschen Film der folgenden Jahre lebendig blieb, ist das Bestreben, Umwelt als objektivierten Ausdruck von »Seele«, Gefühl und Stimmung erscheinen zu lassen.

Auch die Faszination durch das Bild des Übermenschen dauerte im deutschen Film fort, solange die gesellschaftliche und politische Unsicherheit anhielt. Die gelungensten Filme der Zeit gestalten Alpträume der Tyrannei und des Terrors. Murnaus *Vampyr Nosferatu*, Langs »*müder Tod*« und sein Dr. *Mabuse*, der Gouverneur in Gerlachs *Vanina*, die Figuren aus Lenis *Wachsfigurenkabinett*, Harun al Raschid, Iwan der Schreckliche, Jack the Ripper – sie alle sind grausame Tyrannen, Vexierbilder der politischen Autokratie.

Ein dekorativer, »architektonischer«, ornamental-expressionistischer Stil prägt einige dieser Filme wie diejenigen von Fritz Lang und die Episode um Jack the Ripper in *Wachsfigurenkabinett*. In ihren strengen Formen drückt sich eine Gewalt aus, die über den Menschen steht. In anderen Filmen wiederum, etwa in *Vanina* und der Iwan-Episode von *Wachsfigurenkabinett*, schaffen irrationale, gleichsam wuchernde Formen – schwer herabhängende Decken, labyrinthische Gänge, gewundene Treppen – zusammen mit diffuser Beleuchtung eine Traumatmosphäre. Sie deutet darauf hin, daß hier seelische Vorgänge, Konflikte unter der Schwelle des Bewußtseins gemeint sind.

Kein deutscher Film dieser Zeit aber faßt soziale und politische Realitäten direkt ins Auge. Niemals auch wagt sich die Kamera aus dem Atelier auf die Straße – allenfalls erscheint einmal ein realer Wald oder eine Burgruine auf der Leinwand. Nur als symbolische Objektivierung seelischer Reflexe sah die zeitgenössische Realität sich vertreten. Die Schrecken gesellschaftlichen Zwanges spiegelten sich verinnerlicht, als das Leiden an einem irrational »Bösen« in der eigenen Seele wider.

... zum Kammerspielfilm

Carl Mayer, der den Film an den Expressionismus verwiesen hatte, leitete auch die Abkehr vom *Caligari*-Stil ein. Mit den von ihm inspirierten Filmen *Hintertreppe*, *Scherben*, *Sylvester* und *Der letzte Mann* erlebte die als »Kammerspielfilm« etikettierte Form ihre Vollendung. Es sind naturalistische Kleinbürger- und Dienstbotendramen mit tristem Ausgang, die in diesen Filmen erzählt werden: Ein Dienstmädchen begeht Selbstmord, nachdem ein eifersüchtiger Verehrer ihren Bräutigam erschlagen hat *(Hintertreppe)*; ein Streckenwärter tötet seinen Vorgesetzten, weil der seine Tochter verführte *(Scherben)*; ein Kaffeehausbesitzer nimmt sich das Leben, weil seine Mutter ihn mit ihrem seelischen Anspruch erstickt *(Sylvester)*; ein Portier zerbricht daran, daß er zum Toilettenwärter degradiert wird *(Der letzte Mann)*. Hier ist es nicht das Wirken einer übermenschlichen Macht, die, wie in den Filmen der *Cali-*

gari-Nachfolge, den Helden ihr unausweichliches Schicksal diktiert, sondern ihr eigener dumpfer Trieb, der sie blind ins Verderben rennen läßt. Den »Tyrannenfilmen« sind diese »Triebfilme« (S. Kracauer [14]) komplementär zugeordnet. Die Triebe sind die Agenten des namenlosen Geschicks, das die Tyrannen verkörpern. Triebwesen sind schließlich auch die meisten der Tyrannen selbst, vom Golem über Caligari bis zu Jack the Ripper in *Wachsfigurenkabinett*.

Die Welt der Dinge erscheint in den Kammerspielfilmen ebenso beseelt wie in den expressionistischen. Gewundene Treppen spielen in *Hintertreppe* von Leopold Jeßner eine gleich bedeutsame Rolle wie in dem expressionistischen *Wachsfigurenkabinett* von Paul Leni; die Mutter in *Sylvester* wirft einen unheilkündenden Schatten voraus, wie der Mörder in *Caligari*; die Selbstmörderin in *Hintertreppe* und Friedhofskreuze in *Sylvester* zeichnen wie die Bäume in *Caligari* schwarze Silhouetten in den Himmel; auch sie sind Zeichen des Unheils. Dadurch aber, daß Dekors, Kostüme und Darstellung natürlicher wirken als in den expressionistischen Filmen – selbst zu Außenaufnahmen ließen sich Jeßner und Pick von den Schweden anregen –, wird ein Bündnis zwischen Außenwelt und Unterbewußtsein vermittelt und ihre tragische Identität proklamiert.

Die Einheit von Handlung, Zeit und Ort, die die Kammerspielfilme einführten, und die Geschlossenheit, die auf ihr beruht, ist Ausdruck der Endgültigkeit, die das Schicksal der Helden kennzeichnet. Keine Hoffnung weist über die enggezogenen Grenzen von Ort, Zeit und Handlung hinaus. Symbolisch umschließen Mauern und Wände den Schauplatz von *Hintertreppe*; Himmel erscheint in dem ganzen Film nur in einer Einstellung: als das Dienstmädchen das Dach erklommen hat, um sich herabzustürzen. Daß man der Zeit nicht entrinnen kann, bedeuten nachdrücklich die Uhren, die in fast jedem dieser Filme eine Rolle spielen. Und die Handlung wird in *Hintertreppe*, *Scherben* und *Sylvester* vom Tod zumindest einer der Hauptgestalten definitiv abgeschlossen.

Als »Gestalten« werden in Mayers Drehbüchern die Menschen apostrophiert; sie heißen »der Mann«, »die Mutter«, »der Streckenwärter«. Als allegorische Figuren vertreten sie Regungen des Unterbewußtseins. Menschliche Natur erscheint reduziert auf den Trieb. Dem trägt auch die Abschaffung der Zwischentitel Rechnung. Die Verfechter des »filmischen Films« preisen sie als Triumph der »spezifischen Natur« des Mediums. Regisseure wie Eisenstein und Dreyer haben es indessen verstanden, Zwischentitel in den Fluß der Bilder zu integrieren. Nur der Kammerspielfilm konnte auf Zwischentitel verzichten, denn »wo Triebe und Leidenschaften sich unterhalb und außerhalb der Ebene des begrifflichen Denkens entfalteten, da ließen sie sich am besten auch rein bildlich ... veranschaulichen« (S. Kracauer [15]).

In der unmittelbaren Nachfolge der von Carl Mayer angeregten Kammerspielfilme standen die »Straßenfilme«, die mit Karl Grunes *Die Straße* (1923) geradezu in Mode kamen. Ein Kleinbürger entrinnt der monotonen Welt seines Heims, um den Lockungen der »Straße« zu folgen; eine Dirne führt ihn in ein Nachtlokal; dort geschieht ein Mord, der ihm in die Schuhe geschoben wird. Die Polizei indessen erkennt seine Unschuld, und »geheilt« von seinen verbotenen Sehnsüchten kehrt er nach Hause zurück. Die Vergeblichkeit des Ausbruchs aus der geschlossenen Welt der Kammerspiele wird hier positiv interpretiert: der Held geht nicht an der ehernen Endgültigkeit seines Geschicks zugrunde. Gerade sie bietet ihm Sicherheit. Die Straße mit ihren gefährlich lockenden Leuchtreklamen und Laternen, dunklen Hauseingängen und Winkeln bildet von nun an in vielen deutschen Filmen eine Art negativer

Utopie: eine prächtige, aber mörderische Gegenwelt zur vertrauten, die eine trübe Sicherheit bietet.

Auch nach 1924, als die wirtschaftliche Stabilität wiederhergestellt erscheint, finden die Kammerspielfilme Nachfolger. Ewald André Dupont (1891–1961) knüpfte in *Varieté* (1925) an *Der letzte Mann* an. Nicht nur die Besetzung der Hauptrolle mit Emil Jannings läßt an diesen Film denken. Auch die Geschichte hätte von Carl Mayer stammen können: Ein alternder Akrobat ist seiner jungen Geliebten hörig; als er erfährt, daß sie ihn betrügt, tötet er seinen Rivalen. Zwangsläufig erfüllt sich das Schicksal des von seinen Trieben besessenen Protagonisten. Als Kameramann verpflichtete Dupont Karl Freund, der mit Mayer zusammen an *Der letzte Mann* gearbeitet hatte. Das Resultat ist ein Film, dessen Kameraführung den früheren Film noch an Virtuosität übertrifft. Die »entfesselte Kamera« verleitet auch hier den Zuschauer zur Identifizierung mit dem Helden; vor allem in den Szenen am Trapez evoziert sie suggestiv seine chaotische Gemütsverfassung.

Nicht nur in der von Carl Mayer begründeten Schule bewies der deutsche Film der Nachkriegszeit eine Vorliebe für die Mechanismen des Unterbewußten. Arthur Robison führte in *Schatten* (1922) eine »nächtliche Halluzination« vor: Bei einer feudalen Abendgesellschaft lösen sich die Schatten der Damen und Herren von diesen ab und führen ihnen, als gestaltgewordene Leidenschaften, jenes Drama im Spiel vor, das ihnen droht, wenn sie ihren Trieben gehorchen. Dieses einzige Mal wird ein Triebdrama kritischer Reflexion ausgesetzt und nicht als ehernes Schicksal hingenommen.

Außerhalb des kommerziellen Filmbetriebs – wenn auch teilweise mit Unterstützung der *Ufa* – florierte in den Nachkriegsjahren die »Avantgarde«-Bewegung. Ihre Bemühungen beschränkten sich in Deutschland zunächst auf abstrakte Zeichenfilme. Viking Eggeling, ein schwedischer Maler, ließ in *Diagonale Symphonie* (1919) gebogene Linien und parallele Geraden zu kristallinen Formen sich entwickeln. In Hans Richters *Rhythmus 21* (1921) wachsen und schrumpfen rechteckige Flächen von verschiedenen Helligkeitsgraden in einem festgelegten Tempo. Bei Walter Ruttmann hingegen, in *Opus I* (1919), *Opus II* (1919), *Opus III* (1925) und *Opus IV* (1925), wogen konkave und konvexe Flächen gegeneinander, scheinen sich zu verschlingen oder zu vereinigen. Zu Langs *Nibelungen* steuerte Ruttmann den *Falkentraum* (1923) bei. Während die französischen Avantgardisten die von Menschenhand verfertigten Dinge aber zu einer fröhlichen Revolte führten, zog sich in Deutschland auch der experimentelle Film von der Außenwelt zurück, kaprizierte sich aufs unverbindliche Spiel geometrischer Formen oder suchte die Welt der Triebe zu gestalten.

Friedrich Wilhelm Murnau

Die deutsche Filmklassik von 1920 bis 1924 lebte weitgehend von einem stilistischen Kodex, der der Theorie und Praxis des malerischen und literarischen Expressionismus entstammte und auf den die an der Filmgestaltung Beteiligten eingeschworen waren. Er ermöglichte es selbst weniger erfinderischen Regisseuren, Filme von künstlerischem Rang zu inszenieren. Nur zwei Regisseure der frühen zwanziger Jahre – sieht man von Lubitsch ab, der Deutschland schon 1922 verließ – waren Autoren im vollen Wortsinn: Murnau und Lang. In ihren Werken vor allem emanzipierte sich der deutsche Film vom Vorbild des malerischen und literarischen Expressionismus.

Friedrich Wilhelm Murnau (eigentlich F. W. Plumpe, 1889–1931), ein gebürtiger

Westfale, studierte vor dem Krieg Kunstgeschichte und assistierte bei Max Reinhardt – beide Tätigkeiten hinterließen in seinen Filmen ihre Spuren. 1919 debütierte Murnau mit dem inzwischen verschollenen Film *Der Knabe in Blau*. Bis 1921 nennt seine Filmografie sechs weitere Titel: *Satanas* (1919), *Der Bucklige und die Tänzerin* (1920), *Der Januskopf* (1920, Buch Hans Janowitz, nach Stevensons *Dr. Jekyll und Mr. Hyde*), *Der Gang in die Nacht* (1921, Buch Carl Mayer), *Schloß Vogelöd* (1921, Buch ebenfalls Carl Mayer) und *Sehnsucht* (1921). Spätestens in *Der Gang in die Nacht* zeigt sich Murnaus Sinn für Stimmungen, in denen »Wirklichkeit vom Traum überschwemmt« (Béla Balázs [16]) zu sein scheint.

In *Nosferatu – Eine Symphonie des Grauens* (1922, Buch Henrik Galeen, nach Bram Stokers Schauerroman *Dracula*) ist Murnaus Talent zum erstenmal in jeder Einstellung sichtbar. Nicht bloßer Schock und Gruselschauer werden evoziert, sondern ein sublimiertes Grauen, das häufig aus dem Anblick des Vertrauten aufsteigt. Nicht so sehr vom Gegenstand als von der Art seiner Darbietung wird es suggeriert. Landschaft, Gebäude, Menschen: alles gewinnt eine unheimliche Physiognomie. Zitternde Lichtreflexe begleiten den Auftritt des Vampirs Nosferatu. Er bewegt sich im Zeitlupentempo und wächst, indem er auf den Betrachter zugeht, ins Riesenhafte auf. Durch die Bodenluke eines Segelschiffs gesehen, erscheint er aus der Froschperspektive; hinter ihm zeichnet das Netzwerk unheimliche Muster.

Zu drei weiteren Filmen schrieb Thea von Harbou das Buch: zu *Phantom* (1922, nach einem Roman von Gerhart Hauptmann), *Der brennende Acker* (1922) und *Die Finanzen des Großherzogs* (1923). Nur in einzelnen Sequenzen transzendiert hier Murnaus Regie die teils melodramatischen, teils possenhaften Vorlagen. *Austreibung* (1923, nach einem Roman von Carl Hauptmann) erneuerte die Zusammenarbeit mit Carl Mayer, die aber erst mit dem nächsten Film fruchtbar zu werden begann.

Wie kein anderes Werk gilt *Der letzte Mann* (1924) als Vollendung der deutschen Filmklassik. Carl Mayers Drehbuch erzählt eine »deutsche Tragödie«. Ein alternder Hotelportier wird zum Toilettenwärter degradiert. Die prächtige Portiersuniform aber war des Mannes ganzer Stolz, sie erhob ihn über die anderen Hotelangestellten und die Nachbarn in der Mietskaserne. Eine Zeitlang gelingt es ihm, daheim ihren Verlust zu vertuschen. Um an einer Hochzeitsfeier teilnehmen zu können, eignet er sie sich heimlich wieder an. Die Entdeckung des Schwindels besiegelt den Zusammenbruch seines Ansehens und seiner Selbstachtung. Der Film identifiziert sich mit der Perspektive seines Helden; die Realität erscheint als bloßer Reflex seiner wechselnden Stimmungen. In Untersicht wird er aufgenommen, solange er sich mächtig fühlt. Solange erscheinen die anderen Menschen als Zwerge oder als vage Schemen im Hintergrund. Auch die Dinge sind Ausdruck der herrscherlichen Gewalt des Portiers: der Schirm, den er beim Regen über die vorfahrenden Gäste hält, die Drehtür, durch die er sie ins Hotel hineinbugsiert. Umgekehrt wird später, als er zusammengesunken im Waschraum sitzt, die Kontur seiner Gestalt von auf- und zuklappenden Türflügeln zerrissen. Er selbst wird zum Schemen, wenn die Schatten der Hochzeitsgesellschaft über eine weiße Fensterscheibe zittern.

Nur gewaltsam läßt sich *Der letzte Mann* für eine sozialkritische Betrachtungsweise reklamieren. Schwerlich bedeutet es eine »Parteinahme für die Enteigneten« (R. Borde u. a. [17]), wenn in der Schlußeinstellung des Hauptteils der alte Schuhputzer dem Toilettenmann die Hand auf die Schulter legt: vielmehr besiegelt diese Geste eines »Tiefergestellten« die Erniedrigung, die der einstige Uniformträger empfindet, und bestätigt sein Selbstmitleid. Die Kritik des Films reicht nicht weiter als die seines

Helden: bis zu den arroganten Vorgesetzten und den klatschsüchtigen Nachbarinnen. Daß der Portier in seiner Glanzzeit sowenig Individuum war wie später, daß in der totalen Abhängigkeit von der Uniform seine Erniedrigung lag und diese nicht erst mit deren Verlust beginnt, läßt der Film kaum ahnen. Die milde Selbstironie, mit der die Emil Jannings diese wie seine folgenden Rollen ausstaffierte, mobilisiert nur jene »zum angeblich allzu Menschlichen schmunzelnde Güte« (Th. W. Adorno zu *Der Blaue Engel*[18]), die die kritische Distanz abbaut. Sie beherrscht auch den Epilog, den Mayer und Murnau auf Jannings' Verlangen dem Film anhängten: die Anekdote vom Toilettenwärter, der von einem Hotelgast ein Millionenvermögen erbt, besiegelt das Einverständnis mit der Beschränktheit des Protagonisten, gerade wegen der wohlwollenden Ironie, mit der sie erzählt wird.

Der letzte Mann war der letzte Film Murnaus, der noch unter den günstigen Produktionsbedingungen der Nachkriegskonjunktur entstand. Zwar hatte er mit diesem Film in der deutschen Filmwirtschaft ein Prestige errungen, wie es sonst nur Fritz Lang besaß, aber er mußte sich deshalb auch der Tendenz zum Repräsentationsfilm anpassen.

Für die *Ufa* drehte Murnau zwei Filme, *Tartuffe* (1925) und *Faust* (1926). Die Handlung der Molière-Komödie hatte Carl Mayers Drehbuch in Kammerspielfilm-Manier auf wenige Situationen reduziert und mit einem zeitgenössischen Rahmen umgeben; sie wird als »Film im Film« vorgeführt und soll dazu dienen, einem alten Narren die Augen zu öffnen, der selbst das Opfer eines weiblichen Tartuffe zu werden droht. Das Sujet gestattete Murnau, in unverbindlichen Oberflächenreizen zu schwelgen; er spielte mit Licht- und Schatteneffekten; die Rokoko-Architektur des Schauplatzes ist ins Geschehen einbezogen, und Jannings' outrierte Spielweise unterstreicht die komödiantische Anlage des Ganzen.

Ehrgeiziger in der Absicht, aber zweifelhafter im Resultat als dieses Impromptu ist der *Faust*-Film, den Murnau ohne Mayers Mitwirkung gestaltete. In den makabren Partien gelang es Murnau wieder, wie in *Nosferatu*, das Phantastische als real und Realität als phantastisch erscheinen zu lassen. So tritt Mephisto Faust als Reisender entgegen, der höflich seine Kappe zieht – aber nicht nur einmal, sondern an jeder Straßenecke aufs neue –, und die Gestalt des Luzifers, die sich über die mittelalterliche Stadt legt, gleicht einer dunklen Gewitterwolke. Die »positiven« Szenen, die Beschwörung göttlicher Herrlichkeit und der jungfräulichen Zuneigung Gretchens, arten hingegen in hohlen Bombast und verlogene Lieblichkeit aus.

1926 ließ Murnau sich nach Hollywood engagieren. Seinen ersten amerikanischen Film *Sunrise* (Sonnenaufgang, 1927) hatte er mit Carl Mayer noch in Deutschland konzipiert, und er realisierte ihn mit deutschen Mitarbeitern. Die Handlung entstammte Sudermanns *Reise nach Tilsit*: Eine Städterin umgarnt einen Bauern und verleitet ihn zu Mordabsichten gegen seine Frau, aber das Gute siegt doch in ihm. Murnaus Gestaltung verlieh dem Melodram einen Zug ins Phantastische. Wie Märchenbilder in Hinterglastechnik wirken die Dorfszenen. Die Häuser mit ihren herabgezogenen Dächern, von deren Schornsteinen watteartiger Rauch aufsteigt, gestehen ihren Spielzeugcharakter ein. Wald, See und Moor, die geheimnisvoll das Dorf umgeben, entrücken es der vertrauten Welt. Wohl ist die Stadt mit allen Attributen der modernen Zivilisation als Gegenbild zum Dorf gezeichnet, aber auch sie wirkt miniaturhaft und artig, und ausgelassen heitere Szenen nehmen ihr das Dämonische, das sie sonst in deutschen Stummfilmen besitzt.

Wie so viele andere Regisseure konnte Murnau in Hollywood nur einen Film nach eigenen Wünschen beenden. Sein nächstes Werk, *Four Devils* (Vier Teufel, 1928), trug die Zeichen kommerziellen Kompromisses, und ein anderes, *Our Daily Bread* (Unser tägliches Brot, 1930), konnte er nicht einmal selbst beenden. Danach ließ er sich mit Robert Flaherty in die Südsee schicken, um *Tabu* (1931) zu drehen, seinen letzten Film, dessen Premiere er nicht mehr erlebte.

Während der Dreharbeiten zu *Tabu* überwarf sich Murnau mit Flaherty, und dieser zog sich zurück. Freilich widersprach die romanhafte Erfindung mancher Episoden den dokumentarischen Prinzipien Flahertys. Wenn Murnau auch authentische Schauplätze und Aufnahmen in den epischen Kontext des Films einfügte, so besitzt die Südsee-Welt seines Films doch dieselbe Ambivalenz wie die Welt seiner anderen Filme. Die Grundzüge der Geschichte hatte Flaherty entworfen: Ein junges Liebespaar, das vorm Zugriff des eifersüchtigen Oberpriesters flüchtet, wird von dessen Abgesandten verfolgt; das junge Mädchen kehrt schließlich auf seine Heimatinsel zurück; der junge Mann kommt beim Versuch, ihr nachzuschwimmen, um. Murnau hütete sich davor, die Südsee zum »letzten Paradies« zu stilisieren, aber er verstand es doch, mythische Urbilder durch das objektive Abbild der Wirklichkeit durchscheinen zu lassen. Als Gespenst erscheint der Verfolger des Liebespaares, wenn man nur seinen Schatten sieht, der sich über den Sand schlängelt, und dann seine Silhouette schwarz in der Tür steht. Und Traumatmosphäre wird in den nächtlichen Bildern beschworen, in denen der Mond hinter Palmenblättern erscheint.

Kracauer[19] schreibt von Murnau: »In seinen Filmen war die gegenständliche Welt wie durch Traum und Ahnung verschleiert, und eine eben noch körperlich greifbare Gestalt konnte in den Augen des Zuschauers plötzlich die Züge einer bloßen Erscheinung annehmen.« Murnau verstand wie nur wenige, den Eindruck von »Welt«, von räumlicher und zeitlicher Weite und Enge, Nähe und Ferne zu suggerieren. Er verfügte unter allen Stummfilmregisseuren über den größten »Wortschatz« und kombinierte die fortgeschrittensten Montagemethoden mit Raffinessen der bewegten Kamera und der Tiefenschärfe, die nach seinem Tode lange niemand mehr beherrschte. Wenn später Visconti sich derselben Mittel bediente, so um den Objekten eine sinnliche Präsenz zu verleihen, die keinen Zweifel zuläßt. Bei Murnau hingegen wird Realität stets als subjektive Wahrnehmung erfahren, die sich in jedem Augenblick verflüchtigen kann, wie der Vampir Nosferatu. Die zahlreichen Traumsequenzen in seinen Filmen sind dafür ein Indiz. 1928 berief Murnau[20] sich in einem Artikel auf James Joyce, der »zuerst gedankliche Erscheinungen verbildlicht und dann mit Handlung ins Gleichgewicht gebracht« habe. Murnau selbst ging so vor. Archetypen des Unterbewußtseins, wie die zerschossenen und zerschnittenen Seile in *Die Finanzen des Großherzogs* und *Tabu*, lassen hinter der Oberfläche des akuten Geschehens menschliche Urerfahrungen aufscheinen. Stets besitzen die Gegenstände und Vorgänge in seinen Filmen neben ihrem manifesten Sinn im Handlungszusammenhang einen latenten, mythologischen, der wohl zu spüren ist, sich aber erst einer eindringlicheren Analyse ganz erschließt.

Fritz Lang

Auf eine andere Weise als Murnau führte Lang den deutschen Film über seine Vorbilder in Malerei und Literatur hinaus, obwohl auch er kunstgeschichtlich gebildet war und seine Filme dafür vielfache Beweise enthalten. Fritz Lang (geb. 1890) wurde als

Sohn eines wiener Architekten selbst zum Architekturstudium gedrängt, beschäftigte sich aber aus eigenem Antrieb auch mit Kunst und Kunstgeschichte und unternahm Bildungsreisen nach Übersee. Nach einer Verwundung schrieb er seine ersten Drehbücher. Otto Rippert und Joe May drehten nach ihnen zwischen 1916 und 1920 *Hilde Warren und der Tod*, *Die Pest in Florenz* und *Die Dame mit den Orchideen*. Als Regisseur debütierte Lang 1919, im selben Jahr wie Murnau, mit *Halbblut*. Dem folgten *Der Herr der Liebe* (1919), die mehrteilige Spionageserie *Die Spinnen* (1919), *Harakiri* (1919), *Das wandernde Bild* (1920) und *Vier um eine Frau* (1920).

In *Der müde Tod* (1921) stehen verschiedene Einflüsse, die sich aus Langs Erziehung erklären, noch unverarbeitet nebeneinander. Drei Episoden – denen von *Wachsfigurenkabinett* verwandt – spielen im Bagdad Harun al Raschids, im Venedig der Renaissance und in einem märchenhaften China. Spezifischer für Lang als die Chinoiserien und kunsthistorischen Reminiszenzen dieser Teile ist die Rahmenhandlung, in die sie eingelassen sind. Ein junges Mädchen fordert darin vom Sendboten des Todes das Leben ihres Geliebten zurück. In den Traumepisoden gibt ihr der Todesengel Gelegenheit, drei gefährdete Menschenleben zu retten. Als alle drei Versuche mißlungen sind, sucht sie einen Menschen, der bereit ist, an der Stelle ihres Freundes zu sterben. Doch sie findet keinen. Erst dadurch, daß sie ihr eigenes Leben aufs Spiel setzt, wird sie im Tode mit dem Geliebten vereint.

Von *Caligari* unterscheidet sich *Der müde Tod* wesentlich dadurch, daß nicht die grafischen, sondern die architektonischen Strukturen dominieren. Der Raum wird in die Gestaltung einbezogen. Anders als Murnau bemühte Lang dazu aber nicht die bewegte Kamera und Montage, sondern vornehmlich Bauten und Beleuchtung; starre Einstellungen laufen bei ihm in langsamem Rhythmus ab. Langs Bauten bilden aber kein autonomes Ganzes; in der Komposition der Einstellungen und ihrer Abfolge werden sie eigentlich erst geschaffen, so wie sie diese andererseits mitbestimmen. Während in *Caligari* der Dekor nicht über das Bildfeld der Kamera hinauswies, wird in *Der müde Tod* oft durch ein architektonisches Element die Vorstellung eines ausgedehnten Komplexes suggeriert – etwa durch die Mauer um den Besitz des Todesboten oder die Treppe, die in der letzten Einstellung die Liebenden hinanschreiten. Aber erst das Licht modelliert den Raum und schafft Atmosphäre. Tief angesetzte Scheinwerfer setzen drohende Akzente; matter Widerschein verleiht dem Gerümpel in einer Apotheke unheimlichen Glanz; flackernde Lichter in der Halle des Todes verbreiten ein Klima von Fatum und Vergänglichkeit.

Dr. Mabuse, der Spieler (1922) gehört in den engeren Umkreis von *Caligari*. Auch Langs Film berichtet von dem unheilvollen Wirken eines verbrecherischen Übermenschen, der mittels hypnotischer Fähigkeiten eine Bande williger Geschöpfe zu Mordtaten verleitet und am Ende selbst wahnsinnig wird. Hier ließ Lang der Initiative seines expressionistischen Architekten, Otto Hunte, freien Lauf. Schatten und Lichtreflexe sind häufig, wie in *Caligari*, nur gemalt. Andererseits verlangt das Genre einen bewegteren Bildwechsel. Von allen frühen Filmen Langs kündet dieser am meisten die Filme der dreißiger Jahre an.

Zu dem Stil von *Der müde Tod* fand Lang mit den beiden Teilen von *Die Nibelungen* zurück, mit *Siegfrieds Tod* (1923) und *Kriemhilds Rache* (1924). Der Stoff gestattete ihm, Architektur, Kostüme und Darsteller einer rigorosen ornamentalen Stilisierung zu unterwerfen. Jede Spontaneität der Bewegung oder des Ausdrucks ist aus diesem Film verbannt. Die gemessenen Gesten und die starre Mimik der Darsteller, die Verwendung von Komparsen als architektonisches Ornament, die strenge

Ordnung des Atelier-Waldes, die mit Mäanderbändern besetzten weißen Kostüme, die archaischen Hallen, die symmetrische Komposition vieler Einstellungen und der langsame Bildrhythmus – alles wird zum Ausdruck der zwingenden Konsequenz, mit der das Schicksal der Sagenhelden sich vollendet. Unbeweglich stehen Brunhildes Mannen im Wasser und tragen die Brücke, über die sie an Land geht. Und der Sockel von Alberichs Schatzgefäß wird von lebenden Zwergen gebildet, die an ihre Last angeschmiedet sind. Das sind Schlüsselfiguren: sie symbolisieren die Zwanghaftigkeit, mit der das Geschehen abläuft.

Vollends in *Metropolis* (1926) erstarrt die Welt zum Ornament. Bilder aus einer phantastischen Zukunftsstadt werden zu einer Revue monumentalen Ausmaßes. Die versklavten Massen schleppen im Gleichschritt gewaltige Steinquader. Das Interieur einer Fabrik verwandelt sich in das Gesicht eines Molochs. Strahlenförmig strecken sich die Arme der Geknechteten ihrer Erlöserin, einem Mädchen namens Maria, entgegen. Übereinstimmend haben verschiedene Autoren die Affinität von *Die Nibelungen* und *Metropolis* zum Nazismus festgestellt. Im Zusammenhang gesehen, enthalten die beiden Filme einen Katalog aller wesentlichen Bestandteile der NS-Ideologie: *Die Nibelungen* den Kult des Nordischen, die Diffamierung des »Undeutschen«, die Unterordnung unter den Willen des »Führers«, die Vergötzung des »Heldentodes«; *Metropolis* die Verschleierung der sozialen Gegensätze, die »Erlösung« des Proletariats durch den überlegenen, dem Klassenkampf entrückten Führerwillen. Die Absurditäten der Handlung, vor allem in *Metropolis*, gehen zweifellos auf das Konto der Drehbuchautorin Thea von Harbou. Überhaupt betrachtete Lang die Szenarien seiner Frau wohl vornehmlich als Libretti, die ihm gestatteten, seine Bild- und Bewegungsarrangements auf einen Handlungsfaden aufzuziehen. Aber eben diese Indifferenz dem Geschehen gegenüber stützt dessen antihumanen Aspekt: indem menschliche Schicksale abstrakten Kompositionen unterworfen werden, wiederholt sich an ihnen, was ihnen nach dem Willen der Autorin bereits angetan wird. Die von Autoren wie Kracauer und Eisner beobachtete Parallelität zwischen Sequenzen aus *Nibelungen* und den Manifestationen der Nazi-Partei bezeugt, daß Langs Regiekonzeption objektiv nicht so frei von faschistischer Ideologie war, wie seine subjektiven Überzeugungen es sein mochten. Dieser Zwiespalt wurde offenbar, als zur selben Zeit, da Lang in die Emigration ging, seine Filme von den Nazis für sich reklamiert wurden.

Freilich greift die Unterscheidung zwischen einem »faschistischen« Lang vor und einem »antifaschistischen« Lang nach 1930 zu kurz. Was in seinen späteren Filmen zur Überwindung der manifest faschistischen Züge führt, ist in seinen frühen bereits angelegt. Andererseits verläßt Lang auch später nicht den Bannkreis einer kleinbürgerlich-präfaschistischen Mentalität – ja, es sind sogar dieselben Züge in seinem Werk, mit denen er zugleich dem Faschismus entgeht und seiner Aura verhaftet bleibt. Es ist die Faszination durch das Chaos, zu dem er aber keine andere Alternative sah als die Diktatur. Ordnung erscheint in allen seinen Filmen nur als Ausrichtung auf ein Machtzentrum, nie als lebendiges Wechselspiel.

In den künstlerisch gelungenen Partien von Langs Filmen wird im Bild der durch Macht etablierten Ordnung zugleich auch etwas von der Unmenschlichkeit festgehalten, die sie verursacht: so in den zitierten Bildern von Alberichs Schatztruhe in *Die Nibelungen* und von den Sklavenmassen in *Metropolis*. Zum Kunstgewerbe degeneriert Langs Kunst aber, wann immer sich ihm der Blick für die unlösliche Einheit von Macht und Destruktion trübt.

Mit dem kommerziellen Mißerfolg von *Metropolis* wurde Lang auf bescheidenere Themen verwiesen. *Spione* (1928) knüpfte an *Die Spinnen* und *Dr. Mabuse* an. Aber 1928 war nicht 1921: hatten sich die chaotischen Nachkriegsjahre in den älteren Filmen wie in einem Zerrspiegel reflektiert, so bereitete die verwandte Thematik in dem neuen Werk saturierten Zeitgenossen nur maßvollen Nervenkitzel. Ebenso bot *Die Frau im Mond* (1928), ein utopischer Film, nur einen verbiederten Abklatsch früherer Entwürfe.

Neue Sachlichkeit

Die Konsolidierung der wirtschaftlichen und sozialen Verhältnisse nach 1924 beeinflußte die Filmkunst in doppelter Weise: sie hemmte die Freiheit der Künstler und gab ihren Intentionen eine andere Richtung. Die meisten Regisseure der Generation von 1920 verschrieben sich dem Kommerz. Die etablierten unter ihnen, wie Murnau und Lang, ließen sich für die Inszenierung repräsentativer »Großfilme« einspannen, die minder angesehenen wurden von der Unterhaltungsfilm-Routine aufgezehrt. Viele Regisseure, auch Autoren und Darsteller, ließen sich von den finanzkräftigeren amerikanischen Gesellschaften nach Hollywood verpflichten. Lubitsch und Buchowetzki waren 1922 vorangegangen. Ihnen folgten 1925 und 1926 Murnau, Pick, Leni und Dupont, von den Schauspielern vor allem Jannings und Veidt. Neu auftretende Regisseure hingegen lösten sich vom Formkanon des Nachkriegsfilms; eine »Neue Sachlichkeit« charakterisiert die avancierten Kunstäußerungen im Film ebenso wie in der bildenden Kunst und der Literatur gegen Ende der zwanziger Jahre.

Ähnlich repräsentativ, wie es der Autor Carl Mayer für die erste Hälfte der zwanziger Jahre gewesen war, wurde der Regisseur Pabst für die zweite. Georg Wilhelm Pabst (geb. 1885) war Regisseur an der *Neuen Wiener Bühne* gewesen, ehe er als Drehbuchautor zum Film fand. Sein Regiedebüt, *Der Schatz* (1924), zeigt ihn noch als Epigonen des Expressionismus. Mit *Die freudlose Gasse* (1925) begann seine Abkehr von den herrschenden Stiltendenzen des deutschen Films; in *Geheimnisse einer Seele* (1926) und *Die Liebe der Jeanne Ney* (1927) vollendete sie sich. Die letzten Stummfilme Pabsts, *Die Büchse der Pandora* (1929) und *Das Tagebuch einer Verlorenen* (1929), bestätigten gleichermaßen die Stärken und die Schwächen seiner Position.

Eine vielzitierte Äußerung von Pabst[21] enthüllt seine Absichten: »Wozu soll eine romantische Behandlung noch gut sein? Das wirkliche Leben ist schon romantisch, ja grausig genug.« Relikte der »romantischen Behandlung«, das heißt der Symbolik des expressionistischen und des Kammerspielfilms, hielten sich freilich noch lange in seinen Filmen. Das Halbdunkel von Gängen und Gassen, geneigte Häuserwände, übersteigerte Gestik – das alles gibt es noch in *Die freudlose Gasse* und *Die Liebe der Jeanne Ney*. Aber schon im ersten dieser beiden Filme besitzt manches Detail eine physische Präsenz, die jede metaphysische Assoziation aufzehrt. Die Beleuchtung, das Spiel der Objekte, die entfesselte Kamera, die ausgefallenen Perspektiven – diese Gestaltungsmittel der deutschen Filmklassik verwendete auch Pabst, aber sie erhalten durch ihn eine andere Funktion. Sie suggerieren keine latente Bedeutung, die über die Szene hinausweist, sondern intensivieren deren Gegenwärtigkeit. Die Beleuchtung erzeugt keine tiefen Schatten, die die Doppelnatur des Gegenstandes signalisieren, sie schafft auch keine diffuse »Atmosphäre«, sondern modelliert die Objekte und unterstreicht ihre Identität. Spiegel machen denselben Bedeutungswandel durch: das

Spiegelbild löst sich nicht ab vom Gegenstand, sondern läßt ihn doppelt stark anwesend sein. Der Dekor wird unmerklich verdichtet; die Szenerie ist vollgestopft mit authentischen Details. Die Kamera erfaßt sie vorzugsweise nicht in der Totalen, sondern löst sie in Groß- und Detailaufnahmen auf. Unzählige kurze Einstellungen folgen aufeinander; oft wird die Bewegung der einen in der folgenden von der Kamera oder den Darstellern fortgesetzt, so daß ein kontinuierlicher Bildfluß entsteht. Wenn die Kamera eine Gestalt in leichter Untersicht-Perspektive erfaßt, so drückt sie damit nicht, wie in der »klassischen« Schule, deren Selbstbewußtsein oder Macht aus, sondern unterstreicht ihre physische Gegenwärtigkeit, ihre Brutalität oder das Animalische ihres Wesens. Den expressionistischen Schauspielern, die »machtvoll auf eine metaphysische Konzeption hin spielen«[22], zog Pabst selbst mittelmäßige Darsteller vor, deren Äußeres unmittelbar wirkte. Mit Louise Brooks fand er für *Die Büchse der Pandora* und *Das Tagebuch einer Verlorenen* eine Hauptdarstellerin, die eine außerordentlich sinnliche Ausstrahlung mitbrachte.

Pabsts Blick haftet an der Oberfläche. Diese verfestigt sich durch die Behandlung, die er ihr widerfahren läßt. Sie wird undurchlässig für den Blick auf die Prozesse, die sich hinter ihr vollziehen. Die kolportagehaften Züge, die die Kritiker übereinstimmend in Pabsts Filmen festgestellt haben, sind diesen nicht akzidentiell. In ihnen drückt sich Ohnmacht vor der Dynamik der Realität aus. Pabsts Äußerung, das wirkliche Leben sei »schon romantisch, ja grausig genug«, entlarvt ihn: Nur da, wo es »romantisch, ja grausig« war, suchte er es nämlich. Er erzählt von Ehrenmännern, die den Anstand übers materielle Wohlergehen stellen und dafür belohnt werden *(Die freudlose Gasse)*, von der Liebe eines Bürgermädchens zu einem Sowjetrevolutionär *(Die Liebe der Jeanne Ney)* oder vom trüben Geschick eines »gefallenen Mädchens« *(Das Tagebuch einer Verlorenen)*. Gerade da, wo er sich am meisten als »sachlicher« Analytiker gibt, erweist sich seine Kurzsichtigkeit: In *Geheimnisse einer Seele* stellt er den Fall eines Neurotikers dar, der durch psychoanalytische Behandlung geheilt wird. Die Darstellung mündet in eine Apotheose des »normalen, gesunden Lebens«, die sich durch den Öldruck-Charakter der letzten Einstellungen – der Geheilte vor einem Gebirgspanorama, sein Kind in den Armen – selbst bloßstellt. Weil Pabst sich auf die Hervorkehrung der Oberfläche beschränkt und es sich versagt, sie zu interpretieren, stellt Interpretation sich heimlich in den abgeschmacktesten Formen, als Kolportage und Kitsch, doch ein.

An der Schwelle zur Tonfilmzeit fungierte Pabst als Mitregisseur von *Die weiße Hölle von Piz Palü* (1929), einem Bergfilm von Arnold Fanck (geb. 1889), der sich auf dieses Genre spezialisiert hatte. Fancks Filme bilden als Dokumentarspielfilme einen besonderen Aspekt der »Neuen Sachlichkeit« im deutschen Film. In drei heiteren Filmen, *Wunder des Schneeschuhs* (1920), *Im Kampf mit den Bergen* (1921) und *Fuchsjagd im Engadin* (1923), schildert er zunächst die Freuden des Skisports. Auch später gelangen ihm mit *Der große Sprung* (1927) und *Der weiße Rausch* (1931) noch zwei Filme dieser Art. Mit höherem Anspruch aber traten *Der Berg des Schicksals* (1924), *Der heilige Berg* (1926), *Die weiße Hölle von Piz Palü* und *S. O. S. Eisberg* (1932) auf. Der Titel des ersten Films in dieser Serie ist symptomatisch. Fanck stilisierte hier durch düster-melodramatische Storys die Berge zu Symbolen urtümlicher Gewalten, deren Anruf der Mensch sich nicht zu entziehen vermag. In seiner Faszination durch das Irrationale, durch die Erscheinung einer Realität, die nur als »romantisch, ja grausig« gesehen wird, durch die Zeichen überirdischer Macht, gehört Fanck in den Kontext des deutschen Films der pränazistischen Zeit. Wie kurz der Schritt von hier zur offenen Vergötzung der Gewalt war, erhellt die Karriere seiner Schülerin Leni Riefenstahl, die Fancks Erbe in ihre Propagandafilme einbrachte. Fanck selbst blieb ab 1938 ohne Beschäftigung im deutschen Film.

Ihren reinsten Ausdruck fand die »Neue Sachlichkeit«, wie Kracauer[22] bemerkt, in den sogenannten »Querschnittfilmen«. Aus ihnen war scheinbar jede emotionale Parteinahme für oder gegen die dargestellten Personen verbannt. Überhaupt sollte nicht länger das Individuum im Mittelpunkt stehen, sondern die große Zahl; ein Einzelschicksal wurde als darstellenswert nur erachtet, soweit es dem statistischen Durchschnitt entsprach. Die Querschnittfilme führten gewissermaßen am Kollektiv das fort, was Pabst am Individuum begonnen hatte. Ihr optischer Duktus ist derselbe: eine Vielzahl von Eindrücken wird von einer ständig mobilen Kamera notiert und von einer behenden Montage in einen kontinuierlichen Bildfluß gebannt. Statt durch die romanhaft erfundene Handlung, an der Pabst noch festhielt, wird durch das Thema, durch Leitmotive, Assoziationen und Rhythmus ein Zusammenhang zwischen den Einstellungen und Sequenzen hergestellt.

Ruttmanns *Berlin, Symphonie einer Großstadt* (1927) ist der Prototyp des Querschnittfilms. Walter Ruttmann (1887–1941) war über die Malerei zum Film gekommen. Zwischen 1919 und 1925 realisierte er seine abstrakten Filme und Werbefilme für die Industrie. Die Anregung zu *Berlin* ging von Carl Mayer aus, der aber an dem Film selbst nicht mitarbeitete und ihn später ablehnte. In seiner Grundlinie folgt der Film dem Ablauf eines Frühlingstages in Berlin. Die einzelnen Sequenzen werden durch formale und inhaltliche Analogien und Kontraste zusammengehalten; der Gegenüberstellung hungriger Kinder und reicher Prasser kommt dabei aber nicht mehr Bedeutung zu als dem Vergleich zwischen den Beinen eines Mädchens und denen eines Radfahrers: beide dokumentieren nichts weiter als die Vielfalt der Erscheinungen. Wenn Chaplin später in den ersten Einstellungen von *Modern Times* Arbeiter auf dem Weg in die Fabrik mit einer Viehherde konfrontierte, so formulierte er damit das Motto für den Film, in dem er die Versklavung des Individuums durch die Industriearbeit bloßstellte. Dieselbe Gegenüberstellung in *Berlin* bedeutet lediglich eine Analogie, deren – ohnehin unfreiwilliger – sozialkritischer Akzent schon durch die folgenden Einstellungen wieder getilgt wird. Die Montage verleiht der Einstellungsfolge auch einen dezidierten Rhythmus; der Inhalt wird zur Funktion des »Großstadttempos«. Der Film unterwirft sich und den Zuschauer der Hast, die er darstellt. Sowenig wie die gehetzten Menschen auf der Leinwand gelangt der Zuschauer zur Einsicht in das, was ihnen widerfährt.

In seinem nächsten abendfüllenden Film, *Melodie der Welt* (1929), übertrug Ruttmann die Gestaltungsprinzipien von *Berlin* auf eine Darstellung der ganzen Welt. Der Ton – Musik, Geräusche, Sprachfetzen – gehorcht hier denselben Gesetzen wie das Bild, er stützt und schafft selbst Assoziationen und Rhythmus. Die Indifferenz dem Gegenstand gegenüber tritt auch im Ton deutlich hervor, wenn etwa ein menschlicher Schrei in den Ton einer Schiffssirene übergeht.

Ein Spielfilm, den Ruttmann in Italien drehte, *Acciaio* (Stahl, 1932), blieb ein Zwischenspiel – symptomatisch allein als Fehlschlag. Ruttmann drehte in der Folge noch eine Reihe von Kurzdokumentarfilmen, viele von ihnen nach dem Prinzip der Querschnittfilme: *Metall des Himmels* (1935), *Großstadt zwischen Wald und Reben* (1935), *Mannesmann* (1937), *Weltstraße W* (1938), schließlich *In deutschen Waffenschmieden* (1940) und *Panzer* (1941). Der Weg vom Querschnittfilm der Weimarer Republik zur Apotheose der hitlerschen Wehrmacht war nicht ganz zufällig. An

Ruttmanns Weg erfüllte sich das Schicksal der »Neuen Sachlichkeit«: »Der ›Realismus‹ der ›Neuen Sachlichkeit‹ ist so offenkundig apologetisch und führt so deutlich von dichterischer Reproduktion der Wirklichkeit weg, daß er ins faschistische Erbe einzugehen vermag« (Georg Lukács[24]).

Ein thematisches Gegenstück zu *Berlin, Symphonie einer Großstadt* stellt *Menschen am Sonntag* (1928) dar, eine Gemeinschaftsarbeit der jungen Filmenthusiasten Robert Siodmak, Fred Zinnemann, Billy Wilder und Edgar Ulmer, denen sich der renommierte Kameramann Eugen Schüfftan zur Verfügung gestellt hatte. Wie Ruttmann den Werktag, so schilderten sie den Sonntag der Berliner. In die dokumentarischen Passagen ließen sie indessen das Rudiment einer Spielhandlung ein, die die Abenteuer von vier jungen Berlinern aus kleinbürgerlichem Milieu erzählt. Das Geschehen hält sich streng im Rahmen des statistisch Wahrscheinlichen, und seine Darstellung paßt sich dem dokumentarischen Stil an. Einzelne Sequenzen unterbrechen indessen immer wieder die »sachliche« Perspektive. Die Szenen zwischen den beiden Paaren stellen die Entleerung der erotischen Beziehungen treffend bloß, und eine isolierte Sequenz schildert satirisch den Besuch eines Provinzlers, der in der menschenleeren Hauptstadt den Denkmälern vergangener historischer Größe begegnet und sich mit ihnen identifiziert.

Die wenigen Versuche zur Sozialkritik, die sich in Filmen der ausgehenden zwanziger Jahre finden, diskreditieren sich weitgehend durch den Rückfall in ältere, inadäquate Stilformen. Leo Mittler mobilisierte in *Jenseits der Straße* (1929) die Schattenspiele des Kammerspielfilms, um die tristen Schicksale eines proletarischen Liebespaares in eine düstere Atmosphäre zu tauchen. Milieuschilderungen glückten Gerhard Lamprecht in Filmen, die er nach Aufzeichnungen von Heinrich Zille drehte, etwa in *Die Verrufenen* (1925), vor allem aber Piel Jutzi in *Mutter Krausens Fahrt ins Glück* (1929). Die besten Momente verdanken diese Filme der intelligenten Rezeption von Motiven aus der zeitgenössischen Grafik, wie den Zeichnungen von George Grosz und Heinrich Zille. Deren Sinn für das Typische in der Porträtierung von Menschen ist direkt in diese Filme eingegangen. Darüber hinaus bleiben sie jedoch befangen in der konventionellen Dramaturgie, in naturalistischen Handlungsklischees und im Formenkanon des Kammerspielfilms, der zumeist nur äußerlich mit ein paar Montagen im »russischen Stil« aufgelockert wird.

Allein *Mutter Krausens Fahrt ins Glück* versuchte, der Situation des Proletariats durch einen bewußten Stilbruch künstlerisch beizukommen. Dem naturalistisch gestalteten Hauptgeschehen um die Titelfigur ist eine Nebenhandlung beigegeben, in deren Verlauf sich die Tochter der »Mutter Krause« der Arbeiterbewegung anschließt. Aber auch diese, stilistisch am russischen Film orientierte Passage bleibt im emotionalen Appell stecken; statt dem Zuschauer zu politischen Einsichten zu verhelfen, wird politische Bewußtseinsbildung selbst zum sentimentalen Gegenstand. Gerade dieser Film, in Einzelheiten der gelungenste der Gruppe, offenbart die mangelnde intellektuelle und künstlerische Bewältigung der Situation auch durch die »Linke«.

Nach dem Ersten Weltkrieg stand die französische Filmindustrie vor großen Schwierigkeiten. Ihre Welthegemonie war verloren. Im eigenen Land dominierte der amerikanische Film: 1919 liefen in Frankreich über achthundert amerikanische und nur zweihundertacht französische Filme; dazu kam in jedem Jahr ein Kontingent von hundert bis hundertfünfzig dänischen Filmen. Pathé löste seinen Filmtrust allmählich auf und beschränkte sich wie Gaumont im wesentlichen auf den Filmverleih. Die Produktion – die 1929 bis auf etwa fünfzig Filme jährlich absank – wurde vor allem von kleinen und kleinsten Gesellschaften aufrechterhalten, für die die Finanzierung jedes Films ein Abenteuer bedeutete. (Für die Financiers der »belle époque« galt allerdings als »Abenteuer« schon jedes Unternehmen, das nicht sofort eine Dividende von fünfzig Prozent abwarf, wie es bei Pathé die Regel gewesen war.) Die Zersplitterung der Filmproduktion erhöhte wiederum die Herstellungskosten des einzelnen Films, so daß die kontinuierliche Entwicklung des französischen Films gefährdet schien.

Aber nicht nur auf dem Gebiet des Films mußte Frankreich nach 1918 einen wirtschaftlichen Engpaß überwinden. Das Hauptübel war die schleichende Inflation, die erst gegen 1926 aufgehalten werden konnte. Als Folge der Inflation vollzogen sich bedeutende soziale Umwälzungen: die ehemals besitzenden Schichten verarmten, während sich auf der anderen Seite eine Schicht von Neureichen und Spekulanten heranbildete. Die steigenden Lebenshaltungskosten benachteiligten Gehalts- und Lohnempfänger und riefen Streikwellen hervor. Nachträglich idealisierte man jetzt die Vergangenheit und erklärte sie zu einer Zeit der nie wiederkehrenden »douceur de vivre«.

Doch enthielt die neue Entwicklung auch Chancen für den künstlerischen Film. Der Zusammenbruch der alten Trusts gab jungen Talenten Gelegenheit, außerhalb der gängigen kommerziellen Pfade zur Filmregie zu gelangen. Die Umwälzungen der Kriegs- und Nachkriegsjahre weckten neue Bedürfnisse bei einem Teil des Publikums. Zum erstenmal zeigte sich jetzt im Film eine Zweiteilung zwischen rein kommerziellen Produktionen ohne jede Ambition und einem Kino für Intellektuelle. So charakterisierte den französischen Stummfilm in seiner letzten Dekade vor allem der Experimental- und Avantgardefilm.

Der Avantgardefilm gab sogar der französischen Filmwirtschaft, wenn auch nur vorübergehend, neue Strukturen: Gegen Mitte der zwanziger Jahre entstanden in Paris die ersten spezialisierten Filmtheater, der *Vieux Colombier,* das *Studio des Ursulines;* dazu kam ein *Pavillon du cinéma* und (1928) das *Studio 28* in Montmartre. In diesen Filmtheatern zog man ein Publikum von Filmkennern und -liebhabern heran, das am Avantgardefilm interessiert war und den experimentellen Produktionen einen gewissen Absatz garantierte. Auf der anderen Seite unterstützten auch die anfangs der zwanziger Jahre ins Leben gerufenen Filmklubs die Avantgardebewegung, indem sie Diskussionen zwischen Publikum und Filmkünstlern arrangierten. Allerdings war diese Bewegung auf den Kreis der Intellektuellen begrenzt und fand ihr Ende mit dem

Beginn der Tonfilmzeit. Inzwischen jedoch hatten die jungen Regisseure ihre ersten Schritte gemacht. Im Übergang zum Tonfilm sollte sich die französische Filmindustrie wieder konsolidieren.

Abel Gance

Um 1918 meldete sich im französischen Film eine neue Generation zu Wort. Germaine Dulac, Marcel L'Herbier und Abel Gance hatten dem Kommerzialismus und der Routine, die bislang das französische Filmschaffen beherrschten, den Kampf angesagt. Wortführer der Erneuerer war der konfuse, aber ausdrucksstarke Abel Gance (geb. 1889). Gance befreite zum erstenmal die Kamera von ihrer Starrheit; angeregt von Griffith, experimentierte er mit dem Ausdrucksmittel der raschen Montage und strebte in seinen Filmen nach einem »visuellen Kontrapunkt«. (»Ein großer Film muß wie eine Symphonie konzipiert werden, wie eine Symphonie in Zeit und Raum[25].«) Stets aber mischten sich die formalen Ambitionen bei Gance mit einer starken Betonung des Inhalts. Die überschwengliche Rhetorik, mit der er jegliches Thema gestaltete, hebt ihn von dem Kreis seiner mehr intellektuell gesonnenen Zeitgenossen ab.

Seine ersten Filme waren noch reine Verlegenheitsarbeiten, so *Mater Dolorosa* (1917) oder *La Zone de mort* (Die Zone des Todes, 1916), die merkwürdige Geschichte eines Zauberers, dessen vorübergehende Wahnsinnsanfälle kosmische Katastrophen auslösen (schon *La Folie du Dr. Tube* – Der Wahnsinn des Dr. Tube – von 1915 war ein Film von absonderlicher Phantastik). Großes Aufsehen erregte *J'accuse* (Ich klage an, 1919). In diesem Film, der eine belanglose Eifersuchtsgeschichte erzählt, brechen unvermutete Hintergründe auf: dem Helden erscheint im Schützengraben des Ersten Weltkriegs die Vision des Galliers Vercingetorix; die Toten stehen aus ihren Gräbern auf, und zwei belgische Kinder erheben – mit abgeschnittenen Händen – vor dem Tribunal der Geschichte Anklage gegen die Barbarei der »boches«. Obgleich Gance in *J'accuse* Propagandathesen der Chauvinisten verarbeitete, kann man den Film nicht auf seinen Nationalismus reduzieren: denn in ihm kam jene Strömung des Abscheus vor dem Krieg an die Oberfläche, die in Frankreich schon lange vorhanden war und nur darauf wartete, kanalisiert zu werden. Bezeichnend, daß die wiederauferstandenen Toten bei Gance sich nicht an der Schlacht beteiligen, sondern nach Hause marschieren, um »Rechenschaft« zu verlangen.

Zur vollen Verwirklichung seiner Ideen gelangte Gance jedoch erst 1923 in *La Roue* (Das Rad). Gance hatte den im Eisenbahnermilieu spielenden Film (der ursprünglich *La Rose du rail* – Die Rose der Schiene – heißen sollte) auf gigantische Dimensionen geplant. Seine erste Fassung war zehntausend Meter lang; eine spätere reduzierte den Film auf die Hälfte. Der Schriftsteller Blaise Cendrars arbeitete (wie schon in *J'accuse*) am Drehbuch mit, und Arthur Honegger schrieb zu dem Film eine Musik, aus der später die berühmte Orchestersuite *Pacific 231* werden sollte. Die Geschichte von *La Roue* klingt einigermaßen sentimental: Ein Eisenbahner, der ausgerechnet Sysiphus heißt, findet bei einem Zugunglück eine kleine Waise, nimmt sie zu sich und adoptiert sie; später verliebt er sich in das heranwachsende Mädchen – ebenso wie sein Sohn. Unfälle und Katastrophen brechen herein, der Alte verliert sein Augenlicht, Sohn und Bräutigam der Tochter kommen um; übrig bleiben Ödipus und Antigone, geschlagen von einem blinden und fatalen Schicksal. Nicht so sehr die Story und ihre verschwommene Philosophie jedoch standen im Zentrum des Films, sondern die Ausmalung des Eisenbahnmilieus und der Maschinenwelt mit den Mitteln einer leidenschaftlichen, rhythmischen Filmsprache. Die überzeugendsten Passagen des Films sind die, in welchen Gance seine Kamera in das Reich des bewegten Eisens, der Lokomotive, des Rades und der Schiene führt. Tote Objekte werden hier plötzlich lebendig. Scheiben, Signale, Kurbelstangen, Manometer, Rauch und Tunnel wechseln in schnellen, wirbelnden Montagen mit Landschaften und Gesichtern. Gance gab diesen Sequenzen eine bewundernswerte musikalische Gliederung. Der Film stützte sich einerseits auf die Simultanmontage, die den Eindruck der Gleichzeitigkeit, der Durchdringung einzelner Handlungsteile zu erwecken suchte; andererseits entwickelte er – auf den Spuren Griffiths – die beschleunigte Montage, die in immer kürzeren Bildfolgen dem Zuschauer das Gefühl einer herannahenden, nicht mehr abzuwehrenden Katastrophe vermittelt, wie in der Sequenz der Entgleisung mit dem nachfolgenden »Tod« der Lokomotive.

Bei allem fragwürdigen Romantizismus des Inhalts erwies *La Roue* doch die starke visuelle Begabung seines Regisseurs, seine Fähigkeit zur machtvollen Orchestrierung von Bildern. Dieser Film war Ausdruck und Wegmarke einer ästhetischen Revolution, die sich anfangs der zwanziger Jahre in der französischen (und sowjetischen) Filmkunst vollzog: im Protest gegen die Konventionalität bisheriger filmischer Erzähltechnik entdeckte man zum erstenmal die spezifischen Aussagemöglichkeiten der »Siebten Kunst«.

Bereits 1923 begann Gance an dem Drehbuch zu einem gewaltigen Projekt zu arbeiten: einem Film um die Person Napoleons. Aber nach vier Jahren Drehzeit war er erst bis zum Italien-Feldzug Bonapartes gelangt. Die sechzehn Filmkilometer (was einer Vorführdauer von über zwölf Stunden entspricht) der 1927 beendeten Fassung von *Napoléon* mußten aus kommerziellen Gründen zu zwei Teilen von normaler Spielfilmlänge zusammengeschnitten werden: *Napoleon in Brienne* und *Napoleon und die Schreckensherrschaft;* sie sind eigentlich nur das Präludium zu einem größeren Werk, das niemals vollendet wurde (Lupu Pick verfilmte 1928 den letzten Teil des Drehbuchs als *Napoleon auf St. Helena*).

Wie *La Roue* ist auch *Napoléon* ein ungleiches Werk, das zwischen den Polen eines ekstatischen Lyrismus und einer hohlen Pathetik hin- und herschwankt. Seine überschwengliche Verehrung für die Person des Kaisers hatte Abel Gance zu einer recht eigenwilligen Version der geschichtlichen Ereignisse geführt (der Film trug denn auch den Untertitel »Napoleon – gesehen von Abel Gance«): Die Revolutionäre von 1789 erscheinen hier entweder als Barbaren, Dummköpfe oder Wahnsinnige von pittoresker Dämonie, der Nationalkonvent als chaotischer Hexenkessel, in dem grausame Blutgier ohne Unterlaß Triumphe feiert; dem anarchistischen Chaos wird dann Napoleon als der ersehnte Retter des Volkes gegenübergestellt, als ein Übermensch, ein Gott, der die Gesetze der Disziplin, den Respekt vor der Autorität und dem Vaterland wiederherstellt. Albert Dieudonné – mager, jugendlich, mit messerschmalem Mund und Herrscherprofil – spielte die Rolle Bonapartes mit fiebriger Exaltiertheit, sparsamer, aber prononcierter Gestik und mit Augenblitzen. Von seinem eisernen Imperatorenblick gebannt, weichen selbst schwerbewaffnete Soldaten zurück. Über Napoleons Gesicht erscheint in Doppelbelichtung ein Adler. In Montageszenen verklammerte Gance Napoleons Flucht aus Korsika mit dem politischen Geschehen in der Metropole. Während Bonapartes Schiffchen mit dem Trikolorensegel im Sturm zwischen hohen Wellenbergen schwankt, spielen sich im Nationalkonvent tumultuöse Szenen ab. Der Rhythmus dieser Montage beschleunigt sich mit dem Zunehmen des

Sturmes; die Kamera beginnt über dem entfesselten Nationalkonvent weitausholende Schaukelbewegungen zu vollführen, die dem Schlingern des Schiffes entsprechen; der Strom der schwankenden, ständig alternierenden Bilder steigert sich bis zu einem paroxystischen Höhepunkt.

Noch konsequenter als in *La Roue* bediente sich Gance in *Napoléon* der Handkamera. Er zögerte nicht, die Kamera auf dem Sattel eines Pferdes zu befestigen oder sie einem Sänger auf die Brust zu binden. In der ersten Szene des Films, der Schneeballschlacht im Internat zu Brienne, in welcher der junge Bonaparte sein strategisches Talent beweist, wird die Kamera zum Mitakteur des Kampfes: sie bewegt sich hin und her, verfolgt die Kontrahenten, entfernt sich plötzlich, wird selbst zur Zielscheibe; Gance ließ angeblich sogar Kameras durch die Luft werfen, um den »Gesichtspunkt« eines Schneeballs wiederzugeben. Gances frenetische Begeisterung für Kamerabewegung äußert sich auf der Leinwand in einer irritierend unruhigen Optik voller abrupter Sprünge und Wechsel; und doch sind die vorbeirasenden Bilder mit großer Sorgfalt komponiert und oft von suggestiver Wirkung.

Schließlich brachte Abel Gance in *Napoléon* zum erstenmal eine bedeutende technische und stilistische Neuerung an die Öffentlichkeit: das System der drei Leinwände. Die Schlußszenen des Films – Napoleons Aufbruch nach Italien – ließ Gance von drei Kameras aufnehmen und auf drei nebeneinander aufgestellte Leinwände projizieren; so entrollte sich eine freskoartige Landschaft vor den Zuschauern. Gance verwandte dies System aber nicht nur nach Art des heutigen Cinerama-Verfahrens, sondern ließ – in der Art eines Tryptichons – verschiedene Bilder auf den drei Leinwänden erscheinen. Während rechts und links Truppen marschieren, erblickt man im mittleren Bild Napoleon gleichzeitig von vorn und von der Seite, wie er schattenhaft vor einer Karte Italiens steht. Soweit sich nach den erhaltenen Überresten des Films urteilen läßt, geriet der von Gance angestrebte optische Kontrapunkt der drei Bilder allerdings meist zu fragwürdiger Rhetorik. Die interessanten Möglichkeiten dieses Verfahrens, das Gance *Polyvision* taufte, wurden aus technischen Gründen später nie weiter ausprobiert. Heute existieren von *Napoléon* nur noch Teile der ursprünglichen Fassung, die in eine 1935 hergestellte Tonversion aufgenommen wurden. Den größten Teil der Sequenzen auf dreifacher Leinwand vernichtete Gance in einem Anfall von Mutlosigkeit.

Abel Gance drehte auch in der Tonfilmzeit verschiedene Filme (so 1930 *La Fin du monde* – Das Ende der Welt, ein symbolisches »Gedicht der Vernunft und des Idealismus«) und vollendete noch 1957 einen allerdings recht kommerziellen *Tour de Nesle* (*Der Turm der sündigen Frauen*). In keinem seiner späteren Filme hat Gance die widerspruchsvolle Höhe von *Napoléon* erreicht.

Die Impressionisten

Die neue Regisseurgeneration bemühte sich nicht nur, dem Film das Ansehen der traditionellen Künste zu verschaffen – das hatten schon die Initiatoren der Film-d'Art-Bewegung mit kurzlebigem Erfolg versucht; vielmehr ging es jetzt darum, eine Theorie von der Eigengesetzlichkeit des Films zu entwickeln. Die neuen Regisseure – Delluc, Dulac, L'Herbier, Gance, Epstein – waren sich einig in der Ablehnung des verfilmten Theaters, das weitgehend die bisherige Tradition des französischen Films bestimmt hatte; statt dessen forderten sie eine streng visuelle Ästhetik als Grundlage der Filmkunst. Man entdeckte die besonderen Möglichkeiten der Filmsprache, und der Begriff vom »spezifisch Filmischen« erlangte Bedeutung. Aus dem Spiel von Licht und Schatten, aus der Bewegung und dem Rhythmus, aus der Stilisierung der Objekte sollte die Suggestivkraft des Filmbildes erwachsen – aus lauter visuellen Werten also; den Fluß der Bilder in ihrem Rhythmus empfand man als eine eigene Art von »Musik«. Nicht jedoch die rhythmische Anordnung des Materials allein galt vorläufig als Hauptziel, sondern das Andeuten des Unsagbaren, die Evokation von Stimmungen, Gedanken und Gefühlen jenseits des Erzählbaren. Die Ambitionen der neuen Künstlergruppe, die man auch als erste französische Avantgarde (im Gegensatz zu den späteren Richtungen des cinéma pur und des Surrealismus) zu bezeichnen pflegt, zielten auf einen subtilen Impressionismus des Schnitts und der Fotografie.

An der Formulierung der neuen Standpunkte hatten Kritiker und Intellektuelle entscheidenden Anteil (wie denn auch zahlreiche Regisseure der »impressionistischen« Generation von der Literatur zum Film gelangten). Ricciotto Canudo (1879–1923), ein in Frankreich lebender Italiener und erster Theoretiker des Films überhaupt, verfaßte bereits 1911 ein »Manifest der siebten Kunst«, in dem er den Film als eine neue, »siebte« Kunst hinstellte, in welcher alle anderen Künste – Literatur, Plastik, Malerei, Musik, Tanz und Architektur – ihre Synthese fänden. Nach Canudo ist die siebte Kunst »geboren, um eine totale Darstellung von Seele und Körper zu geben, um eine visuelle Erzählung zu sein, aus Bildern bestehend, mit Pinseln aus Licht gemalt[26]«. Canudo gründete zur Verbreitung seiner Ideen den ersten Filmklub *(Club des amis du septième art)* und eine Filmzeitschrift *(La Gazette des sept arts)*. Die gesammelten Schriften dieses einflußreichen Theoretikers erschienen nach seinem Tode unter dem Titel *L'Usine aux images* (Die Bilderfabrik, 1927).

Canudos Ideen fanden ihre Fortführung im Werk des Schriftstellers und Filmregisseurs Louis Delluc (1890–1924). Delluc, der neuen Kunst gegenüber zunächst skeptisch, bekehrte sich 1919 – nachdem er die ersten Werke Chaplins kennengelernt hatte – zum Film und trug durch seine literarisch anspruchsvollen Filmchroniken in der Tageszeitung *Paris-Midi* viel dazu bei, das Ansehen des Films nicht nur in den Kreisen intellektueller Bohemiens, sondern auch unter den »Gebildeten« zu heben. Delluc gilt allgemein als Vater der französischen Filmkritik; er gründete 1921 die Wochenzeitschrift *Cinéa* (von ihr stammt die Bezeichnung »Cinéaste« für den Filmschaffenden). 1920 publizierte er das filmtheoretische Werk *Photogénie*, dessen Titel bald zu einem Leitbegriff avantgardistischer Filmgestaltung erhoben wurde. Mit dem Wort »Photogénie« (das heute nur noch in seiner platten Ableitung gebräuchlich ist: ein »photogenes« Gesicht) bezeichnete Delluc jenen poetischen Aspekt der Dinge und Menschen, den ausschließlich die Sprache des neuen Mediums mitzuteilen imstande war; was nicht von bewegten Bildern suggeriert werden konnte, gehörte nach Delluc nicht zur Filmkunst. Als Hauptgestaltungsmittel des Films galten ihm der Dekor, das Licht, die Kadenz (das heißt der Rhythmus) und die Maske (womit der Schauspieler gemeint war).

Im Gegensatz zu Canudo, der reiner Theoretiker blieb, beschäftigte Delluc sich auch praktisch mit dem Film. Sein erstes Drehbuch ließ er noch von der Regisseurin Germaine Dulac verfilmen: *La Fête espagnole* (Das spanische Fest, 1919) erzählt die düstere Geschichte eines Mädchens, dessen zwei Liebhaber sich gegenseitig umbringen, während sie in den Armen eines Dritten tanzt. Der Film, dessen Inszenierung nicht ganz geglückt scheint, stützte sich auf makabre Kontrastmontagen und Doppelbelichtungen. Einen elegischen Grundton variierten auch Dellucs zwei gelungenste Filme:

Fièvre (Fieber, 1921) und *La Femme de nulle part* (Die Frau von nirgendwo, 1922). *Fièvre* spielt vor dem Hintergrund des marseiller Kneipenmilieus; der Stil des Films ist konkreter, aber Delluc stilisierte auch hier die »magische« Düsterkeit der Umgebung zu einer schwarzen Poesie. *La Femme de nulle part* ist ein Spiel der Reflektion und der Erinnerung: Eine alte und vom Schicksal gebrochene Frau kehrt zu dem Haus zurück, das sie vor Jahrzehnten verließ; dort begegnet sie einer jüngeren, in deren Gestalt sich ihr früheres Dasein zu spiegeln scheint. Delluc gelang es, das Gefühl der Einsamkeit, der Isoliertheit und des Schweigens in Bilder zu komprimieren, die bei aller symbolistischen Übersteigerung Faszinationskraft bewahrt haben.

Was Dellucs Filme in ihrer Stimmungsmalerei reflektierten, war die Melancholie eines verfehlten Schicksals [27]. Ein aufschlußreiches Thema erscheint in *Fièvre*: den ganzen Film hindurch begehrt ein Mädchen eine Blume, die sie von fern erblickt; doch am Ende stellt sich diese Blume als künstlich heraus. Jedes Leben ist beschädigt; jede Hoffnung führt unwiderruflich zum Scheitern, schien Delluc sagen zu wollen. Die Grunderfahrung, von der seine Filme – und die seiner Zeitgenossen – zeugten, war die der impressionistischen Maler: alle Eindrücke erschlossen sich nur noch als flüchtiges, vorübergehendes Erlebnis. Diese Erfahrung mußte notwendig dazu führen, den Zufall und die Augenblicklichkeit als bestimmendes ästhetisches Moment auszugeben, die konkrete Erzählung von lauter diffusen Stimmungswerten überschwemmen zu lassen.

In dieser Strömung stand auch Germaine Dulac (1882–1942). Sie debütierte schon 1915, allerdings mit weniger bedeutenden Filmen. Neben der Verfilmung von Dellucs Szenarium *La Fête espagnole* ist ihr interessantestes Werk *La Souriante Madame Beudet* (Die lächelnde Madame Beudet, 1923), die Adaptation eines Stücks von Obey und Amiel. Der Film erzählt die Geschichte der sensiblen, Debussy spielenden Madame Beudet, die von ihrem Mann, einem groben Spießbürger, nicht verstanden wird und schließlich den Gedanken erwägt, ihn umzubringen. Mit Hilfe zahlreicher Montagen und Doppelbelichtungen (in denen Gedanken und Phantasie sich aussprechen sollten), mit einer exzentrisch-irrealen Beleuchtung und mit Zerrspiegeln, die das Gesicht des Mannes zur dämonischen Fratze gerinnen ließen, suchte Germaine Dulac der Story ihres Films eine tiefenpsychologische, freilich recht subjektive Deutung zu geben. Daneben ist auch die relativ exakte Milieuschilderung des Films bemerkenswert, der die typischen Details französischer Kleinstadtatmosphäre registriert. Germaine Dulac, die in einer Reihe von Essays den »Visualismus« als Grundlage einer »integralen« Filmkunst betonte, entfernte sich später von der impressionistisch-psychologischen Richtung Dellucs, um sich erst dem Cinéma pur und dann dem Surrealismus zuzuwenden.

Experimentell gaben sich auch die Filme eines anderen »impressionistischen« Filmpioniers: Marcel L'Herbier (geb. 1890). L'Herbier betätigte sich zunächst auf dem Gebiet der Literatur: Er verfaßte symbolistische Poeme; seine Filmschulung erfuhr er im Filmdienst der französischen Armee während des Ersten Weltkrieges. L'Herbiers wichtigstes und charakteristischstes Werk ist *Eldorado* (1922). Der Film berichtet die rührselige Geschichte einer spanischen Tänzerin, die einen edlen skandinavischen Maler liebt, ihm jedoch um ihres Kindes willen entsagt. Diesen trivialen Vorwurf kleidete L'Herbier in ein anspruchsvolles formales Gewand. Die Fotografie der spanischen Landschaft in *Eldorado* war von ausgesuchter Raffinesse. Alle neuen technischen Errungenschaften, alle von Delluc postulierten Möglichkeiten der Filmsprache fanden hier ihre Anwendung: beabsichtigte Unschärfe, Doppelbelichtung, Verzerrung, Montage. Deutlich offenbarte sich in diesem Werk jedoch der Zwiespalt zwischen der Konventionalität des Inhalts und einer überfeinerten filmischen Sprache. Für *Eldorado* trifft das Wort von Jean Mitry zu[28], daß die Regisseure der damaligen Zeit »einen Feuilletonroman im Stil Marcel Prousts erzählten«.

In seinen nächsten Filmen, *Don Juan et Faust* (1922) und *L'Inhumaine* (Die Unmenschliche, 1923), experimentierte L'Herbier mit stilisierten und abstrakten Dekors, die er von dem jungen Dekorateur Autant-Lara und von Fernand Léger verfertigen ließ. Wie einseitig die Positionen der ersten französischen Avantgarde waren, bewies besonders L'Herbiers Zola-Verfilmung *L'Argent* (Das Geld, 1928): der Film ignorierte alle aktuellen und zeitkritischen Möglichkeiten des zolaschen Themas, um sich ausschließlich formalen Experimenten zu überlassen, die aus der Börse ein dämonisches, mit Eigenleben begabtes »Wesen« machten. L'Herbiers Hang zum symbolischen Ausdruck bestätigte sich auch in seinen späteren Tonfilmen – etwa in *La Nuit fantastique* (Die phantastische Nacht, 1942).

Auch Jean Epstein (1899–1953) gehört in den Kreis der Regisseure um Louis Delluc, obwohl seine Filme einen intuitiveren Stil besitzen als die ausgeklügelten Werke L'Herbiers. Epsteins Stärke ist die impressionistisch nuancierte Milieu- und Landschaftsschilderung, in der sich der Seelenzustand seiner Helden spiegelt.

Epstein war Dichter und Kritiker (an Dellucs Zeitschrift *Cinéa*), ehe er sich der praktischen Filmarbeit zuwandte. 1921 publizierte er *Bonjour cinéma!*, ein kleines, futuristisch gedrucktes Buch, in welchem Gedichte mit Prosatexten zum Thema »Photogénie« wechselten. Zeit seines Lebens hat Epstein sich auch theoretisch mit dem Film beschäftigt – er reflektierte über die Möglichkeiten des Films, das Denken zu registrieren (*L'Intelligence d'une machine*, 1946), und entwarf sogar eine idealistische Philosophie des Films. Nach *Vie de Pasteur* (Das Leben Pasteurs, 1922) unternahm Epstein im selben Jahr eine Bearbeitung von Balzacs *L'Auberge rouge* (Die rote Herberge). Der Film versuchte, aus der »photogenen« Poesie unbelebter Dinge den inneren Zustand seiner Protagonisten zu veranschaulichen. Doch zu einem Meisterwerk geriet Epstein erst *Cœur fidèle* (Treues Herz, 1923). Ein winziger Vorwurf lag dem Film zugrunde, der – ähnlich wie *Fièvre* – im marseiller Hafenmilieu spielte. Schon in *Bonjour cinéma!* hatte Epstein geschrieben: »Ich wünsche mir Filme, in denen nichts oder doch fast nichts vorgeht...«, in denen das bescheidenste Detail den Ton eines verborgenen Dramas angibt[29].« Das gilt auch für *Cœur fidèle*: In einer Bar des Vieux-Port von Marseille arbeitet ein Mädchen, in das zwei Männer verliebt sind, ein Arbeiter und ein Gauner. Der Film erzählt die wechselnden Auseinandersetzungen der beiden – bis zum Happy-End. Mit viel Takt und Stilempfinden verwob Epstein diese Intrige mit der liebevoll-poetischen Schilderung des Hafens, seiner Bars und seiner Typen. Ein zugleich realistischer und lyrischer Atem durchzieht diesen Film; auch seine »avantgardistischen« Kunstgriffe – etwa die Doppelbelichtungen, die das Gesicht der Heroine über den Wasserspiegel des alten Hafens blenden – wirken noch bescheiden. Höhepunkt des Films sind die mit Verve, Humor und Beobachtungsgabe festgehaltenen Karussell- und Jahrmarktszenen. *Cœur fidèle* war einer der gelungensten Filme aus der Zeit der ersten Avantgarde.

La Belle Nivernaise (1924) ging ganz in der Ausmalung melancholischer Flußlandschaften und des Schiffermilieus auf. Epsteins Talent, die spezifische Atmosphäre einer Landschaft in den Film zu übertragen, sollte sich noch in zwei ausgezeichneten Dokumentarfilmen über die Bretagne und ihre Fischer bewähren: *Finis Terrae* (1929) und *Morvran* (1930). *La Glace à trois faces* (Der Spiegel mit den drei Gesichtern, 1928) war wieder ein psychologischer Film mit »introspektiven« Großaufnahmen und mit Zeitlupensequenzen zur Verdeutlichung innerer Vorgänge. Mit der Technik der Zeitlupe und »caligaristischen« Dekors suchte Epstein auch die unheimliche Phantastik von E. A. Poes *Der Fall des Hauses Usher* auf die Leinwand zu bannen *(La Chute de la maison Usher*, 1928). Jean Epstein sollte nach dem Zweiten Weltkrieg noch einen bemerkenswerten lyrischen Dokumentarfilm über die Küstengegenden Frankreichs drehen: *Le Tempestaire* (1947).

Vom Impressionismus beeinflußt zeigte sich auch die »dokumentarische« Richtung des Avantgardefilms, die in der zweiten Hälfte der zwanziger Jahre einige interessante Leistungen zustande brachte. Einer ihrer Vertreter war der Brasilianer Alberto Cavalcanti (geb. 1897), der später noch in England, Brasilien und Österreich arbeiten sollte. Cavalcantis *Rien que les heures* (Nichts als Stunden, 1926) ist ein Querschnittsfilm über einen Tag in Paris. Assoziativ werden Beobachtungen aneinandergereiht (ganz ähnlich wie in Walter Ruttmanns thematisch verwandtem Dokumentarfilm *Berlin, die Symphonie einer Großstadt).* Der Film intendiert eine Darstellung der Zeit (dazu dient das Leitmotiv sich bewegender Zeiger), enthält aber auch sozialkritische und satirische Akzente: Ein manierierter Jüngling beißt lächelnd in ein Beefsteak; durchs Fleisch hindurch werden Schlachthausszenen sichtbar. *En Rade* (Auf der Reede, 1928) war ein Melodram aus dem Milieu des marseiller Hafens, stilistisch verwandt mit *Cœur fidèle;* und in *La P'tite Lili* (Die kleine Lili, 1927) verfilmte Cavalcanti das Volkslied von der engelgleichen Lili und ihren Verehrern – dem »Apachen«, dem Milchmann, dem bärtigen Gasanzünder, dem torkelnden Polizisten. Diese populären Figuren filmte Cavalcanti durch eine grobe Sackleinwand hindurch, wodurch der ganze Film einen legendenhaften Charakter gewann. Der russische Emigrant Dimitri Kirsanow stand mit seinen elegischen Stimmungsfilmen *Ménilmontant* (1926) und *Brumes d'automne* (Herbstnebel, 1928) etwa in der Mitte zwischen der dokumentarischen und der impressionistischen Avantgarde, während Georges Lacombe mit *La Zone* (1929) einen betont sozialkritischen Dokumentarfilm über die pariser Randgebiete schuf. Für die Strömung der dokumentarischen Avantgarde charakteristisch war auch Jean Vigos entlarvender Dokumentarfilm über Nizza, *A propos de Nice* (1929). Vigos Werk steht jedoch schon an der Wende zum Tonfilm.

Wenn die »erste französische Avantgarde« auch als historisches Verdienst beanspruchen kann, die filmische Syntax entwickelt und den Geschmack des Publikums gebildet zu haben, so muß man ihre Werke dennoch kritisch betrachten. Die Filme dieser Periode lassen fast immer eine Überbewertung der Form erkennen, der schematische und nicht bewältigte Inhalte gegenüberstehen; aus dieser Zeit datiert auch der endlose und akademische Streit über die »Spezifik« der filmischen Sprache. Zugunsten seiner formalen Entwicklung hatte sich der französische Film fast völlig von der Gegenwart und vom konkreten Leben isoliert, vor dessen Konflikten die Filme der Avantgarde meist in einer passiven, ästhetisch-kontemplativen Haltung verharrten.

Das Cinéma pur und René Clair

Schon die »impressionistischen« Regisseure um Louis Delluc hatten den Primat des visuellen Ausdrucks im Film betont; die Abneigung gegen die erzählende Handlung charakterisiert die französische Film-Avantgarde schon von ihren Anfängen an. 1921 erklärte Epstein die Fabel zu einer »Lüge«: »Es gibt keine Geschichten. Es hat niemals Geschichten gegeben. Es gibt nur Situationen... ohne Anfang, Mittelpunkt und

Ende [30]«, und Germaine Dulac schrieb: »... man darf bezweifeln, daß die Filmkunst eine erzählende Kunst ist [31].« Aber praktisch hatten die Impressionisten in der Zurückweisung der Fabel wenig Konsequenz gezeigt. Während sie vor allem die Komposition des einzelnen Bildes auszubilden suchten und dem »Photogénie« nachforschten, begann man gegen Mitte der zwanziger Jahre einem anderen Moment des Films stärkere Beachtung zu schenken: der Bewegung. Lumières *L'Arrivée d'un train*, Urtyp jener Filmgattung, in der die Bewegung dominiert, gelangte wieder zu Ansehen, während der theatralische und statische *L'Assassinat du Duc de Guise* der Lächerlichkeit verfiel.

Was die Generation der »Impressionisten« nur zum Teil erreicht hatte: die Befreiung des Films von seiner herkömmlichen Thematik, das vollendeten nun radikaler gesinnte jüngere Filmschaffende: René Clair, der mit dem Film experimentierende Maler Fernand Léger und der amerikanische Fotograf Man Ray. Hatte Delluc noch versucht, die kommerziellen Strukturen der Filmindustrie zu reformieren, so beschränkten sich die neuen Regisseure – die jetzt bewußt das Wort »Avantgarde« für sich in Anspruch nahmen – auf die Herstellung experimenteller Kurzfilme, für die sie in den Filmkunsttheatern und Filmclubs ein enthusiastisches Publikum von Künstlern, Intellektuellen und Snobs fanden. Der Begriff des »cinéma pur«, des »reinen« Films, kam damals in Mode und umschrieb die neuen Ambitionen. »Filmrhythmus ist eine Potenz, die jenseits von Tatsachenlogik und Realität Visionen erzeugt, wie sie nur im Verein von Linse und Filmband zustande kommen. Was echter oder auch ›reiner‹, von allen dramatischen und dokumentarischen Elementen befreiter Film sein kann, lassen einige Werke unserer subtilsten Regisseure ahnen. Dort erst beginnt die filmische Fabulierfreude, und hieraus kann sich einmal eine ›sinfonische Optik‹ entwickeln.« Dieser Text von Henri Chomette (einem Bruder René Clairs) aus dem Jahre 1925 [32] kennzeichnet die formalistischen Bestrebungen der Schule des cinéma pur. Um zur reinen Musik, zum reinen Rhythmus des bewegten Bildes vorzudringen, eliminierte man nun überhaupt jeglichen Inhalt aus den Filmen. In Fernand Légers (1881–1956) *Ballet mécanique* (1924) führen Töpfe, Pfannen und Gesichter einen rhythmischen Tanz auf, eine alte Frau keucht immer wieder dieselbe Treppe hinauf, dazwischen erscheinen Satzfetzen und eine sich auflösende kubistische Zeichnung von Chaplin. »Reine« Filmrhythmik suchte auch Henri Chomette (1896–1941) in einem Film des programmatischen Titels *Jeux des reflets et de la vitesse* (Spiel der Spiegelungen und der Geschwindigkeit, 1923) sowie in *Cinq minutes de cinéma pur* (Fünf Minuten reinen Films, 1925) zu kreieren; Man Ray (geb. 1890) streute in *Le Retour à la raison* (Die Rückkehr zur Vernunft, 1923) Nadeln und Knöpfe auf den Negativfilm und jonglierte in *Emak Bakia* (1927) mit abstrakten Formen und Schachfiguren, während die nun vom Impressionismus zum cinéma pur konvertierte Germaine Dulac in *Etude cinégraphique sur une arabesque (1927)* und *Disque 927* (1929) optische Assoziationsformen zur Musik von Debussy und Chopin suchte.

Die Filme des cinéma pur verfolgten ähnliche Intentionen wie die schon einige Jahre früher in Deutschland realisierten abstrakten Filme Viking Eggelings und Hans Richters. Neben einem starken Experimentierwillen zeugten aber die Filme der französischen Avantgarde von Humor, von spielerischem Vergnügen an der Liquidierung aller konventionellen Inhalte, an der Assoziation des Unvereinbaren. Der Geist des Dadaismus, jener anarchischen Kunstbewegung, die sich die Zerstörung der herkömmlichen Logik zum Ziel gesetzt hatte, sprach insbesondere aus dem Film eines jungen, noch unbekannten Regisseurs, der zu einer Art Manifest der späteren Film-avantgarde werden sollte: aus René Clairs *Entr'acte* (Zwischenakt, 1924). René Clair (eigentlich René Chomette, geb. 1898), ein ehemaliger Journalist und Schauspieler, hatte mit einer phantastischen Komödie um den Eiffelturm begonnen: *Paris qui dort* (Paris im Schlaf, 1923). *Entr'acte* wurde von dem Mäzen des Schwedischen Balletts für die Pause seines Programms *Relâche* (Geschlossen!) in Auftrag gegeben; Francis Picabia, einer der Begründer des Dadaismus, schrieb für den Film ein summarisches Drehbuch. Der Film, nach Clairs Worten ein »visuelles Stottern von geregelter Harmonie[33]«, war eine übermütige Herausforderung des Zuschauers und eine Verhöhnung aller traditionellen Formeln der Filmherstellung; Clair versuchte sich an der rhythmischen Orchestrierung von Bildern und Sequenzen, die nur um ihres Bewegungswertes eingefangen waren. Zu Beginn des Films erscheinen, disparat durcheinandergemischt, Bilder von Säulen, Dächern und Schornsteinen; Dadaisten (Man Ray und der Maler Duchamp) spielen am Rande eines Daches Schach; eine Tänzerin erblickt man von unten; plötzlich trägt sie einen bärtigen Kopf. Dann blendet das Bild auf einen feierlichen Leichenzug über, der von einem Kamel angeführt wird und dessen Kränze aus Broten und Schinken bestehen, von denen sich die Trauergäste ernähren. Der Leichenzug setzt sich in immer schnellere Bewegung, die Gäste müssen laufen, bis aus dem Sarg ein Zauberer hervorkommt, der einen der Anwesenden nach dem anderen und zuletzt sich selbst fortzaubert.

Verfehlt sind jene Interpretationen, die *Entr'acte* und dem rhythmischen Wechsel seiner Leitmotive – der Tänzerin, dem auf einem Wasserstrahl tanzenden Ei, der Berg-und-Tal-Bahn und dem Leichenzug – eine präzise Bedeutung zuschreiben möchten. Dieser Film war für Clair nichts weiter als ein fröhliches Divertissement und eine Bestätigung der unbegrenzten Freiheiten, die die siebte Kunst ihrem Gestalter einräumte. Daneben klingen aber in *Entr'acte* schon Themen an, die den späteren Clair kennzeichnen: die Ironisierung bürgerlicher Gebräuche (des feierlichen Leichenzugs) und die freundlich-karikierende Darstellung volkstümlicher Typen. Jene satirischen Elemente sind es auch, die heute in *Entr'acte* noch am lebendigsten wirken, während die rhythmischen Montagen und Bewegungsstudien des Anfangs, kurz das *cinéma pur*, einen etwas akademischen Eindruck hinterlassen. Nach *Entr'acte* drehte Clair zwei weitere phantastisch-irreale, von Méliès inspirierte Komödien, *Le Fantôme du Moulin Rouge* (Das Gespenst vom Moulin Rouge, 1924), und *Le Voyage imaginaire* (Die eingebildete Reise, 1925); in *La Tour* (Der Turm, 1928), einem kurzen Dokumentarfilm über den Eiffelturm, kehrte Clair noch einmal zum *cinéma pur* zurück, das für ihn jedoch nur ein Durchgangsstadium war.

René Clairs wichtigste Filme der Stummfilmzeit, *Un Chapeau de paille d'Italie* (Ein italienischer Strohhut, 1927) und *Les Deux timides* (Die beiden Schüchternen, 1928), lassen sich aus dem Boulevardtheater ebenso wie von den Grotesken Mack Sennetts herleiten. Sie stehen in jenem eigentümlichen Spannungsverhältnis zwischen sozialer Realität, poetischer Erfindung und Ironie, der das Besondere des clairschen Stils ausmacht.

Un Chapeau de paille d'Italie ist schon charakteristisch für diesen Stil. Der Film geht auf die gleichnamige Boulevardkomödie von Labiche und Michel zurück, ein Erfolgsstück des neunzehnten Jahrhunderts, das auf Situations- und Typenkomik basiert – Elementen, die Clairs Temperament entgegenkamen. Er versetzte die Handlung in die pariser Kleinbürgerwelt der Zeit um 1900. Ein junges Paar bereitet sich auf die Hochzeit vor; dem Bräutigam – Fadinard – begegnet auf einer Fahrt durch ein Wäldchen das Mißgeschick, daß sein Pferd den Strohhut einer Dame auffrißt, die sich dortselbst in einer kompromittierenden Situation mit einem Offizier befindet. Die Dame und der Offizier verlangen auf der Stelle einen neuen Strohhut, und die verzweifelte Suche nach dem identischen Hut bringt nicht nur die ganze Hochzeit durcheinander, sondern provoziert die absurdesten Verwicklungen, ehe sich die Fäden der Intrige entwirren. Clairs besondere Leistung bestand darin, die Dialogkomik des Stücks in eine visuelle Komik der Gags zu übersetzen. Der Film ist auf dem Grundschema der Verfolgung aufgebaut, der »course-poursuite«: Eine Partei jagt jeweils ergebnislos hinter der anderen her. Die einzelnen Episoden der Verfolgung verflocht René Clair zu einem heiteren Ballett. Niemals ist jedoch ein einzelner Gag allein um des komischen Effekts willen da: stets dient er zugleich der Charakterisierung einer Person, einer Lage. Die Befürchtung Fadinards, der wutentbrannte Offizier könnte sein Mobiliar zertrümmern, wird nicht nur als komische Traumsequenz eingeblendet, sondern kennzeichnet zugleich den verwirrten Geisteszustand des Protagonisten. Während der Rede des Bürgermeisters verliert der exzentrische Cousin seine Krawatte, bemerkt es aber nicht, während alle anderen Anwesenden nervös an ihrer Kleidung rücken: auch dieser Gag (ein Höhepunkt des Films) trägt zur Charakterisierung der einzelnen Personen und der Situation bei.

Clairs satirische Verve traf nicht nur die Figuren der Handlung, sondern schien gleichzeitig die Grundlagen des Stücks selbst zu ironisieren. An der Oberfläche mochten die Personen zunächst real, der Wirklichkeit entnommen scheinen: sie repräsentierten eine spezifische Welt des Kleinbürgertums. Aber letztlich behandelte Clair sie wie Marionetten. Die »Typen«, die in diesem Film und in vielen anderen René Clairs auftauchen – der alte taube Onkel, der betrogene Ehemann, der exzentrische Cousin, die zänkische Tante –, sind im Grunde Abstraktionen; sie tragen nicht das Gewicht einer Persönlichkeit, sondern stehen jeweils nur für die Idee einer Person ein, die durch einige komische Äußerlichkeiten definiert wird (zum »Onkel« gehört das Hörrohr, zum »Bürger« das Fußbad). Gerade das aber gibt ihnen jene schwebende Leichtigkeit, bei aller Profiliertheit im Typ, die die Komik der Filme René Clairs auszeichnet. Indem er seine Personen ironisiert, sie in komische Verwicklungen hineinführt, ironisiert er das Denkschema, dem diese Typenwelt entstammt. Dabei ist aber die Kritik, die René Clair in seinen Filmen latent ausspricht, nie aggressiv; sie geht nicht über die Ironie hinaus, bleibt freundlich, verstehend. »Der Blick, mit dem René Clar die Welt betrachtet, ist weniger der eines Moralisten als der eines klarsichtigen Ironikers, dessen Lächeln zugleich Bitterkeit und Bedauern verrät« (J. Mitry [34]).

War *Un Chapeau de paille d'Italie* eine burleske Farce, so gab Clair seinen Personen in *Les Deux timides* stärkeres psychologisches Profil. Auch diesem Film liegt eine Komödie von Labiche und Michel zugrunde. In ihrem Mittelpunkt steht ein schüchterner und furchtsamer Rechtsanwalt, den eine Maus im Gerichtssaal völlig durcheinanderbringt und der sich dem Mädchen, das er liebt, nicht zu erklären wagt; die Situation wird dadurch kompliziert, daß auch der Vater des Mädchens von krankhafter Schüchternheit ist. Diese Ausgangsposition gibt wiederum die Voraussetzung für mancherlei groteske und absurde Verwicklungen. Das stete Zögern der Protagonisten vor notwendigen Entscheidungen und ihre Unsicherheit setzt der Film in ballettartige Bildfolgen um – so in der Szene des Plädoyers: jedesmal, wenn der Rechtsanwalt nach dem Verschwinden der Maus seine Rede neu beginnt, sieht man dieselbe Schilderung des Vorganges, aber im Rhythmus der Rede: bald bleiben die Bilder stehen, bald werden sie immer schneller; schließlich, als der Held alles verheddert, laufen die Bilder rückwärts ab. Ironie äußert sich auch in einer kuriosen Dreiteilung der Leinwand, zu der Clair gelegentlich greift, um mehrere Figuren des Films in identischen Situationen einander gegenüberzustellen.

Der Surrealismus und Luis Buñuel

Der Surrealismus, 1922 von André Breton begründet, rebellierte wie der Dadaismus gegen die Konformität und die rationale Logik der bürgerlichen Kunst. Doch gaben die Vertreter des Surrealismus der spielerischen Zerstörungswut der Dadaisten eine neue Richtung. Sie versprachen sich aus der Freisetzung des Irrationalen, aus dem Zurückgehen auf die Magie des Traums und die unbewußten Artikulationsformen der Seele eine neue Art der Erkenntnis; ihre Bewegung zielte sogar auf eine neue Organisation des Lebens. Das revolutionäre Glühen der Surrealisten, verbunden mit einem oft militanten Atheismus, war freilich recht »allgemeiner« Natur; ihrer Revolution fehlte es an der notwendigen Klarheit, um über die Umstürzung bloß ästhetischer Konventionen hinauszukommen. Dennoch zeigten auf dem Gebiet des Films die meisten Surrealisten eine aktivistischere Haltung als die »Impressionisten« und die Vertreter des cinéma pur, denen die Organisation bewegter Formen oft Selbstzweck war.

Die Möglichkeit des Films, traumhafte Assoziationen von Bildern herzustellen, hatte die Surrealisten schon frühzeitig fasziniert. Dichter wie Antonin Artaud, Robert Desnos und Philippe Soupault arbeiteten als Drehbuchautoren oder Darsteller an verschiedenen Filmen mit; André Breton, Benjamin Péret und Louis Aragon projektierten Filme, die nicht realisiert wurden. Der erste surrealistische Film war *La Coquille et le clergyman* (Die Muschel und der Kleriker, 1927), nach einem Szenarium Antonin Artauds von Germaine Dulac gedreht: die bizarre und traumhafte Geschichte eines gehemmten Jungklerikers, der mit einem ordenbehangenen General um die Gunst einer schönen Dame ringt. Antikirchliche Attacken verschmolzen hier mit freudscher Traumsymbolik und surrealen Assoziationen, die dem Film eine poetische Qualität gaben. Artaud erklärte sich allerdings mit der »femininen« Inszenierung seines Drehbuchs nicht einverstanden und entfesselte bei der Uraufführung von *La Coquille et le clergyman* einen Skandal.

Ein Gedicht von Robert Desnos inspirierte Man Ray zu seinem Film *L'Etoile de mer* (Der Seestern, 1929). Einzelnen in den Film eingestreuten Versen des Gedichts stellte Man Ray seine Visionen gegenüber – Menschen und Dinge in verschwimmenden Konturen; Doppelbelichtungen symbolischer Objekte; erschreckende und überraschende Bildfolgen. Eine Art maritimen Zaubers sprach aus diesem Film (dem besten Man Rays): die Welt zerfloß zu unbestimmten, vieldeutigen Formen, zwischen denen sich die Menschen wie in einem Aquarium bewegten. Aber auch an komischen Wendungen und ironischen Gags fehlte es *L'Etoile de mer* nicht – der Film wollte sich selbst nicht immer ganz ernst genommen sehen; darin zeigte er sich noch dem Dadaismus verwandt.

Deutlicher aber als bei Man Ray und Germaine Dulac kam die surrealistische Haltung in einem Film zum Ausdruck, der legendäre Berühmtheit erlangen sollte: Luis Buñuels und Salvadore Dalis *Un Chien andalou* (Ein andalusischer Hund, 1928). Der spanische Jesuiten-Zögling Luis Buñuel (geb. 1900) lernte als Assistent von Jean Epstein (in *La Chute de la maison Usher*) mit der Kamera umzugehen. Buñuel tat sich dann mit seinem Landsmann, dem Maler Salvadore Dali, zusammen, um den Geist der »surrealistischen Revolution« auch in die siebte Kunst zu übertragen. In *Un Chien andalou* regierte die traumhaft assoziierende Phantasie, das systematische »dérèglement« aller Sinne. Der Film präsentierte eine durcheinandergeratene Wirklichkeit; Buñuel und Dali beluden ihn mit dem schreckerregenden Inventar ihrer persönlichen Mythologie, mit den Spiegelungen ihrer Besessenheit, mit Metaphern, die teils nur schockieren sollten, teils aber die symbolische Interpretation nicht auszuschließen schienen. Da erscheint auf der Leinwand eine abgeschnittene Hand; aus einer anderen Hand kriechen Ameisen hervor; Schulbücher verwandeln sich in Pistolen; auf zwei Flügeln liegen Eselskadaver, und an Stricken baumeln Kürbisse und Seminaristen. Bis heute hat *Un Chien andalou* seine provozierende Wirkung nicht ganz verloren. Das gilt namentlich für die Schockbilder der Einleitungssequenz, die sich im Drehbuch so ausnehmen:

»Ein Balkon in der Nacht. Ein Mann schärft sein Rasiermesser nahe am Balkon. Der Mann betrachtet den Himmel durch die Scheiben und sieht… eine schmale Wolke, die auf den Vollmond zutreibt. Dann: der Kopf eines jungen Mädchens mit weitgeöffneten Augen. Dem einen Auge nähert sich die Klinge des Rasiermessers. Jetzt zieht die schmale Wolke vor dem Mond vorbei. Die Klinge des Rasiermessers zerschneidet das Auge des jungen Mädchens[35].«

Buñuel und Dali hatten ihren Film absichtlich als provokatorischen Schrei, als Vehikel des Skandals angelegt; er sollte ein Gegenstand sein, »der zwischen den Händen seiner Feinde explodiert« (A. Kyrou[36]). Einzelne seiner Sequenzen sind oft gedeutet worden. So interpretierte man die an Seilen hängenden Priester, Melonen, Klaviere und Eselskadaver, die einen jungen Mann daran hindern, zu einem Mädchen zu gelangen, als Erinnerungen seiner Kindheit und seiner Erziehung. Tatsächlich scheint ein solcher Symbolismus mitunter bewußt in den Film hineingelegt zu sein. Man wird hier vielleicht den Einfluß Salvadore Dalis suchen müssen, denn im allgemeinen ist Buñuels Surrealismus vieldeutiger Natur; seine Provokationen zielen darauf, das Vertrauen in die etablierte und rationale Wirklichkeit zu erschüttern. Bemerkenswert aber, daß bei aller Alogik des Geschehens jede einzelne Szene in *Un Chien andalou* den Charakter einer scharf fixierten Realität besaß. Von Anfang an versagte sich Buñuel jenen formalen Trickexperimenten, in denen die Impressionisten und die Anhänger des *cinéma pur* schwelgten; sein Surrealismus setzte sich nicht der Wirklichkeit entgegen, sondern wuchs aus ihr hervor.

In Buñuels und Dalis nächstem Film, *L'Age d'or* (Das goldene Zeitalter, 1930), verstärkte sich dieser paradoxe Wirklichkeitscharakter des Surrealen; gleichzeitig trat aber auch der soziale Aggressionswille Buñuels noch schärfer hervor. Mochte man *Un Chien andalou* als reizvoll-bizarres Experiment noch über alle ideologischen Horizonte erheben, so enthielt *L'Age d'or* eine Portion Gift, die jedem bürgerlichen Publikum den Geschmack verderben mußte. Dieser Film war ein Manifest des von den Surrealisten ekstatisch gepriesenen »amour fou«, der jede Konvention verneinenden, den Menschen aus allen Fesseln – sowohl den sozialen wie denen des rationalen Bewußtseins – befreienden absoluten Liebe. Die Protagonisten des Films (Gaston Modot und Lya Lys) erregten mit ihrer Liebe den Ärger und die Empörung aller Instanzen der Autorität. Wohl selten wurden die Kräfte der »Ordnung« – Kirche, Familie, Polizei und Armee – von der Leinwand herunter so blasphemisch attackiert wie in diesem Film. So sieht man die Skelette kirchlicher Würdenträger, angetan mit Resten des Ornats, malerisch auf einem Felsen ausgebreitet; Weihgefäße werden im Rinnstein deponiert; aus einem Fenster fallen Giraffen, Federn, brennende Tannen und

Erzbischöfe; ein Vater füsiliert seinen ungehorsamen Sohn; durch eine vornehme Gesellschaft rollt ein Karren mit Arbeitern, ohne daß jemand von ihm Notiz nimmt. Am Schluß des Films (der von einem ununterbrochenen Trommelwirbel begleitet wird: es handelte sich bereits um einen Tonfilm) erscheint Christus als letzter Überlebender einer Orgie – eine Anspielung auf *Die 120 Tage von Sodom* des Marquis de Sade.

Hinter der Blasphemie und den Provokationen des Films stand ein leidenschaftlicher Protest gegen die Unterdrückung des Menschen, gegen die Indifferenz der Welt. »Mit der Welt gibt es keine Verständigung; wir gehören ihr nur in dem Maße an, wie wir uns gegen sie auflehnen«, verkündeten Aragon, Breton, Eluard, René Char und andere Surrealisten in einem Manifest zu dem Film[37]. Was aber *L'Age d'or* über das Niveau des bloßen Pamphlets hinaushebt, ist der befreiende Atem, der den Film durchzieht und der zwischen disparaten Elementen der Wirklichkeit kühne, poetische und im echten Sinne surreale Beziehungen herstellt. Bezeichnend für die Gestaltungsweise des Films ist die Integrierung verschiedener Schauplätze in ein Geschehen: aus ihrem Schlafzimmer muß Lya Lys eine Kuh vertreiben, die sich dort auf dem Bett niedergelassen hat. Aber auch nach ihrem Verschwinden dauert das Läuten der Kuhglocke fort. Im nächsten Bild erscheint – an einem anderen Ort – Modot. Hundegebell mischt sich in das Geläut der Glocke. Dann kehrt die Kamera wieder zu Lya Lys zurück, die sich über einen Spiegel beugt: in diesem Spiegel erscheinen plötzlich Wolken, und ein sausender Wind fährt aus ihm hervor. Ein dreifacher Geräuschkontrapunkt – Glockenläuten, Bellen, Wind –, den beide vernehmen, obwohl sie räumlich weit voneinander getrennt sind, läßt wie in einer Vision das Gefühl der Verbundenheit entstehen.

L'Age d'or erregte bei seiner pariser Uraufführung einen Skandal. Vertreter einer faschistischen Jugendliga beschädigten das Inventar des Kinos und bespritzten die Leinwand mit Tinte; nachdem der konservative *Figaro* gegen das subversive Schauspiel und die in ihm enthaltene »Propaganda Lenins« den »Besen der Zensur« zu Hilfe gerufen hatte, wurde der Film zunächst in Teilen und dann ganz verboten.

Cocteaus Erstlingsfilm *Le Sang d'un poète* (Das Blut eines Dichters, 1930) gibt sich als ein »realistischer Dokumentarfilm über irreale Ereignisse«. Eigentlich gehört dieser Film Jean Cocteaus (geb. 1889) nicht in das Gebiet des Surrealismus; seine Poetik ist radikal verschieden von der Buñuels. Andererseits entstand auch dieser Film in der Periode der zu Ende gehenden Avantgarde (er wurde von jenem Vicomte de Noailles in Auftrag gegeben, der auch *L'Age d'or* finanziert hatte) und spiegelte ihr Klima. Auch *Le Sang d'un poète* mag man als einen filmischen Traum betrachten, in dem phantastische, jeder Logik widersprechende Ereignisse miteinander verknüpft werden. Der niederstürzende Schornstein zu Anfang und Beginn des Films gibt einen Hinweis auf die Irrealität der Traumzeit. Aber im Grunde lieferte Cocteau in diesem Film nur ein Porträt von sich selbst, ein verschlüsseltes Exposé seiner Dichtungslehre. Alle scheinbar bizarren und irrationalen Bilder des Films – der Mund, der sich in der Hand des Dichters öffnet, die Statue, die lebendig wird, der Gang durch den Hotelkorridor, der Selbstmord und das Weiterleben, die Kartenpartie im Schnee – alle diese Szenen und ihre Elemente sind Allegorien, Hinweise auf die Person des Autors. Nach Cocteaus eigener Interpretation ist »die Einsamkeit des Dichters so groß, er lebt so sehr in seiner Schöpfung, daß der Mund eines seiner Geschöpfe in seiner Hand lebt wie eine Wunde...[38]« Während die surrealen Bilder aus *Un Chien andalou* oder *L'Age d'or* in ihrer unauflöslichen Vieldeutigkeit das gewohnte Bild der Welt zersprengen, sind die Bilder Cocteaus in *Le Sang d'un poète* rationale Konstruktionen, die nur den Blick auf das Innere ihres Schöpfers freigeben. Keine Szene des Films weist über sich selbst hinaus; seine Magie ist künstlich, entwickelt im Laboratorium, zudem nicht frei von Pose und Selbstgefälligkeit. Der introvertierte und ästhetische Surrealismus Cocteaus aus *Le Sang d'un poète* fand freilich auch in der Tonfilmzeit immer wieder Nachahmer und feierte nach dem Zweiten Weltkrieg in den Filmen der amerikanischen Experimentatoren Maya Deren, Curtis Harrington und Kenneth Anger eine verspätete Auferstehung.

Le Sang d'un poète bezeichnet ebenso wie die Filme Buñuels das Ende der Avantgarde-Ära. Buñuel wandte sich nach 1930 mit seiner spanischen Elendsreportage *Las Hurdes* (1932) dem sozialkritischen, freilich nicht aller surrealen Nuancen entkleideten Dokumentarfilm zu. Allgemein machte sich im französischen Film jetzt ein stärkeres Streben nach Verbindlichkeit und Wirklichkeitsnähe bemerkbar. Eine neue Periode deutete sich an, die dem französischen Film einige seiner besten Werke schenken sollte. Diese neue Periode wurde auch durch das Debüt mehrerer junger Regisseure eingeleitet, die erst in der Tonfilmzeit ihre wichtigsten Filme drehen sollten: neben Clair muß man hier vor allem Jacques Feyder, Jean Gremillon und Jean Renoir nennen. Doch der bedeutendste Film, der in jenen Jahren in Frankreich gedreht wurde, gehörte – bis auf seine Darsteller – paradoxerweise nicht zur französischen Produktion: Carl Dreyers *La Passion de Jeanne d'Arc* (1927). Über diesen Film schrieb der französische Kritiker Charensol: »... wenn *La Passion de Jeanne d'Arc* der edelste, höchste und bewegendste Streifen ist, den Frankreich hervorgebracht hat, so verdankt er unserem Land doch nichts[39].« Dreyers Film stand vielmehr in der Tradition des skandinavischen Films und in der persönlichen seines Schöpfers.

Der sowjetische Revolutionsfilm

Das zaristische Rußland gelangte erst spät zu einer eigenen Filmproduktion. Zunächst waren es die Operateure der Brüder Lumière, die 1896 auf der Suche nach interessanten Kameramotiven auch Rußland bereisten und dort den »Kinematographen« einführten. In den folgenden Jahren wurde Rußland ein lohnendes Absatzgebiet für die weltweit operierenden französischen Konzerne *Pathé* und *Gaumont*, die die günstigen Bedingungen der russisch-französischen Allianz für sich auszunutzen verstanden. Erst 1908 begannen die russischen Filmhersteller Drankow und Chanshonkow, zu denen sich später der mächtige Produzent Jermoliew gesellte, mit *Pathé* in Konkurrenz zu treten. Auch *Pathé* startete daraufhin eine moskauer Produktion, doch gelang es den Russen auf die Dauer besser, die Wünsche ihres Publikums zu erfüllen. Die zaristische Polizei übte eine strenge Zensur über die Kinoprogramme aus – verboten war beispielsweise jede Darstellung oder Erwähnung der Französischen Revolution und des Königsmords sowie die Darstellung harter Arbeit.

Der Erste Weltkrieg brachte eine günstige Wendung für die russische Filmindustrie: sie fand sich plötzlich von der ausländischen Konkurrenz befreit. Neue Produktionsfirmen, neue Studios und Laboratorien schossen aus dem Boden. Ohne rechtes Ergebnis versuchte die zaristische Regierung noch 1916, durch den Einsatz von Propagandafilmen des halboffiziellen *Skobelew-Komitees* die Kriegsmüdigkeit der Bevölkerung zu bekämpfen. Im Februar 1917 kam dann das bürgerlich-parlamentarische Regime Kerenskis an die Macht. Die Filmzensur wurde – vorübergehend – aufgehoben und das *Skobelew-Komitee* beauftragt, Wochenschauen im Sinne der Regierung herzustellen.

Die Oktoberrevolution brachte die Staatsgewalt in Rußland in die Hände des petrograder Sowjets. Zu den ersten Dekreten der neuen Regierung gehörte die Errichtung einer Filmabteilung in der staatlichen Erziehungskommission. Das Erziehungskommissariat selbst unterstand dem Volkskommissar Anatoli Lunatscharski, einem engen Vertrauten Lenins. Lunatscharskis liberaler Gesinnung verdankt der frühe sowjetische Film einen großen Teil seiner Erfolge. Zunächst verfolgte das neue Regime gegenüber den verbliebenen privaten Filmfirmen eine Politik des laisserfaire; der allmählichen Abwanderung ganzer Produktionsunternehmen mit sämtlichem Material in den »sicheren« Süden und ins Ausland suchte man freilich mit Verboten und Strafandrohungen entgegenzuwirken. Ein neugegründetes Filmkomitee in Moskau widmete sich der Produktion von kurzen Agitationsfilmen, die jedoch erst Ende 1918 in Gang kam; eine beschränkte Produktion hielten auch die übriggebliebenen Firmen der zaristischen Zeit aufrecht – *Jermoljew, Neptun* und *Russ;* letztere Firma wandelte sich 1919 zeitgemäß zum *Künstlerkollektiv Russ* um. 1919 beschloß Lenin die völlige Verstaatlichung der Filmindustrie; im Winter 1919/20 kam die Filmproduktion aber unter den Bedingungen des Bürgerkriegs und der Blockade nahezu ganz zum Erliegen.

Die Erschöpfung der russischen Wirtschaftskräfte und eine gefährliche Hungersnot zwangen Lenin 1921, mit der *Neuen Ökonomischen Politik (NEP)* eine vorübergehende Rückwendung zum Kapitalismus zu vollziehen. Die Filmindustrie wurde teilweise reprivatisiert; neue Verleihzentren taten sich auf, die Filme aus dem Ausland, vornehmlich aus Amerika, importierten (noch 1926 bestanden achtzig Prozent der Kinospielpläne aus ausländischen Filmen). Die Koordinierung des Filmwesens oblag der schon 1922 gegründeten Staatsfirma *Goskino*, die 1924 *Sowkino* benannt wurde. Einzelne Produktionsfirmen arbeiteten jedoch noch nach privatwirtschaftlichen Gesichtspunkten und verfügten über Aktienkapital, so etwa das *Russ*-Kollektiv, das sich mit der Filmsektion der Arbeiterunterstützungsorganisation *Meshrabpom* zur *Meshrabpom-Russ* verband.

Auch Lenins Nachfolger handelten gemäß seinem durch Lunatscharski überlieferten Satz: »Die Filmkunst ist für uns die wichtigste aller Künste.« Die großen Anstrengungen zur Belebung der Filmproduktion ermutigten junge Regisseure zu ihren ersten Experimenten; zwischen 1924 und 1926 erlebte der sowjetische Film seine schöpferische Periode. *Sowkino* führte als Dachgesellschaft die Geschäfte der existierenden Produktionszentren: *Goskino*, *Meshrabpom-Russ*, *Goswojenkino*, *Proletkino*, *Leningradkino* (früher *Sewsapkino*) und *Kultkino*; die Studios der nichtrussischen Sowjetrepubliken, namentlich die *Wufku*-Gesellschaft in der Ukraine, unterstanden regionaler Verwaltung. Die Zensur der Drehbücher und fertigen Filme unterlag einem *Komitee für die Kontrolle des Repertoires (Glawrepertkom)*, welches sich jedoch mit den Filmleuten auf der Basis gegenseitiger Konzessionen zu verständigen pflegte.

1928 trat der erste industrielle Fünfjahresplan der Sowjetunion in Kraft. Die Organisation der Filmindustrie entsprach vorerst noch wenig der nunmehr angestrebten zentralistischen Wirtschaftspolitik: *Sowkino* besaß nur Befugnisse auf dem Territorium der Russischen Sowjetrepublik, der RSFSR; ein Teil des Kapitals lag sogar im Ausland. 1928 hielt die Partei es daher für an der Zeit, eine Konferenz über Filmfragen einzuberufen. Im Februar 1930 wurde die Gesellschaft *Sowkino* durch ein für die ganze UdSSR zuständiges *Allunionskombinat der Film- und Fotoindustrie (Sojuskino)* ersetzt, dessen Charta das Wirtschaftsministerium ausarbeitete; diese Charta, vornehmlich ökonomischer Natur, legte unter anderem fest, daß die ideologische Leitung der Filmproduktion weiterhin den Erziehungskommissariaten der einzelnen Sowjetrepubliken überlassen bleiben sollte. Unterdessen zeichnete sich eine starke Zunahme der Kinofrequenz in der UdSSR ab: gab es 1926 erst dreitausend Kinos, so bestanden 1928 schon neuntausend; 1943 sollte die Zahl auf sechsundzwanzigtausend (einschließlich der Wanderkinos) angewachsen sein.

Der Film der zaristischen Zeit

1907 errichtete der ehemalige Pressefotograf Alexander Drankow ein *Kinematographisches Studio*, wie es von der russischen Presse schon immer gefordert worden war. Mit seiner ersten großangelegten Produktion, einem Film über den russischen Volkshelden *Stjenka Rasin* (1908, Regie Wladimir Romaschkow), schlug Drankow sogar seinen innerrussischen Rivalen Chanshonkow, der die französischen Films d'Art importierte. Auf diesen Erfolg reagierten sowohl Chanshonkow wie die hastig installierten moskauer Studios von *Pathé* und *Gaumont* mit einer ganzen Flut von Filmen, die sich von der russischen Vergangenheit oder der russischen Literatur inspirieren

Georges Méliès

**Le Voyage à travers l'impossible
(Die Reise durch das Unmögliche)**

1904

Giovanni Pastrone
Cabiria
1914

David W. Griffith
**Birth of a Nation
(Geburt einer Nation)**

1915

Mack Sennett
unbekannte Slapstick Comedy
um 1913

Victor Sjöström
Körkarlen
(Der Fuhrmann des Todes)
1920

 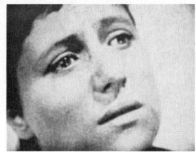

Carl Th. Dreyer
La Passion de Jeanne d'Arc
(Die Passion der heiligen Johanna)
1928

 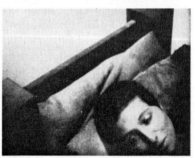

Robert Wiene
Das Kabinett des Dr. Caligari
1920

Friedrich Wilhelm Murnau
Der letzte Mann
1924

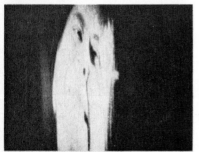 

Fritz Lang
Siegfrieds Tod
1923

Robert Siodmak, Fred Zinnemann,
Billy Wilder und Edgar Ulmer

Menschen am Sonntag

1928

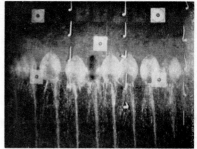

René Clair
**Entr'acte
(Zwischenakt)**
1924

Luis Buñuel
**Un Chien andalou
(Ein andalusischer Hund)**
1928

 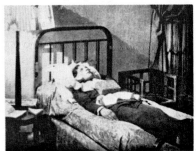

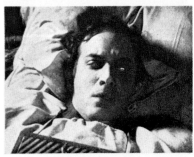

Dsiga Wertow

**Tschelowjek s kinoapparatom
(Der Mann mit der Kamera)**

1929

Sergej M. Eisenstein
**Bronenosez Potjomkin
(Panzerkreuzer Potemkin)**

1925

Wsewolod Pudowkin
Matj
(Mutter)
1926

Alexander Dowshenko
Semlja
(Erde)
1930

ließen. Die meisten dieser Filme – *Der Tod Iwans des Schrecklichen* (1909, Regie Gontscharow, *Peter der Große* (1910, Regie Kai Hansen), *Pique Dame* (1910, Regie Pjotr Tschardinin) – besaßen keine künstlerische Bedeutung; sie orientierten sich am Stil der italienischen Kostüm- und Ausstattungsfilme.

Während die russischen Intellektuellen dem Film allgemein mit Reserve gegenüberstanden, zeigten sich die Futuristen dem neuen Medium gegenüber aufgeschlossener. Der dreiundzwanzigjährige Majakowski publizierte 1914 seine ersten Artikel über den Film (im *Kino Journal*), und eine Gruppe futuristischer Maler produzierte 1914 *Drama w kabare futuristow Nr. 13* (Drama im Futuristenkabarett 13, Regie Wladimir Kasjanow), eine Parodie auf das damals verbreitete Genre der Blut- und Schauerfilme.

In diese Zeit fiel aber auch das erste Hervortreten bewunderter Stars der Leinwand. Zu ihnen gehörte – neben Asta Nielsen und Valdemar Psilander, die man auch in Rußland schätzte – Iwan Mosshuchin. Der magnetische Blick und die edlen Züge dieses romantischen Schauspielers faszinierten das Kinopublikum. Mosshuchin war mit Wolkows Film *Danse Macabre* berühmt geworden, in dem er einen Dirigenten verkörperte, der beim Dirigieren von Saint-Saëns' *Danse Macabre* wahnsinnig wird; vielleicht seine beste Leistung zeigte er in Jakow Protasanows Puschkin-Bearbeitung *Pique Dame* (1916), einem Film voll malerischer Einstellungen und stilisierter Schattenwirkungen. Protasanow begann seine Laufbahn 1913 mit einem Film über das Leben Tolstois, der aber von den Nachkommen des Dichters als Beleidigung empfunden und zurückgezogen wurde. Nach einer Reihe mittelmäßiger Filme brachte er es mit *Pique Dame* und *Satana likujuschtschi* (der triumphierende Satan, 1917) zu eigenwilligen Leistungen, deren Reiz vornehmlich in der subtilen Ausmalung des Makabren und Verhängnisvollen bestand. Neben Protasanow gehörten zu den bekannteren Regisseuren der zaristischen Zeit Wladimir Gardin (der wie Protasanow auch nach der Revolution im sowjetischen Film eine Rolle spielen sollte), Alexander Wolkow, der für seine phantastischen Dekorationen berühmte Jewgeni Bauer, Pjotr Tschardinin sowie Wladislaw Starewitsch, der die Kunst des Puppenfilms schon im Rußland vor 1914 zu einer hohen Blüte brachte.

Nach der Oktoberrevolution begann die Emigration der meisten bekannten Regisseure und Darsteller über Odessa und Konstantinopel in die Hauptstädte der westlichen Länder. Der Produzent Jermoliew gelangte mit einer Kopie von Protasanows *Pique Dame* 1920 nach Paris; dieser Film etablierte in Frankreich augenblicklich den Ruhm Mosshuchins. Französische Intellektuelle und Filmkritiker halfen mit, im Paris der zwanziger Jahre eine wahre Mode des russischen Emigrationsfilms zu schaffen, die vor allem Mosshuchin in *Kean, ou désordre et génie* (Kean oder Verwirrung und Genie, 1922, Regie Wolkow) und dem von ihm selbst inszenierten Experimentalfilm *Le Brasier ardent* (Brennende Glut, 1923) zu Triumphen verhalf. Diese Filme waren ein Amalgam aus der dekadenten Kostümwelt des russischen vorrevolutionären Films und der französischen symbolistischen Avantgarde. Eine andere Kolonie russischer Emigranten ließ sich in Berlin nieder. Ehemalige Mitglieder des moskauer Künstlertheaters drehten hier 1923 unter Robert Wiene eine expressionistische Version von Dostojewskis *Raskolnikow*; Grigori Chmara, der den Raskolnikow spielte, erlangte ähnlich Mosshuchin zeitweilige Berühmtheit. Der russische Regisseur Dmitri Buchowetzki drehte einige Filme mit Emil Jannings: *Danton* (1921), *Othello* (1922), *Peter der Große* (1923).

Dsiga Wertow

In den ersten Jahren nach der Revolution hatte der Film in Rußland mit den größten materiellen Schwierigkeiten zu kämpfen. Die Rohfilmzufuhren versiegten, Künstler und Regisseure verließen das Land. Die bürgerliche Intelligenz verhielt sich mit wenigen Ausnahmen — Majakowski, Blok, Meyerhold — ablehnend zum neuen Regime, dessen baldigen Sturz sie erhoffte. Für die *Neptun*-Filmgesellschaft, eine der wenigen, die noch am Leben waren, schrieb der junge Majakowski 1918 drei Drehbücher: *Baryschnja i chuligan* (Die junge Dame und der Rowdy, Regie Jewgeni Slawinski), *Nje dlja deneg radiwishisja* (Die Schöpfung ist nicht zu verkaufen) sowie *Sakowannaja filmoi* (Vom Film besessen, beide von Nikandr Turkin). Er übernahm auch selbst die Hauptrollen der Filme; doch nur an dem letzten — der Geschichte einer Filmballerina — scheint Majakowski wirklich etwas gelegen zu haben. Auch die neugegründeten moskauer und petrograder Filmkomitees begannen 1918 ihre Produktion mit *Signal*, dem ersten sowjetischen Film überhaupt, und *Utplonenije* (Einquartierung), einer in den Straßen aufgenommenen »Agit-Komödie«, zu der der Lunatscharski das Drehbuch verfaßte. Eine Einrichtung der Sowjetregierung, die das Filmschaffen der ersten Jahre nach der Revolution nachhaltig beeinflussen sollte, waren die sogenannten »Agit-Züge«: Eisenbahnzüge, die, mit einer Druckerei und kompletten Filmeinrichtungen versehen, an die Fronten des Bürgerkriegs entsandt wurden, um dort unter den Truppen revolutionäre Aufklärungsarbeit zu leisten und gleichzeitig Wochenschauszenen zu filmen. Nicht zuletzt für die Vorführung an der Front entwickelte man das Genre des »Agitka«, des agitatorischen Kurzfilms. Eine Reihe solcher »Agitki« stellt die wesentlichste Filmproduktion des Jahres 1919 dar. Ganz aus dem Augenblick geboren, lieferten die meisten dieser Filme nicht mehr als plakathaft illustrierte Thesen; ein Bild aus dem Film *Proletarier aller Länder, vereinigt euch!* (1919) beispielsweise zeigt Marx in einem gotischen Lehnstuhl vor einer Europakarte sitzend; in Doppelbelichtung ist ein verschlungenes Händepaar darüberkopiert: das Symbol der Brüderlichkeit. Andererseits zwangen die neuen Aufgaben an der Front die Wochenschau-Operateure, die Realität schärfer ins Auge zu fassen. Viele junge Filmenthusiasten empfingen ihre erste Schulung in den Filmabteilungen der Roten Armee, die alle Feldzüge des Bürgerkriegs begleiteten.

Schon diese erste Epoche des sowjetischen Films, die noch ganz im Zeichen der »Dynamik der Tatsachen« stand, fand ihren Künstler und Theoretiker. Dsiga Wertow (eigentlich Denis Kaufman, 1896—1954) kam gleich nach der Oktoberrevolution zu der neuen Wochenschau *Kinonedelja* (Filmwoche), deren über vierzig Folgen er bearbeitete und schnitt; gleichzeitig überarbeitete er die Aufnahmen, die von dem ersten »Agit-Zug« nach Moskau gesandt wurden. Nach einem Film über den Bürgerkrieg arbeitete Wertow von 1922 bis 1925 an der von ihm gegründeten und geleiteten Film-Monatsschau *Kino-Prawda* (Film-Wahrheit), von der dreiundzwanzig Folgen erschienen. In der *Kino-Prawda* entwickelte Wertow einen ganz neuen Typus Wochenschau, der sich nicht mehr auf die bloße Information beschränkte, sondern Aufnahmen aus allen Teilen der Sowjetunion zu einem agitatorisch-publizistischen Ganzen verarbeitete. Dabei bediente Wertow sich besonders der formalen Mittel des Films — er benutzte die Großaufnahme, die rhythmische Gliederung einzelner Sequenzen als Mittel der Aussage; Zwischentexte und Bild setzte er in kontrapunktische Beziehung. Einzelne Einstellungen pflegte Wertow in Rot, Orange, Gelb und Blau zu kolorieren, um sie hervorzuheben.

Angeregt von seiner Arbeit, aber auch von gerade aktuellen futuristischen Ideen, gelangte Wertow zu der Auffassung, daß jegliche fiktive Handlung im Film prinzipiell schädlich und abzuschaffen sei; die Inszenierung müsse durch das Dokument ersetzt werden. »Nieder mit den bürgerlichen Märchen-Szenarien! Es lebe das Leben, wie es ist!« schrieb er 1925. Das echte Leben im Film schien Wertow allein durch den Objektivismus und die universelle Kraft des »Kamera-Auges« garantiert. Enthusiastisch schilderte Wertow die dynamischen Möglichkeiten der Filmkamera:

»Ich – bin das Filmauge. Ich – bin das mechanische Auge. Ich – bin die Maschine, die euch die Welt so zeigt, wie nur ich sie zu sehen imstande bin. Von heute an befreie ich mich für immer von der menschlichen Unbeweglichkeit. Ich bin in ununterbrochener Bewegung. Ich nähere mich und entferne mich von den Gegenständen, ich krieche unter sie, ich klettere auf sie, ich bin gleichauf mit dem Kopf des galoppierenden Pferdes, ich rase mit vollem Gang in die Menge, ich renne vor laufenden Soldaten her, ich werfe mich auf den Rücken, ich erhebe mich zusammen mit den Flugzeugen, ich falle und fliege zusammen mit fallenden und auffliegenden Körpern« (in *LEF*, 1923)[40].

Die Imperative seiner Manifeste suchte Wertow in einer Serie von Dokumentarfilmen zu verwirklichen, die er *Kino-Glas* (Film-Auge) taufte. Mit versteckter Kamera begaben sich Wertow und sein Bruder, der Kameramann Michael Kaufman, auf »Pirschgang«, durchstreiften Märkte und Nachtasyle, um das Leben in seinen unbekannten Details zu »überrumpeln«. Daraus resultierte eine Folge belustigender Schnappschüsse und überraschender filmischer Tricks; andere Teile der insgesamt vier *Kino-Glas*-Filme (1924) waren stärker politischen Inhalts und hielten etwa fest, wie ein Grüppchen Junger Pioniere sich in ein Dorf begab, um der landwirtschaftlichen Genossenschaft zu helfen. *Kino-Glas* war eine Mischung von Kameraformalismus und politischer Agitation. Hier und in der *Kino-Prawda* experimentierte Wertow bereits mit den Möglichkeiten der Montage, der filmischen Metapher, der Rückblende und der Vorschau. Nach Wertows Meinung verwandelte sich der Film durch die Montage von einer bloßen Widerspiegelung des Lebens zur »Organisation des Lebens selbst«. Dieser fast mystische Glaube an die schöpferischen Möglichkeiten der Kamera und des Schnitts ist verwandt mit dem Standpunkt der russischen Futuristen und Konstruktivisten, die gleichfalls das Leben nicht nur ausdrücken, sondern »konstruieren«, mit technischen Methoden neu aufbauen wollten.

Besondere Berühmtheit erlangte die Nummer der *Kino-Prawda*, die ein Jahr nach dem Tode Lenins unter dem Titel *Leninskaja kinoprawda* (1925) erschien. Hier montierte Wertow Dokumentaraufnahmen von Lenin mit improvisierten Erzählungen einfacher Menschen und einem großen Rückblick auf die bisherige Geschichte der Sowjetunion zusammen, um das Ganze dann – das Montage-Szenarium vermerkt an dieser Stelle: »Ein Meter schwarzer Klebestreifen« – auf den Trauerzug der Bevölkerung vor dem toten Lenin ausmünden zu lassen. Die Zwischentitel – ein Element des Films, mit dem Wertow ausgiebige Versuche anstellte – hoben den Gehalt des Films auf eine lyrische Ebene. Revolutionäre Publizistik waren auch die Dokumentarfilme *Schagaj, Sowjet* (Vorwärts, Sowjet) und *Schestaja tschast mira* (Ein Sechstel der Erde), beide aus dem Jahre 1926. In Montagesequenzen ließ Wertow hier das »Alte« — Bürgerkrieg, Hungersnöte — und das »Neue« — enthusiastischer Aufbau, Elektrifizierung — aufeinanderprallen.

Eine handgreifliche Illustration dessen, was er mit seiner Theorie vom »Film-Auge« eigentlich meinte, lieferte Wertow noch einmal 1929 in dem Film *Tschelowjek s kino-*

apparatom (Der Mann mit der Kamera). Dies Werk wirkt wie die Verfilmung eines wertowschen Manifestes. Protagonist ist nicht mehr nur ein Mensch, sondern der Kameramann und das »Filmauge« selbst. Kurbelnd eilt der Operateur mit seinem Gestell durch alle Bilder, rast auf Autos daher, erklettert schwindelnde Schornsteine, klebt an der Außenseite eines fahrenden Zuges. Lokomotiven fahren über die Kamera hinweg oder haarscharf an ihr vorbei; Straßenbahnen überkreuzen sich in Doppelbelichtung. Dann wieder erstarrt die Bewegung zum Standfoto, und die Kamera holt einzelne Gesichter scharf und nah heran – auch hier wird Leben »überrumpelt«. Was den »Mann mit der Kamera«, abgesehen von dem Tatsachenfanatismus und der rhythmischen Gliederung des Films, noch heute zu einem faszinierenden Werk macht, ist die Betonung der Film-Zuschauer-Relation: Wertows Film beginnt mit einem langsam sich füllenden Kinosaal, blendet zwischendurch ins Laboratorium und an den Schneidetisch über, läßt das Kameraobjektiv nicht aus dem Auge, kurz, er orientiert den Zuschauer über den filmischen Entstehungsprozeß und macht so den Film als artifizielle Schöpfung bewußt.

Wertow wußte die Prinzipien seines Schaffens erfolgreich in die Tonfilmzeit hinüberzuretten. In seinem nächsten Film, *Simfonija Donbassa* (Donbas-Symphonie, 1931), auch als *Entusiasm* (Enthusiasmus) bekannt, einem Werk über den Fünfjahresplan im Donbasgebiet, komponierte Wertow aus Elementen der Wirklichkeit, aus Ton, Musik und Geräusch eine Sinfonie, die freilich die ästhetischen Seiten der Technik stark betonte. Charlie Chaplin war von diesem Film begeistert. Als Wertows gelungenster Film gilt jedoch *Tri pesni o Lenine* (Drei Lieder über Lenin, 1934). Wertow schuf hier eine erweiterte Fassung seiner *Leninskaja kinoprawda*, aber mehr denn je geriet ihm dieser Film zu einem Poem. Dem Film liegen drei usbekische Volkslieder über Lenin zugrunde; der Beginn (»Im finsteren Gefängnis war mein Gesicht verborgen«) zeigt das gefesselte Dasein mohammedanischer Frauen und ihre Emanzipierung in der neuen Gesellschaft; ein weiterer Teil (»Wir liebten ihn«) besteht aus Wochenschauaufnahmen von Lenin und von seinem Begräbnis, und der dritte (»In einer Stadt aus Stein«) zeigt die Entwicklung des Landes, unterbrochen von Großaufnahmen trauernder Gesichter. In den Film eingearbeitet waren wieder improvisierte Interviews vor der Kamera. Alle Formideen Wertows, die Montage, die Metapher, die Komposition des lebendigen Details, aber auch die »Überrumpelung des Lebens«, fanden in diesem Film noch einmal ihre Synthese.

Während des Zweiten Weltkrieges kehrte Dsiga Wertow wieder zur Wochenschautätigkeit zurück. Sein Einfluß in der Geschichte des Films war bedeutend. Innerhalb der Sowjetunion begründete Wertow eine Schule des Dokumentarfilms, die ihre wichtigsten Leistungen in Viktor Turins Film *Turksib* (1929) über die Erbauung der turkestanisch-sibirischen Eisenbahn, in Michail Kalatosows *Sol Swanetii* (Das Salz Swanetiens, 1930) und in den historischen Montagefilmen Esther Schubs fand.

Lew Kuleschow

Neben Dsiga Wertow ist Lew Kuleschow der zweite bedeutende Filmpionier aus der Frühzeit des sowjetischen Films. Kuleschows Experimente auf dem Gebiet der Montage haben andere Filmregisseure, besonders Pudowkin, einen Schüler Kuleschows, entscheidend beeinflußt. Daneben aber befaßten sich Kuleschows Arbeiten auch mit spezifischen Problemen der Darstellerführung und der Filmregie.

Lew Kuleschow (geb. 1899) war ursprünglich Maler und debütierte 1916/17 als Filmbildner und Assistent bei dem Regisseur Jewgeni Bauer; sein erster eigener Film datiert von 1918. Die Schule des bereits 1917 verstorbenen Bauer scheint von nicht geringem Einfluß auf Kuleschow gewesen zu sein: Bauer schenkte, nach dem Zeugnis des sowjetischen Filmhistorikers Lebedjew, zum ersten Male dem figurativen Element im Film größere Aufmerksamkeit. Schon 1917 publizierte Kuleschow einen Artikel, in welchem er dem Filmkünstler die Aufgabe stellte, »mit Objekten, Wänden und Licht ... zu malen [41]«. Nach einer an den Fronten des Bürgerkriegs verbrachten Zeit wurde Kuleschow 1920 als Lehrer an die neugegründete moskauer Filmhochschule berufen; man unterstellte ihm eine Schauspielklasse. Mit seinen Studenten produzierte Kuleschow zunächst einen halb dokumentarischen, halb gespielten Agitationsfilm, *Na krasnom fronte* (An der roten Front, 1920). Diesem »Agitka«, das für die Soldaten der polnisch-russischen Front gedacht war, lag ein dramaturgisches Schema zugrunde, das deutlich von den amerikanischen Verfolgungsfilmen herrührte: besonders die aufregende Wettfahrt zwischen einem Eisenbahnzug und einem Auto erinnerte an die entsprechende Episode aus Griffiths *Intolerance*. Was Kuleschow an amerikanischen Filmen faszinierte, war das sie beherrschende Element der Bewegung. Die Bewegung bildete auch die Grundlage von Kuleschows Schauspieler-Theorie: nicht psychologisierendes Sichvertiefen in die Rolle empfahl er dem Filmschauspieler, sondern eine exakte, wissenschaftlich zu berechnende Umsetzung von Gedanken und Gefühlen in Gesten und Körperhaltungen (diese Theorie orientierte sich, außer am amerikanischen Film, auch an der »bio-mechanischen« Spielweise des russischen Theaterpioniers Meyerhold). Kuleschows zweiter Grundgedanke besagte, daß der endgültige Film erst aus der Aneinanderreihung, der Montage einzelner Szenen und Sequenzen entstünde; was also zähle, sei nicht so sehr der Inhalt der einzelnen Einstellung, sondern die Art, wie sie mit einer anderen Einstellung zusammengefügt werde. Damit hatte Kuleschow das Grundprinzip der Filmmontage formuliert.

Diese Theorien erhärtete Kuleschow an einer Reihe von Experimenten, die in die Geschichte des Films eingegangen sind. 1922 filmte er zwei seiner Darsteller in verschiedenen voneinander entfernten Stadtvierteln von Moskau; an einer bestimmten Stelle des Films schnitt er eine Aufnahme des Weißen Hauses in Washington ein. Zwingender Eindruck des montierten Films: die beiden Darsteller begegnen sich vor dem Weißen Haus, das seinen Platz gegenüber dem moskauer Puschkin-Denkmal hat. »Diese Szene bewies die unglaubliche Kraft der Montage ... Wir lernten aus ihr, daß die Hauptkraft des Films in der Montage liegt, denn mit der Montage kann man zerstören, reparieren oder sein Material vollkommen umschmelzen [42]«, schrieb Kuleschow über sein Experiment. Pudowkin zitiert ein anderes Experiment, das er zusammen mit Kuleschow unternahm: Ein und dieselbe Aufnahme des Schauspielers Mosshuchin kombinierte man in einem Filmstreifen mit dem Bild einer toten Frau, eines Tellers Suppe und eines spielenden Mädchens. Das Publikum, so berichtete Pudowkin, reagierte auf diesen Versuch mit Enthusiasmus: Man habe die schwere Nachdenklichkeit unterstrichen, mit der Mosshuchin die Suppe betrachte, sei gerührt gewesen über die tiefe Trauer angesichts der toten Frau und habe das leichte, glückliche Lächeln bewundert, das er dem spielenden Mädchen schenke [43]. Daraus folgerte Kuleschow, daß das Spiel eines Darstellers den Zuschauer so erreicht, wie der Schnittmeister es will; »der Zuschauer sieht ..., was ihm die Montage suggeriert [44]«.

1923 kam die Chance für Kuleschow, seine Theorie in einem längeren Film zu erproben. Er entschied sich für eine Komödie. *Neobytschainyje prikljutschenija Mistera Westa w stranje bolschewikow* (Die seltsamen Abenteuer des Mr. West im Bolschewikenland, 1924) ist wieder ganz im Stil eines amerikanischen Detektivfilms gehalten, ironisiert aber gleichzeitig westliche Vorurteile über die Zustände in der Sowjetunion. Die Fabel des Films ist grotesk: Der amerikanische Senator West begibt sich in die Sowjetunion, in der Erwartung, dort – wie es illustrierte Lehrbücher verheißen – fellgekleidete Wilde vorzufinden; zu seinem Schutz hat er einen Cowboy mit Lasso mitgenommen. In Moskau fällt Senator West einer Bande von Gangstern in die Hände, die ihn unter der Vorspiegelung, sie seien Bolschewisten, erpressen wollen; doch rechtzeitig erscheinen die wirklichen Bolschewisten und entlarven die Gangster. Die Darsteller des Films, unter ihnen Pudowkin, befleißigten sich einer ekstatischen Mimik und Gestik, die ausgezeichnet zu dem parodistischen Stil des Films paßte. Kuleschow ging es in *Mr. West* um den Beweis, daß spezifisch trainierte Filmdarsteller besser seien als »psychologisch-theatralische Filmstars«. Tatsächlich begründete dieser Film einen neuen, dem Expressionismus verwandten Darstellerstil, der im Sinne Meyerholds die zeichenhafte Veräußerlichung innerer Zustände anstrebte.

In Kuleschows späteren Filmen begegnen seine ursprünglichen Positionen in verfeinerter und nuancierterer Form. Auch *Luch smerti* (Der Todesstrahl, 1925) brachte wieder eine Detektivintrige und viele ungewohnte Tricks, daneben aber sorgfältige Montagen und genau berechnetes »kinematisches« Spiel der Akteure. Die Neuerungen Kuleschows setzten sich allerdings keineswegs ohne Widerstände durch: traditionelle Kritiker empörten sich gegen die »verrückten Futuristen, die Filme aus so vielen Stücken herstellen, daß sie einem normalen Zuschauer wie ein unglaubliches Durcheinander erscheinen [45]«. Aber die Verantwortlichen der Filmstudios ließen den Experimentierern vorerst freie Hand.

Als Kuleschows Meisterwerk darf man *Po sakonu* (Nach dem Gesetz, auch als *Dura Lex* bekannt, 1926) ansehen. Zusammen mit dem Filmkritiker und Schriftsteller Viktor Schklowski bearbeitete Kuleschow Jack Londons auf Alaska spielende Goldgräbernovelle *The Unexpected* für die Leinwand. Drei Menschen, einer von ihnen ein Mörder, finden sich durch die Wasser einer Überschwemmung lange Zeit in einer winzigen Blockhütte isoliert; endlich weicht das Wasser zurück, und an dem Mörder wird – im Namen der Queen Victoria! – ein makabres Todesurteil vollzogen. Der Film vermag die melodramatische Schauerlichkeit des Sujets durch eine höchst präzise, artistische Regie zu läutern; jede Geste, jede Bewegung ist mathematischer Kontrolle unterworfen. Auch hier agieren die Schauspieler ekstatisch, bewußt ihre Rollen verfremdend; faszinierend und visionär wirken die Aufnahmen von einem nächtlichen Unwetter, in dessen Verlauf zwei Leichen beerdigt werden; überhaupt offenbart der Film eine außerordentliche Raffinesse der Bildkomposition.

Horizont, der erste Tonfilm Kuleschows, fiel wenig befriedigend aus; bemerkenswert ist dagegen der 1933 entstandene *Welikij uteschitel* (Der große Tröster). Der Film stützt sich auf das Leben des Schriftstellers O. Henry, der drei Jahre wegen Unterschlagung in einem Gefängnis verbrachte; Kuleschow kontrastierte die reale Geschichte eines Mithäftlings, die er durch Dokumente erschlossen hatte, mit der versüßlichten Version, die O. Henry von den gleichen Vorfällen in einer seiner Storys gibt.

Sergej M. Eisenstein

Im Werk Eisensteins kulminiert die sowjetische Filmkunst der zwanziger Jahre. Wahrscheinlich muß man Eisenstein als den bedeutendsten Regisseur ansehen, den der sowjetische Film überhaupt hervorgebracht hat, und sicherlich als den profundesten Theoretiker der Filmkunst.

Sergej Michailowitsch Eisenstein (1898–1948) wurde in Riga geboren. Nach zwei Jahren Studium an einem Ingenieurinstitut meldete er sich 1918 freiwillig zur Roten Armee. Dort versah er bald zeichnerische Arbeit: Er fertigte Plakate und Karikaturen für die Agitationszüge an. Aus der Armee entlassen, begab er sich nach Moskau, um dort die japanische Sprache zu studieren; gleichzeitig aber begann Eisenstein sich als Bühnenbildner und Kostümzeichner an der neugegründeten Theaterbühne des *Proletkult* zu betätigen, der *Gesellschaft für proletarische Kultur.* Eisenstein fand erst auf dem Umweg über das Theater zum Film; aber seine Arbeit an der *Proletkult*-Bühne, zu deren Leiter er später avancierte, wurde für ihn von großer Bedeutung und bestimmte auch seine Haltung gegenüber dem Film.

Die *Proletkult*-Bühne bewegte sich damals auf den Geleisen des Meyerhold-Theaters, wo (nach Meyerholds Worten) die Schauspieler nicht mehr »im Aufknacken der alten Nüsse von Seelenrätseln« geübt, sondern zu einem »Instrument für soziale Proklamationen« ausgebildet werden sollten[46]. »Biomechanische«, ja akrobatische Bewegungskunst, stilisierte und konstruktivistische Dekors beherrschten auch die *Proletkult*-Bühne. Eisenstein assistierte nicht nur am *Proletkult*-Theater, sondern auch bei dem noch radikaleren Bühnenexperimentator Foregger und nahm gleichzeitig Unterricht bei Meyerhold. Am *Proletkult*-Theater inszenierte Eisenstein dann 1923 selbst die berühmt gewordene Bearbeitung des Ostrowski-Stückes *Eine Dummheit macht auch der Gescheiteste.* Fülöp-Miller beschreibt diese Aufführung: »Von dem klassischen Text Ostrowskis ist außer dem Namen der Helden und dem des Autors kaum etwas erhalten geblieben. Die Schauspieler bewegen sich, auf Seilen tanzend, über dem Zuschauerraum, eine Darstellerin wird an einem Strick zur Decke des Theaters gehoben; dies alles sind nur kleine charakteristische Züge, durch welche der Regisseur das Stück lebendiger gestalten und dem Publikum den Grundgedanken begreiflicher machen will. Inmitten der Handlung wird plötzlich die Szene verfinstert, ein Projektionsschirm sinkt herab, und das Kino setzt ein[47].« Der von Eisenstein für die Bühnenaufführung selbst inszenierte kurze Film erzählt den Inhalt von Glumows, des Protagonisten, Tagebuch. Von diesem Film her pflegt man Eisensteins Karriere zu datieren. Und doch ist es unrichtig, allein in dem eingeblendeten Film den Ausgangspunkt Eisensteins späterer Entwicklung zu sehen, denn schon die Theaterinszenierung trug Merkmale einer spezifisch filmischen Technik. Die verschiedenen Handlungslinien des Stücks ließ Eisenstein gleichzeitig in einer »Manege« und auf einem erhöhten Podium ablaufen; plötzliche Brüche im Dialog leiteten von einem Schauplatz zum anderen über. Außerdem orientierte sich die Aufführung am Zirkus: Ein Pope, ein Mullah und ein Rabbiner begossen sich mit Wasser und schlugen im Clownskostüm Purzelbäume. Schließlich explodierten Feuerwerkskörper unter den Sitzen des Publikums.

In dieser Zeit konzipierte Eisenstein auch seine Theorie der »Montage der Attraktionen«, die er 1923 in Majakowskis Zeitschrift *LEF* publizierte. Unter »Attraktionen« (dieser Terminus sollte für seine Filmtheorie entscheidend werden) verstand Eisenstein »jedes aggressive theatralische Moment, jedes Element, das die

Gedanken und die Psyche des Zuschauers beeinflußt[48]«; mit derartigen »mathematisch berechneten« Attraktionen wollte er seine Zuschauer wachrütteln und sie auf den Weg des Erkennens führen.

Eigentlich war es nur logisch, daß Eisensteins Auffassungen ihn zum Film hinführten. Das erste Filmdrehbuch, welches das *Proletkult*-Kollektiv, darunter Eisenstein und sein Mitarbeiter Alexandrow, verfaßte, war von zwei Intentionen getragen: einmal sollte der Film die schon auf der Bühne von Eisenstein und Meyerhold bekämpfte Figur des »bürgerlichen« (sprich: individuellen) Helden und die mit ihm verknüpfte erfundene Handlungsfabel erledigen (in der Ablehnung der erfundenen Fabel stand Eisenstein an der Seite Wertows); dafür sollten die Massen als neuer Held auf der Leinwand erscheinen. Daneben trachtete Eisenstein, seine vom Theater her konzipierte »Montage der Attraktionen« für den Film anwendbar zu machen. So enthielt der Film *Statschka* (Streik, 1925) noch zahlreiche Anklänge an Eisensteins Theaterpraxis; andererseits kündigte er schon die Neuerungen des *Panzerkreuzer Potemkin* an. *Streik* berichtet, was der Titel verspricht. In einer vorrevolutionären Fabrik gärt es. Von der Fabrikleitung beauftragte Spione überwachen die Arbeiter. Als ein verzweifelter Arbeiter Selbstmord begeht, bricht der Streik los. Eine Zeit des Abwartens beginnt. Doch bald zieht das Elend in die Arbeitersiedlung ein. Die Polizei sucht Provokationen einzuleiten und richtet schließlich unter den Streikenden ein Blutbad an.

Trotz seines ernsten Themas ist *Streik* ein Film voller Jugendfrische, überschäumender Erfindungslust und sogar voller Humor. Allenthalben meint man noch die *Proletkult*-Bühne und ihren Zirkusstil zu spüren. So werden die Polizeispitzel mit verschiedenen Tieren verglichen und in skurrilen Verkleidungen vorgeführt, die man sogleich durchschaut. Für ihre Provokationen bedient sich die Polizei einer Armee der Unterwelt, die in Tonnen haust, akrobatische Kunststückchen vollführt und geradewegs aus der *Dreigroschenoper* entsprungen scheint. Häufig bedient Eisenstein sich des Ausdrucksmittels der Metapher: so in der berühmt gewordenen Schlußsequenz, die die Niedermetzelung der Arbeiter mit Aufnahmen von der Abschlachtung eines Ochsen vermischt. Hier fand Eisensteins Theorie von der Montage der Attraktionen Anwendung: aus der Kollision zweier Bilder ging eine neue, schockartige Erkenntnis hervor. Eisenstein führte in *Streik* eine betonte Massenregie: immer wieder durchkreuzen keilförmig stilisierte Arbeitermassen rennend das Bild nach genau ausgearbeitetem Plan.

Streik machte auch auf die besondere Begabung von Eisensteins Kameramann Eduard Tisse aufmerksam. Tisse (1897–1961), ein gebürtiger Schwede, der im Dokumentarfilm und bei Dsiga Wertow seine Schulung erfahren hatte, sollte von nun an alle Filme Eisensteins fotografieren.

Nach dem Erfolg von *Streik* übergab *Goskino* Eisenstein, der das *Proletkult*-Theater inzwischen endgültig verlassen hatte, das Szenarium für einen Film zur Erinnerung an die Revolution von 1905. Die Szenaristin Nina Agadshanowa-Schutko hatte ein äußerst umfangreiches Drehbuch entworfen, das die Ereignisse von 1905 in ganz Rußland panoramaartig zusammenfaßte. Aber in Odessa, wo ursprünglich eine nur eineinhalbseitige Episode des Drehbuchs spielen sollte, sah Eisenstein die große Hafentreppe, und der Rhythmus ihrer Stufen inspirierte ihn dazu, den ganzen Film nur auf Odessa und die historische Rebellion des Kreuzers *Potemkin* zu konzentrieren. Die Treppenszene, in welcher herabmarschierende Kosaken eine fliehende Menge brutal füsilieren, wurde durch Eisensteins Montagekunst zum Höhepunkt dieses

Films und zu einer der berühmtesten Anthologieszenen aus der Filmgeschichte überhaupt.

Mit *Bronenosez Potjomkin (Panzerkreuzer Potemkin*, 1925) gelang es Eisenstein, in wenigen Begebenheiten – dem Aufstand auf dem Kreuzer, der Demonstration der Bevölkerung und dem Massaker auf der Treppe – nicht nur die Aufstandsbewegung von 1905, sondern das Drama der Revolution und ihres Zusammenpralls mit den etablierten Mächten auf seinen klassischen Ausdruck zu bringen. *Panzerkreuzer Potemkin* ist in Form einer Chronik gestaltet, die die Ereignisse unmittelbar, unter Wahrung der Einheit von Zeit und Raum, widerspiegelt. Zugleich besitzt diese Chronik aber auch die genau berechnete Form einer fünfaktigen Tragödie. Eisenstein selbst charakterisierte den Inhalt der fünf Akte – die jeweils eigene Titel tragen – folgendermaßen [49]:

1. Akt: *Menschen und Maden*. Exposition der Handlung. Die Lage auf dem Panzerkreuzer. Madiges Fleisch. Erregung unter den Matrosen.

2. Akt: *Das Drama auf dem Schiff*. »Alle Mann an Deck!« Die Weigerung der Matrosen, die Suppe mit dem madigen Fleisch zu essen. Die Szene mit der Zeltbahn. »Brüder!« Die Weigerung zu schießen. Der Aufstand. Die Abrechnung mit den Offizieren.

3. Akt: *Ein Toter ruft auf*. Nebel. Die Leiche Wakulintschuks im odessaer Hafen. Tränen über den Toten. Demonstration der Aufständischen. Die rote Fahne wird gehißt.

4. Akt: *Die odessaer Hafentreppe*. Verbrüderung zwischen Festland und Panzerkreuzer. Boote mit Lebensmitteln. Das Blutbad auf der Hafentreppe. Die Salve vom Panzerkreuzer auf den »Generalstab«.

5. Akt: *Begegnung mit dem Geschwader*. Die Nacht gespannter Erwartung. Die Begegnung. Die Maschinen. »Brüder!« Die Weigerung des Geschwaders zu schießen. Der Panzerkreuzer fährt siegreich durch das Geschwader.

Eine Vielzahl von Beziehungen verkettet die einzelnen Teile des Werks miteinander. Da ist zunächst das Thema der Brüderlichkeit, das Resonanz findet in dem wiederkehrenden Zwischentitel »Brüder!«. In sich gehorchen die einzelnen Akte jeweils der gleichen Struktur: etwa in der Mitte schlägt eine Stimmung in ihr Gegenteil um. Die Szene mit der Zeltbahn provoziert den Aufstand der Matrosen; die Trauer um Wakulintschuk die Demonstration. Auf die Verbrüderung und eine Reihe fast lyrischer Szenen folgt das Gemetzel auf der Treppe; auf die gespannte Erwartung, ob das Geschwader schießen wird, der Triumph der »Potemkin«. Die Übergangsstellen zwischen diesen Teilen werden durch eine deutliche »Zäsur« betont: unbewegliche Gewehrläufe im zweiten Akt; im dritten Akt erhobene Fäuste, die die Trauer um den toten Matrosen in Wut verwandeln; der Zwischentitel »plötzlich...« im vierten Akt, der die Verbrüderungsszene unterbricht und auf das Massaker hinleitet. Aber auch der Gesamtstruktur des Films liegt ein solcher Aufbau zugrunde: in der Mitte wird der Film durch eine Zäsur in zwei Teile geteilt, »dort, wo die stürmischen Bewegungen des Anfangs ganz zum Stillstand kommen, um Anlauf zu nehmen für die Bewegung des zweiten Teils [50]«; diese Zäsur bezeichnen die Bilder vom nebligen Hafen.

Der strukturelle Aufbau des *Panzerkreuzer Potemkin* spiegelt aber zugleich das Thema des Films. Im dramatischen Umschlagen einer Stimmung, einer Situation in ihr Gegenteil äußert sich das Fortschreiten der Revolution, die »Formel« ihres

Wachstums. Die große Überzeugungskraft des *Panzerkreuzer Potemkin* gerade auch in den westlichen Ländern rührt unzweifelhaft daher, daß der thematische Kern des Films, die Revolution, in eine so adäquate und dynamische Form übersetzt wurde. Das läßt sich wie in der Dramaturgie auch in der Mikrostruktur des Films nachweisen. Kollision von Gegensätzen, Umschlagen eines Zustandes in den anderen bestimmen jede einzelne Phase der berühmten Treppensequenz. »Zusammenprall« liegt schon im Alternieren von Großaufnahmen und Totalen während dieser Sequenz. Den chaotisch rennenden Gestalten der Volksmenge folgen unmittelbar die rhythmisch die Treppe hinabstampfenden Soldatenbeine. Die sich steigernde Abwärtsbewegung schlägt um in eine Aufwärtsbewegung: die Mutter, die ihr ermordetes Kind den Soldaten entgegenträgt. Doch dann verkehrt sich die Aufwärtsbewegung wieder in Abwärtsbewegung. Das Laufen der Menge springt um in eine neue Darstellungsmethode: ein Kinderwagen rollt die Treppen hinab. Und schließlich springen die Salven vieler Gewehre um in den Antwortschuß eines Geschützes.

In der Sequenz der drei steinernen Löwen (die auf Anregung Tisses in einem ehemaligen Zarenschloß auf der Krim gefilmt wurden) wandte Eisenstein in sehr kühner und gelungener Manier sein Montagekonzept an. Aus der Gegenüberstellung der drei (verschiedenen) Löwen resultiert der Eindruck der Bewegung, eines empörten Sichaufbäumens, das plötzlich als Kommentar zur Handlung wirkte (selbst Steine regen sich im Protest!).

Schließlich erschien im *Panzerkreuzer Potemkin* auch wieder die Masse als eigentlicher Protagonist der Handlung; kaum, daß wenige, dann aber sorgfältig ausgesuchte »Typen« sich von ihr abhoben. Kompositorisch glänzend die Szenen, die den sich mehrfach durchs Bild windenden Menschenzug der Demonstration zeigen.

Panzerkreuzer Potemkin fand außerhalb der Sowjetunion ein wechselvolles Schicksal; sein umstürzlerisch-subversiver Inhalt machte den Film zum schwarzen Schaf aller Zensuren. In Deutschland wurde der *Panzerkreuzer Potemkin* auf Betreiben der Reichswehr von der weimarer Zensur zweimal verboten und erst nach massiven Protesten der Öffentlichkeit – denen sich Persönlichkeiten wie Feuchtwanger, Klabund, Liebermann, Zille, Jeßner und Kerr anschlossen – in einer verstümmelten Fassung und mit abschwächenden Zwischentiteln zur Aufführung freigegeben.

Seinen nächsten Film drehte Eisenstein zur Zehnjahresfeier der Oktoberrevolution 1927. *Oktjabr* (Oktober, 1927, in Deutschland auch als *Zehn Tage, die die Welt erschütterten* bekannt geworden) schilderte die achtmonatige Regierungszeit des Kerenski-Regimes, kontrastierte die Restaurationspolitik der »provisorischen Regierung« mit der Tätigkeit des Revolutionskomitees und gipfelte in der Erstürmung des petrograder Winterpalais. In *Oktober* suchte Eisenstein die Methoden filmischer Montage noch zu verfeinern, speziell die der interpretierenden Assoziationsmontage. Auf diesem Wege gelangte er zu einer Reihe teils ausgeklügelter, teils effektvoller filmischer Metaphern. So sieht man zu Beginn, wie eine große Zarenstatue mit Stricken und Seilen zum Umsturz gebracht wird; wenig später im Film erhebt sich die Statue jedoch wieder zu ihrer ursprünglichen Gestalt: nach einer Pseudo-Revolution, dies soll die Umkehrung besagen, führt das Kerenski-Regime alsbald wieder die zaristischen Gepflogenheiten ein. Kerenski selbst erscheint im Film als eitler Popanz; in der Montage läßt Eisenstein ihn immer wieder eine pompöse Treppe ersteigen und schiebt zwischendurch, in wechselnder Typographie, seine sämtlichen Amtstitel ein; oder er vergleicht Kerenski mit posenhaften Napoleonbüsten. Während der »säuselnden« Rede eines Menschewiken werden harfenspielende Mädchen gezeigt; die Parole »für

Gott und Vaterland« gibt Anlaß zu einer Flut schnell hintereinander montierter Götzenbilder. Stärker jedoch wirken die Montagen, die näher an der Wirklichkeit bleiben: etwa die schnell hintereinander geschnittenen Aufnahmen von Soldaten im Schützengraben und einer sich herabsenkenden Riesenkanone, die die Soldaten unter sich zu begraben scheint. Als provozierende »Attraktion« gemeint war das Schockbild einer sich hebenden Brücke, von der ein erschossenes Pferd herabstürzt.

Mit Hilfe der Assoziationsmontage gelang es Eisenstein, sogar komplexe Gedanken aus Bildfolgen entstehen zu lassen; er strebte in *Oktober* nach einem »rein intellektuellen Film, befreit von traditionellen Einengungen, der direkte Ausdrucksformen für Ideen, Systeme und Vorstellungen bildet, ohne den Zwang zur Vermittlung und zur Paraphrase«[51]. Diese Versuche vermochten aber nur teilweise zu überzeugen; vor allem wurden durch sie die historischen Vorgänge in ihrer Verständlichkeit beeinträchtigt: *Oktober* präsentiert weniger die Ereignisse als ihren subjektiven Kommentar. In diesem Film steht das Artifizielle neben dem Bewegenden, die subtil komponierte Einstellung neben dem Wochenschaubild; der Film wirkt als Ganzes uneinheitlich, überladen, barock. Zu diesem Eindruck mag aber neben der äußerst beschränkten Herstellungszeit auch der Umstand beitragen, daß Eisenstein seinen Film nach Beendigung noch einmal völlig umarbeiten mußte, um die Person Trotzkis – der gerade der Verfemung verfallen war – soweit wie möglich aus dem Geschehen zu tilgen.

Generalnaja linija (Die Generallinie) oder *Staroje i nowoje* (Das Alte und das Neue, 1929), wie der Film später getauft wurde, bezeichnet den Übergang Eisensteins von den Anschauungen der frühen Stummfilmzeit zu einer mehr realistischen, erzählenden Ästhetik. Das lag aber auch am Thema des Films. Die in der UdSSR eben beginnende Sozialisierung der Landwirtschaft ließ sich nicht ohne weiteres als dramatischer Konflikt darstellen: eine Geschichte mußte erfunden, eine Zentralfigur ersonnen werden. Diese Rolle gab Eisenstein, der Verwendung von Berufsschauspielern abhold, einem einfachen Bauernmädchen. Die Handlung des Films formiert sich in einzelnen Sequenzen, die jede für sich wie die Strophen eines Gedichts anmuten. In einem Dorf werden die Kleinbauern von einem reichen Kulaken erdrückt: Unter einem riesigen Himmel zeichnen sich lächerlich kleine Feldparzellen ab, die Armut der Bauern symbolisierend. Das Mädchen Marfa Lapkina unternimmt einen ergebnislosen Bittgang zu dem Kulaken, der auf seinem Lager schnarcht und nur ab und zu einen Trunk Kwaß schöpft. Den Gegensatz zwischen Reichtum und Armut betont Eisenstein in komponierten Kontrastbildern: während der Kulak schläft, bricht eine Kuh auf dem Feld zusammen; Menschen spannen sich selbst vor den Pflug. Da ergreift Marfa die Initiative: Unter den Kleinbauern wird eine Kooperative gegründet. Indessen erflehen Bauern und Priester auf einer Prozession Regen für die vertrockneten Felder. Die – erfolglose – Prozession mit ihren Räucherfässern, ekstatischen Gebeten und ihrer Atmosphäre von Mystizismus malte Eisenstein zu einer mächtigen filmischen Vision aus, die den religiösen Obskurantismus attackieren sollte. In dieser Sequenz entwickelte Eisenstein eine neue, emotional betonte Variante der Montage, die er »tonale« Montage nannte und mit welcher er die »psycho-physiologischen Vibrationen« des einzelnen Montagebildes zu interpretieren suchte. An den intellektuellen Eisenstein aus *Oktober* erinnerte dagegen die Szene des Milchseparators. Aus eigenen Mitteln hat die Kooperative eine Maschine zur Rahmherstellung angeschafft, die eingeweiht werden soll. Mißtrauisch stehen die Dorfbewohner im Kreise um das Ungetüm. Die Kamera vertieft sich in ihre runzligen, gegerbten

Gesichter. Mit den ersten Sahnetropfen, die aus der Maschine quellen, leuchten die Gesichter auf; ein wahrer Freudentaumel greift um sich. In eine beschleunigte Montage von Gesichtern und Details der Maschine schnitt Eisenstein symbolhaft Bilder eines aufsprühenden Springbrunnens ein. Hier trat die Gefahr der eisensteinschen Konzepte zutage: die Metapher machte sich selbständig, wurde zum aufgesetzten Attribut. Den Grundton des Enthusiasmus hält der Film bis zum Schluß durch; ins Phantastische gesteigert sind die letzten Bilder: Ein Traktor zieht eine endlose, nicht abreißende Kette von Bauernwagen lustig über Hügel und Täler. Dieser Enthusiasmus, der den Aufbau des »Neuen« auf dem Lande begleitet, vermag allerdings heute nicht mehr recht zu überzeugen, da er sich selbst kaum in Frage stellt und nicht immer vom strukturellen Aufbau des Films getragen wird.

Wsewolod Pudowkin

Pudowkin ist die große Gegenfigur zu Eisenstein. Wie Eisenstein gab auch Pudowkin dem sozialen Pathos der Revolution einen Ausdruck, der wesentlich auf dem Stilmittel der Montage basierte. Aber Pudowkins Filme haben einen weicheren, lyricheren Charakter als die Eisensteins; sie besitzen individualisierte Helden; das erzählerische Moment spielt in ihnen eine stärkere Rolle. Auch ist Pudowkins Anwendung der Montage verschieden von der Eisensteins: Montage ist bei Pudowkin nicht Ausdruck eines Konflikts, sondern einer Kontinuität.

Wsewolod Pudowkin (1893–1953) war sechs Jahre älter als Eisenstein, nämlich siebenundzwanzig, als er zum Film kam. In Pensa geboren, schlug er zunächst die Laufbahn eines Chemikers ein, liebäugelte allerdings damit, Theaterschauspieler zu werden. Seine zunächst skeptischen Ansichten über den Film änderte Pudowkin, als er Griffiths *Intolerance* gesehen hatte. Er bewarb sich an der moskauer Filmhochschule und kam dabei in Kontakt mit Kuleschow und dem Filmveteranen Gardin. Zunächst übernahm Pudowkin eine Rolle in Perestianis Agitka-Film *W dni borbi* (Tage des Kampfes, 1920); dann arbeitete er als Darsteller und Drehbuchautor bei Gardin in *Serp i molot* (Sichel und Hammer) und assistierte Gardin bei *Golod... golod... golod* (Hunger... Hunger... Hunger, 1921), einem Dokumentarfilm über die Hungersnot in Südrußland, sowie bei *Slesar i kantzler* (Schlosser und Kanzler, 1923). Weitere lukrative Angebote des Traditionalisten Gardin schlug Pudowkin jedoch aus und stieß wieder nach Moskau zu Kuleschows Experimentierwerkstatt.

Ohne Zweifel erlangte Pudowkin erst unter Kuleschow das Bewußtsein aller Möglichkeiten der Kinematographie, selbst wenn er sich von Kuleschows Auffassungen über den Filmschauspieler mit der Zeit wieder distanzieren sollte. Pudowkins erste selbständige Arbeit, *Schachmatnaja gorjatschka* (Schachfieber, 1925, Koregie Nikolai Schpikowski), erscheint in ihrer trickhaften Zusammensetzung disparaten Bildmaterials wie eine Reverenz an Kuleschow und wie eine Bekräftigung des Grundsatzes, den Pudowkin 1928 an den Beginn seines Breviers *Filmregie und Filmmanuskript* stellte: »Die Grundlage der Filmkunst ist die Montage. Unter dieser Parole marschiert die junge sowjetische Kinematographie [52].«

Gerade widmete sich Pudowkin mit großem Eifer einem populärwissenschaftlichen Film über Pawlows Theorie der bedingten Reflexe, *Mechanika golownowo mosga* (Die Mechanik des Gehirns), der erst 1926 beendet werden sollte, als die *Meshrabpom-Russ* ihm die Aufgabe stellte, Gorkis Roman *Mutter* zu verfilmen; der ursprünglich für dies Projekt vorgesehene Regisseur Tscheljabuschki vermochte sich nicht mit dem Drehbuchautor Nathan Zarchi zu einigen. Zarchi schrieb auf Anregung Pudowkins sein Drehbuch noch einmal um und löste sich dabei von dem unmittelbaren Vorbild Gorkis, um statt dessen – unter Heranziehung von Memoiren aus den Jahren 1905–1906 – die Handlung des Romans auf einige einfache Grundsituationen zu konzentrieren: Die Szenen zwischen der Mutter und dem ständig betrunkenen Vater, die Polizeidurchsuchung der ärmlichen Wohnung, den Verrat des Sohnes durch die Mutter, die Gerichtsszene mit der Verurteilung des Sohnes und schließlich das tragische Finale der Demonstration und der Gefängnisrevolte. Im Gegensatz zu dem Roman endet der Film mit dem Tod der Mutter und des Sohnes.

Matj (Mutter, 1926) wurde zu einem Meisterwerk, das man oft in Beziehung zu *Panzerkreuzer Potemkin* gesetzt hat. Aber ganz im Gegensatz zu *Potemkin* ist *Mutter* kein Film der Massenregie (mit Ausnahme der letzten Szenen), der stilistischen Abstraktion und der aufeinanderprallenden »Attraktionen«, sondern ein Film der erdachten Fabel und des individuellen Helden. Tatsächlich verdankte der Film nicht zuletzt dem meisterhaften Spiel Wera Baranowskajas in der Rolle der Mutter seine Wahrheit und Intensität. Nicht weniger adäquat füllte der junge Nikolaj Batalow die Rolle des Sohnes Pawel aus. Sowohl die Baranowskaja wie Batalow kamen aus der Schule Stanislawskis und des moskauer Künstlertheaters. Pudowkin verlangte seinen Schauspielern die »erlebte Wahrheit des Gefühls« ab[53]; damit stellte er sich in betonten Gegensatz sowohl zu Kuleschow wie zu Eisenstein, der das Künstlertheater als seinen »Todfeind« bezeichnete. Aber Pudowkin verstand es, traditionelle Momente der Darstellerführung vollendet mit den Errungenschaften der Montagesprache zu verschmelzen. Nicht nur gab er seinem Film eine sorgfältig abgewogene rhythmische Grundstruktur; sondern durch das rasche Hintereinanderschneiden einzelner Detailaufnahmen wußte er Gefühle und Vorgänge zu veranschaulichen, die erst in der Montage ihr Relief erhielten. Stets jedoch ist die Montage bei Pudowkin Ausdruck einer Emotion; sie erzwingt Anteilnahme, weniger Erkenntnis; sie ist immer auf das Erleben einer einzelnen Person bezogen. So etwa die Szene, in der die Mutter vor dem Gerichtsgebäude erscheint: die Montage verschiedener Einstellungen – der Stiefel eines Gendarmen, der Gendarm neben einer Säule, die pompöse Fassade des Gebäudes – ergibt nicht nur ein polemisches Abbild der staatlichen Macht, sondern spiegelt darüber hinaus das subjektive Erlebnis dieser Macht durch die Mutter. Ähnlich steht es auch mit der berühmten Parallelmontage von Szenen der Demonstration und vom Eisgang auf dem Fluß: die leitmotivische Parallele des aufbrechenden Eises, die den politischen Ereignissen des Films eine mächtige emotionale Steigerung gibt, ist doch mehr als eine intellektuelle Metapher in der Art Eisensteins; der Fluß ist nicht nur im Film mit der Handlung verflochten, sondern in ihm objektiviert sich wieder das individuelle Erleben der Mutter.

Aber auch alle anderen Mittel der Filmtechnik – Dekor und Kamerawinkel beispielsweise – wurden von Pudowkin neben der Montage aufgeboten, um die psychologische Situation seiner Helden fühlbar zu machen. Um die Verzweiflung der Mutter beim Tod ihres Mannes auszudrücken, placierte Pudowkin sie in einen kahlen, elenden Raum und fotografierte ihre zusammengesunkene Gestalt leicht von oben; später, als sie an der Spitze der Demonstration marschiert, erfaßt die Kamera nur noch ihr Gesicht, und zwar von unten. Auch die Komposition der Bilder ließ häufig kleine, aber bezeichnende psychologische Details hervortreten, wie das Zucken eines Mundes oder eine angedeutete Geste.

Eisenstein berichtet in seinen Aufzeichnungen[54], wie er mit Pudowkin erhitzte Debatten über das Wesen der Montage führte. Für Eisenstein war die Montage im Film, ja die Kunst überhaupt, wesentlich Konflikt; aus der Kollision von Bildern ging für ihn dialektisch ein neuer Begriff hervor. Pudowkin dagegen verstand die Montage als Mittel der Verbindung einzelner Teile zu einer Kette, zu einem erzählenden Kontinuum. »Kollision« und »Verbindung« – in diesen beiden Begriffen liegt der fundamentale Unterschied der Kunst Eisensteins und Pudowkins. Eisensteins Standpunkt war dem »intellektuellen«, auf Fabel und Helden verzichtenden Film angemessen; Pudowkin dagegen setzte den Film zur traditionellen Erzählkunst in Beziehung und fühlte sich von Anfang an dem Realismus verpflichtet. In der Folgezeit sollten sich, jedenfalls in der offiziellen sowjetischen Kritik, die Filme Pudowkins stets höherer Wertschätzung erfreuen als die Eisensteins. Man lobte das »lebenspendende realistische Prinzip« Pudowkins; »die sowjetische Spielfilmkunst leitet ihren Stammbaum gewöhnlich von dem Film *Mutter* ab« (A. Marjamow[55]).

Wie *Mutter* ein Gegenstück zum *Panzerkreuzer Potemkin* war, so Pudowkins *Konjez Sankt-Petersburga* (Das Ende von St. Petersburg, 1927) zu Eisensteins *Oktober*. Auch dieser Film entstand zum Gedenktag der Oktoberrevolution 1917. Hier versuchte sich Pudowkin, wiederum mit ausgebildeten Schauspielern, an einer Fusion von erdachter Fabel und historischen Ereignissen. Der Film beginnt auf dem Lande, vor der Revolution. Von dort kommt der Bauernbursche Iwan, um dem Hunger in seinem Heimatdorf zu entgehen, nach Petersburg; aus Unwissenheit läßt er sich zum Streikbrecher machen. Als er schließlich einsieht, wie die Dinge liegen, fällt er einen Fabrikanten an, wird verhaftet, aber zum Frontdienst abgeschoben, da gerade der Krieg ausgebrochen ist. Einige Jahre überspringt der Film; dann erlebt man den ehemaligen Bauernburschen wieder als Führer einer Truppenrevolte und beim Sturm auf das petrograder Winterpalais. Noch mehr als in der *Mutter* arbeitete Pudowkin in diesem Film mit Montagen. Vielleicht die gelungenste ist die wiederholte Gegenüberstellung grausamer Kriegsszenen und hysterischer Begeisterungsausbrüche an der Börse. Hier zerknallen Schrapnells – dort fliegen Zylinderhüte in die Luft, weil die Kurse steigen. Mit satirischer Schärfe schilderte Pudowkin die Kriegsbegeisterung 1914: Man erlebt eine »patriotische« Kundgebung inmitten von Blumenschmuck; Bürger umarmen Polizisten, und ein Denkmal von Alexander III. vergießt Tränen. Daneben aber offenbart *Das Ende von St. Petersburg* eine besondere Neigung zur lyrischen Fotografie. Das Heimatdorf des Bauernburschen erscheint wie eine Vision: Strohdächer und Windmühlen ragen in der Ferne auf; später schwelgt der Film in den architektonischen Schönheiten des alten Petersburg; gegenüber den stimmungsvollen Bildern der Newa, des silhouettenhaft in der Ferne liegenden Kreuzers »Aurora« und der hochgezogenen Brücken treten die Massenszenen von der Erstürmung des Winterpalais fast in den Hintergrund. Am Schluß des Films, dessen individuelle und kollektive Handlungsstränge gelegentlich auseinanderklaffen, faßt Pudowkin noch einmal Fabel und Historie zusammen: Wera Baranowskaja schreitet am Morgen nach der Revolution durch die Straßen Petrograds, in der Hand einen Topf Kartoffeln, die sie an Soldaten verteilt. Mit ihrem Kartoffeltopf steigt sie dann zwischen Säulen und Schimären die Prachttreppe des Winterpalais hinauf und hält staunend Umschau.

Pudowkins letzter Stummfilm *Potomok Tschingis-Chana* (Sturm über Asien, 1928), kam seiner schon im *Ende von St. Petersburg* bewiesenen Neigung zur romantisch-expressiven Fotografie entgegen. Das Sujet des Films war diesmal exotischer Natur. Ausgehend von einer Erzählung des Schriftstellers Nowokschonow, schrieb Ossip Brik für Pudowkin ein Drehbuch, das eine Episode aus dem Bürgerkrieg 1920 in der Mongolei behandelte: Englische Besatzungssoldaten entdecken bei einem halbtoten, bereits füsilierten mongolischen Partisanen ein altes Dokument, welches ihn als Nachkommen Dschingis-Khans ausweist. Darauf pflegen sie den Mongolen gesund und setzen ihn auf den Thron. In einem Moment der Erleuchtung rebelliert er jedoch gegen seine Protektoren, zertrümmert eine ganze Hauseinrichtung und begibt sich wieder zu den Partisanen. Der Film kulminiert in einem wilden Finale, dem Sturm der mongolischen Reiterarmee gegen die weißen Eindringlinge, einer Montagevision jagender Hufe, wehender Mähnen, schemenhafter Reiter und vom Sturm gepeitschter Bäume.

Mittelpunkt und Rückgrat des Films war der Darsteller des Mongolen, Waleri Inkishinow (selbst ein Mongole); an seiner Figur, die schließlich aus ihrer maskenhaften Starre wie aus einem Traum erwacht, stellte Pudowkin den gleichen Prozeß der Bewußtwerdung dar wie schon in *Mutter* und *Das Ende von St. Petersburg*. Satirische Verve schüttete er dagegen über den englischen Okkupationsgeneral und seine steife, überladen kostümierte Gattin aus; das zeremoniöse Make-up der beiden wird in beziehungsreiche Parallele gesetzt zu den Vorbereitungen einer atavistischen Lama-Zeremonie. Ausgezeichnet in ihrer Wortlosigkeit und bildlichen Konzentration auch die Erschießungsszene: Umgebung sind eine weite, nur spärlich baumbestandene Landschaft, ein lehmiger Abhang; die Menschen erscheinen als Silhouetten; ein langer Weg führt durch zahllose morastige Pfützen, die der englische Soldat sorgsam umgeht, während er dem Mongolen hindurchzuschreiten befiehlt. Den Rückweg vermag der Soldat vor lauter Schaudern selbst fast nicht mehr zurückzulegen. *Sturm über Asien* war vielleicht Pudowkins virtuosester Film. Während die sowjetische Kritik sich gegenüber dem metaphorischen Ende reserviert zeigte, erlangte der Film im Ausland gerade wegen der Raffinesse und der Dynamik dieser Schlußsequenz besonderes Prestige, aber auch wegen des versteckten Romantizismus der Fabel.

1929 widmete sich Pudowkin mehreren schauspielerischen Aufgaben: Er spielte einen »dekadenten« Warenhausdirektor in Kosintzew und Traubergs *Das neue Babylon* und den Protagonisten in der Tolstoi-Verfilmung Fjodor Ozeps *Shiwoi trup (Der lebende Leichnam)*, einer deutsch-russischen, in Berlin realisierten Koproduktion. Ozep, ehemaliger Assistent Alexander Sanins (in *Polikuschka*, 1919) und Protasanows, verließ nach diesem Film die Sowjetunion, um in Deutschland, Frankreich und den USA zu arbeiten. *Der lebende Leichnam* war sowohl seine wie des Darstellers Pudowkin reifste Leistung. Pudowkin gab der Person des Fedja Protasow, des von der Gesellschaft ausgestoßenen Einsamen, der die allgemeine Heuchelei nicht teilen will, die Züge eines ruhelos-fiebrigen Asketen.

Alexander Dowshenko

Wenn man Eisenstein einen Dramatiker und Pudowkin einen Epiker des Stummfilms nennen möchte, so läßt sich Dowshenko am ehesten als Lyriker bezeichnen. Seine Filme wußten elementare Vorgänge der Natur und des Lebens auf einen einfachen und poetischen Nenner zu bringen. Doch stand der »Pantheismus« bei Dowshenko nicht etwa im Gegensatz zum sozialen Gehalt seines Werks, sondern verschmolz mit zeitnaher, revolutionärer Thematik zu einer persönlichen Betrachtung der Welt. Dowshenko äußerte: »Das Riesenhafte der Ereignisse hat mich gezwungen, das Material unter dem Druck vieler Atmosphären zusammenzupressen. Das kann man nur, wenn man sich der poetischen Sprache bedient, die meine künstlerische Besonderheit zu sein scheint [56].« Darüber hinaus führte Dowshenko erstmals das regionale Element in die russische Filmkunst ein: seine Filme entstanden bis auf wenige Ausnahmen in der Ukraine, Dowshenkos Heimat. Sie spiegeln die spezifische Landschaft dieser Gegend und die Eigenheiten ihrer Bewohner.

Der als Sohn armer Bauern geborene Alexander Petrowitsch Dowshenko (1894–1956) hatte schon eine vielseitige Karriere als Erziehungskommissar, Konsularangestellter, Maler und Karikaturist absolviert, als er sich 1926 aus plötzlichem Entschluß dem Film zuwandte. Für das odessaer Studio der ukrainischen Filmgesellschaft *Wufku* begann er zunächst Drehbücher zu verfertigen. Seine erste Regieaufgabe war eine Slapstick-Komödie; es folgte ein wenig bemerkenswertes Gangsterdrama mit »diplomatischem« Hintergrund. Sein erstes persönliches Werk war *Swenigora* (1928) – wie Dowshenko später zugab, ein Film von stilistischer Dissonanz und inhaltlicher Verworrenheit: Legenden von der Wikingerinvasion und vergrabenen Schätzen vermischen sich mit einem Drama konterrevolutionärer Sabotage, und alles mündet in die Apotheose der sozialistischen Industrie. In seiner Überfülle an Ideen war dieser Film eine Art Pendant zu Eisensteins *Streik*.

Solche Fabelelemente finden sich auch – eingebettet freilich in ein realistisches und zuweilen satirisches Panorama der ukrainischen Revolution – in *Arsenal* (1929). Dowshenko bediente sich hier eisensteinscher Stilmittel: er verzichtete auf durchgehende Handlungsführung und veranschaulichte historische Vorgänge durch die Montage dokumentarischer Kontrastbilder. So alternieren in den ersten Szenen des Films, die noch vor der Revolution spielen, Bilder vom Elend auf dem Lande mit Aufnahmen des Zaren, der in einem Brief mitteilt, daß er eine Krähe geschossen habe. Ein Bauer beginnt aus Verzweiflung sein mageres Pferd zu prügeln; eine Mutter schlägt – im nächsten Bild – ihr vor Hunger weinendes Kind. Plötzlich aber redet (in einem Zwischentitel) das geschlagene Pferd den Bauern an: »Mich solltest du nicht schlagen, Iwan!« Von starker Eindringlichkeit sind auch die Szenen von den Schlachtfeldern des Ersten Weltkrieges: so zeigt der Film, wie ein deutscher Soldat auf entsetzliche Weise an Lachgas erstickt. All das gehört freilich nur zum Prolog des Films, während der Hauptteil satirisch die Gründung einer unabhängigen ukrainischen Republik beschreibt. Im Parlament führen kleinbürgerliche Separatisten pathetische Reden; überall regiert der Nationalismus; durch die Straßen bewegen sich religiöse Prozessionen. Aber der ukrainische Nationaldichter Schewtschenko, dessen Bild die Verehrung einer Ikone genießt, erklärt sich mit diesem Kult nicht einverstanden: Er bewegt im Bild plötzlich die Augen, beugt sich aus dem Rahmen und bläst das Öllämpchen aus! Solche symbolischen Sequenzen werden wieder von bewegt-realistischen abgelöst. Ein stilistisches Prinzip der Filme Dowshenkos ist die häufige Kontrastierung statischer und dynamischer Bilder: etwa der Wechsel von einer dahinrasenden Kanone, die sechs Pferde ziehen, auf das Bild der einsam an einem frischen Grab stehenden Frau; oder der Kontrast endloser Kornfelder mit einem schräg durchs Bild eilenden Zug. Solche Kontraste erzeugen nicht nur einen formalen Rhythmus, sondern das Gefühl einer Spannung, die zur Entladung drängt.

Das Ende von *Arsenal* offenbarte aber noch einen anderen Zug des dowschenkoschen Werkes, der mit der Zeit stärker hervortreten sollte: den der Pathetik. Der Schluß des Films schildert die blutige Niederschlagung des Aufstands in einer Munitionsfabrik in Kiew, eben des »Arsenals«, durch die ukrainischen Nationalisten. Dowshenko wollte das Arsenal von Kiew ungefähr dem Arsenal der Weltrevolution gleichstellen. Gerade dieser Teil des Films enthält faszinierende Bilder und Montagen. Roboterhaft füsiliert ein nationalistischer Offizier die verhafteten Arbeiter; die Kugeln eines Exekutionskommandos versagen jedoch, obgleich aus nächster Distanz abgeschossen, vor dem jungen Kommunisten Timosch, der eine Führerrolle beim Aufstand des Arsenals spielt und auch schon im Mittelteil des Films auftaucht. »Nun fall schon... oder hast du einen Panzer an?« ruft man ihm zu. Da reißt Timosch mit einer heroischen Geste sein Hemd auf und präsentiert seine bloße Brust: »Da habt ihr meinen Panzer!« Verwirrt lassen die Soldaten ihre Gewehre sinken. Dowshenkos Enthusiasmus sah kein Problem darin, die Unverwundbarkeit eines mythischen Revolutionshelden unversehens als Realität hinzustellen. Das mochte im Rahmen dieses Films noch angehen, der die Wirklichkeit ohnehin häufig transzendierte; andererseits kündigte sich hier bereits die schablonenhafte Ästhetik des »positiven Helden« an.

In *Semlja* (Erde, 1930) überwand Dowshenko die Allegorik von *Arsenal*. Dieser Film wurde besonders durch die dramaturgische Abrundung des Geschehens und die lyrische Dichtheit der Bilder zu Dowshenkos Meisterwerk. Auf seinen Inhalt reduziert, möchte man *Erde* fast für einen ideologischen Thesenfilm halten: In einem ukrainischen Dorf hat die Kooperative einen Traktor angeschafft. Der junge Traktorist Wassili überquert mit dem Pflug die Grenze eines Kulakenfeldes; darauf wird er in der Nacht von dem Kulaken erschossen. Die Dorfbevölkerung gibt ihm ein feierliches Begräbnis, indes der Mörder sich verzweifelt im Staube wälzt. Doch diese Fabel wird mit einem so bewundernswerten Sinn für Natur und Milieu gestaltet, daß sie Wahrheit und Überzeugungskraft gewinnt. Leitmotiv des Films ist die ukrainische Landschaft. Dowshenko evoziert sie in ausgewogenen, grobkörnigen und doch weich konturierten Bildern von Kornfeldern unter weitem Himmel, schwankenden Sonnenblumen, wiederkäuenden Kühen. Durch einfachste szenische Mittel – zwei verschieden hoch aufragende Telegrafenpfähle – wird das Gefühl der Ferne hervorgerufen. Zugleich mit der Politik geht es in *Erde* um den Kreislauf des Lebens und Sterbens in der Natur. Der Film beginnt mit dem Tod des alten Großvaters – einem ganz undramatischen, friedlichen Tod. Ernst und feierlich fixiert die Kamera den zwischen Haufen glänzender Äpfel ruhenden Toten. Später steuert der Enkel des Alten den Traktor bei der Ernte: Hier herrscht Aktivität, Begeisterung, Solidarität – in einer einzigen Montagesequenz faßt der Film alle Phasen der Ernte vom Mähen bis zum Kneten des Teigs zusammen. Dann folgt wieder ein Umschlag. Am Abend, während Liebespaare schweigend in der Dämmerung sitzen, kommt Wassili vor Freude tanzend einen Weg entlang. Aber plötzlich fällt ein Schuß. Ein Pferd hebt den Kopf; Wassili ist von einer Kugel niedergestreckt. Der Film kulminiert in der Begräbnisszene – Wassili wird auf einer offenen Bahre von den Dorfbewohnern zwischen herabhängenden Zweigen zu seinem Grab getragen; den Beistand der Kirche hat der Vater zurückgewiesen – und vor allem in den herrlichen Einstellungen auf Äpfel und Blüten unterm herabströmenden Regen: dies sind Bilder eines ganz lyrischen Tons und doch von einer geradezu explosiven Gewalt, in denen sich der Triumph der Natur, der Materie, über den Tod ausspricht. Dieser Triumph ist aber, und das macht der Film deutlich, zugleich auch der des Menschen über sein Schicksal und über die Macht der Verhältnisse. Die Exaltation des Todes und seiner Überwindung durch die Natur verbindet sich bei Dowshenko durchaus mit einer aktivistischen sozialen Haltung.

Die »Fabrik des exzentrischen Schauspielers«

Zu den Avantgardisten des frühen sowjetischen Stummfilms gehören auch Grigori Kosintzew und Leonid Trauberg, die 1924 erstmalig im Film hervortraten. Wie Eisenstein kamen sie über das Theater zum Film. Vom Theater stammen auch ihre Theorien und namentlich der Stil des »exzentrischen Schauspielers«. Ihre teilweise dem deutschen Expressionismus verwandten, im Atelier geborenen Filme erreichten hohe stilistische Eigenart und wurden zu Unrecht später als »formalistisch« von der sowjetischen Kritik verurteilt.

Grigori Kosintzew (geb. 1905) und Leonid Trauberg (geb. 1902) machten zum erstenmal 1921 von sich reden, als sie die Bewohner Petrograds durch die Publikation eines *Manifests des exzentrischen Schauspielers* herausforderten. Sie behaupteten, den Weg zur Revolutionierung des sozialistischen Theaters entdeckt zu haben, und zwar in der Methodik des Zirkus und des Kabaretts. Konsintzew und Trauberg, die damals gerade sechzehn und neunzehn Jahre alt waren, befanden sich damit auf einem ähnlichen Weg wie die Proletkult-Bühne, das Meyerhold-Theater und andere Avantgarde-Richtungen im revolutionären Rußland. Aus lauter Begeisterung für die neuen Lebensformen, an denen sich die jungen Künstler förmlich berauschten, wollte man jegliche Tradition über Bord werfen und durch die »Religion der Aktivität« (Majakowski) ersetzen. Ein anderer Aspekt der Bewegung war die Bewunderung Amerikas als Inkarnation des industriellen und technischen Fortschritts. Alle diese Motive klingen in dem Manifest der Bewegung an, in welchem es heißt:

»Der Schlüssel zu den Ereignissen. 1. Gestern, ein bequemes Arbeitszimmer. Kahle Stirn; sie meditierten, faßten Beschlüsse, grübelten. Heute, Signal! Zu den Maschinen! Treibriemen, Ketten, Räder, Hände, Beine, Elektrizität. Der Rhythmus der Produktion. Gestern: Museen, Tempel, Bibliotheken. Heute: Fabriken, Unternehmen, Bauplätze. 2. Gestern, die Kultur Europas. Heute, die Technik Amerikas. Industrialisierung, Produktion unter dem Sternenbanner. Oh Amerikanisierung, oh Beerdigungsanstalt. 3. Gestern: Salons, Verbeugungen, Barone. Heute: Schrei der Zeitungsverkäufer, Skandale, der Knüppel des Polizisten, Lärm, Schrei, Scharren, Eile, Rhythmus von heute[57].«

1922 gründeten Kosintzew und Trauberg ein Schauspielstudio, das sie »Fabrik des exzentrischen Schauspielers« nannten, abgekürzt *FEKS* (für *Fabrika ekszentritscheskowo aktjora*). Dieser Gruppe gehörten neben den Gründern auch Sergej Jutkewitsch und Sergej Gerassimow an, die später selbst als Regisseure hervortreten sollten; auch Eisenstein unterhielt mit den »Exzentrikern« Beziehungen und wirkte in ihrer ersten Aufführung mit. Eine ihrer Bühneninszenierungen, *Außenhandel auf dem Eiffelturm* (1923), bewog die Gesellschaft *Sewsapkino*, Kosintzew und Trauberg den Auftrag für eine phantastische Filmkomödie im Stile ihres Theaterstücks zu erteilen. Das Ergebnis dieses Auftrags war *Pochoshdenija Oktjabriny* (Abenteuer eines Oktoberkinds, 1924). Die burleske, mit vielen Filmtricks und Exzentrizitäten durchsetzte Story berichtete von dem – symbolischen – Versuch Curzons, Poincarés und Coolidges, die sowjetische Staatsbank zu berauben, und der Vereitelung des Attentats durch einen jungen Pionier. Mit Begeisterung entdeckten die *FEKS*-Mitglieder die Möglichkeiten der Filmsprache; zu den »Exzentrizitäten« des Films gehörte u. a. ein Radrennen über Häuserdächer. Auch *Tschertowo koleso* (Das Teufelsrad, 1926) benutzte noch Elemente des Gangsterdramas, unternahm aber schon einen Versuch, die Wirklichkeit zu interpretieren.

Zur Meisterschaft gelangte das Team jedoch erstmals in einem Film, dessen Sujet ihren Intentionen besonders entgegenkam: der Gogol-Bearbeitung *Schinjel* (Der Mantel, 1926). Die im expressionistischen Stil gehaltene Verfilmung stilisiert die Personen Gogols zu Exzentrikern: der kindlich-schüchterne Beamte Akaki Akakjewitsch Bashmatschkin, dem der schwer erworbene Mantel gestohlen wird, gleicht der Schlafwandlerfigur aus *Caligari*, während der Schneider und sein Weib über ein akrobatisches Bewegungsrepertoire verfügen. Die Fotografie des Films wußte alle Vorgänge ins Groteske, Maßlose oder Dämonische zu steigern. Zusammen mit dem Dekor schuf sie eine düster-bedrohliche, traumhafte Atmosphäre. Allein ein Gang Akakis durch eine verschneite Straße, an einer riesenhohen Mauer vorbei, brachte im Bild alle Verlassenheit und Demütigung des kleinen Schreiber-Beamten zum Ausdruck: über dem Helden schien sich eine schreckenverbreitende, unauflösliche Nacht zusammengezogen zu haben. *Der Mantel* bewies, welche Aufmerksamkeit Kosintzew und Trauberg neben der Darstellerführung auch dem malerischen Element im Film zukommen ließen.

In ihren nächsten Filmen gestalteten Kosintzew und Trauberg historische Aufstandsbewegungen des neunzehnten Jahrhunderts: die Dekabristenrevolte von 1825 in Petersburg und den Aufstand der Pariser Kommune 1871. Doch auch diese beiden Filme – *S. W. D.* (Der Klub der großen Tat, 1927) und *Nowyj Wawilon* (Das neue Babylon, 1929) – kennzeichnete neben ihrer revolutionären Thematik das Streben nach malerischer Bildkomposition, nach Stilisierung des Dekors. Kosintzew und Trauberg vertraten damals am reinsten die »poetische« Richtung des sowjetischen Films, die das erzählerische Prinzip für unwichtig erachtete, um statt dessen Situationen und Gefühle in komprimierter, aufs Grundsätzliche reduzierter Form darzustellen. Die Bildkompositionen, die Helldunkelmalerei ihrer Filme verliehen dem Thema und seiner dominierenden Gefühlskonstante Gestalt. So erscheint in *Das neue Babylon* immer wieder ein Grundmotiv: das der erstarrten Sehnsucht. Hauptfigur des Films ist ein Soldat, ein ehemaliger Bauer, der in die Reihen der Versailler gerät und den Kontakt zur Bewegung der Kommune nicht findet, bei der aber seine Geliebte steht, eine Verkäuferin im Warenhaus »Neues Babylon«. Durch den ganzen Film hindurch erscheinen immer wieder die auf den Zuschauer gerichteten großen und verständnislosen Augen des Soldaten, die Verwirrung und Hilflosigkeit ausdrücken. Auch mitten in der Schlacht und im Gemetzel, das französische Truppen unter den Anhängern der Kommune anrichten, taucht der Soldat wieder auf. Nach einem scharfen Schnitt kommt eine hektisch applaudierende bürgerliche Festgesellschaft ins Bild: durch diese Montage entsteht der Eindruck, als ob das Bürgertum dem gegen die Revolution kämpfenden Soldaten Beifall spende.

Traditionalisten und Naturalisten

Während der ersten Dekade des sowjetischen Films hielt sich neben den Filmen der großen Erneuerer eine nicht zu übersehende Produktion mehr traditionalistischer Ausrichtung, die zum Teil in der Sowjetunion großen Anklang fand. Zwischen den Vertretern der »experimentellen« und der »traditionellen« Richtung wurden in den zwanziger Jahren heftige publizistische Fehden ausgefochten.

Die »Traditionalisten« hatten ihr Metier zum größten Teil noch bei den Filmfirmen der Zarenzeit erlernt. So erstreckte sich die Tradition des vorrevolutionären russischen Films bis in die sowjetische Zeit. Einer der ersten in Rußland nach der Revolution hergestellten Filme, *Polikuschka* (1919, Regie Alexander Sanin), etwa trug in der formalen Gestaltung durchaus noch die romantischen Züge des zaristischen Kinos; der Film basierte auf der im übrigen ausgezeichneten Interpretation des Schauspielers Iwan Moskwin. Das morbide Klima der Mosshuchin-Filme feierte in Konstantin Eggerts *Bärenhochzeit* (1925) Auferstehung, der Verfilmung eines Stücks von Lunatscharski, das sich wiederum auf Mérimées *Lokis* stützte. Der Film beschreibt die Degeneration einer alten Adelsfamilie: Der wahnsinnige Graf Schemet heiratet die schöne Julka und bringt sie in der Hochzeitsnacht um, indem er ihr den Hals durchbeißt; darauf zünden aufgebrachte Bauern das Schloß des Grafen an. *Bärenhochzeit* gehörte zu den finanziell erfolgreichsten Filmen der NEP-Periode, wurde allerdings von der Kritik als »reaktionär und dekadent« verurteilt; ähnlich erging es Eggerts späteren Filmen, bis er schließlich in den dreißiger Jahren ein Opfer von Stalins Säuberungswellen wurde.

Eine zweite Gruppe bildeten jene bereits vor 1917 etablierten Regisseure, die sich rasch auf die neuen Verhältnisse umstellten und nun revolutionäre Gegenwartsthemen und »Agitki« inszenierten, in einem Stil freilich, der haargenau aus der zaristischen Epoche übernommen war. Hierher gehören Regisseure wie Rasumni, Gardin oder Tschardinin. Alexander Rasumni drehte 1923 in höchst konventionellem Stil einen antireligiösen Propagandafilm, *Brigadekommandeur Iwanow*, der im Ausland auch als *Die Schönheit und der Bolschewik* bekannt wurde. Wladimir Gardin leitete 1919 die Produktion der ersten »Agitki« und lehrte an der moskauer Filmhochschule.

Der talentierteste Regisseur aus den Tagen des vorrevolutionären russischen Films war Jakow Protasanow (1881–1945). Nach einigen in französischer und deutscher Emigration verbrachten Jahren kehrte er wieder in die Sowjetunion zurück und drehte von 1924 ab eine Reihe von Komödien und Genredramen, die sich von der übrigen sowjetischen Produktion durch ihre psychologische Nuancierung und durch ihre Vorliebe für pittoreske Milieuschilderung unterschieden; in Dramaturgie, Fotografie und Filmtechnik zeigten sie sich freilich der Vergangenheit verpflichtet. Am bekanntesten wurde Protasanow durch seinen utopischen Film *Aelita* (1924), eine Bearbeitung des Romans von Alexej Tolstoi: Drei sowjetische Bürger fliegen zum Mars und lösen dort eine Revolution aus; einer von ihnen verliebt sich in die Marskönigin Aelita, doch zum Schluß stellt sich alles als ein Traum heraus. Für die Szenen auf dem Mars benutzte Protasanow Dekorationen im expressionistischen Stil, zu denen ihn sein Aufenthalt in Paris und Berlin angeregt hatte; daneben enthielt der Film Elemente handfester Komik. Burleske Typen und Situationen regierten ebenfalls in Protasanows Satiren *Sakrojschtschik is Torshka* (Der Schneider aus Torshok, 1925) und *Prozess o trech millionach* (Der Prozeß der drei Millionen, 1926). Protasanow verfilmte auch Lawrenows Erzählung *Sorok pjerwyj* (Der Einundvierzigste, 1927), die 1956 von Tschuchrai noch einmal auf die Leinwand gebracht wurde. In der antikirchlichen Satire *Prasdnik swjatowo Iorgena* (Der Feiertag des hl. Jürgen, 1930) setzte Protasanow die Geschäftsmethoden zweier Diebe mit den finanziellen und politischen Manövern des Klerus in vielsagende Beziehung; der Film ging aber offensichtlich mehr auf das Amüsement als auf die Belehrung des Zuschauers aus. Auch noch in einigen Filmen der dreißiger Jahre bewies Protasanow sein Talent.

Gegenüber den traditionell orientierten Regisseuren möchte man eine andere Gruppe von Filmschaffenden der sowjetischen Stummfilmzeit als »Naturalisten« bezeichnen, weil sie es in ihren Filmen ohne besonderen Aufwand an Montage oder anderen Kunstmitteln verstanden, aktuelle Aspekte des sowjetischen Alltagslebens einzufangen, und dabei einen besonderen Sinn für das lebendige Detail bewiesen. Zu dieser Gruppe von Regisseuren gehören Olga Preobraschenskaja, Juri Sheljabuschki und Abram Room. Olga Preobraschenskaja, eine Darstellerin aus der vorrevolutionären Zeit (bei Protasanow), errang großen Erfolg mit *Baby Rjasanskije* (Frauen aus Rjasan, 1927), einer Bauerngeschichte, die lange dokumentarische Passagen vom Landleben der rjasaner Gegend enthielt. Sheljabuschki, aus der »Agitki«-Schule von 1919 hervorgegangen, schilderte in *Papirosniza ot Mosselproma* (Das Zigarettenmädchen aus dem Mosselprom, 1924) das moskauer Leben der *NEP*-Periode im großen *Mosselprom*-Kaufhaus und setzte die »Klassenfeinde« dem Spott des Zuschauers aus; im *Kolleshskij registrator* (Der Postmeister, 1925) brachte er den großartigen Stanislawski-Darsteller Iwan Moskwin auf die Leinwand, der der Gestalt Puschkins durch sein psychologisch-naturalistisches Spiel Tiefe und Intensität gab. Ein interessantes Thema weist Sheljabuschkis *W gorod wchodit nelsja* (Kein Zutritt zur Stadt, 1928) auf: Im Mittelpunkt des Films steht ein Weißgardist, der sich desillusioniert und verbittert von den »Weißen« abwendet, aber auch weiterhin die Revolution bekämpft, in einem einsamen und aussichtslosen Kampf.

Der begabteste der »Naturalisten«, derjenige, dessen Filme heute noch am lebendigsten wirken, war Abram Room (geb. 1894). Room arbeitete zunächst in Amateurtheatern und schließlich zusammen mit Meyerhold. Sein erster bemerkenswerter Film *Buchta smerti* (Die Todesbucht, 1926) erzählt eine abenteuerliche Kindergeschichte vor dem Hintergrund des Bürgerkriegs, die durch scharfe psychologische Zeichnung aller beteiligten Figuren Relief und Frische gewinnt. Vor allem in *Tretja Meschtschanskaja* (Dritte Meschtschanskaja-Straße, 1927, in Deutschland als *Bett und Sofa* bekannt geworden) bewährte sich Rooms Talent zur differenzierten Charakterformung und sein soziologischer Scharfblick. Der Film behandelt ein delikates Sujet: die Dreiecksbeziehung zwischen einem Bauarbeiter, seiner Frau und seinem Freund, einem Drucker, der in Moskau keine Unterkunft bekommt und bei dem Paar auf einem Sofa nächtigen darf. In dem Freund findet die Frau einen verständnisvolleren Partner als in ihrem Mann, der sich nach einer Zeit der Abwesenheit in das Unvermeidliche schicken und nun seinerseits mit einem Platz auf dem Sofa vorliebnehmen muß. Schließlich jedoch verläßt die Frau alle beide. Dieses Kammerspiel-Drama, das von den Theorien der Kollontai über die »freie Liebe« inspiriert schien, obgleich es ihnen eine recht deutliche Abfuhr erteilte, inszenierte Room mit lebendigem Empfinden für die kleinen und typischen Konflikte des Alltags, in einem halb ernsthaften, halb satirischen Ton; die Satire richtete sich gegen die Faulheit und das häusliche Tyrannentum der Männer, aber auch gegen die Autorität schlechthin. Der Film, obwohl ganz ohne filmische Raffinessen gemacht, hielt das Lebensgefühl im Moskau der zwanziger Jahre auf unprätentiöse Weise fest und verschwieg dabei nicht die Schwierigkeiten der Zeit, etwa die Wohnungsnot, die hier die Triebfeder des Geschehens bildet. Zu den Qualitäten des Films trug neben der Regie Rooms nicht wenig das Drehbuch von Viktor Schklowski und der von Sergej Jutkewitsch entworfene Dekor bei.

Stärker um formale Originalität bemüht zeigte sich Room in seinem letzten Stummfilm, der später mit Ton unterlegt wurde, *Priwidenije, kotoroje nje woswraschtschajetsja* (Das Gespenst, das nicht zurückkehrt, 1930). Dem Film lag eine Erzählung von Henri Barbusse zugrunde: In einem imaginären südamerikanischen Staat erhält ein politischer Strafgefangener einen Tag Urlaub, weiß sich den Nachstellungen der Spitzel zu entziehen und wird zum Anführer einer Aufstandsbewegung. Room fotografierte diesen Film in fast expressionistischer Manier und bemühte sich auch um Anwendung von Montagen; am überzeugendsten wirken aber auch hier die satirisch zugespitzte Charakterzeichnung einiger Figuren, etwa des specknackigen Agenten, der am liebsten Blumen pflückt (Maxim Strauch), sowie die langen Traumsequenzen, in welchen der Gefangene seinen Freunden und seiner Frau begegnet. Die Höhe von *Bett und Sofa* und *Das Gespenst, das nicht zurückkehrt* sollte Room in seinen späteren Tonfilmen nicht mehr erreichen.

Als bedeutendes Talent, den Entdeckungen der Neuerer gegenüber nicht unaufgeschlossen, erwies sich schließlich Ilja Trauberg, der jüngere Bruder Leonids, des *FEKS*-Mitbegründers. Nach einer Assistentenzeit bei Eisenstein (in *Oktober*) drehte Ilja Trauberg 1929 *Goluboi ekspress* (Der blaue Expreß). In einem von China in die Sowjetunion fahrenden Expreßzug spielt sich ein Klassendrama en miniature ab: im Waggon der Armen rebellieren Gefangene gegen ihre Wachen und erheben sich gegen einen im Luxuswaggon reisenden mythischen »Präsidenten«. Aus dem Wechsel zwischen den Sphären arm und reich entwickelte der Film eine Reihe geschickter Assoziationsmontagen à la Eisenstein; zum Schluß braust der – führerlos gewordene – Expreß über die Grenze in die Sowjetunion; man sieht den Zug einen Moment senkrecht nach oben durchs Bild fahren, direkt in die Sonne hinein. Der Überschwang dieses Films fehlte in den musikalischen Komödien, die Ilja Trauberg später während des Krieges drehen sollte.

Das Hollywood der zwanziger Jahre

Die zwanziger Jahre waren für die amerikanische Filmwirtschaft eine Zeit radikaler Expansion nach innen und außen. Durch den Krieg war der Import europäischer – hauptsächlich französischer und italienischer – Filme in die USA gestoppt worden, zugleich hatte der amerikanische Film einen Einbruch in die europäischen Märkte erzielen können. Bis gegen Ende des Jahrzehnts sicherten sich die amerikanischen Konzerne die Vorherrschaft in Europa – abgesehen von der Sowjetunion.

Im Inneren führte der Konkurrenzkampf zwischen den zahlreichen Produktions- und Verleihfirmen zu mannigfachen vertikalen und horizontalen Zusammenschlüssen. Am Ende der Stummfilmzeit beherrschten sieben Konzerne den amerikanischen Markt: *Fox, Warner Brothers, Paramount, Universal, United Artists, First National* und *Metro-Goldwyn-Mayer.* Die meisten dieser Konzerne gingen aus Produktionsgesellschaften hervor, die sich eigene Verleihe und Theaterringe angliederten, um den Absatz ihrer Produkte zu sichern.

Zwischen 1920 und 1928 stiegen die durchschnittlichen Produktionskosten eines Spielfilms von vierzig- bis achtzigtausend auf zweihunderttausend Dollar. Um ihre Theaterringe konkurrenzfähig zu erhalten, waren die Konzerne auch hier zu erheblichen Investitionen gezwungen. Steigende Kosten und Investitionen überstiegen erheblich die Gewinne. Newyorker Großbanken, die ihre vor dem Krieg dem Film gegenüber geübte Zurückhaltung aufgaben, erwarben bis 1925 die Aktienmehrheit der wichtigsten Produktionsgesellschaften und trugen mit Investitionen zum Boom der Filmbranche bei. So geriet etwa die *Famous-Players-Lasky* (später *Paramount)* in die Abhängigkeit des Bankhauses *Kuhn, Loeb and Co.;* die *Goldwyn-Pictures* wurde von der *Du Ponts and Chase National Bank,* William Fox von dem Bankhaus *Halsey, Stuart and Co.* finanziert. Um 1928 war den »Pionieren«, wie Zukor, Goldwyn, Mayer und Lasky, die Macht in der Filmwirtschaft fast völlig entglitten, nur Fox und Laemmle konnten noch bis in die dreißiger Jahre hinein eine gewisse Selbständigkeit behaupten.

Die Banken erzwangen mit ihrer Beteiligung ein weitgehendes Mitspracherecht in der Produktion. Sie ernannten »Producer-Supervisors«, die den Herstellungsprozeß zu standardisieren begannen. Die Filme wurden immer anonymer, die Verfestigung der Klischees begann. Die Erfolgsformeln, die die Manager systematisierten, waren freilich von den Hollywood-Produzenten und -Regisseuren zu Beginn der Dekade selbst entwickelt worden; was ursprünglich unbeholfen einem allgemeinen Begehren Rechnung getragen haben mochte, löste sich nun davon ab, wurde dem Publikum schmackhaft gemacht und von diesem als vermeintlich ureigenstes Verlangen zurückgegeben. Von nun an gaben nurmehr schwere äußere Erschütterungen – Wirtschaftskrise und Krieg – den Einsichtigen eine Chance, einige Klischees zu zerbrechen.

Der wirtschaftliche Aufschwung der frühen zwanziger Jahre traf auf eine starke Strömung des Skeptizismus, die dem Krieg gefolgt war. Zusammen führten sie zu jener hektischen Munterkeit, die die Atmosphäre der »roaring twenties« kennzeich-

nete. Die amerikanische Gesellschaft erwartete nun vom Film die Bestätigung ihrer
Einschätzung der Wirklichkeit. Dem dienten nicht nur die Filme mit ihren Badeschönheiten, russischen Großfürsten und kühnen Abenteurern, sondern auch die
offiziellen Schilderungen des Lebens in der Filmstadt und schließlich dieses Lebens
selbst, das sich den Erfordernissen der Publicity anpaßte.

Der Zusammenbruch der viktorianischen Wertbegriffe hatte sogleich auch starke
Gegenkräfte auf den Plan gerufen. Die Einführung der Prohibition war einer ihrer
sichtbarsten Erfolge. Auch mehrten sich die Proteste von religiösen Gruppen, Bürger-
ligen, Frauenklubs und Kriegervereinen gegen den Film. Um 1920 häuften sich im
Abgeordnetenhaus die Anträge, die verlangten, daß die Vorführung von Filmen unter
staatliche Kontrolle gestellt werde. Die Filmindustrie war schon früh bestrebt, der
Gefahr einer staatlichen Zensur durch eigene Maßnahmen zuvorzukommen. So gründete sie 1922 die *Motion Picture Producers and Distributors of America (MPPDA,*
seit 1945 *MPA)* und gewann den amtierenden Postminister, Will H. Hays, für ihre
Leitung. Das *Hays Office* verdankte seine Gründung den Angriffen der »Reformer«
und dem Wunsch der Industrie, eine staatliche Zensur abzuwenden. Aus einem Instrument zur Bewahrung der Meinungs- und Ausdrucksfreiheit wurde es aber allmählich zu einem Kontroll- und Lenkungsapparat. Seine volle Wirkung entfaltete es
indessen noch nicht in den zwanziger Jahren, als Hays sich auf die Erteilung von Rat-
schlägen in Einzelfällen beschränkte, sondern nach der Formulierung des »Production
Code« von 1932.

Rebellen und Opportunisten

Unter der Ägide der 1925 von den Großbanken eingesetzten »Producer-Supervisors«
sanken die bislang souveränen Regisseure zu bloßen Funktionären ab. »Um 1926 ging
so die Herrschaft des Regisseurs zu Ende« (L. Jacobs [58]). Regisseure wurden hinfort wie
Stars und Storys nach ihrem »Typ« zum Einsatz gebracht. Hatten sie einmal in einem
bestimmten Genre Erfolg gehabt, so betrauten die Studios sie weiter mit Filmen derselben Art. Bis in die fünfziger Jahre hinein differenzierte sich der amerikanische
Film auch in seinen »Spitzenprodukten« nicht nach den Stilen der Regisseure, sondern nach Genres. In der Vollendung einer Spezies wie des Westerns und des Musicals gelangen dem offiziellen amerikanischen Film seine imposantesten Leistungen,
dann vor allem, wenn die spezifische Begabung eines Regisseurs den Möglichkeiten
eines Genres entgegenkam. Das war der Fall bei Ernst Lubitsch und der »sophisticated
comedy«, Mervyn LeRoy und dem Gangsterfilm, John Ford und dem Western, William Wyler und dem psychologischen Gesellschaftsstück, Alfred Hitchcock und dem
Thriller, Vincente Minelli und dem Musical.

Die besten amerikanischen Filme der zwanziger Jahre kamen dank der Lücken
zustande, die das System immer noch aufwies. Die großen Komiker hatten sich – als
Darsteller, nicht als Regisseure – eine Stellung errungen, die ihre Unabhängigkeit
garantierte. Chaplin, Keaton, Lloyd und Langdon brauchten sich nicht den Forderungen von Producern zu unterwerfen. Robert Flaherty und Joseph von Sternberg drehten ihre ersten Filme unabhängig von der Industrie. Stroheim mußte seine besten
Werke der Industrie buchstäblich ablisten; auch an ihm rächte sie sich, indem sie nachträglich seine Filme zusammenschnitt. Vidor konnte sein Hauptwerk drehen, nachdem
er mit kommerziellen Filmen Erfolg gehabt hatte; dann mußte er auf Jahre in die

Fron des Studios zurückkehren. Bei jeweils einem Film genossen auch jene europäischen Regisseure Narrenfreiheit, die Hollywood eingekauft hatte, um sich mit dem Glanz ihrer Namen zu schmücken; so entstanden Murnaus *Sunrise* und Sjöströms *The Wind.*

Ehe die Industrie auch die künstlerische Betätigung nach dem Prinzip der Arbeitsteilung zu organisieren begann, nahmen es freilich einige Regisseure, die die Zeichen der Zeit erkannt hatten, bereits vorweg. Sie gingen dazu über, ihre Filme gänzlich auf den Markt auszurichten, ehe alle Produzenten selbst soweit waren. Cecil B. DeMille führte unmittelbar nach dem Ersten Weltkrieg, als Unsicherheit über die Neigungen des Publikums herrschte, einen regelrechten Markttest durch. Er drehte gleichzeitig ein romantisches Bergdrama, einen exotischen Kostümfilm und ein mondänes Gesellschaftsstück. Der Erfolg des letzteren entschied über den weiteren Weg des Regisseurs. DeMille wurde zum Exponenten des eleganten Zynismus, den die Jugend der »jazz era« sich zu eigen gemacht hatte. Regie begriff er als die Kunst des gefälligen Arrangements dekorativer Attribute.

Ernst Lubitsch war der einzige europäische Regisseur, der sich erfolgreich in Hollywood behaupten konnte, und zugleich der einzige künstlerisch ambitionierte Regisseur aus der Generation der zwanziger Jahre, der den Forderungen des Marktes genügte, ohne sich erst anpassen zu müssen. Zu einer Zeit, in der Amerika sich beeilte, das Odium eines Volks von Hinterwäldlern abzustreifen, propagierte er den Hedonismus. Der einstige Lehrling aus der Konfektion traf mit seinen Filmen genau die Ideologie einer Nation von Arrivierten. Der kruden Libertinage des frühen DeMille ließ er mit *The Marriage Circle* (Der Ehe-Kreis, 1924), *Forbidden Paradise* (Verbotenes Paradies, 1925), *Lady Windermere's Fan* (Lady Windermeres Fächer, 1925) und *The Student Prince* (Der Studentenprinz, 1927) ironische Nonchalance folgen. In seinen deutschen Historienfilmen von 1919 und 1921 hatte er Weltgeschichte aus der Kammerdienerperspektive vorgeführt; in seinen amerikanischen Filmen reduzierte er alles Menschliche aufs Maß des »Allzumenschlichen«. Der Witz seiner »sophisticated comedies«, der »Lubitsch touch«, besteht darin, daß pathetische Unversöhnlichkeit jäh in schmunzelndes Einverständnis umschlägt oder als solches entlarvt wird. Der häufig zitierte Gag aus *Forbidden Paradise* ist für die Tendenz seiner Komik nicht minder bezeichnend als für ihre Technik: Als Revolutionäre die Königin bedrohen, greift ihr Kanzler in die Tasche und zückt – nicht einen Revolver, wie man erwartet, sondern ein Scheckbuch, mit dessen Hilfe er die Revolutionäre beschwichtigt. Das Gegenstück zu diesem Gag findet sich vierzehn Jahre später in *Ninotchka:* Die Kommissarin verspricht dem alten Diener des Grafen, daß er einst ein freier Mann sein werde, was dieser empört von sich weist. Gesellschaftliche Emanzipation und das Streben danach erscheinen als Maske; Lubitsch reißt sie seinen Helden vom Gesicht und findet dahinter ein Wesen, das lediglich darauf bedacht ist, aus den herrschenden Zuständen das Beste für sich herauszuschlagen.

In seinen späteren Filmen stellte Lubitsch auch den Ton in den Dienst seiner Entlarvungstechnik. *The Love Parade* (Die Liebesparade, 1929), *Monte Carlo* (1930), *The Smiling Lieutenant* (Der lächelnde Leutnant, 1931), *Trouble in Paradise* (Ärger im Paradies, 1932), *Bluebeard's Eighth Wife* (Blaubarts achte Frau, 1938), *Ninotchka* (1939), *To Be Or Not to Be* (Sein oder Nichtsein, 1942) und *Heaven Can Wait* (Ein himmlischer Sünder, 1943) enthalten die besten Beispiele für einen desillusionierenden Einsatz des Tons. Wie Lubitsch durch eine Einstellung die vorangegangene als fromme Illusion bloßzustellen verstand, so jetzt den Bildinhalt durch

Stimmen und Geräusche oder umgekehrt – wenn sich etwa herausstellt, daß der wohlklingende »O sole mio«-Gesang von einem Müllgondoliere angestimmt wurde *(Trouble in Paradise)*.

Auch Flahertys Fähigkeiten und Neigungen glaubte Hollywood unter ein werbewirksames Markenzeichen subsumieren zu können, aber entweder sahen sich die Studiochefs genötigt, nachträglich Retuschen an seinen Filmen vorzunehmen, oder Flaherty legte die Arbeit vor der Fertigstellung seines Films nieder. In drei Jahrzehnten hat Robert J. Flaherty (1884–1951) nur fünf lange Filme vollendet: *Nanook of the North (Nanuk, der Eskimo,* 1922), *Moana* (1924), *Man of Aran (Die Männer von Aran,* 1934), *The Land* (1942) und *Louisiana Story (Louisiana-Legende,* 1948). Nur zwei dieser Filme, *Moana* und *Man of Aran,* wurden von Filmgesellschaften in Auftrag gegeben, *Moana* von einer amerikanischen, die den Film denn auch nachträglich durch einen Prolog und eine musikalische Untermalung verfälschte. *Nanook of the North* und *Louisiana Story* wurden von Firmen aus anderen Branchen, dem Pelzhandel und der Ölwirtschaft, finanziert, *The Land* von einer Regierungsstelle, die den Film dann nicht zur öffentlichen Vorführung freigab. Drei kommerzielle Filme, bei denen ihm Mitregisseure beigegeben wurden, mußten diese ohne ihn beenden: W. S. Van Dyke und Murnau die beiden Südseefilme *White Shadows of the South Seas* (Weiße Schatten der Südsee, 1928) und *Tabu* (1931), Zoltan Korda die Kipling-Adaptation *Elephant Boy (Der Elefantenboy,* 1937).

Wie wenige andere Regisseure hielt Flaherty an der Thematik seines ersten Films fest: dem Kampf des Menschen mit der Natur. In *Nanook of the North* schilderte er das Leben eines Eskimos. Nanuk führt einen heroischen Kampf gegen die Kälte, den Wind, die Weite der Landschaft, die Tücken des Eises. *Moana* ist die Geschichte eines jungen Südsee-Insulaners, der sich den Riten des Tattoo unterziehen muß, um sich fürs Leben auf dem Meer zu qualifizieren. Dem Meer und dem kargen Felsen gewinnen in *Man of Aran* die Bewohner einer irischen Atlantik-Insel ihre Nahrung ab. In *Louisiana Story* tritt das Thema in doppelter Gestalt auf: Techniker einer Ölgesellschaft errichten in der Wildnis des Mississippi-Deltas einen Bohrturm und begegnen dabei einem Jungen, der mit ebenso primitiven Werkzeugen einen Alligator fängt, wie Nanuk die Robben jagte. Nur in *The Land* befaßte sich Flaherty mit dem Dasein in der Zivilisation. Seine Darstellung der Lebensverhältnisse amerikanischer Farmer geriet ihm zu einem pessimistischen Bild der Entartung und des Verfalls.

Mit *Nanook of the North* schuf Flaherty zugleich ein Genre und einen Stil, deren Meister er selbst blieb. Er schilderte das Leben der kanadischen Eskimos nicht abstrahierend, in der Manier üblicher Dokumentarfilme, sondern am konkreten Einzelfall. Weder trug er eine vorgefaßte Geschichte in ein Milieu hinein, noch beließ er es bei dessen allgemeiner Darstellung, sondern er entwickelte eine individuelle Geschichte, deren Helden »Namen und Vornamen« tragen, wie Zavattini es verlangt, aus dem Milieu heraus. Freilich konnte dieses Verfahren nur dort Erfolg haben, wo das Individuum ganz und gar von den äußeren Lebensumständen definiert wird, sein Dasein im akuten Lebenskampf sich erschöpft. Auch Flahertys Stil ist Ausdruck seiner Thematik. In *Nanook of the North* lenkt er »die Aufmerksamkeit darauf, daß Nanuks Speer in einem steilen Winkel gewichtig wirkt und schließlich in seiner senkrechten Starrheit tapfer« (John Grierson[59]). Fotografie und Schnitt interpretieren in allen Filmen Flahertys das Leben seiner Helden als Kampf. Er unterstreicht die steilen Konturen schwarzer Flächen, etwa der des Aran-Felsens, an dem das Fischerboot zu zerschellen droht. Oder er baut eine Einstellungsfolge um den Akt, in dem der

Mensch der Natur sich bemächtigt – das Motiv von Nanuks Speer variiert er in seinen Filmen bis zu den Bohrspitzen in *Louisiana Story*, die die Techniker in den Boden stoßen lassen.

Flahertys Leben wie seine Filme zeugen von einer eigentümlichen Besessenheit, angesichts einer Welt, die den einzelnen in immer verwickeltere Abhängigkeiten verstrickt, am Bild einer Ordnung des »fairen Kampfes« festzuhalten. Die vorbürgerliche, vorindustrielle Welt der Eskimos, der Südsee- und Atlantik-Insulaner und der Anwohner der Bayous von Louisiana erschien Flaherty als die heile Gegenwelt zur verkehrten Industriegesellschaft. Sorgsam sparte er in seinen Filmen aus, was den Eindruck der Reinheit des natürlichen Daseins seiner »guten Wilden« beeinträchtigen könnte: nichts erfährt man über die Ausbeutung der Robbenjäger durch die Pelzhändler oder der Fischer durch die Fischhändler, und die Techniker der *Standard Oil* wirken wie die freien Pioniere des Wilden Westens. So konnte Flaherty, dessen Ästhetizismus ihn bei der Filmindustrie diskriminierte, von seinen Auftraggebern in der Pelz- und Ölwirtschaft als Werbeagent betrachtet werden. Grierson, der mit ihm zusammen den Kurzfilm *Industrial Britain* drehte (dessen zwiespältige Gestalt ihre gegensätzlichen Positionen verrät), sprach für die engagierte Schule des britischen Dokumentarfilms, als er ihm vorwarf [60]: »Wenn Flaherty sagt, daß es verdammt viel heißen will, in einer Wildnis ums tägliche Brot zu kämpfen, so kann man mit einiger Berechtigung entgegnen, daß uns das Problem mehr angeht, wie die Leute inmitten des Überflusses ums tägliche Brot kämpfen.«

Ein einziger amerikanischer Film der zwanziger Jahre unternahm es, ein kritisches Bild der zeitgenössischen Realität zu zeichnen: Vidors *The Crowd* (Die Menge, 1928). King Vidor (geb. 1894) gehörte zu den Hollywood-Regisseuren, die sich mit Dutzenden indifferenter Routineprodukte die Möglichkeit einhandeln, von Zeit zu Zeit einen Film nach eigenem Geschmack drehen zu können, der dann freilich fast stets die Male der Routine trägt. Als Spezialist für Mittelstandsdramen mit kleinem Budget, bestimmt für ein kleinstädtisches Publikum, war Vidor von der *MGM* ein Film über das Schicksal schlichter Amerikaner im Ersten Weltkrieg übertragen worden. Dessen erste Fassung inspirierte den Studiochef Irving Thalberg dazu, ihn zu einem »Großfilm« zu erweitern. Vidor unterzog sich der Aufgabe mit dem Resultat, daß *The Big Parade* (Die große Parade, 1925) zu einem der einträglichsten Hollywood-Filme der zwanziger Jahre wurde. Naturalistische Szenen, wie die eines Sturmangriffs, verliehen dem Film eine Glaubwürdigkeit, die die sentimentalen Grundlinien des Geschehens oberflächlich verdeckte.

Dieser Erfolg trug Vidor die Chance ein, *The Crowd* zu realisieren, dessen kommerzieller Fehlschlag ebenso imponierend war. Auf dem Höhepunkt der Prosperität unternahm Vidor es, das Schicksal eines »Versagers« zu schildern, dem es nicht gelingt, mit den Anforderungen des Lebenskampfes Schritt zu halten, und der grausam scheitert: ein bitteres Dementi des Wohlstandsoptimismus der Coolidge-Ära. Angeregt von deutschen Vorbildern, bediente Vidor sich einer äußerst beweglichen Kamera und ausgedehnter Dekorationen. So beginnt die erste Sequenz der Haupthandlung – ein Prolog resümiert die von optimistischen Erwartungen begleitete Geburt und Jugend des Helden – mit einer langen Fahrt an einem Wolkenkratzer aufwärts und auf ein Fenster zu; sie setzt sich fort durch einen Saal mit unzähligen Schreibtischen, an denen anonyme Angestellte emsig arbeiten, bis sie am Tisch des Helden endet. Den Terror der Umwelt, die über die Wahrung des »Standards« wacht, repräsentiert die Verwandtschaft der Frau; die scharfen Karikaturen besitzgieriger Spießbürger erinnern an

Stroheims *Greed*. Die kritischen Passagen gewinnen ihre volle Kraft durch die Spiegelung an den intimen Szenen, in denen Vidor die kleinbürgerliche Illusion autonomen Familienglücks aufscheinen läßt, gebrochen freilich von Anfang an durch die Verweise auf das Urteil, das dem droht, der nicht mitzuhalten versteht, und auf die Konformität, mit der der Erfolgreiche selbst seine Anstrengung bezahlt. Freilich entartet zuweilen die Beschwörung der Hoffnung zur Sentimentalität und die Anklage zur Pathetik, so wenn der Held, weil seine kranke Frau den Straßenlärm nicht erträgt, sich dem Strom der Autos und Passanten entgegenwirft.

Hallelujah (1929), Vidors erster, kommerziell erfolgreicher Tonfilm, orientierte sich an DuBose Heywards Bühnenerfolg *Porgy*. Die Neger der Südstaaten werden in »typischen« Situationen vorgestellt – bei Hochzeit, Gottesdienst, Taufe, Arbeit auf den Baumwollfeldern –, die Gelegenheit geben zu breiten Blues- und Spiritual-Einlagen. Obwohl in authentischer Umgebung gedreht, vermittelt der Film doch nur das vertraute Bild vom harmonischen Leben der Neger im »Tiefen Süden«. Später kam Vidor nur zweimal von der Serienproduktion kommerzieller Unterhaltungsfilme los, um seinen sozialkritischen Ambitionen zu folgen. In *Our Daily Bread* (Unser täglich Brot, 1934), den er selbst finanzierte, um frei zu sein, ließ er sich kritisch ein auf das aktuelle Problem der Massenarbeitslosigkeit, propagierte als seine Lösung indessen die Rückkehr zum Boden – was ihm die Zustimmung der NS-Presse eintrug. Wie er sich in *The Crowd* von deutschen Vorbildern hatte anregen lassen, so zeigte er hier den Einfluß der russischen Schule. Mehr Scharfblick bewies Vidor in *The Citadel* (Die Zitadelle, 1938), seinem letzten bedeutenden Film, den er in England drehte. Möglicherweise unter dem Einfluß der britischen Dokumentarfilmschule, zeichnete er hier ein wirklichkeitsnahes Bild des Kohlenreviers von Wales. Soziologische Beschreibung und Erzählung gehen zwar nicht immer ineinander auf, die Erlebnisse des Helden, eines Armenarztes, bleiben oft privat, aber in der Beobachtung des Milieus und des milieubedingten Verhaltens der Personen deutete der Film voraus auf die Entwicklung eines sozialen Realismus im Nachkriegsfilm. Nach dem wirtschaftlichen Fehlschlag auch dieser beiden Filme verfiel Vidor ganz der Routine. Sinn für spektakuläre Wirkungen ist das Rudiment seines Talents, das *Duel in the Sun* (*Duell in der Sonne*, 1946), *Ruby Gentry* (*Wildes Blut*, 1952) und *War and Peace* (*Krieg und Frieden*, 1956) noch belegen.

Joseph von Sternberg (geb. 1894), ein gebürtiger Wiener, der nach dem Ersten Weltkrieg nach Amerika kam und zuerst als Autor, Kameramann und Cutter arbeitete, erschloß sich für seinen ersten Film Finanzquellen außerhalb der Filmwirtschaft und errang damit eine Unabhängigkeit, die er später nicht behaupten konnte. *Salvation Hunters* (Heilsjäger, 1925) ist eine düstere Schilderung der Waterfront, eines Milieus, zu dem er in *The Docks of New York* (1928) zurückkehrte. Auch Sternberg zeigte sich hier von der aggressiven Detailzeichnung in Stroheims *Greed* beeinflußt, aber er unterwarf sie seiner eigenen Konzeption, einem melancholischen Pessimismus, der dem Elend romantischen Schimmer abgewinnt. Dem dienen auch die weiche Fotografie und die symbolischen Motive, die den Schleier des Fatalen um die Gestalten hüllen, die selbst als bloße Emanationen ihres Geschicks erscheinen. Auch Sternbergs weitere Filme zeigen seine Neigung, Erzählung und Bewegung zu vernachlässigen zugunsten statisch-malerischer Wirkungen, Darstellung und Montage dem Dekor, der Beleuchtung und der Fotografie unterzuordnen. Sein bester Film gelang ihm mit *Underworld* (Unterwelt, 1927), einem Gangsterfilm, zu dem Ben Hecht das Drehbuch geschrieben hatte. Die melodramatische Story, die naturalistischen Dekorationen und die symbolhaltige, düster-fatalistische Atmosphäre lassen den Film als Bindeglied erscheinen zwischen dem deutschen Kammerspielfilm-Naturalismus und der amerikanischen Schule der frühen dreißiger Jahre samt ihrem Nachfolger, dem »schwarzen« Film der vierziger Jahre.

Wie sehr Sternberg der fatalistischen Strömung im deutschen Film der zwanziger und frühen dreißiger Jahre verwandt war, zeigte sich, als er in Deutschland seinen ersten Tonfilm, *Der Blaue Engel* (1930), drehte. Ohne sich selbst untreu zu werden, paßte er sich der Zeittendenz in Deutschland an. In der Gestalt der »Lola Lola«, der zum unheilbringenden Sexualfetisch emporstilisierten Tingeltangeltänzerin, verweist *Der Blaue Engel* schon auf die späteren Filme Sternbergs. In ihnen, so in *Morocco* (Marokko, 1932), *Shanghai Express* (1932), *The Scarlet Empress* (Die rote Kaiserin, 1934) und *The Devil is a Woman* (Der Teufel ist eine Frau, 1935), machte er sich zum Zeremonienmeister der Marlene Dietrich, die er für ihre Rolle in *Der Blaue Engel* »entdeckt« hatte. Die trivialen Vorwürfe dieser Filme boten ihm nur einen Vorwand, den Star immer aufs neue mit einer Gloriole aus exotischen Gewändern und Eros-symbolen zu umgeben, in eine Atmosphäre sinnlich-raffinierten Halbdunkels zu hüllen, die zur Warenmarke des »Sternberg touch« wurde. Filme, denen das Objekt seiner Bewunderung fehlte, ließen den Verfall von Sternbergs Talent deutlich erkennen. In den späteren dreißiger, den vierziger und fünfziger Jahren wurden seine Filme immer seltener und belangloser.

Erich von Stroheim

Erich von Stroheim (eigentlich Erich Oswald Stroheim, 1885–1957), Sohn eines wiener Hutmachers, desertierte als Freiwilliger aus der k.u.k. Armee und kam 1906 nach Amerika (seine eigenen Behauptungen, denen zufolge er Adeliger, Offizierssohn und selbst Offizier gewesen war, beruhten auf Erfindung). Nach wechselnden Beschäftigungen bekam er 1914 eine erste Filmrolle in Hollywood. Griffith ließ ihn 1915 in *Birth of a Nation* mehrere Neger spielen und machte ihn bei *Intolerance* und *Hearts of the World* (Herzen der Welt, 1918) zu seinem Assistenten. Während des Krieges gelangte Stroheim als Darsteller brutaler preußischer Offiziere auch zu Starruhm (»The Man You Love to Hate«), so daß ihm 1918 die *Universal* seine erste Regie übertrug. Bis 1933 begann Stroheim zehn Filme (einen davon in zwei Teilen); in der von ihm geplanten Form wurde aber nur einer realisiert und aufgeführt. Zwei wurden nur unerheblich gekürzt, zwei weitere um mehr als ein Drittel; ein Film wurde von einem anderen Regisseur montiert, einer bereits während der Dreharbeiten einem anderen übertragen, einer nicht beendet und einer nicht aufgeführt.

Die ersten drei Filme Stroheims, *Blind Husbands* (Blinde Ehemänner, 1918), *The Devil's Passkey* (Des Teufels Nachschlüssel, 1920) und *Foolish Wives* (Närrische Frauen, 1921), bilden ihrer Thematik nach eine Trilogie. Alle drei sind Ehebruchs-dramen, alle drei spielen in Europa, und in allen drei ist es eine amerikanische Ehe-frau, die von einem raffinierten Verführer »kontinentalen« Typs zur Untreue ihrem bieder-ahnungslosen Gatten gegenüber verleitet wird – oder verleitet werden soll. In *Blind Husbands*, dem noch wenig profilierten Debütfilm, macht ein galanter österreichischer Offizier (diese Rollen spielte Stroheim vorzugsweise selbst) einer Amerikanerin, die in Tirol ihre Ferien verbringt, den Hof, während ihr Ehemann über der Bergsteigerei seine Frau vernachlässigt. Das zensurgerechte melodramatische Ende

– der Verführer stürzt im Gebirge ab, der Mann sieht seinen Fehler ein – täuscht nicht darüber hinweg, daß der Frau in der Begegnung mit dem Österreicher die Möglichkeit einer Erfüllung aufschien, die sie bei ihrem puritanischen Gatten nicht finden konnte. *The Devil's Passkey* spielt im Paris der ersten Nachkriegsjahre: Die Frau eines erfolglosen amerikanischen Dramatikers wird die Geliebte eines Offiziers des Expeditionskorps, der sich aber von ihr zurückzieht, als die Affäre bekanntzuwerden droht. Der ahnungslose Gatte schreibt ein Ehebruchsdrama, das wegen der Parallelen zu der stadtbekannten Affäre seiner Frau ein Erfolg wird. Obwohl hier der Verführer ein Amerikaner ist, so nähert ihn doch seine längere Anwesenheit in Europa und sein bedenkenloses Verhalten dem Typ der anderen Verführer bei Stroheim an, die ausnahmslos Europäer sind. In *Foolish Wives* ist der »andere Mann« ein kosmopolitischer Abenteurer mit russischem Adelsnamen, der die Frau des abermals ahnungslosen US-Botschafters in Monaco verführt. Hier wird die Gegenüberstellung von amerikanischem Puritanismus und mitteleuropäischer Libertinage ins makabre Extrem getrieben: der verführerische »Graf Wladislas Sergius Karamzin« erscheint als dekadenter Erotomane, der am Ende von dem Vater einer Idiotin, die er vergewaltigt hat, erschlagen und in ein Rinnsteinloch gestopft wird.

Die amerikanischen Frauen in den ersten drei Stroheim-Filmen gleichen noch den Heldinnen Griffiths: es sind bescheidene, genügsame, unschuldige »Good American Girls«, die auch in Aussehen und Haltung – den Zeigefinger im Kindermund – Griffiths Lillian Gish und Mary Pickford ähneln. Diese Gestalt aber, die Griffith naiv zum weiblichen Idealbild erhob, erscheint bei Stroheim als bedauernswertes Opfer einer Beschränktheit, zu der sie die männliche Gesellschaft Amerikas verurteilt. Erst in den Armen des skrupellosen landfremden Don Juan wird sie zur Frau. Das männliche Gegenstück des »Good American Girl«, die Verkörperung fleißigen Biedersinns und ungeschlachten Pioniergeistes, wird offenem Spott ausgesetzt.

In seinem zweiten Zyklus, bestehend aus *Merry-Go-Round* (Karussell, 1923), *The Merry Widow* (Die lustige Witwe, 1925), *The Wedding March* (Der Hochzeitsmarsch, 1928) mit der Fortsetzung *The Honeymoon* (Die Flitterwochen, 1929), und *Queen Kelly* (Königin Kelly, 1928), zeichnete Stroheim die Degradierung des Eros in der aristokratischen Gesellschaft Vorkriegs-Europas. *Merry-Go-Round* und *The Wedding March* wie *The Honeymoon* spielen ausdrücklich am Hof der Habsburger, *The Merry Widow* und *Queen Kelly* in imaginären Staaten (»Monteblanco«, »Königsberg«), in denen man aber die wirklichen Höfe Mitteleuropas wiedererkennt. Alle vier Filme wiederholen dieselbe Geschichte vom adligen Lebemann, der sich in ein Mädchen aus den »niederen Ständen« verliebt, durch wirtschaftlichen oder gesellschaftlichen Zwang aber daran gehindert wird, sie zu heiraten. Ein Graf verliebt sich während seiner Verlobungsfeier in die Tochter eines Puppenspielers; Kaiser Franz-Joseph selbst verhindert die Verbindung *(Merry-Go-Round)*. Ein Prinz liebt eine amerikanische Tänzerin, der Hof verbietet die Heirat, die beleidigte Braut rächt sich, indem sie den reichsten Mann des Duodezstaates heiratet und nach seinem Tod den Staat in Finanzschwierigkeiten bringt; Prinz und Tänzerin finden sich aber, nachdem König und Kronprinz tot sind *(The Merry Widow)*. Ein Gardeleutnant, Sohn verarmter Adliger, muß die hinkende Tochter eines Fabrikanten heiraten, während seine Freundin, Tochter eines Geigers, einem Metzgergesellen zugeschanzt wird *(The Wedding March)*; als dieser sich an seinem Rivalen rächen will, tötet er an seiner Stelle versehentlich die hinkende Frau des Leutnants *(The Honeymoon)*. Ein Prinz, Neffe und Favorit der Königin, verliebt sich in ein Waisenmädchen und nimmt es zu sich;

die Königin treibt es aber in den Selbstmord und sperrt den Prinzen ein *(Queen Kelly;* nach dem Drehbuchentwurf sollte das Mädchen nicht umkommen, sondern in Ostafrika ein Bordell erben und nach dem Tod der Königin von dem Prinzen und Thronerben zurückgeholt werden).

Nur zwei der zehn Filme Stroheims spielen in Amerika: *Greed* (Gier, 1924) und *Walking Down Broadway* (Den Broadway hinunter, 1933). Von dem zweiten, Stroheims einzigem Tonfilm, mit dem seine Karriere als Regisseur endete, ist nur das Exposé bekannt[61]: ein Eifersuchtsdrama, in dessen Mittelpunkt eine Psychopathin steht, »in die Liebe verliebt, eine Introvertierte, für Unfälle prädestiniert, eine Mortophile, die am Sonnabendnachmittag Leichenzimmer aufsucht, um sich bei den letzten Riten für einen Fremden lustvoll auszuweinen«.

Auch *Greed* hat eine Psychopathin zur Heldin. Wie in *Walking Down Broadway* wurde sie dargestellt von Zazu Pitts, die auch die hinkende Erbin in *The Wedding March* spielte. *Greed*, die minuziöse Adaptation von *McTeague*, einem Roman des amerikanischen Naturalisten Frank Norris, ist Stroheims bedeutendstes Werk. Das zarte und unberührte Mädchen Trina bleibt nach ihrer Hochzeitsnacht mit dem gutmütigen, aber plumpen und zum Jähzorn neigenden Dentisten McTeague frigid. Sie entwickelt eine perverse Neigung zum Geld; die Summe, die sie in einer Lotterie gewonnen hat, hortet sie, während McTeague seinen Beruf verliert und sie in immer größere Not geraten. Schließlich erschlägt McTeague sie und flüchtet mit dem Geld ins kalifornische Todestal, wo er und sein Verfolger, ein früherer Freund Trinas, elend verdursten.

In allen seinen Filmen variierte Stroheim dasselbe Thema: die Gefährdung der Frau und der Liebe. Männliche Gleichgültigkeit und Unfähigkeit zur Liebe kann die Frau verkümmern lassen oder sie bedenkenlosen Libertins in die Arme treiben, wie in der frühen »Ehebruchs-Trilogie«, oder ihre Liebesbereitschaft zur Manie pervertieren lassen, wie vor allem in den beiden amerikanischen Filmen. Oder die Mächte der herrschenden Gesellschaft verschwören sich gegen die Liebenden und verhindern durch Terror ihre Verbindung, wie in dem »Wiener Zyklus«.

Die dramaturgische Konstellation der meisten Stroheim-Filme ist nicht frei von Klischees, die aus der sentimentalen Literatur des 19. Jahrhunderts stammen. Alle von Stroheim selbst konzipierten Filme – nur *Greed* und *The Merry Widow* basieren auf Vorlagen – gehorchen entweder der Schablone des erotischen Dreiecks oder dem »Romeo und Julia«-Schema. Sie genügen den schlichten polemischen Behauptungen, die Stroheims Filme enthalten. Um das Gerüst konventioneller Intrigen herum gruppierte er Sequenzen, in denen sich erst sein Einfallsreichtum offenbart. Im Grunde sind die einzelnen Passagen seiner Filme beliebig vertauschbar, selbst zwischen verschiedenen Filmen etwa des »Wiener Zyklus«, und in der Tat gibt es in mehreren seiner Filme fast identische Szenen. Hieraus erklärt es sich auch, daß Stroheims Filme trotz der rigorosen Kürzungen, denen sie von der Wirtschaft und der Zensur unterworfen wurden, einen weit weniger fragmentarischen Eindruck machen als andere Filme, denen das gleiche Geschick widerfuhr.

Stroheims Filme setzen sich aus zahllosen Motiven zusammen, deren jedes den Sinn des Ganzen widerspiegelt. Jede seiner Frauengestalten ist ein Symbol erniedrigter Liebesbereitschaft: das jüngferliche Zimmermädchen in *Foolish Wives*, das die Kanarienvögel freiläßt und dann das Haus des lügnerischen Verehrers in Brand setzt, um selbst darin umzukommen; die Idiotin in demselben Film, die von Sergius Karamzin vergewaltigt wird; die Protagonistin von *Greed*, verzweifelt-verzückt im Gold wühlend; die humpelnde Braut von *The Wedding March* auf dem Weg zum Traualtar; im selben Film die verlassene Freundin, wie sie in einer Metzgerei zwischen aufgehängten Keulen vergewaltigt wird; die einsam durch ihr Schloß irrende Königin von *Queen Kelly*… Das Versprechen des Glücks erscheint auf den Gesichtern der jungen Mädchen im Moment, da sie dem Geliebten begegnen; Stroheims Großaufnahmen viktorianischer Mädchen stehen denen Griffiths in ihrem Zauber nicht nach.

Trifft Stroheims Frauen auch in den Augenblicken äußerster Exaltation nie der Spott des Regisseurs, so haftet seinen männlichen Helden allemal etwas Lächerliches an. Prahlerisch ausstaffiert mit den Insignien ihrer Potenz, bombastischen Uniformen in den Filmen des »Wiener Zyklus«, mit ridikülen Krawatten in *Greed*, wirken sie wie Popanze ihrer Männlichkeit. (Eine psychoanalytische Studie über Stroheim-Filme, die noch zu schreiben wäre, fände reiches Material.) Zu den juwelengeschmückten Füßen seiner jungen Braut erliegt der greise Schuhfetischist Sardoja in *The Merry Widow*, allzu freudig erregt, einem Herzkollaps; im Bordell verkuppeln volltrunken und impotent, der Fabrikant Schweisser (!) und der Fürst Ottokar in *The Wedding March* ihre Kinder: Szenen, die derart unbarmherzig mit dem Patriarchat abrechnen, finden sich in der Filmgeschichte nur bei Stroheim.

Stroheims Filme ähneln denen Chaplins darin, daß sie weniger *mit* der Kamera als *vor ihr* gestaltet sind. Nicht nur die Montage zeigt wenig Einfallsreichtum, auch die Wahl der Einstellungen ist vom Gegenstand diktiert. Im szenischen Arrangement strebte Stroheim äußerste Realistik an. In dem Atelier-Hotel, das für *Foolish Wives* gebaut wurde, ließ er eine elektrische Klingelanlage einbauen, die natürlich nie benötigt wurde; *Greed* wurde ausschließlich in den wirklichen Straßen von San Francisco gedreht, die Mordszene sogar an der Stätte des wirklichen Mordes, der Frank Norris bei seinem Roman als Vorbild für das entsprechende Kapitel gedient hatte. Stroheim häufte die Details, die die Illusion der Realität steigern konnten; in *Greed* vermittelte er die Illusion einer kompletten Tonkulisse, indem er in jeder Szene singende Menschen, Musikautomaten und dergleichen ins Bild brachte und die Dialoge in den Zwischentiteln phonetisch wiedergab. In einem Nachruf auf Griffith versicherte Stroheim[62]: »Es war Griffith, der zuerst die heilige Pflicht fühlte, alles so korrekt wie menschenmöglich wiederzugeben, ob Dekorationen, Kostüme, Uniformen, Sitten oder Rituale, selbst in jenem frühen Stadium…, der sich persönlich für die Echtheit von allem verantwortlich fühlte. Es war Griffith, der zuerst und ganz den psychologischen Effekt eines genauen und korrekten Kostüms auf den Schauspieler erkannte…« – aber damit charakterisierte Stroheim viel mehr sich selbst als seinen Lehrer, dessen Verdienste um die Entwicklung der Filmerzählung er andererseits mit keinem Wort erwähnte.

Greed ist Stroheims einziger Film, dessen Geschehen nicht nach vorfabrizierten Formeln abläuft. Die von ihm selbst verfaßten Fabeln kennen keine Entwicklung der Charaktere, sondern nur die stereotype Wandlung des »Don Juan« zum »Romeo« unterm Anruf des Eros. Wenn einige Autoren die Vernachlässigung des Schnitts in Stroheims Filmen rügen, so greifen sie damit zu kurz; hinter der bloßen Aneinanderreihung von Einstellungen und Sequenz steht die Leugnung jeder Entwicklung und Dialektik. Als Naturalist mußte Stroheim zu Allegorien und Symbolen greifen, um seinen Geschichten eine Bedeutung zu verleihen, die sie von sich aus nicht erkennen ließen. In *Greed* etwa werden die Intrigen des Rivalen von einem symbolischen Parallelgeschehen begleitet: eine Katze belauert einen Vogelkäfig und springt ihn an. In *Wedding March* taucht eine unwirkliche allegorische Gestalt auf, ein sagenhafter

»Eiserner Ritter«, der die Liebe des Paares bedroht. Ebenso sollen die »allgemein-bedeutsamen« Zwischentitel, die sich von Film zu Film zuweilen wörtlich wiederholen, über das Geschehen hinausweisen. Sie sind das Eingeständnis der Unfähigkeit, Vorgänge zu gestalten, die selbst gesellschaftliche Relevanz besitzen. Das Gesellschaftsbild dieser Filme, in dem das »Volk« durch Midinetten, Puppenspieler, Geiger und Metzger vertreten wird, orientiert sich an einer überholten Kolportageliteratur. Aber indem Stroheim mit sadomasochistischer Lust die Defekte einer mit sich zerfallenen Gesellschaft registrierte, entwarf er eine Psychopathologie menschlicher Selbstentfremdung überhaupt.

Das Werk keines anderen Regisseurs ist derart rigoros durch die Kontrollinstanzen der Wirtschaft und der Gesellschaft verstümmelt worden wie das Stroheims. Als »eine Beleidigung jedes Amerikaners[63]« betrachtete die Kritik schon die frühen Stroheim-Filme. Von *Foolish Wives* an passierte kein Film mehr ohne radikale Schnitte die Zensur der Studios und der »Selbstkontrolle«. *Foolish Wives* wurde um ein volles Drittel gekürzt, *Merry-Go-Round* dem drittklassigen Rupert Julian zur Beendigung anvertraut, aus *Greed* mehr als die Hälfte herausgeschnitten; aus *The Merry Widow*, einer Pflichtarbeit, entfernte man immerhin noch eine Viertelstunde. Von *The Wedding March* wurde ein Viertel amputiert und die Fortsetzung, *The Honeymoon*, dem jungen Joseph von Sternberg zur Montage übergeben; *Queen Kelly* nahm man Stroheim aus den Händen, als erst ein Drittel gedreht war, das Fragment wurde nur in Europa gezeigt; und *Walking Down Broadway* wurde zur Gänze ins Archiv verbannt und von dem unbedeutenden Alfred Werker vollständig nachgedreht. Nach drei Filmen erklärte die *Universal* Stroheim zur »persona non grata«; seine beiden nächsten und jeder der weiteren Filme brachten das Zerwürfnis mit einer anderen hollywooder Großfirma, *MGM, Famous Players-Lasky, United Artists* und *Fox*, bis keine mehr übrig war. Mehrere Projekte beschäftigten Stroheim in seinen letzten Lebensjahrzehnten, so das einer Fortsetzung seines »Wiener Zyklus«, *La Dame blanche* (Die weiße Dame). Filmateliers betrat er indessen nur noch als Darsteller, so in Renoirs *La Grande illusion* und Billy Wilders *Five Graves to Cairo* und *Sunset Boulevard*.

Charles Chaplin: die Hauptwerke der Stummfilmzeit

In den zwanziger Jahren entsagte Charles Chaplin der Form des Kurzfilms und wandte sich endgültig dem langen Film zu. Damit ließ er die reine Burleske im Sennett-Stil, die Komik des Absurden, den Situationsgag hinter sich. Charlie, der infantile Egoist der frühen Filme, hat sich in einen komplexen, widersprüchlichen Charakter verwandelt. Er ist jetzt nicht mehr der ungebrochene und unbesiegbare Widersacher einer feindlichen Umwelt, sondern trägt selbst den tragischen Widerspruch in sich: zwischen »dem Willen zur Macht und dem Wunsch zur Hingabe (an das geliebte Wesen), Nächstenliebe und Verachtung des Nicht-Ich (oder Geringschätzung der anderen), Überlegenheitskomplex und Minderwertigkeitskomplex, Rachedurst und Notwendigkeit, sich zu opfern, die ihn gleichermaßen und oft zur selben Zeit lenken« (J. Mitry[64]). Der Differenzierung des Helden entspricht die der Umwelt. Wie Charlie sie nicht mehr bloß taxiert, sondern sich von ihr anrühren läßt, ihre Widersprüche verinnerlicht, so wird Chaplin zum Beobachter und Erzähler, zum Psychologen und Sittenschilderer, zum Realisten. Was früher undenkbar gewesen wäre: jetzt konnte er einen Film drehen, in dem Charlie nicht vorkommt.

In den Jahren bei *First National* – bis 1922 – wechselte Chaplin noch zwischen verschiedenen Formen: Auf die mittellangen Filme von 1918, *A Dog's Life* und *Shoulder Arms* folgten 1919 *Sunnyside* (Sonnenseite), im Format ähnlich, und ein kürzerer, *A Day's Pleasure* (Eines Tages Freude). *The Kid* (*Der Vagabund und das Kind*, 1921) wurde Chaplins erster fast programmfüllender Film. Aber erst nach zwei weiteren Kurzfilmen, *The Idle Class* (Die faule Klasse, 1921) und *Pay Day* (Zahltag, 1922), kehrte er mit *The Pilgrim* (Der Pilger, 1922, enthalten in *Die Chaplin Revue)* zum längeren Film zurück.

Mit *The Kid* nahm Chaplin die in *A Dog's Life* eingeschlagene Richtung wieder auf. Hatte Charlie dort einen Hund zum Gefährten, so ist es hier zum erstenmal ein Mensch, der kleine Jackie. In der ersten Szene muß Charlie seinen Egoismus noch überwinden: als er das ausgesetzte Baby findet, will er sich zuerst von der Belastung befreien; halb resignierend, halb erfreut akzeptiert er sein Schicksal. Im Zwiegespräch zwischen Charlie und Jackie gewinnt *The Kid* eine menschliche Wärme und einen Reichtum an Nuancen, wie er sich früher nur in *A Dog's Life* ankündigte. Da ist etwa jene rührende Szene, in der Charlie und Jackie im Schlaf dieselben Bewegungen vollführen. Die Solidarität von »Vater« und »Sohn« bewährt sich gegen die Gesellschaft, wenn Jackie Fensterscheiben einwirft, durch deren Reparatur Charlie einen Dollar verdient. Im Kampf gegen die feindliche Umwelt – Polizist, Zimmerwirtin, Fürsorgeangestellte – verteidigt Charlie jetzt nicht mehr nur seine eigene Integrität, sondern auch ein anderes Wesen und ihre Gemeinsamkeit; dafür kann er sich, zum erstenmal, auch freiwillig erniedrigen. Erst damit wird die Tragik möglich, die Chaplins weitere Filme durchzieht.

Chaplins soziale Einsicht und seine Sympathie mit den Erniedrigten haben sich den früheren Filmen gegenüber vertieft. Fast stets erscheint nun hinter der »Tücke des Objekts« die Tücke der Gesellschaft. Charlies Reaktion wird zum Akt der Revolte. Mit der Vertiefung der Sozialkritik und der Differenzierung des Charakters geht die Auflösung der künstlich-starren Welt der früheren Filme zusammen, den konventionellen Schematismus des Milieus ersetzt die nuancierte Beobachtung. Es ist bekannt, daß Chaplin sich Griffiths *Birth of a Nation* während seiner Laufzeit in Los Angeles fast jede Woche einmal ansah. In *The Kid* hat dieses Studium deutliche Spuren hinterlassen. Mauern, Wände, Straßen – teilweise die wirklichen Straßen der Elendsviertel von Los Angeles – besitzen ihre eigene Präsenz. Auch in der Symbolik verrät sich der Einfluß Griffiths: wenn etwa der Maler, Jackies Vater, das Bild seiner Freundin scheinbar versehentlich vom Tisch ins offene Feuer stößt oder wenn bei der Hochzeit, die Jackies Mutter beobachtet, der ältliche Bräutigam auf die Rose tritt, die aus dem Kranz der Braut gefallen ist. Der symbolische Realismus von *A Woman of Paris* kündigt sich hier bereits an.

Setzte *The Kid* die Linie von *A Dog's Life* fort, so ähnelt *The Pilgrim* mehr *Shoulder Arms*. Charlie ist hier weniger differenziert, mehr der alte Individualist und Egoist, aber die Satire auf die Gesellschaft – eine puritanische Kleinstadt, in die Charlie als falscher Priester verschlagen wird – fällt schärfer als zuvor aus. Der Schluß bringt die Heimatlosigkeit des Individualisten zum Ausdruck: Charlie entfernt sich gegen den Horizont, wobei er immer mit einem Bein in den Vereinigten Staaten, mit dem anderen in Mexiko auftritt, denn im einen Land erwartet ihn die Polizei, im anderen die Revolution, und beiden ist er nicht hold. Das zweite Glanzstück des Films stellt die Predigt Charlies im Gemeindehaus dar. Er spielt das David-Goliath-Thema, Archetyp aller Charlie-Geschichten, als Pantomime vor, wobei er abwechselnd David und

Goliath mimt. Das Doppelgesicht des Charlie-Charakters – vollkommen enthüllt erst in *The Great Dictator* – gewinnt hier zum erstenmal Gestalt.

1919 hatte Chaplin mit Mary Pickford, Douglas Fairbanks und D. W. Griffith eine eigene Gesellschaft, die *United Artists*, gegründet. Für sie drehte er ab 1923 alle seine Filme – bis er die Vereinigten Staaten verlassen mußte. Die *United Artists*-Periode brachte Chaplins endgültige Option für den abendfüllenden Film mit epischer Struktur und der Synthese aus Komik und Tragik, Sozialkritik und Sentiment. Drei lange Filme drehte Chaplin noch für die Firma bis zum Ende der Stummfilmzeit: *A Woman of Paris* (Eine Frau von Paris, 1923), *The Gold Rush* (Goldrausch, 1925) und *The Circus* (Der Zirkus, 1928).

A Woman of Paris ist der einzige Film Chaplins, in dem er nicht die Hauptrolle spielt – er tritt in ihm nur einmal als Charge auf. Dennoch ist der Film mehr als ein Kuriosum; er liegt in der Konsequenz der Entwicklung Chaplins vom Sketch zur Erzählung, vom Mythos zur Psychologie, vom Gag zur Tragikomödie, wenn Chaplin auch später die Konsequenz dieser Entwicklung nie wieder so weit getrieben hat. *A Woman of Paris* ist sozusagen *The Kid* minus »Charlie«; hier hat er genau das hinter sich gelassen, wovon er ausgegangen ist. Der »Rest« ist chaplinsche Erzählkunst, Stil, Psychologie und »Botschaft«.

Die Geschichte vom französischen Kleinstadtmädchen, das in Paris die Geliebte eines reichen Mannes wird, bis der Tod des Jugendfreundes sie am Ende auf den »richtigen Weg« zurückbringt – diese Geschichte ist in ihren Grundzügen trivial, melodramatisch und moralisierend wie die der meisten langen Charlie-Filme. Aber wie in diesen die Fabel aufgesogen wird vom Wesen der Hauptgestalt, wie sie als deren umgestülptes Inneres erscheint, so entsprechend auch hier. In den Handlungen der Helden manifestieren sich ihre Gefühle füreinander. Nichts braucht in Zwischentiteln ausgedrückt zu werden. Jedes dramaturgische Detail charakterisiert die Personen und ihre Beziehungen. Chaplins Kunst der symbolischen Andeutung, der Umschreibung und der Ellipse erreicht hier ihre volle Ausbildung. Sinnfällig wird etwa das Verhältnis zwischen Marie und Pierre, ihrem Liebhaber, wenn dieser ihr Zimmer betritt und sich aus einer ihrer Schubladen ein Taschentuch nimmt. Die Fremdheit, die schließlich zwischen ihnen herrscht, wird deutlich in der Schlußsequenz: auf einer Landstraße fahren die elegante Limousine Pierres und ein Leiterwagen mit Marie aneinander vorbei; ohne daß Pierre und Marie einander bemerkt hätten, entfernen sich die Fahrzeuge in entgegengesetzter Richtung.

Von allen Filmen Chaplins gilt *The Gold Rush* gemeinhin als der bedeutendste. (Bei der Umfrage von 1958 lag *The Gold Rush* mit fünfundachtzig an der zweiten Stelle, hinter *Panzerkreuzer Potemkin*, weit vor *Modern Times* – mit vierunddreißig Stimmen an neunzehnter Stelle – und *City Lights* – sechsunddreißig Stimmen, einundzwanzigste Stelle.) Jedenfalls »ist es sicher, daß *The Gold Rush* von allen der ausgeglichenste, der einheitlichste ist. Es ist auch das erste komplette Werk Chaplins. Die Tragik von *A Dog's Life*, die burleske Epik von *Shoulder Arms*, die Poesie von *Sunnyside* finden sich hier glücklich vereint. Aber *The Gold Rush* unterscheidet sich von den vorangegangenen Filmen darin, daß die tragikomischen Perspektiven *im* Menschen mehr als außer ihm sind, in seiner menschlichen Verfassung mehr als in seiner gesellschaftlichen« (J. Mitry[65]). In der Tat dürfte ein großer Teil der allseitigen Anerkennung dieses Films auf das Konto seiner relativen Unverbindlichkeit gehen. Er entführt seinen Helden aus der zeitgenössischen sozialen Umwelt in die Eiswüste Alaskas und in die neunziger Jahre, die Zeit des historischen »Goldrauschs«. Die äußeren Unbilden sind wieder, wie in den frühen Kurzfilmen, naturgegeben, nicht sozial bedingt. Ebenso entsprechen Güte und Bösartigkeit der Mitmenschen – der anderen Goldgräber, der Mädchen – ihrer Natur. Charlie selbst scheint das Unglück anzuziehen, aber nicht mehr durch seine Unversöhnlichkeit, sondern durch seine Empfindsamkeit. Die Komik ist weniger bitter als traurig getönt; Charlies Unglück rührt, aber es empört nicht. Unmöglich scheint es, die Welt so einzurichten, daß auch Charlie glücklich werden könnte.

The Circus ist wieder bitterer. Charlie, als Landstreicher in einen Zirkus verschlagen, erscheint erneut als das Opfer widriger Umstände. Endgültiger als sonst wirkt die Einsamkeit, in die er zurückfällt, wenn sich die Zirkuswagen – in einem von ihnen das geliebte Mädchen – entfernen. Es fehlen die glücklichen Träume, die in *The Gold Rush* noch die Hoffnung wachhielten; nicht einmal die Möglichkeit erscheint, die Angebetete könnte Charlies Neigung erwidern. Selbst das ironisch gebrochene Happy-End von *The Gold Rush* versagt sich Chaplin hier: das düstere Ende löst ein, was die Handlung erwarten ließ.

In seinen langen Filmen der zwanziger Jahre hat Chaplin den Stil zur Vollendung ausgebildet, dem er dann treu geblieben ist und dem er später nichts mehr hinzufügte. Dieser Stil basiert auf einer extremen Enthaltsamkeit gegenüber allen ostentativ »filmischen« Möglichkeiten. Seinen Kameramann Rollie Totheroh hielt Chaplin zu nüchterner Ausleuchtung und Fotografie an; die Verwendung von Farbe und Breitwand hat er nie erwogen. Seine Filme verschmähen das »Fotogene«: Schwarzweißnuancen, Schatteneffekte, den Reiz flüssiger und rauchförmiger Materialien, das »Atmosphärische«. Eine Einstellung dauert stets so lange, wie es der darzustellende Vorgang erfordert. Sie wechselt, wenn eine andere Perspektive oder Entfernung zum Objekt wünschenswert erscheint, wenn die Aufmerksamkeit des Zuschauers auf ein Detail gelenkt werden soll oder wenn Objekt oder Schauplatz wechseln. Dabei zieht Chaplin den unvermittelten Schnitt der Kamerabewegung vor. Die liebste Einstellungsart ist ihm die Totale, die dem Bühnenraum aus der Perspektive der Zuschauer im Parkett entspricht.

In seinen frühen Filmen schon hatte Chaplin den Bewegungen vor der Kamera – nicht nur seinen eigenen – einen tänzerischen Rhythmus mitzuteilen versucht. Die *Mutuals* sind kleine Ballette, in deren Choreographie auch die Dinge – das rhythmisch schwankende Schiffsdeck in *The Immigrant* etwa – einbezogen sind. Später, als die »Welt« der Chaplin-Filme der objektiven sich angleicht, bleibt das tänzerische Moment Charlie vorbehalten. Seine »Tanzeinlagen« sind dramaturgisch motiviert: als die Momente, in denen der Held ganz zu sich selbst kommt. Im Tanz triumphiert er über die widrige Realität. Nicht selten sind es Träume, in denen er zum Tänzer wird, so in *Sunnyside* (ein Nymphenreigen), in *The Kid* (das Engelballett) und in *The Gold Rush* (der Brötchentanz). Wenn Charlie schon während des Tanzes desillusioniert wird, entartet der Tanz in hektische Motorik – so in *The Gold Rush*, als Charlie bemerkt, daß ein Hund an ihn gebunden ist, oder in *The Circus*, wenn er beim Seiltanz von einer Horde Affen überfallen wird.

Wird Charlie im Tanz zum Utopisten, so verdankt er seine wirklichen, bescheidenen Erfolge der Fähigkeit, sich seiner Umgebung anzupassen, momentweise sich mit seiner Situation zu identifizieren und dann wieder er selbst zu werden. In *The Gold Rush*, als er nichts mehr zu essen hat, kocht er einen seiner Schuhe und tranchiert ihn, als sei er ein Huhn. Für den erwähnten Brötchentanz spießt er zwei Brötchen auf Gabelspitzen und bewegt diese wie die Beine einer Ballettänzerin. Umgekehrt kann er sich in einen Lampenständer »verwandeln«, um sich vor seinen Verfolgern zu tarnen. Zur Zwangsvorstellung kann seine Verwandlungskunst freilich auch werden: wenn er – wieder in *The Gold Rush* – seinem hungrigen Partner als Huhn erscheint.

Niemals aber läßt Charlie sein Talent für Mimikry zu seiner Natur werden (oder doch erst viel später: als Monsieur Verdoux). Vielmehr schnellt er immer wieder in seine unversöhnliche, nicht adaptierte Position zurück. Zwischen taktischer Unterwerfung unter das Gebot des Augenblicks und stolzer Wiederherstellung der eigenen Würde wechselt Charlie in Sekundenbruchteilen; hier liegt seine komische Wirkung begründet. Das Lachen, das er hervorruft, ist das des Triumphes der Opfer, wenn sie der Gewalt ein Schnippchen geschlagen haben.

Die großen Komiker

Mack Sennett hatte zwischen 1912 und 1917 dem amerikanischen Film seine erste Schule des Lachens gegeben, er hatte die Traditionen der Zirkus- und Varietéclowns und des Bühnenlustspiels mit den filmischen Errungenschaften Griffiths zusammengeführt und den Typ des Filmkomikers geschaffen, dem nicht nur der eigene Körper und ein paar Requisiten Instrumente der Komik sind, sondern die ganze objektive Welt. Während Sennett selbst in den zwanziger Jahren seinen frühen »Zweiaktern« nichts Gleichwertiges nachfolgen ließ, traten mehrere Komiker aus seiner Schule sein Erbe an. Sie machten sich einzelne Elemente des *Keystone*-Stils zunutze und entwickelten individuellere und nuanciertere Gestalten, als es die der Sennett-Filme gewesen waren.

Chaplin war unter ihnen der größte, Autor, Regisseur, Schauspieler, Pantomime, Komiker, Tragöde, Sozialkritiker, Psychologe, Humanist. Er war auch der einzige, der in seinem Charlie eine Gestalt schuf, die differenziert genug war, um sich weiterzuentwickeln. Alle anderen scheiterten am Tonfilm, aber auch an der Depression, nach der das Publikum auch an das Filmlustspiel andere Forderungen stellte als früher.

Buster (eigentlich Joseph Francis) Keaton (geb. 1895) war neben Chaplin der einzige Komiker, der nicht nur eine komische Gestalt schuf, sondern um diese einen eigenen Stil entwickelte, der für seine besten Filme auch als Regisseur – jeweils zusammen mit einem (wechselnden) Mitarbeiter – zeichnete und an seinen Drehbüchern mitarbeitete. Keaton trat schon mit drei Jahren in Varietés auf. Von 1917 bis 1923 figurierte er, zuerst neben Roscoe Arbuckle und Al St. John, in Kurzfilmen. Seine Hauptwerke sind die zehn abendfüllenden Stummfilme, die er zwischen 1923 und 1926 drehte, vor allem *Our Hospitality* (Unsere Gastfreundschaft, 1923, Regie mit Jack Blystone), *Sherlock Junior* (1924, Regie mit Eddie Cline), *The Navigator* (1924, Regie mit Donald Crisp), *The General* (1926, Regie mit Clyde Bruckman) und *Steamboat Junior* (Dampfschiff Jr., 1928, Regie mit Charles F. Reisner).

Schon in seinen späteren Kurzfilmen, u. a. *The Paleface* (Das Bleichgesicht, 1921), *Cops (Buster zieht um*, 1922), *The Electric House* (Das elektrische Haus, 1922) und *Daydreams* (Tagträume, 1922), die er mit Eddie Cline und Malcolm St. Clair inszenierte, tritt Keaton als »The Great Stone Face«, »der Mann, der niemals lacht«, auf. Das ernste Gesicht verrät indessen nicht Gleichgültigkeit, sondern Ruhe und angestrengte Konzentration. Buster ist ein schlichter Geist, der zunächst außerstande scheint, mit dem Leben fertig zu werden. Aber er wächst mit den Problemen, die ihm begegnen. Er kommt ihnen durch äußerste Anstrengung seiner geringen Geistes- und Körperkräfte bei. Dabei entwickelt er schließlich doch ein erstaunliches Geschick, jedes Ding, das ihm in den Weg kommt, sich zunutze zu machen. »Keatons Gesicht steht fast auf einer Stufe mit dem Lincolns als ein früher amerikanischer Archetyp« (James Agee[66]). In der Tat ähnelt Busters Gesicht denjenigen, die dem Betrachter auf Fotografien der Pionierzeit entgegenblicken. Er ist der Pionier, der Mann der »Grenze«, der einer fremden und gefahrvollen Realität mit keinen anderen Waffen als seinen Gliedmaßen und seinen Einfällen entgegentritt. Die Welt der Technik begegnet ihm feindlich, läßt sich aber von ihm bändigen: in *Sherlock Junior* rast er auf der Lenkstange eines führerlosen Motorrads durch eine von Menschen wimmelnde Stadt; in *The Navigator* entdeckt er, daß er die einzige Besatzung eines Dampfers auf großer Fahrt ist; in *The General* steuert er allein eine Lokomotive zwischen den Fronten des Bürgerkriegs hin und her und gewinnt den Südstaaten eine Schlacht. Vollautomatische Häuser, Haubitzen und Filmateliers sind andere Widersacher Busters, die er bezwingt. Dabei adaptiert er sich doch nie seiner Umwelt; ähnlich wie der »Westerner« bleibt er ein Gegenbild zum modernen, gehetzten Menschen, wie hektisch auch immer das Treiben um ihn herum ist und zu welchen Rennereien es ihn zwingt: er selbst bleibt gelassen und ruhig, sein Gesicht verrät es.

Im Gegensatz zum Stil Chaplins wird bei Keaton die Umwelt nicht ausschließlich auf den Helden bezogen. Keaton hat auf der Leinwand eine Welt von poetischer Schlichtheit evoziert. Das Schiff von *The Navigator* auf den Weiten des Atlantiks, die Ebenen von *The General*, durch die die wildgewordene Lokomotive rast – das sind Bilder von großer Schönheit. Die Schlachtenszenen des Bürgerkriegs, die er in *The General* zeigt, sind ebenso einprägsam wie die von Griffiths *The Birth of a Nation* – mehrere Autoren fühlten sich vor ihnen an die Aufnahmen von Matthew Brady erinnert, den Fotografen des Amerikanischen Bürgerkriegs.

Keatons Niedergang vollzog sich nach der Durchsetzung des Tonfilms. Nach 1933 trat er nur noch vereinzelt in Filmen auf, so 1950 in einer kleinen autobiographischen Rolle in *Sunset Boulevard*, 1952 in *Limelight* und 1956 in *Around the World in 80 Days*. Daneben beschäftigte ihn Hollywood als Gagman für den Komiker Red Skelton und als »Sachverständigen« bei der Verfilmung seiner eigenen Biographie – mit Donald O'Connor in der Hauptrolle (*The Buster Keaton Story – Der Mann, der niemals lachte*, 1957).

Harold Lloyd (geb. 1893) war kein »kompletter Autor« wie Chaplin und Keaton, sondern nur ein Schauspieler mit einer festumrissenen Rolle, auf die Handlungen und Gags seiner Filme zugeschnitten wurden. Keiner seiner Filme, von meist durchschnittlichen Regisseuren inszeniert, besitzt einen individuellen Stil. Harold Lloyd stand ebenfalls bereits mit vier Jahren auf einer Bühne und filmte ab 1913, erst noch bei Edison, dann kurze Zeit bei Sennett, von 1914 bis 1920 unter der Produktion und Regie von Hal Roach. Von seinen abendfüllenden Filmen nach 1921 trugen ihm das meiste Prestige *Grandma's Boy* (Omas Junge, 1922), *Safety Last* (Sicherheit zuletzt, 1923) und *The Freshman* (Der Neuling, 1925) ein, die alle unter der Regie von Fred Newmayer entstanden.

Auch Harold Lloyd verkörperte einen amerikanischen Helden, aber keinen mythischen, sondern einen aktuellen, das genaue Gegenbild zum »Pionier« Buster: den optimistischen, konformistischen, ganz und gar adaptierten Karrieristen. Das stereotype Keepsmiling signalisiert seine Opposition zu Keaton. Lloyds spezielle Komik resultiert aus dem Übereifer, den er bei der Beachtung der gesellschaftlichen Spielregeln an den Tag legt, und seiner anfänglichen Unbeholfenheit. Nachdem er zunächst Chaplins äußere Erscheinung imitiert hatte, gab Lloyd ab 1917 seiner Gestalt die Kontur des völlig untragischen, auf Anpassung bedachten jungen Kleinbürgers, eines ewigen Boy-Scouts, voll guten Willens und absoluten Vertrauens in die Gerechtigkeit der Welt. Bedingungslos ist seine Sucht, es allen recht zu machen. Unempfindlich gegen Erniedrigungen, läßt er sich verhöhnen, quälen, ausnutzen. In *Safety Last* klettert er, um einem Freund dienlich zu sein, einen Wolkenkratzer empor, wobei ihm natürlich alle erdenklichen Widrigkeiten zustoßen; aber Harold erträgt sie mit der Zähigkeit einer unverwüstlichen Puppe. In *The Freshman* absolviert er mit ebensolcher Beharrlichkeit die unmenschlichen Mannbarkeitsriten des Collegebetriebs. Allemal belohnt am Ende der Beifall seiner Quälgeister und die Liebe der Angebeteten den Eifrigen. »Er hat einer Generation von Komikern ohne morphologische Charakteristika und besondere physische Talente den Weg geöffnet, einer mehr und mehr *passiven* Konzeption der Komik, mehr und mehr den Peripetien des Drehbuchs unterstellt (J. P. Coursodon[67]).« Lloyds Beliebtheit beim amerikanischen Publikum der ausgehenden zwanziger Jahre übertraf die Chaplins und Keatons. Das Lachen, das er hervorrief, war das des sozialen Einverständnisses.

Die dreißiger Jahre hindurch trat Lloyd noch alle zwei Jahre in Filmen auf, die er selbst produzierte. 1947 drehte Preston Sturges *Mad Wednesday (Verrückter Mittwoch)*, den besten aller Lloyd-Filme: Der ungetrübte Optimismus des gealterten und erfolglosen Helden wird als Selbstbetrug erkennbar, die leere Motorik seiner Betriebsamkeit verdeutlicht sich an der Rückblende auf seinen Erfolg als jugendlicher Football-Spieler – ein Zitat aus *The Freshman*. Ohne es zu wissen, spielte Lloyd hier das Dementi seines eigenen Mythos.

Harry Langdon (1884–1944) war ebenfalls nur Schauspieler, aber er hatte das Glück, wenigstens für kurze Zeit »seinen« Regisseur zu finden, der der von ihm verkörperten Gestalt tiefere Bedeutsamkeit verlieh. Seit seinem zehnten Lebensjahr Bühnendarsteller, wurde er von Mack Sennett 1920 entdeckt. Er trat in zahllosen Zweiaktern auf, die nicht aus der Produktion Sennetts hinausragten. 1923 wurde Frank Capra sein Haupt-Gagman, der seine Gestalt profilierte; Langdon verließ Sennett und nahm Capra als seinen Regisseur mit. Capra drehte mit Langdon zwei mittellange Filme, *The Strong Man* (Der starke Mann, 1926) und *Long Pants* (Lange Hosen, 1927), die Langdons Hauptwerke geblieben sind und ihm auch seine größten Erfolge eintrugen.

In den von Capra betreuten Filmen spielt Langdon einen kindlichen Charakter in einer Welt von hoffnungslos Erwachsenen. Sein milchweißes Mondgesicht, in dem die Augen wie aufgemalt wirken, und seine zu kleinen Kleider bekunden seine zurückgebliebene Entwicklung. Den Ansprüchen der »Erwachsenen« begegnet er mit vollendeter Ahnungslosigkeit, er entrinnt ihnen nicht durch Anstrengung, sondern durch Glück. Mit der Sicherheit eines Traumwandlers bewegt er sich zwischen katastrophalen Gefahren. »Wenn es eine Regel gab bei der Abfassung von Langdon-Stoffen«, sagte Capra[68], »so bestand sie darin: sein einziger Verbündeter war Gott. Langdon mag gerettet werden durch einen Ziegelstein, der dem Polizisten auf den Kopf fällt, aber es war verboten, daß er in irgendeiner Weise den Fall des Ziegelsteins verursachte.« Der Charakter des Langdon-Helden ist infantil-amoralisch wie der des frühen Charlie. In *Long Pants* träumt er von seinem Hochzeitstag und davon, wie er sich seiner Braut entledigen könnte: er spielt mit ihr im Wald, sie soll sich die Augen zuhalten und bis dreißig zählen; bei dreißig zielt er mit dem Revolver seines Papas auf sie und schießt sie tot. Die Misogynie, die Infantilität der »Spielregel«, die Grausamkeit, die psychoanalytische Symbolik: das alles ist typisch für den Langdon-Helden. Wie hier sind es oft die Frauen, die ihn mit ihren Ansprüchen überfordern.

Während er auf der Suche nach einem Idealbild ist (von dem er in *The Strong Man* nur eine Fotografie besitzt), verschmäht er alle irdischen Frauen. »Er verkörpert einen Typ des amerikanischen Lebens, den ›Goofer‹, den jungfräulichen Mann«, meint Sadoul[69]; aber Harry ist eher ein Monstrum als eine wirkliche Gestalt: ein Erwachsener mit dem Verstand und der Seele eines Kindes.

Nachdem Langdon sich von Capra getrennt hatte, schwand sein Erfolg. Seine späteren Filme – er blieb bis zu seinem Tode 1944 als Schauspieler, Autor und Gagman tätig – rekapitulieren nurmehr ohne Kraft Einfälle aus seinen Stummfilmen.

Noch zwei weitere Komiker der zwanziger Jahre, die eine eigene Art der Komik mit besonderem Inhalt entwickelten, sind zu nennen: Stan (Arthur, Stanley) Laurel (geb. 1890) und Oliver Hardy (1892–1957). Beide standen zuerst auf der Bühne – Laurel war in Fred Karnos Truppe Chaplins Partner – und wurden von Sennetts Konkurrenten Hal Roach engagiert, Laurel 1917, Hardy 1925. 1927 beschäftigte Roach sie zusammen. Die Kurzfilme, die sie von da an bis zur Einführung des Tons zusammen drehten, sind ihre besten, vor allem *Duck Soup* (Entensuppe, 1927), *The Battle of the Century* (Die Schlacht des Jahrhunderts), *Two Tars* (Zwei Matrosen, 1928) und *Big Business* (1929).

In diesen Filmen spielen sie zwei in deutlicher Sympathie miteinander verbundene ungleiche Freunde, die sich gegen Unverstand und Bösartigkeit der Welt tatkräftig zur Wehr setzen. Ihr schnell entfesselter Destruktionstrieb richtet sich gegen den Besitz des Widersachers, nie gegen seine Person. Sie werfen nicht mit Torten, schlagen und treten nicht, aber sie demolieren systematisch eine lange Autokolonne (in *Two Tars*) oder ein ganzes Haus (in *The Battle of the Century*), wenn ihnen Unrecht widerfährt. Sie sind asozial wie der frühe Charlie oder Harry, aber im Gegensatz zu ihnen nicht amoralisch. Sie sind keine Egoisten, stets fühlen sie sich mehr beleidigt durch das, was dem Freund zugefügt wird, als durch selbst erlittene Unbill. Ihr Anarchismus ist Überzeugungssache. Deshalb ist ihnen auch die Flinkheit fremd, die jede Handlung als spontanen Reflex erscheinen läßt. Im Gegensatz zu den Komikern der Sennett-Schule gehen sie bedächtig ans Werk. Eine Vorführung im Zeitraffer, die die Wirkung von Sennett-Filmen kaum beeinträchtigen würde, müßte die ihre zerstören.

Im Gegensatz zu den meisten anderen Stummfilmkomikern behaupteten Laurel und Hardy ihre Popularität auch die Tonfilmjahre hindurch, aber so einleuchtende und treffende Aktionen wie in den stummen Kurzfilmen gestatteten ihnen die abendfüllenden Filme mit Dialog und Musik nicht mehr.

1930-1939

Im Jahr 1930 hatte sich der Tonfilm in den meisten Ländern endgültig durchgesetzt. Im selben Jahr begann der amerikanische Bankenkrach vom Oktober 1929 sich auszuwirken; die Depression strebte ihrem Tiefpunkt zu. Diese beiden Ereignisse: die Einführung des Tons und die Weltwirtschaftskrise mit ihren politischen Auswirkungen, bestimmten das Gesicht des Films in den dreißiger Jahren.

Wirtschaftlich bewirkte die Einführung des Tons eine relative Emanzipation der Filmländer, die sich bislang nicht gegen die amerikanische Vorherrschaft hatten behaupten können. Tonfilme in der Landessprache waren ein wirksameres Mittel gegen die ausländische Konkurrenz als die stummen Filme aus eigener Produktion. So gewann der französische Film die Unabhängigkeit zurück, die er mit dem Ersten Weltkrieg eingebüßt hatte; der deutsche Film freilich tauschte Freiheit von ausländischer Bevormundung sogleich gegen die Unterwerfung unter die politische Diktatur im eigenen Land ein; England und Italien gingen an den Wiederaufbau ihrer Filmwirtschaft. Die Depression traf die Industrie in Amerika nicht minder schwer als in Europa; sie verursachte wohl – nachdem die Zahl der Arbeitslosen ihren Höhepunkt erreicht hatte – einen Rückgang der Kinobesuche; da dieser aber die Länder beider Hemisphären gleich schwer traf, führte er nicht zu einer Verschiebung der Gewichte zwischen den nationalen Industrien.

Die Depression bewirkte zugleich einen Umschwung des allgemeinen geistigen Klimas, dem der Film alsbald Rechnung trug. Der leichtfertige Optimismus der Prosperitätsjahre machte einer nüchterneren Einschätzung der Wirklichkeit Platz. Bis 1933 in Deutschland, später noch in Amerika, in Frankreich und in England erlebte der Filmrealismus eine Blüte wie in den zwanziger Jahren nur in der Sowjetunion. Der Ton ermöglichte einen erweiterten und intensiveren Wirklichkeitseindruck. Dialog und Musik, vor allem aber Geräusche wurden nicht nur als Kulisse zum Bild verwandt, sondern kontradiktorisch eingesetzt: die Kombination von Bild und Ton gestattete es, eins durch das andere zu interpretieren.

So verschieden die Lösungen waren, mit denen die Nationen der Krise Herr zu werden suchten, so verschieden waren auch die Wege, die der Film in der zweiten Hälfte der dreißiger Jahre einschlug. In Deutschland unterwarf er sich der nazistischen Diktatur, in Frankreich spiegelte er Hoffnung und Mißerfolg des Volksfrontversuchs wider, in den Vereinigten Staaten optierte er für den gemäßigten Optimismus des *New Deal*. In der Sowjetunion warf inzwischen die Stalinisierung ihren Schatten voraus: die Periode der revolutionären Experimente im Film wurde beendet und der sozialistische Realismus als verbindliche Gestaltungsmethode verkündet.

Mehrere Jahre sträubte sich die deutsche Filmindustrie gegen die Einführung des Tons. Erst als er sich in Hollywood bereits durchgesetzt hatte, stellten sich auch die deutschen Konzerne um. 1931, als die Amerikaner schon fast ausschließlich Tonfilme produzierten und exportierten, waren noch zwei Drittel des einheimischen Angebots stumm.

Die Weltwirtschaftskrise von 1929/30 traf den deutschen Film, ehe noch die Einführung des Tons das Publikumsinteresse wesentlich beleben konnte, wie es in den USA der Fall war. Der Rückgang der Besucherzahlen, eine Folge der Massenarbeitslosigkeit, und die Erhöhung der Produktions- und Vorführkosten kamen zusammen und stürzten auch die größeren Gesellschaften in Schwierigkeiten. Die Nationalsozialisten nutzten sofort nach ihrem Machtantritt die Gelegenheit, den Film auch durch staatliche Sanierungsmaßnahmen in ihre Hand zu bekommen. Die kleineren Unternehmungen wurden nach und nach liquidiert, die großen unter staatliche Kontrolle gestellt. 1937 wurden *Ufa* und *Bavaria* verstaatlicht.

Parallel mit diesen wirtschaftspolitischen Maßnahmen lief die Etablierung eines politischen Kontrollsystems. Bereits 1930 hatte die NSDAP eine eigene Filmabteilung gegründet. Zwei Monate nach dem Einzug Hitlers in die Reichskanzlei tat sein Propagandaminister Goebbels in einer Rede vor Filmleuten das aktive Interesse der neuen Machthaber am Film kund. »Nichtarische« Filmleute wurden sofort mit einem Arbeitsverbot belegt. Im Juli 1933 wurde eine *Vorläufige Filmkammer* geschaffen, die im September in die *Reichskulturkammer* eingegliedert wurde. Ihr oblag die »Erfassung« aller in der Filmindustrie Tätigen. Im Februar 1934 stellte ein neues Reichslichtspielgesetz die Zensurbehörde unter autoritäre Leitung, verschärfte ihre Grundsätze und dehnte ihre Zuständigkeit auf den ganzen Herstellungsprozeß vom Drehbuch bis zum fertigen Werk aus.

Realistische Tendenzen

Zwischen 1930 und 1932 erlebte die Filmkunst in Deutschland zum zweitenmal eine kurze Blüte. Wieder, wie zwischen 1920 und 1924, ermöglichte die wirtschaftliche, soziale und politische Unsicherheit die Entstehung künstlerisch relevanter Filme und beeinflußte zugleich ihren Charakter.

Vereinzelt griffen Autoren und Regisseure auf Themen und Gestaltungsmittel aus den expressionistischen und den Kammerspielfilmen zurück. Dennoch zeigen die Filme dieser Zeit ein anderes Gesicht als die von 1920. Die Autoren und Regisseure, die eben aus dem ersten Weltkrieg zurückgekehrt waren, hegten zwar eine starke Aversion gegen den Krieg und die Allmacht der Autorität, die mit ihm verbunden war; sie vermochten sie aber nicht politisch zu artikulieren. Die Auseinandersetzungen der zwanziger Jahre schärften indessen den Blick einiger Autoren und Regisseure für die soziale Realität. Zudem hatten die der »Neuen Sachlichkeit« verpflichteten Filme Erfahrungen im Umgang mit der sichtbaren Oberfläche der Realität gebracht.

Fritz Lang knüpfte mit *M* (1930) und *Das Testament des Dr. Mabuse* (1933) an seine Kriminalfilme aus den zwanziger Jahren an. In *M* wird ein Kindermörder von der Polizei und der Unterwelt gejagt und gestellt. In der Hauptgestalt erkennt man den »Studenten von Prag« und den Cesare aus *Caligari* wieder: wie diese ist er nicht für seine Taten verantwortlich, eine geheime Macht in ihm zwingt ihn dazu. In *Das Testament des Dr. Mabuse* wird eine ganze Geheimorganisation von einem schizophrenen Psychiater, einem Nachfahren des Dr. Caligari, angeleitet, der seinerseits den Anweisungen des dem Wahnsinn verfallenen Dr. Mabuse folgt. Das Hauptinteresse hat sich aber vom pathologischen Individuum auf die Organisation verlegt, auf Polizei und Ringvereine in *M*, auf den kriminellen Bund in *Das Testament des Dr. Mabuse*. Beide Filme spiegeln deutlich das Auftreten der organisierten Gewalt in den Killerkommandos der extremistischen Verbände wider und deuten voraus auf die Herrschaft des staatlich angeordneten Terrors. Vor allem *M* enthüllt durch einen doppelten Kunstgriff den Zusammenhang zwischen kollektiver Verblendung und organisiertem Terror: die Ringvereine treten als »Organe des gesunden Volksempfindens« auf, wenn sie den Kindermörder jagen; nie gerieren sie sich so sehr als Bürger wie in dem Moment, da sie in einem parodistischen Strafverfahren den Tod des Unzurechnungsfähigen fordern. Wenn mehrfach Polizei und Verbrechertrust bei ähnlichen Handlungen abwechselnd vorgeführt werden, so wird damit deren Identität in der politischen Wirklichkeit der folgenden Jahre vorweggenommen.

Langs Stil bedient sich in diesen Filmen realer Details als Symbole und Metaphern. In *M* erscheint hinter einer Fensterscheibe das Bild des Mörders, umgeben von einem Rechteck aus offenen Messern, das sich auf der Scheibe spiegelt. Bewegte Pfeile und Spiralen in einer anderen Auslage symbolisieren seinen Geisteszustand. Und in einem Spiegel sieht der Mörder das »M«, mit dem seine Verfolger ihn gekennzeichnet haben. Andererseits wirken Personen und Dekors so authentisch wie niemals zuvor bei Lang. Der Einfluß Brechts macht sich nicht nur in der Thematik von *M* bemerkbar, sondern auch im kontradiktorischen Einsatz des Tons, der die Vorgänge oft wirksam verfremdet.

Es ist ein Paradox, daß der einzige deutsche Film des Amerikaners Joseph von Sternberg, *Der Blaue Engel* (1930), der Tradition des expressionistischen und Kammerspielfilms stärker verpflichtet ist als die zeitgenössischen Filme einheimischer Regisseure. An deutschen Vorbildern hatte Sternberg schon in Amerika gelernt: dort bereits zeichnete er Umwelt als Seelenlandschaft. Sein Professor Unrat ist, wie die Helden von *Sylvester*, *Der letzte Mann* und *Die Straße*, ein Gefangener seiner Triebe. Und wie jene Filme identifiziert sich dieser mit der Perspektive seiner Hauptgestalt. Die Tingeltangel-Tänzerin Lola erscheint als Überweib, als Verkörperung destruktiver Sexualität. Die Utensilien ihres Reizes, Federn und Strumpfbänder, werden zu Fetischen. Sternberg kondensiert um den Oberlehrer eine Atmosphäre unreifer Sexualität. Diffuses Zwielicht umlagert ihn, der seiner Sinne nicht mehr mächtig ist. Die Häuserwände neigen sich wie in den Filmen von 1924. Eine Schiffssirene tönt dunkel-geheimnisvoll in der Ferne. Die schneidende Denunziation der spätbürgerlichen Welt, die die Vorlage, Heinrich Manns Roman *Professor Unrat*, geleistet hat, verriet Sternberg an das trübe Selbstmitleid des Geschlagenen. Als Erlösung aus unverschuldetem individuellem Leid empfindet es der Zuschauer, wenn am Ende der in sein Pennal heimgekehrte Lehrer am Pult zusammenbricht.

Georg Wilhelm Pabst drehte 1930 und 1931 drei wichtige Filme. In ihnen überwand er die Neutralität der »Neuen Sachlichkeit«, die seine Stummfilme gekennzeichnet hatte. Sein vom Zwielicht der frühen deutschen Schule nicht umwölkter Blick bewährte sich an zeitgeschichtlich relevanten Themen, die auch den melodramatischen Zug seiner früheren Streifen schwinden ließen. Der Kriegsfilm *Westfront 1918* (1930) geriet zu seinem Meisterwerk. So konsequent wie sonst nur Milestones *Im Westen nichts Neues* und Ichikawas *Nobi* verweigert sich dieser Film noch der heimlichsten Verklärung des Krieges zur Stätte »menschlicher Bewährung«. Er erscheint als die Perfektion des Grauens, die er ist. Für vier Infanteristen zerbricht nach und nach der Sinnzusammenhang, in den für sie zunächst auch der Krieg noch einzuordnen war. Erscheinen sie anfangs noch als Handelnde, so gewinnt dann die anonyme Macht des Krieges immer mehr Gewalt über sie, bis ihre Identität völlig zerfällt: im Wahnsinn oder in einem absurden Tod. Die Oberfläche der sichtbaren Realität transzendiert zum Bild der geschändeten Menschlichkeit. Dabei steht aber, wie in den letzten Stummfilmen von Pabst, niemals einzelnes symbolisch für das Ganze. In kunstlosen, langsamen und ungleichmäßigen Fahrten tastet die Kamera das Schlachtfeld ab und enthüllt im epischen Nacheinander das Grauen. Dessen politische Ursache bleibt freilich außerhalb des Gesichtskreises der Kamera.

Für *Die Dreigroschenoper* (1931), seine Verfilmung des Bühnenwerks von Bertolt Brecht und Kurt Weill, entsagte Pabst dem dokumentarischen Realismus. Die Freude am Pittoresken, die auch in seinen »sachlichen« Stummfilmen erkennbar ist, befreit sich hier von der Bindung ans Abbild der vertrauten Realität. Ein stilisiertes London erscheint, in dem die Gestalten wie Schemen aus dem Nebel auftauchen. Die Oberflächenbehandlung ist dieselbe wie in den alten Pabst-Filmen: sie vermittelt Mackie, Polly, Jenny und Peachum wie auch dem Dekor eines viktorianischen Bordells eine überzeugende Plastik. Gerade die formalen Qualitäten des Films verraten aber, wie im Fall *Der Blaue Engel*, den Geist der Vorlage. Die Aggressivität der Revue von Brecht und Weill ist aus dem Film, »der die Schauer eines Schurkendramas mit der leichten melodiösen Atmosphäre einer Operette aus dem 18. Jahrhundert verbindet« (Paul Rotha [1]), verschwunden.

Kameradschaft (1931) geht politisch noch einen Schritt über *Westfront 1918* hinaus. Am Beispiel einer Grubenkatastrophe im deutsch-französischen Grenzgebiet zeigte Pabst die Verquickung von Klassenherrschaft und nationalistischer Ideologie. Die Grubenleitung und die Behörden widerstreben der Beseitigung des Grenzgitters, das deutsche Bergleute daran hindert, eingeschlossenen Franzosen zu Hilfe zu eilen. Nachdem die Aktion beendet ist, stellen sie den Status quo ante wieder her. In der Darstellung des Grubenunglücks selbst beschwor Pabst die Erinnerung an den Krieg. Einem eingeschlossenen Franzosen, dessen Bewußtsein getrübt ist, erscheint sein deutscher Retter als feindlicher Soldat, er versucht ihn zu erwürgen. Wie *Westfront 1918* ist auch dieser Film wieder reich an Sequenzen von eindringlicher Realistik, wie die Szene in der Waschkaue für die Bergleute oder die Szenen unter Tage. In seinem optimistischen Glauben an die internationale Solidarität der Arbeiter ist der Film freilich den Illusionen der deutschen »Linken« jener Jahre verhaftet.

Ab 1932 arbeitete Pabst in Frankreich. Sein *Don Quijote* (1933) enthält noch einzelne einprägsame Szenen. Dann verschrieb sich Pabst auf Jahre der unverbindlichen Unterhaltung. Zurückgekehrt ins Deutschland Hitlers, diente er mit *Komödianten* (1941) und *Paracelsus* (1943) der Propagierung »deutschen Wesens«. Den bombastischen Stil dieser Filme behielt er auch in seinem Rehabilitierungsfilm *Der Prozeß*

(1947) bei. Zwischen belanglosen Routineprodukten drehte er in Österreich *Der letzte Akt* (1955) über Hitlers letzte Tage und in Deutschland *Es geschah am 20. Juli* (1955). Der ruhmlose Untergang des »Dritten Reiches« wird hier zur grandios-makabren Götterdämmerung emporstilisiert.

Nur einen Film drehte die Bühnenregisseurin Leontine Sagan: *Mädchen in Uniform* (1931). Er schildert den Pubertätskonflikt einer Schülerin, die von schwärmerischer Zuneigung zu ihrer Lehrerin ergriffen wird. Die strengen Regeln des Internatsbetriebs verschärfen den Konflikt und treiben die Schülerin an den Rand des Selbstmords. Als Kritik an preußischer Schulzucht war der Film gewiß schon zu seiner Entstehungszeit überholt. Die distanzierte Zeichnung des Milieus bewahrte ihn aber davor, sich den unreifen Gefühlen seiner Hauptgestalt hinzugeben, wie es die anderen »Triebfilme« taten. Vor dem kühlen Hintergrund gewinnt die psychologische Darstellung Relief.

Piel Jutzi kombinierte auch in *Berlin Alexanderplatz* (1931), nach dem Roman von Alfred Döblin, Spielhandlung und dokumentarische Sequenzen, die, wie früher in *Mutter Krausens Fahrt ins Glück*, an Ruttmanns *Berlin, die Symphonie einer Großstadt* denken lassen. Milieu- und Typenzeichnung sind deutlich an Zille orientiert und vermitteln dem Film eine Frische, die nur wenigen deutschen Filmen eignet. Mehr als Jutzis früherer Film bleibt dieser aber der Neutralität der »Neuen Sachlichkeit« verhaftet; schließlich sagt er nicht mehr als »So ist das Leben«. Vor der Folie der Wirtschaftskrise und des heraufziehenden Nazismus nehmen sich die optimistischen Schlußbilder von Bauarbeiten in Berlin trotz ihrer Authentizität wirklichkeitsfremd aus.

In der Nachfolge von *Mutter Krausens Fahrt ins Glück* und *Menschen am Sonntag* steht auch *Kuhle Wampe* (1932), der Debütfilm des Bulgaren Slatan Dudow. Das Drehbuch zu diesem einzigen kommunistischen Spielfilm der Weimarer Republik schrieben Bert Brecht und Ernst Ottwalt, die Musik Hanns Eisler. In seinem ersten Teil entwirft der Film ein scharfes Bild vom physischen und psychischen Elend einer berliner Arbeiterfamilie. Als ihr die Wohnung gekündigt wird, zieht die Familie in eine Laubenkolonie. Ohne in die obligate Düsternis anderer deutscher Milieufilme zu verfallen, beschwört *Kuhle Wampe* das Zeitkolorit der Krisenjahre. Die Kamera verfährt mit einer Freizügigkeit wie sonst nur in *Menschen am Sonntag*. Gegen Ende preist der Film allzu undifferenziert das Mitmachen in den Arbeitersportvereinen; aber die Schlußszene, eine Diskussion in der berliner S-Bahn, führt zur dialektischen Argumentation zurück, die die Hauptebene des Films bildet.

Von Hugenberg zu Goebbels

Der Oktoberrevolution verdankt der russische Film seine wesentlichen Impulse; im italienischen Film unter Mussolini und im spanischen unter Franco waren immerhin Ansätze zu einem kritischen Realismus möglich – die Nazi-Herrschaft hingegen hat dem deutschen Film lediglich den restlosen Ausverkauf seiner früheren Errungenschaften beschert. Weder hat die »Idee« einer »nationalen Revolution« auch nur ein filmisches Kunstwerk inspiriert, noch war unter der Diktatur die Formulierung irgendeiner Kritik möglich, sei es auch nur in der Filmpublizistik.

Die Filmpolitik des »Dritten Reiches« war so unduldsam und so ideenlos wie seine offizielle »Weltanschauung«. Sie setzte im wesentlichen die Konzernpolitik der Zeit

vor 1933 fort. Nur im ersten Jahr der Nazi-Herrschaft feierten einige Filme ausdrücklich die Partei: Hans Steinhoffs *Hitlerjunge Quex*, Franz Seitz' *SA-Mann Brand*
und Franz Wenzlers *Hans Westmar*. Die Initiative zu diesen Filmen ging von ge-
sinnungstüchtigen Unternehmern aus; die Machthaber reagierten aber teilweise
ausgesprochen kühl auf sie. Schon 1934 wurden »die Partei und ihre Gliederungen«
– mit Ausnahme der »Hitler-Jugend« – für den Film tabuiert.

Die NS-Propagandisten erkannten richtig, daß sie ihren Zielen nachhaltiger dienen
konnten, wenn sie sie hinter der Maske unpolitischer Unterhaltung verbargen oder
im Gewand historischer Gleichnisse vortrugen. Dazu brauchten sie aber kaum von
dem Weg abzuweichen, den die *Ufa* unter Hugenberg längst beschritten hatte. Realistische und sozialkritische Filme waren auch vor 1933 verschwindende Ausnahmen
gewesen und außerhalb der Konzerne produziert worden; der künstlerische Ehrgeiz
der *Ufa* erschöpfte sich mit *Der Blaue Engel*. Den knapp zehn Tonfilmen der Lang,
Sagan, Jutzi und Dudow standen Hunderte illusionistischer Lustspiele und nationali-
stisch-autoritärer Tendenzfilme gegenüber. Künstlerisch waren die »rechten« Filme der
Weimarer Republik bedeutungslos. Ihre Popularität und Wirksamkeit übertraf freilich die der »linken« erheblich und prädestinierte sie zum Muster für die nazistische
Filmpolitik.

Schon 1922 hatte die *Ufa* ihren ersten Film über Friedrich den Großen, von Czeré-
pys *Fridericus Rex*, gedreht. Er interpretierte die Unterwerfung des Kronprinzen
Friedrich unter den stärkeren Willen seines Vaters als Grundlage seiner späteren
Triumphe – genau demselben Schema folgte 1935 Hans Steinhoffs *Der alte und
der junge König*. In den letzten Jahren der Weimarer Republik glorifizierten zahllose Filme das Wirken selbstherrlicher Machthaber, die sich über das Gesetz hinweg-
setzen, um ihrem Volk zu dienen. So Gustav Ucickys *Flötenkonzert von Sanssouci*
(1930) und *York* (1931), Luis Trenkers *Der Rebell* (1932) und Friedrich Zelniks *Der
Choral von Leuthen* (1933). Kriegsfilme wie Kurt (Curtiz) Bernhardts *Die letzte
Kompanie* (1930), Trenkers *Berge in Flammen* (1931) und Ucickys *Morgenrot* (1933)
verherrlichten den Krieg als »Stahlbad«. Sätze wie: »Wir werden bald wieder marschieren müssen, sonst haben wir keine Heimat mehr auf diesem Boden!« und: »So
ein Wetter wie diesen Krieg brauchen wir Deutschen von Zeit zu Zeit, damit wir wieder zu Kräften kommen!« wurden in *Ufa*-Filmen der vornazistischen Zeit laut – deutlicher konnte man auch im »Dritten Reich« nicht werden.

Im Zeichen der Depression wurde die Leinwand zugleich von einer Springflut
übermütiger Operetten und Lustspiele überschwemmt. Sie verzuckerten entweder,
wie Wilhelm Thieles *Die drei von der Tankstelle* (1930), die herrschende Misere,
oder wichen vor ihr, wie Eric Charells *Der Kongreß tanzt* (1931), in eine romanti-
sierte Vergangenheit aus. »In Deutschland lag über den heitersten Filmen der Demo-
kratie schon die Kirchhofsruhe der Diktatur« (M. Horkheimer/Th. W. Adorno [2]).

Ungebrochen setzte sich diese Tendenz nach 1933 fort. »Große Deutsche« – oder
wenigstens »Germanen« – standen im Mittelpunkt von Veit Harlans *Der Herrscher*
(1937) und *Der Große König* (1942), Herbert Maischs *Friedrich Schiller* (1940) und
Andreas Schlüter (1942), Hans Steinhoffs *Robert Koch* (1939) und *Ohm Krüger* (1941),
G. W. Pabsts *Komödianten* und *Paracelsus*, Wolfgang Liebeneiners *Bismarck* (1940)
und *Die Entlassung* (1942) sowie vielen anderen Streifen. Den Kriegsfilmen der *Ufa*
folgten Karl Ritters *Unternehmen Michael* (1937), *Urlaub auf Ehrenwort* (1938),
Pour le Mérite (1938), *Stukas* (1941) und *Kadetten* (1941), Herbert Maischs *D III 88*
(1939), Hans Bertrams *Kampfgeschwader Lützow* (1941) und andere.

Zugleich gehorchten die unpolitischen Unterhaltungsfilme diskret der Devise »Kraft durch Freude«. Die ausgelassensten von ihnen nahmen sich *Der Kongreß tanzt* zum Vorbild. Der Österreicher Willi Forst drehte vor dem »Anschluß« *Maskerade* (1934) und *Allotria* (1936). Als sei nichts geschehen, setzte er die Linie mit *Bel Ami* (1939), *Operette* (1940) und *Wiener Blut* (1942) fort. Nur leicht retuschiert kehrt das Muster des »Triebfilms« wieder. Die Filme Veit Harlans, etwa *Jugend* (1938), *Das unsterbliche Herz* (1939) und *Opfergang* (1944), zeigen ihre Helden als Opfer dunkler Triebe in der eigenen Brust und eines geheimnisvollen Geschicks, mit denen jene im Bunde sind. Emil Jannings und Heinrich George, die Starschauspieler des Regimes, spezialisierten sich auf diese Rollen. In Carl Froelichs *Traumulus* (1936) erfuhr *Der Blaue Engel* eine Art Remake – wieder mit Jannings in der Hauptrolle. Auch Ucickys *Der Postmeister* (1940) belebte alte Formeln. Wenn ein Film unmittelbaren Zielen des Regimes dienen sollte, so drapierte er sich ebenfalls als psychologischer »Problemfilm« oder als historischer Roman, so Harlans antisemitischer *Jud Süß* (1940) und Liebeneiners Rechtfertigung der Euthanasie, *Ich klage an* (1941).

Nur auf einem Gebiet entwickelte der deutsche Film unterm Nazismus seine Vorbilder aus der Republik auch formal weiter: in den Dokumentarfilmen der Leni Riefenstahl. Als siebzehnjährige Tänzerin wurde Leni Riefenstahl (geb. 1907) von Arnold Fanck »entdeckt« und für seine Bergfilme als Darstellerin verpflichtet. Sie trat in mehreren seiner Filme auf, bis sie in *Das blaue Licht* (1932) zum erstenmal selbst Regie führte. Eine auf wenige Situationen reduzierte Handlung voll Gefühl und Fatum bildete den Vorwand, die Bergwelt der Dolomiten in ein mystisches Zwielicht zu tauchen, zu dessen Erzeugung sie alle erdenklichen fotografischen Finessen aufbot.

Ihre vielberedete Bekanntschaft mit Hitler und dessen Wertschätzung ihres Talents brachten Leni Riefenstahl dann die Aufträge zu mehreren offiziellen Dokumentarfilmen ein. *Sieg des Glaubens* (1933), ein Kurzfilm über den Parteitag von 1933, stellt eine Vorstudie zum *Triumph des Willens* (1935) dar, dem langen Film über den Parteitag von 1934. Mit allen Vollmachten ausgestattet und unterstützt von einem vielköpfigen Kamerateam, filmte sie die Manifestationen in Nürnberg. Der Prolog erinnert an die Bergfilme von Fanck: Durch ein Panorama mit Wolken nähert sich das Flugzeug mit Hitler, als steige dieser unmittelbar aus jenseitigen Gefilden zur Erde herab, die der Erlösung durch ihn harrt. In starren, symmetrischen Einstellungen erfaßt die Kamera dann die Ornamente der in gewaltigen Blöcken angetretenen Formationen. In Aufwärtsfahrten an Fahnenmasten empor unterstreicht sie die monumentalen Ausmaße des Paradefelds. Fahrten an den Angetretenen entlang betonen die strenge Ordnung. Als übermächtiger Gestalter dieser Ordnung erscheint der »Führer«. Einsam durchschreitet er die breite leere Bahn zwischen den Marschblöcken. Haushoch steht er über ihnen auf dem Rednerpult. Der Inhalt wird hier zur bloßen Funktion filmischer Form; es ist nicht mehr auszumachen, ob die Kamera eine vorgegebene Parade aufnimmt oder ob diese erst für die Kamera inszeniert worden ist. Der eigentliche Parteitag fand erst im Kino statt, der Film erst schuf ihn.

In den beiden Teilen des *Olympiade*-Films (1938), *Fest der Völker* und *Fest der Schönheit*, modelte die Riefenstahl die Olympischen Spiele von 1936 nach demselben Muster. Ein Prolog stellt das Geschehen in mythische Zusammenhänge. Die Leistungen der Sportler erhalten ihre Weihe durch die Gegenwart des »Führers«, sie erscheinen geradezu als Rituale eines Opferkults ihm zu Ehren. In rhythmisch montierten Sequenzen verstummt der Kommentar und übernimmt Musik die Führung, etwa beim nächtlichen Stabhochspringen. Daß Walter Ruttmann an dem Film als Schnittmeister mitwirkte, hat einige Verfasser dazu verleitet, ihm die eigentliche Autorenschaft zuzusprechen. Zweifellos ist der Verdacht unberechtigt, aber es ist bezeichnend, daß er aufkommen konnte. Wirklich setzen die Filme der Riefenstahl den »Querschnittfilm« ruttmannscher Provenienz fort. Dieselbe Faszination durch die bewegte Oberfläche und dieselbe Indifferenz gegenüber ihrer Bedeutung regiert in ihnen. Wie in *Berlin, die Symphonie einer Großstadt* sinkt der Inhalt zur Funktion des »inneren Rhythmus« ab. Nur das Zentrum, das die Bewegungen ordnet, fehlte in den Filmen Ruttmanns. In der Gestalt des »Führers« erscheint es in denen der Riefenstahl.

Die Mitarbeit an Kriegsdokumentarfilmen gab Leni Riefenstahl schon 1939 auf. Mit ihrem zweiten Spielfilm, *Tiefland* (abgedreht 1944, uraufgeführt 1954), fiel sie wieder in die flache Mystik von *Das blaue Licht* zurück.

»Poetischer Realismus« in Frankreich

Um der Ausbreitung des amerikanischen Tonfilms in Frankreich zu begegnen, stellte die Gesellschaft *Gaumont* bereits 1928 ein erstes Tonfilmprogramm zusammen. Das französische Tonaufnahmeverfahren erwies sich jedoch zunächst als unvollkommen. Gegen die Einführung des neuen Verfahrens wehrten sich besonders Frankreichs Filmkünstler, die in ihr eine kommerzielle Spekulation erblickten. René Clair nannte den Tonfilm »eine von Kaufleuten geschickt lancierte . . . Neuentdeckung«, ein »denaturiertes Monstrum, das die Leinwand endgültig zum Armeleutetheater machen wird[3]«. Die ersten Tonfilme erwiesen sich jedoch als großer Publikumserfolg und zogen eine ganze Welle billig und anspruchslos gemachter Filme nach sich, die die Popularität des neuen Verfahrens auszunutzen trachteten. Die französische Filmproduktion stieg zu Beginn der dreißiger Jahre auf hundert und hundertfünfzig Filme jährlich an.

Da Frankreich zunächst kein eigenes gebrauchsfähiges Tonsystem besaß, mußten hohe Lizenzgebühren für die Ausrüstung von Studios und Filmtheatern an amerikanische und deutsche Gesellschaften gezahlt werden. Das aber erhöhte wiederum die Produktionskosten und steigerte das finanzielle Risiko jedes Films, so daß nur wenige große Filmtrusts zu einer kontinuierlichen Produktion in der Lage waren. Die amerikanische Gesellschaft *Paramount* ließ sich in den pariser Filmateliers nieder, um dort fremdsprachige Versionen ihrer Filme für den Export in alle europäischen Länder herzustellen (auch in Deutschland drehte man anfangs der dreißiger Jahre Filme gleichzeitig in deutschen und französischen Versionen); doch bald erwies sich das System der Nachsynchronisation als billiger, und die *Paramount* zog ihre pariser Filiale wieder zurück.

Auf die wirtschaftliche Euphorie der ersten Tonfilmzeit folgte eine Periode der Ernüchterung und der Rückschläge. Die Einnahmen der pariser Kinos stiegen von 1928 bis 1932 sprunghaft an, fielen bis 1935 und stiegen von da an (bis 1937) wieder. Darin spiegelte sich die allgemeine wirtschaftliche Entwicklung Frankreichs. Die Weltwirtschaftskrise konnte durch die protektionistische Politik der Regierung zunächst für eine Weile von Frankreich ferngehalten werden. Dann erschütterten Finanzskandale, in die Parlamentarier und sogar der Ministerpräsident verwickelt waren, die Republik. Die Arbeitslosenzahl wuchs 1935 auf eine bisher nie erreichte Zahl. Kapitaleigner zeigten sich gegenüber Investierungen in der Filmindustrie immer zurückhaltender; der Zusammenbruch der fusionierten Firma *Gaumont-Franco Film-Aubert* zog die *Banque Nationale de Crédit* mit sich. Erst 1936 schuf die Volksfrontregierung unter Léon Blum wieder stabilere Wirtschaftsverhältnisse.

Doch führten alle diese Schwierigkeiten dem französischen Film frisches Blut zu. Wieder einmal erhielten unabhängige Produzenten und Regisseure durch den Zusammenbruch großer Firmen ihre Chance; die sozialen und politischen Konflikte brachten den Film in engeren Kontakt mit der Wirklichkeit. So wurden gerade die Jahre von 1935 bis 1939 zu einer besonders fruchtbaren Zeit für den französischen Film, während der er einen eigenen Stil entwickelte und auch im Ausland Prestige erlangte.

Realistische Gestaltung und scharfe Sozialkritik, aber auch ein untergründiger Pessimismus charakterisieren die meisten Filme dieser Periode, die zuletzt schon vom kommenden Krieg überschattet wurde.

Jean Vigo

Zu den stärksten – und am häufigsten verkannten – Begabungen des französischen Films gehörte Jean Vigo (1905–1934). Durch den frühen Tod Vigos blieb sein Werk auf drei Filme – einen kurzen Dokumentarstreifen nicht gerechnet – beschränkt; es bezeichnet den Übergang von den Avantgarde-Strömungen der Stummfilmzeit zum kritischen Realismus der dreißiger Jahre. In Vigos Filmen sind sowohl die Traditionen des Cinéma pur wie die des Surrealismus lebendig; zum erstenmal spiegelt sich in ihnen auch ein gewisser Einfluß des russischen Stummfilms. Aber Vigo verarbeitete diese Anregungen zu einem persönlichen Stil, aus dem die Erkenntnis sprach, daß der Film dem sozialen Leben und seinen Widersprüchen neue Impulse abgewinnen müsse.

Vigo war der Sohn des Anarchisten und Zeitungsdirektors Almereyda, der 1917 in einem pariser Gefängnis auf ungeklärte Weise ums Leben kam. Vigo wuchs unter falschem Namen bei Freunden seines Vaters auf. Nach einer kurzen Lehrzeit als Kamera-Assistent benutzte er eine Kapitalhilfe seines Schwiegervaters zum Ankauf einer Kamera und begann 1929 mit den Vorbereitungen zu einem Dokumentarfilm über Nizza, wo er seit einiger Zeit wegen seiner schlechten Gesundheit wohnte; Vigo tat sich dazu mit dem Kameramann Boris Kaufmann zusammen (einem Bruder Dsiga Wertows). Zunächst plante Vigo seinen Dokumentarfilm als eine Art lyrischen Poems über den Kontrast zwischen Land und See. Aber im Lauf der Arbeiten drängten sich soziale Gesichtspunkte in den Vordergrund. *A propos de Nice* wurde ein satirisch-humorvolles Pamphlet: Mit versteckter Kamera filmten Vigo und Kaufmann die reichen flanierenden Damen auf Nizzas Promenade »des Anglais«; in der Montage schnitt Vigo in diese Sequenzen Bilder von der Altstadt und ihrer Misere sowie satirische Schnappschüsse aus dem Zoo ein. Provokative Aufnahmen von Prachthotels und bombastischen Denkmälern offenbaren die Fragwürdigkeit einer Welt des Leerlaufs und der Privilegien; den touristischen Betrieb der Bademetropole ironisieren Puppen, die aus einem Spielzeugzug aussteigen und vom Rechen eines Croupiers zusammengeharkt werden. In den Karnevalszenen, die zum Teil im Zeitlupentempo ablaufen, und im betonten Rhythmus der eingeblendeten Himmel- und Meeraufnahmen zeigt sich noch der Einfluß des Cinéma pur.

A propos de Nice war ein reiner Montagefilm, dessen Bilder erst in der Verbindung oder Gegenüberstellung ihren Sinn fanden. Im Untertitel nannte Vigo seinen Film einen »dokumentierten Gesichtspunkt«. Die Formel umreißt das Verhältnis des Films zur Realität. Wenn Vigo mit der Wirklichkeit spielte, sie in Kontraste auflöste, dann nur, um zu plädieren, zu argumentieren. Darin unterschied sich Vigo auch von den Avantgardisten des Stummfilms, denen das Milieu des pariser Ostens oder des marseiller Hafenviertels nur Vorwand zur Entfaltung subjektiver Stimmungen gewesen war. Vigo dagegen vollzog eine Wendung zur Objektivität. Der »soziale Dokumentarfilm« sollte die Welt jenseits ihrer gewohnten Aspekte durchsichtig machen, seinen Zuschauern die Augen öffnen, ja sie gegebenenfalls für eine »revolutionäre Lösung« begeistern.

Eine Vorführung von *A propos de Nice* im pariser *Vieux Colombier* fand zunächst kein besonderes Echo. Vigo kehrte nach Nizza zurück und gründete dort einen der ersten Filmklubs, *Les Amis du cinéma*. Die Firma *Gaumont* beauftragte ihn dann mit einem Dokumentarfilm über das Schwimmen, in dessen Mittelpunkt der bekannte Champion Jean Taris stehen sollte. *Taris* (1931) war vor allem bemerkenswert wegen einiger in Zeitlupe gedrehter Unterwassersequenzen.

Auch Vigos erster Spielfilm, *Zéro de conduite* (Betragen ungenügend, 1933), ist ein »dokumentierter Gesichtspunkt«; indes gewinnt hier das Element der Satire stärker an Boden. Vigo schilderte das Leben in einer strengen und konservativen Internatsschule vom Gesichtspunkt des »Zöglings«, wobei er eigene Erinnerungen aus seiner Schulzeit einfließen ließ. Grimmigen Hohn schüttet *Zéro de conduite* über die autoritären Erziehungsmethoden aus. Die Lehrer und das Aufsichtspersonal der Schule erscheinen als verknöcherte Kleinbürger, Bürokraten und Sadisten; der Direktor ist ein bärtiger Zwerg mit piepsender Stimme. Alle zusammen üben ein Regime der Diktatur aus. Schon der Titel des Films spielt darauf an: die ungenügende Betragensnote und das mit ihr verbundene sonntägliche Ausgehverbot hängen wie ein Damoklesschwert über den Köpfen der Schüler. Ein trister Dekor umgibt ihren Alltag: der monotone Schulhof, die heruntergekommenen Schulräume, der spartanische Schlafsaal, in dem sich alles auf Signal vollzieht.

Mit unverhohlener Sympathie betrachtet der Film jedes Aufbegehren der Jungen gegen die Diktatur der »Erzieher«. Eine der schönsten Sequenzen zeigt, wie sie auf einem Spaziergang nacheinander aus der Reihe verschwinden, ohne das der Lehrer etwas bemerkt. (Diese Sequenz sollte François Truffaut in seinem Film *Les 400 coups* zitieren.) Der Funken der organisierten Revolte glimmt auf, als Tabart, der Held des Films, einem unsympathischen Lehrer sein provokatives »Monsieur le professeur, je vous dis: merde!« entgegenschleudert. Die Schüler hissen eine schwarze Fahne, terrorisieren den Aufseher im Schlafsaal, indem sie einen Federregen niedergehen lassen, stürmen mit einem Siegeslied über die Dächer und bombardieren eine lächerliche Festversammlung im Schulhof mit Büchern und Stiefeln.

Vigo mußte diesen Film unter sehr ungünstigen Bedingungen fertigstellen; es fehlte an Zeit und Geld, und eine Reihe im Drehbuch vorgesehener Episoden konnte nicht realisiert werden. So zeigt der Film einen manchmal unausgeglichenen Rhythmus. Aber unter seiner technisch ungehobelten Oberfläche glüht eine rebellische und befreiende Poesie. In der Sequenz der Schlafsaalrevolte mit ihren traumhaften Bewegungen und ihrer rückwärts ablaufenden Musik fand die Sprache der Surrealisten eine neue Anwendung. Trotz der Irrealität der Fabel ist die Angriffsrichtung des Films doch sehr konkret: Vigo attackiert das bürgerliche Erziehungssystem, indem er seine Repräsentanten ins Lächerliche zieht; aber die Komik dieses Films verbirgt eine profunde Bitterkeit. Im Grunde steht *Zéro de conduite* mit seinen Angriffen gegen alle Instanzen der Autorität, gegen Kirche, Polizei und Schule, nicht weit von den Blasphemien eines Films wie *L'Age d'or*. *Zéro de conduite* wurde denn auch sogleich nach Erscheinen von der französischen Zensur verboten und durfte erst 1945 wieder öffentlich aufgeführt werden.

L'Atalante (1934), Vigos letzter Film, zeigt die gleiche Mischung realistischer und poetischer Elemente wie *Zéro de conduite*. »L'Atalante« ist der Name eines Flußkahns, dessen Kapitän sich eben verheiratet hat. Seiner jungen Frau gefällt das Leben an Bord wenig; sie geht an Land und fährt auf eigene Faust nach Paris, wo sie jedoch ein alter Matrose, Faktotum an Bord des Flußkahns, aufspürt und wieder zu ihrem Mann zurückbringt. Vigo malte in seinem Film ein traumhaft nebliges Bild der vorübergleitenden Landschaften, die der jungen Frau geheimnisvoll ein neues Leben zu versprechen scheinen. Auch auf dem Schiff herrscht eine halb irreale Atmosphäre: Es wimmelt von Katzen, und die Kajüte des exzentrischen alten Matrosen, des Père Jules, ist eine Schatzkammer des Absonderlichen. Ganz in den Bereich des Traumhaften gehört jene Szene, in der Jean, der Kapitän, seine Frau unter Wasser schwimmend sucht und dabei ihr Bild, eingehüllt in lange weiße Schleier, wie eine ferne Vision wahrnimmt. Andererseits ignoriert der Film keineswegs die Realität. Seine Protagonisten sind betont »normal« gezeichnet und sozial definiert: Jean ist Angestellter einer Schiffahrtsgesellschaft, von der er ausgebeutet wird; Juliette, seine Frau, steht in Paris vor der schwierigen Aufgabe, ohne Beziehungen eine Arbeitsstelle zu finden. Mit den poetischen Stilelementen verband sich hier, wie in den anderen Werke Vigos, die gesellschaftliche Attacke. *L'Atalante* war von einer scheinbaren Kunstlosigkeit, ja Roheit des Aufbaus, in der sich die Suche nach der Wahrheit des Alltäglichen aussprach.

Vigos Film wurde nach seiner Fertigstellung von den Produzenten eigenmächtig gekürzt und mit einem »populären« Lied versehen; erst nach seinem Tod gelang es Freunden des Regisseurs, die ursprüngliche Version des Films wiederherzustellen.

René Clair

René Clair bezog gegenüber dem sprechenden Film zunächst eine feindliche Position; nachdem er aber in London die ersten Tonfilme gesehen hatte, änderte er seinen intransigenten Standpunkt. *Sous les toits de Paris (Unter den Dächern von Paris,* 1930) war ein ähnliches Manifest des künstlerisch und eigengesetzlich gestalteten Tonfilms wie Pudowkins *Deserteur:* der Dialog wurde auf sein absolut nötiges Minimum reduziert, ja oft nur improvisiert; Bild und Ton standen in kontrapunktischer Beziehung: der Dialog trat immer dann hervor, wenn das Bild sich verdunkelte; andererseits sah man den stummen Dialog zweier Personen hinter einer Glasscheibe. Clair verließ in seinem neuen Film die Welt der Jahrhundertwende und begab sich in die Gegenwart – in das Milieu der pariser Straßensänger, Gauner und Taschendiebe. Die Handlung des Films besaß einen leicht romantisch-sentimentalen Unterton: Der Straßensänger Albert liebt die hübsche Rumänin Pola; doch als er für vierzehn Tage unschuldig ins Gefängnis kommt, fällt sie seinem Freunde Louis anheim, und Albert muß sie resignierend aufgeben. In das Geschehen spielen Verwicklungen mit der Unterwelt hinein – ein Freund Alberts stellt einen Koffer mit gestohlenen Sachen bei ihm ab, der Albert zum Verhängnis wird; wegen Pola gerät er in einen Kampf mit Gangstern. (Diese Szene ist besonders gelungen: Während der Schauplatz erst vom Rauch einer vorbeifahrenden Lokomotive eingehüllt wird, versinkt er schließlich ganz in Dunkelheit, nachdem eine Laterne zersplittert, und durch das Dunkel hallen Schreie, Ausrufe und Schritte.)

Diese Intrige vermischte Clair mit zahlreichen ironischen Randepisoden und poetischen Einfällen. Leitmotiv des Films ist das Lied des Straßensängers, das auf Plätzen und Hinterhöfen ertönt und um das sich wieder die clairsche Typenwelt gruppiert: der blinde Akkordeonist, das groteske Bürgerpaar, die behäbige Concierge, der Polizist. Eine ingeniöse senkrechte Kamerafahrt verfolgt in komischen Kontrasten das Echo des Refrains durch alle Etagen eines Mietshauses.

Sous les toits de Paris konnte bei seiner pariser Uraufführung zunächst keinen Erfolg verzeichnen. Clairs Übergang von der Burleske zur Romanze, seine Experimente mit dem Ton überraschten das Publikum. Erst die berliner Aufführung brachte René Clair einen Triumph und wirkte sich dann nachträglich auch günstig auf die Karriere des Films in Frankreich aus.

Mit *Le Million* (Die Million, 1931) kehrte Clair wieder zum Stil von *Un Chapeau de paille d'Italie* zurück. Dem Drehbuch lag eine musikalische Komödie von Berr und Guillemaud zugrunde, die die Jagd nach einem verlorengegangenen Lotteriebillett zur Grundlage amüsanter Verwirrungen und sich überkreuzender Verfolgungsjagden machte. René Clair nutzte die Möglichkeiten des Tonfilms, indem er fast alle Dialoge des Stückes zu Liedern und Couplets umformte; die Protagonisten drücken sich zumeist singend aus: so die Schar der Gläubiger – Bäcker, Krämer, Milchhändlerin –, die hinter dem armen Maler Michel herjagen, der seinerseits den Spuren der Jacke folgt, in der sein Gewinnlos steckt und die inzwischen von einem Operntenor erworben wurde. Die turbulente Handlung des Films greift bald auf die Opernkulissen über. Einige der Verfolger werden zu Figuranten, und Clair ironisiert die ridiküle Liebeshandlung, die sich auf der Opernbühne abspielt, indem er ihr eine echte Liebesszene in den Kulissen gegenüberstellt. Schließlich wird das Lotterielos gefunden, seinem Eigentümer zugestellt, und der Chor der eben noch ergrimmten Gläubiger verwandelt sich in eine freundlich dienernde Schar von Lieferanten.

Einerseits erschienen die Vorgänge gerade durch ihr musikalisches Arrangement betont irreal; zu diesem Eindruck trugen auch Lazare Meersons Dekors durch vorgespannte weiße Schleier bei. Daneben aber ironisierte der Film auch gewisse soziale Verhaltensweisen. *Le Million* war ein heiter-phantasievolles Ballett aus »Typen« und Situationen, das scheinbar aus der Wirklichkeit erwuchs, tatsächlich aber doch nur mit ihren Elementen ein burleskes Spiel trieb. Vielleicht fand der Stil René Clairs in *Le Million* seine reinste Verkörperung. Das war aber nur möglich durch eine enge Zusammenarbeit René Clairs mit seinem Architekten Meerson und seinem Kameramann Georges Périnal, die jedes Detail des Films gemeinsam mit dem Regisseur überwachten.

Die untergründige, wenn auch nicht zentrale Tendenz zur sozialen Satire, die die meisten Filme René Clairs besitzen, trat in den Vordergrund mit *A nous la liberté* (*Es lebe die Freiheit*, 1931). Clair, der nach seinem eigenen Zeugnis zu dieser Zeit der Linken nahestand, wollte einen Film gegen die moderne Tyrannei der Maschine drehen und gegen die Idee der »Heiligkeit der Arbeit, wenn sie nicht interessant und individuell ist[4]«. Der Film basiert auf einer einfachen Grundidee: der Parallele zwischen der Sträflingsarbeit im Gefängnis und der modernen Fließbandarbeit. Einem Gefangenen gelingt es, aus der Strafanstalt zu entweichen. Unter falschem Namen gründet er ein Musikaliengeschäft, das er bald zu einer Mammutfabrik für Grammophone ausweiten kann. Bei der Organisation dieser Fabrik wendet er nun die Erfahrungen seiner Gefangenenzeit an: die Arbeiter werden wie Roboter behandelt und führen ein bis zur letzten Geste kommandiertes und gesteuertes Dasein von Arbeitssklaven. Doch eines Tages taucht ein ehemaliger Freund des Direktors aus seiner Gefängniszeit auf; gleichzeitig will eine Gangsterbande ihn erpressen. Da beschließt der Fabrikant, zusammen mit seinem alten Freund wieder die Freiheit zu wählen und sich einem Vagabundendasein in die Arme zu werfen, die Fabrik aber seinen Arbeitern zu überlassen.

Clair brachte diesen sozialkritischen Stoff in die Form der operettenhaften Burleske, die er seinen früheren Filmen entlehnt hatte. An die Stelle des Dialogs tritt häufig Gesang oder Sprechgesang. Das Lied »A nous la liberté«, das die beiden Prot-agonisten singen, wird zum Freiheitsmotiv – es inspiriert nicht nur den Ausbruch aus dem Gefängnis, sondern auch die Flucht aus der Fabrik-Diktatur. Der gestikulie-rende, onkelhafte Sekretär ist eine Grundfigur aus allen Clair-Filmen; als zum Schluß ein Wirbelsturm eine zeremonielle Versammlung auseinanderfegt und aus dem zurück-gelassenen Geldkoffer Banknoten herabregnen läßt, rennen und hasten die eben noch würdigen Autoritäten durcheinander, um die Noten zu erjagen – und es rollt ein Ballett ab wie in *Un Chapeau de paille d'Italie* oder *Le Million*.

Die Dekors des Films ließen eine abstrakte, unmenschliche und anonyme Arbeits-welt entstehen. Vollends irreal erscheint der Schluß des Films und die Evasion der beiden Freunde in ein mythisches, problemloses Vagabundendasein, wenn man hier nicht einen Hinweis auf den Parabelcharakter des Films erblicken will. Trotzdem spricht aus *A nous la liberté* der Geist der Revolte; dem Zuschauer wird eine eigene Stellungnahme abgefordert. Dies ist Clairs einziger Film, der sich gegenüber der so-zialen Wirklichkeit »engagiert« zeigt, und doch trägt dies Engagement spezifisch clair-sche Züge – Witz, Ironie, Distanzierung von sich selbst. Ein weiteres clairsches Thema, das dieser Film variiert, ist das der Freundschaft: die Freundschaft zwischen den beiden ehemaligen Gefangenen siegt am Ende über alle Versuchungen, einen schlechten Kompromiß mit den Verhältnissen zu schließen; sie bringt einen mensch-lichen Ton in den Film.

Von der komischen Fließbandsequenz aus *A nous la liberté* sollte sich später Chap-lin in *Modern Times* (1935) inspirieren lassen; René Clairs Produktionsgesellschaft, die *Tobis*, strengte deswegen einen Prozeß gegen Chaplin an, dem Clair sich aber nicht anschloß.

Quatorze juillet (Der 14. Juli, 1932) spielte wieder im Milieu der pariser »kleinen Leute«. Protagonisten der Story sind ein Blumenmädchen und ein Chauffeur, die erst nach mancherlei Verwirrungen und Interventionen der »Unterwelt« zusammenfin-den können; der Film erreichte nicht ganz den Rang von *Sous les toits de Paris*. René Clairs nächstes Projekt war eine politische Satire, *Le Dernier milliardaire* (Der letzte Milliardär, 1934), über die anmaßenden Amtshandlungen eines Pseudodiktators in einem fiktiven Kleinstaat. Die Produktion des Films wurde zunächst verschoben, da nach der Machtergreifung Hitlers das Sujet für die französische *Tobis*, Clairs bisherige Produktionsfirma, nicht mehr tragbar war. Als der Film dann doch noch bei einer anderen Gesellschaft herauskam, fiel seine Premiere gerade in die Zeit nach der Er-mordung des Königs von Jugoslawien; das Publikum reagierte gereizt und verärgert auf den Film, und *Le Dernier milliardaire* wurde ein totaler Mißerfolg.

Aus Enttäuschung über diesen Fehlschlag akzeptierte René Clair das Angebot Alex-ander Kordas, drei Filme in England zu drehen. Schon Clairs erster englischer Film, *The Ghost Goes West* (Ein Gespenst auf Reisen, 1935, nach der Novelle von Eric Keown, *Sir Tristram Goes West*), eine ironische Geistergeschichte, geriet zu einem ausgezeichneten Werk, in dem clairsche Elemente eine nahtlose Fusion mit schotti-schem Humor und einer Parodie des Amerikanertums eingingen. Auf einem schot-tischen Schloß geht ein Gespenst um. Erst als das Schloß den ruinierten Erben von reichen Amerikanern abgekauft und Stein für Stein in die USA transportiert wird, findet der Geist auf unerwartete Weise seine ersehnte Ruhe. Es gelang Clair, der spi-ritistischen Fabel den Stempel seiner Persönlichkeit aufzudrücken und die Personen des Films – einschließlich des Gespenstes – aus jener ironischen Distanz zu zeichnen, die das Charakteristikum seiner französischen Filme gewesen war. Clairs zweiter Film für Korda, *Break the news* (Heraus mit der Wahrheit, 1937), fiel weniger befriedigend aus, und die Arbeiten an einem Kinderfilm (*Air pur* – Reine Luft, 1939) wurden durch den Kriegsbeginn unterbrochen.

1940 unterzeichnete René Clair einen Kontrakt, der ihn nach Hollywood rief. *The Flame of New Orleans* (Die Abenteurerin, 1940), mit Marlene Dietrich in der Rolle einer falschen Gräfin, die einen Bankier heiraten möchte, aber dann mit einem Mississippi-Matrosen auf und davon geht, stieß in den USA auf kein Verständnis. Die beiden besten Filme, die René Clair während des Krieges in den USA drehte, waren *I Married a Witch* (Meine Frau, die Hexe, 1942) und *It Happened Tomorrow* (Es geschah morgen, 1943). *I Married a Witch* ist eine Gespenstergeschichte, die Themen aus *The Ghost Goes West*, aber auch aus *Le Fantôme du Moulin Rouge* abwandelt: Eine als Hexe verbrannte Frau kehrt auf die Erde zurück, um für ihren Tod Rache zu nehmen; doch ein versehentlich eingenommener Liebestrunk führt sie in die Bande der Ehe. *It Happened Tomorrow* dagegen erzählt die Geschichte eines Journalisten, dem rätselhafterweise die Abendzeitungen des kommenden Tages in die Hand fallen; in diesem Film steht das Komische und Burleske neben dem Makabren. *And Then There Were None* (Das letzte Wochenende, 1945) ist die Verfilmung einer Kriminalgeschichte von Agatha Christie, die zwar mit Intelligenz abgespult wird, dem Werk René Clairs aber nichts hinzufügt. Erst 1946 – nach zwölfjähriger Abwesenheit – sollte René Clair wieder nach Frankreich zurückkehren.

Jacques Feyder

Als René Clair 1934 Frankreich nach dem Mißerfolg von *Le Dernier milliardaire* verließ, kehrte aus den USA ein französischer Regisseur zurück, der bereits eine Reihe profilierter Filme in der Stummfilmzeit gedreht hatte: Jacques Feyder. Der Belgier Jacques Feyder (eigentlich Jacques Frédérix, 1888–1948) nahm schon in seinen ersten Filmen den Realismus einer späteren Periode vorweg. Sich distanzierend von einer zerebralen, in Gestaltungsprobleme verstrickten Avantgarde, entdeckte er in *Crainquebille* (1923, nach der Novelle von Anatole France) die konkrete, alltägliche Welt. *Crainquebille* brachte den »kleinen Mann« auf die Leinwand; aber nicht, wie in den Produkten Pathés, als Helden erbaulicher Auseinandersetzungen, sondern als Spielball autoritärer Gewalten, als erniedrigtes Opfer einer auf unerträglichen Privilegien beruhenden Welt. Feyder brillierte in der realistischen und pointierten Schilderung des pariser Vorstadtmilieus mit seinen Marktfrauen und ambulanten Händlern. Mit filmtechnischen Mitteln akzentuierte er die sozialen Konflikte der Handlung: in der Gerichtsverhandlung, die dem tumben und ahnungslosen Gemüsehändler Crainquebille eine Gefängnisstrafe einbringt, weil er einen Polizisten beleidigte, erhöht die Kamera das Tribunal zu übermächtigen Proportionen, während Crainquebille als verlorener Zwerg dasteht.

Seinen nächsten Filmen legte Feyder psychologische Themen zugrunde: *Visages d'enfants* (Kindergesichter, 1925) ist die delikat inszenierte Geschichte eines Jungen und seiner Stiefmutter, und in *L'Image* (Das Bild, 1926), nach einem Drehbuch von Jules Romains, suchen vier Freunde eine geheimnisvolle Frau aufzuspüren, deren Bild sie faszinierte. Nach *Gribiche* und *Carmen* (1926) fand Feyder in *Thérèse Raquin* (1928) wieder zur realistischen Inspiration von *Crainquebille* zurück. Der in

Deutschland (und mit einigen deutschen Darstellern) gedrehte Film komprimierte Zolas Handlung auf die Dimensionen eines Kammerspiels, dem Feyder durch eine subtile Beleuchtungskunst psychologische Intensität zu verleihen wußte.

Der ambitionierte und gewissenhafte Feyder war schon mehrfach mit der Filmindustrie in Konflikt geraten. 1926 schrieb er: »Es ist unwahrscheinlich, daß der Film im Rahmen des gegenwärtigen Wirtschaftssystems zu einer künstlerischen Entwicklung gelangt[5].« Feyders Filmkomödie *Les Nouveaux messieurs* (Die neuen Herren, 1929) wurde unvermutet zu einem Stein politischen Anstoßes. *Les Nouveaux messieurs* ging auf ein Bühnenstück von Robert de Flers und Francis de Croisset zurück, in welchem ein Gewerkschaftsführer plötzlich zum Minister aufsteigt und dabei höchst bourgeoise Angewohnheiten entwickelt. Auf der Bühne kam die satirische Zeichnung des Arbeiterfunktionärs nur den Auffassungen des konservativen Theaterpublikums entgegen. Im Film jedoch verschob sich mit einemmal der Sinn der Fabel. Die Ironisierung der reformistischen Haltung des Funktionärs schien die Standpunkte der radikalen Linken zu bestätigen. Dazu enthielt der Film einige scharf satirische Szenen – etwa den Traum eines schläfrigen Abgeordneten, vor dessen Augen sich das Parlament in eine Ballettarena voll Tänzerinnen verwandelte, eine Karikatur der Oper und die komisch-lächerliche Einweihung einer Arbeitersiedlung von Beamten in Zylindern. Die Zensur, die die politische Stabilität des Landes in Gefahr sah, verbot den Film wegen seiner angeblichen Propaganda und erlaubte die Wiederaufführung erst nach zahlreichen Schnitten und nach Einfügung eines mildernden Vorspanns. Später schrieb Jacques Feyder: »Dieser Film eröffnete mir ganz neue Einsichten in die soziale Bedeutung des Films[6].«

Feyders Aufenthalt in Hollywood brachte keine nennenswerten Ergebnisse. Seine fünf Filme, die er von 1929 bis 1931 in den USA drehte (darunter der letzte Stummfilm mit Greta Garbo: *The Kiss* – Der Kuß, 1929), besitzen keine Originalität; nach Feyders eigenem Zeugnis hätten sie auch von jedem anderen Regisseur hergestellt werden können.

Sein erstes persönliches Werk drehte Feyder wieder in Frankreich: *Le Grand jeu* (Das große Spiel, 1934). Im nordafrikanischen Milieu der Fremdenlegion spielt sich eine Intrige à la Pirandello ab: Ein junger Legionär begegnet einem Mädchen, das seiner früheren Geliebten zum Verwechseln ähnelt; doch als die beiden sich nach Marseille einschiffen wollen, taucht plötzlich die wirkliche Geliebte des Helden auf, die sich inzwischen aber gewandelt hat. Feyder ließ beide Frauenrollen von der gleichen Darstellerin spielen, unterlegte der einen aber eine andere Stimme. So blieb bis zum Schluß des Films ein ungewisses Zwielicht über die Identität oder Nichtidentität der zwei Frauengestalten. Seinen eigentlichen Reiz gibt dem Film die realistische Beschreibung des Legionärsmilieus: gescheiterte Existenzen vegetieren in trostlosen Baracken dahin; am Klavier singen Deutsche sentimentale Lieder von der Heimat. Besonders überzeugend wirkt die Figur einer kartenlegenden, phlegmatischen Bistro-Wirtin (eine der ersten Rollen Françoise Rosays). Feyders Vorliebe für Düsterkeit und seine desillusionierte Grundhaltung kündigten bereits die »schwarzen« Filme Carnés und Duviviers an.

Pension Mimosas (1935) bestätigte Feyders Neigung zur Charakterstudie und zum psychologischen Realismus. Im Mittelpunkt dieses Films stand die Person einer Adoptivmutter, die ihrem heranwachsenden Sohn allmählich andere als mütterliche Gefühle entgegenbringt. Ebenso sorgfältig wie die widersprüchlichen Empfindungen der Protagonistin analysierte Feyder das Milieu der vornehmen Pensionen, der Spielbanken und Kasinos – aus einem kritischen Blickwinkel wie Vigo in *Zéro de conduite*. *Pension Mimosas* endete wie *Le Grand jeu* pessimistisch und negativ: Während dort der desillusionierte Legionär verzweifelt sein ausweglosses Schicksal auf sich nimmt, bringt sich der Held von *Pension Mimosas*, wegen eines Mädchens in undeckbare Schulden geraten, am Schluß ums Leben, während die Geldscheine, die seine Schuld decken könnten, vom Wind emporgewirbelt werden.

La Kermesse héroïque (Die klugen Frauen, 1936) führte Feyder auf das Gebiet des Kostümfilms. Nach seinen ernsten Filmen zog es ihn nun zu einer Farce – freilich einer Farce in historischer Distanz. Dem Film lag eine Novelle zugrunde, die Charles Spaak 1925 geschrieben hatte und die im 17. Jahrhundert spielt: In einem flandrischen Dorf wird die Ankunft eines spanischen Herzogs und seines Gefolges gemeldet. Der Bevölkerung, die die Grausamkeiten der Spanier fürchtet, bemächtigt sich eine Panik; der Bürgermeister beschließt, sich für einige Zeit totzustellen; darauf organisiert die Bürgermeisterin im Verein mit den übrigen Frauen des Städtchens einen diplomatisch geschickten Empfang der Spanier, der alles zum besten kehrt. Der Film gefiel sich vornehmlich in der Ausbreitung verschwenderischer Kostüme und in der Entfaltung eines Dekors, das Lazare Meerson sorgfältig im Stil der holländischen Maler erbaut hatte und das Feyder durch Massenszenen und Volksaufläufe geschickt belebte. Doch hinter der malerischen Bildkomposition, die zuweilen ein wenig kühl und bemüht wirkt, zeichnet sich eine psychologische Satire ab, die Skeptizismus offenbart: die gewitzte Überlegenheit der Frauen über ihre unfähigen und passiven Männer verbirgt nur ihre Resignation über deren animalische Dummheit.

Feyder drehte *La Kermesse héroïque* im Auftrag der *Tobis* gleichzeitig in deutscher und französischer Version mit verschiedenen Darstellern; ebenso – nach einem englischen Film mit Marlene Dietrich, *Knight Without Armour* (Ritter ohne Waffen, 1937) – entstand in zwei Versionen *Gens du voyage (Fahrendes Volk*, 1938), ein Film über das Zirkusmilieu. Feyders weitere Filme, die er bis zu seinem Tode drehte – *La Loi du Nord* (Das Gesetz des Nordens, 1940) und der in der Schweiz entstandene *Une Femme disparaît* (Eine Frau verschwindet, 1942) –, bewiesen das sichere Metier des Regisseurs, standen aber nicht auf der Höhe seiner drei ersten Tonfilme.

Marcel Carné

Etwa um 1935 traten mehrere Regisseure, die freilich schon keine Unbekannten mehr waren, mit Filmen hervor, die eine neue Epoche des französischen Films einleiteten: Carné, Duvivier und Renoir. Ihre Werke kennzeichnete eine gemeinsame Grundhaltung, die mit »Realismus« nur ungefähr umschrieben ist: Bevorzugung der düsteren Seiten des Lebens, Sympathie für die Benachteiligten, Aufmerksamkeit gegenüber sozialen Problemen, speziell dem Konflikt zwischen Individuum und Gesellschaft, Situierung der Personen in einem spezifischen Milieu. Einige Filme dieser »Schule«, namentlich die Carnés, offenbarten ein unüberwindliches pessimistisches Lebensgefühl. Wenn die Regisseure der späteren dreißiger Jahre auch auf literarische Traditionen zurückgriffen, namentlich auf die Romantik und den Naturalismus, so spiegelte sich in ihren Filmen doch auch eine Reaktion auf die tiefgreifenden sozialen Konflikte, die – im Gefolge der Weltwirtschaftskrise – die inneren Widersprüche der Gesellschaft scharf hervortreten ließen. Für die Filme Carnés, Duviviers und Renoirs (wie auch für die französische Literatur der gleichen Zeit – für Bernanos, Céline,

Malraux) gilt, daß »die Geschichte der dreißiger Jahre eine Geschichte sozialer Kritik und der Radikalisierung der politischen Einstellungen ist« (A. Hauser)[7].

Marcel Carné (geb. 1909) erlernte sein Metier als Assistent von Jacques Feyder in *Les Nouveaux messieurs*; mit einer selbsterworbenen Kamera drehte er auf eigene Kosten einen impressionistischen Dokumentarfilm, *Nogent, Eldorado du dimanche* (Nogent, Eldorado des Sonntags, 1929), über die Sonntagsausflügler an den Ufern der Marne, der jedoch nicht mehr als einen Achtungserfolg im *Studio des Ursulines* erringen konnte. Von 1929 bis 1935 widmete sich Carné der Filmkritik und stellte zwischendurch zusammen mit Jean Aurenche und Paul Grimault kurze Reklamefilme her. Nach Feyders Rückkehr aus den USA assistierte er in *Le Grand jeu, Pension Mimosas* und *La Kermesse héroïque*. 1936 überließ Feyder seinem Assistenten die Regie eines Films, den er eigentlich selber drehen sollte: *Jenny* wurde Marcel Carnés erster Spielfilm und auch der erste, in dem Carné mit dem Dichter und Drehbuchautor Jacques Prévert zusammenarbeitete, der entscheidenden Einfluß auf Carnés Schaffen ausüben sollte. *Jenny* kann sich wegen eines stark melodramatischen Inhalts und reichlich klischeehafter Personen – eine Mutter rivalisiert mit ihrer Tochter um die Gunst eines jungen Mannes – noch nicht gleichrangig neben den späteren Filmen des Regisseurs behaupten; doch traten spezifische Themen Carnés, namentlich die verdichtete Darstellung des pariser Vorortmilieus, schon in diesem Film hervor.

Eine Meisterleistung wurde erst Carnés nächster Film *Drôle de drame (Ein sonderbarer Fall*, 1937) Jacques Prévert schrieb das Drehbuch nach einem Roman des Engländers Stover Clouston. Eine Reihe grotesker und exzentrischer Charaktere taucht im Verlauf einer absurden Fabel auf, in die sich satirische Züge mischen. Um sich dem Besuch eines lästigen Verwandten, des gefräßigen und frömmlerischen Bischofs Sloper, zu entziehen, täuscht die Frau eines ältlichen Biologieprofessors ihre Abwesenheit vor; aber plötzlich glaubt man an ihre Ermordung und holt die Polizei herbei. Die Intrige wird dadurch kompliziert, daß der harmlose Biologieprofessor gleichzeitig ein berühmter Autor von Kriminalromanen ist, dem Kramps, ein exzentrischer Verbrecher, den Tod geschworen hat. Doch geht es dem Film nicht in erster Linie um die Ausmalung des Absurden, sondern um die Erschütterung traditioneller Werte und um den subversiven Humor. Die frömmlerische Attitüde wird an der Person des nur scheinbar puritanischen Bischofs entlarvt; ebenso zielt die Satire auf die Borniertheit der Polizei. Ein subalterner Kommissar folgert vom Vorhandensein von Milchflaschen auf einen Mord: »Milch ist ein Gegengift; und wo Gegengift ist, da ist auch Gift!« Die Menge scheint aufgehetzt und verdummt; menschlich verhält sich paradoxerweise nur der Massenmörder Kramps, der die Fleischer tötet, weil sie die Tiere umbringen. *Drôle de drame*, dieser zur Zeit seiner Entstehung und auch später meist unterschätzte Film, enthält eine Reihe brillanter und pointierter Sequenzen, die zu den Anthologiestücken des filmischen Humors gehören.

Doch der eigentliche Carné-Stil mit seiner charakteristischen Düsterkeit und seinem Fatalismus kristallisierte sich erst in den folgenden Filmen des Regisseurs heraus. In ihnen formulierten Carné und Prévert ihr großes Thema: den tragischen Konflikt zwischen einer korrupten, egoistischen Welt und dem Anspruch des Individuums auf Glück. Carné und Prévert kreierten in ihren berühmtesten Filmen – *Quai des brumes* und *Le Jour se lève* – soziale Typen, die nicht nur den französischen Film jener Jahre kennzeichneten, sondern zugleich ein Lebensgefühl zum Ausdruck brachten: die Figuren des desertierten Legionärs und des einsamen Proletariers. Beide Figuren verschmolzen in der Darstellung Jean Gabins zu einem einzigen mythischen Bild: zum

Bild des Außenseiters, der nichts mehr mit dieser Welt zu tun hat, der zum Opfer ihrer unmenschlichen Gesetze wird und sich jedem Kompromiß mit ihr versagt.

Quai des brumes (*Hafen im Nebel*, 1938) ging auf einen Roman von Pierre Mac Orlan zurück, dessen Stoff Prévert jedoch gründlich umformte und von Paris nach Le Havre verlegte. Dort trifft nachts ein Deserteur ein, der ein Schiff sucht. In einer seltsamen Hafenbaracke, deren Wirt von seinen Erinnerungen an einen Panama-Aufenthalt schwärmt, begegnet er einem Mädchen, in das er sich verliebt; doch ihretwegen verstrickt er sich in Streit mit dem Adoptivonkel des Mädchens, einer dubiosen Figur, und einigen Ganoven der Unterwelt, deren Opfer er schließlich wird. Das alles spielt sich ab in einem nebligen Hafenklima, zwischen engen Straßen, Kaianlagen und Speichergeländen, während in der Ferne Dampfpfeifen ausfahrender Schiffe aufheulen – ein Symbol der unmöglichen Evasion.

Quai des brumes zeigte, wie später *Le Jour se lève*, eine in Gut und Böse geschiedene Welt. Der Gemeinheit, Feigheit und Unaufrichtigkeit der Bürger und Ganoven stand die Reinheit und Anständigkeit des Liebespaares Gabin-Morgan entgegen – eine Konstellation, die nur ausgedacht schien, um an ihr das Scheitern der »Guten« beweisen zu können. Dennoch gewann die Welt Carné-Préverts Beständigkeit und Überzeugungskraft, weil in ihr das »Gute« als Negation sichtbar wurde: nicht ihre Edelkeit oder ihr Selbstmitleid definiert die tragischen Helden Carné-Préverts, sondern ihr Rebellentum, ihre Auflehnung gegen eine korrupte Welt. Dazu paßt die genaue gesellschaftliche Charakterisierung der negativen Figuren – etwa des Onkels in *Quai des brumes:* er wird nicht etwa als ein Ungeheuer gezeichnet, sondern als ein prätentiöser Kleinbürger, der »große Musik und besonders religiöse Musik liebt« und sorgfältig den Konjunktiv anwendet. Auch die Ganoven, die Gabin aus Wut über ihre moralische Niederlage schließlich umbringen, sind in ihren typischen Allüren gekennzeichnet. Viel phantastischer dagegen die Typen in der Baracke »Panamas«: aber auch diese exemplifizieren letzten Endes soziale Haltungen; auch sie sind von der Gesellschaft Geschlagene – der philosophierende Maler, der sich das Leben nimmt, der exzentrische Wirt und der Clochard, der davon träumt, einmal in weißen Betten zu schlafen. In die Komik der Typenzeichnung mischt sich Bitterkeit und Protest – ein typischer Zug der Dichtung Préverts, der auch schon in *Drôle de drame* vorhanden war.

Nicht allein der gesellschaftskritische Charakter der Poetik Carné-Préverts aber bestimmt den Rang eines Films wie *Quai des brumes*, sondern auch die Qualität seiner Fotografie, die pointierten Dialoge, die zwischen Realismus und Irrealismus abgewogenen Dekors, die Musik, die Leistung der Darsteller, die Verwendung der Geräusche. Carnés Leistung war es, alle filmischen Formelemente zu einem dichten und präzis kontrollierten Stil zu verschmelzen. Dieser Stil gab Werken wie *Quai des brumes* oder *Le Jour se lève* ihre zwingende Einheitlichkeit; er spiegelte das Thema des Films zugleich auf mehreren Ebenen, wobei die »atmosphärische« Fotografie die Grundhaltung des Films gegenüber der Welt gleichsam unmittelbar in Rauch und Nebel, in Licht und Schatten artikulierte.

Daß das Schlagwort vom »poetischen Realismus«, mit dem man Carnés Filme zu belegen pflegt, nur bedingte Gültigkeit beanspruchen kann, bewies in noch stärkerem Maße *Le Jour se lève* (*Der Tag bricht an*, 1939). (Inzwischen hatte Carné 1938 einen anderen Film beendet, *Hôtel du Nord*, der nicht die dramatische und stilistische Einheit von *Quai des brumes* aufwies. Vermutlich lag das daran, daß Carné hier nicht mit Prévert, sondern mit den Szenaristen Henri Jeanson und Jean Aurenche zusammenarbeitete.) *Le Jour se lève* mit seiner Geschichte vom Proletarier, der einen

Rivalen umgebracht hat und sich nun vor der Polizei in seinem Dachzimmer verbarrikadiert – Prévert schrieb die Dialoge nach einer Idee von Jacques Viot –, besitzt einen mythischen Kern. Das wird deutlich in der Zeichnung der Personen, deren jede einer eigenen, abgeschlossenen Welt angehört; im Dialog, der dem Proletarier intellektuelle Formulierungen in den Mund legt, und nicht zuletzt auch in den Dekors; das hohe, einsam aufragende häßliche Mietshaus, dessen obersten Stock Gabin bewohnt, besitzt eine symbolische Funktion: es drückt sein Außenseitertum aus. Gabin mit seinen sparsamen Gesten, seinem abrupten Spiel ist die vollendete Inkarnation des Deklassierten, Benachteiligten, Ausgestoßenen; sein Rivale Jules Berry dagegen verkörpert die Unaufrichtigkeit und die Anpassung an die Welt (das klingt in seinem symbolischen Beruf an: als Hundedresseur gewöhnt er Kreaturen ihre Freiheit ab).

Im Grunde herrscht in *Le Jour se lève* und in anderen Filmen Carné-Préverts kein echter Realismus; vielmehr liegt ihnen ein gedanklicher Grundriß zugrunde, der dann in die Realität »übersetzt« wird. Dieser mythische Kern des Films, von dem aus er gestaltet ist, macht dessen »poetische« Qualität aus. Andererseits passen die Autoren des Films ihre mythische Grundkonzeption in realistische Formen ein. Die Protagonisten werden durch sozial typische Verhaltensweisen gekennzeichnet. In das Ressentiment Berrys gegen Gabin mischt sich die Verachtung des Höherstehenden gegen den Ungebildeten; Gabin wiederum wird als Arbeiter am Sandstrahlgebläse einer Gießerei eingeführt; seine Geliebte, das Blumenmädchen, lebt in einer kleinbürgerlichen Illusionswelt, die aus Postkarten von der Côte d'Azur besteht. Die autonome Liebe, die Gabin sucht, verweigert sich ihm aber – schon aus seiner Klassensituation heraus: »Liebesnächte ... das ist etwas für die Leute, die nichts zu tun haben«, bemerkt er einmal bitter. *Le Jour se lève* ist nicht, wie man oft behauptet hat, ein Film der Resignation, sondern ebensosehr ein Film des Protests und des Widerstandes. Was sich als Haltung im Bild Gabins verkörpert, das ist die Nichtanpassung an die Gesetze der bürgerlichen Welt und ihr Erfolgsstreben; noch in der Unterdrückung und der Niederlage hält Gabin der Idee der Menschlichkeit die Treue. Andererseits läßt die als endgültig hingestellte Opposition zwischen dem Helden und der Welt jenem keine Chance; sein Widerstand ist heroisch, absurd. Eine interessante Gegenfigur zu Gabin ist die femme fatale Arletty: Sie ist, das macht ihre Erscheinung deutlich, durch Erniedrigung und Enttäuschung hindurchgegangen und hat die Bedingungen der Welt in gewissem Maß akzeptiert; daher ihre bittere Gebrochenheit im Gegensatz zu der Unbedingtheit Gabins.

Seine formale Entsprechung findet das heroische Leitbild des Außenseiterhelden in der »schwarzen Poesie« der Carné-Filme. In *Le Jour se lève* ist es die Fotografie des kahlen Vorstadtplatzes im ersten Morgenlicht, die schwarz aufragende Silhouette der Fabrik – intensiv gestaltete Bilder wie diese bringen das Auseinanderklaffen von Ideal und Wirklichkeit des Lebens schmerzhaft zum Ausdruck, lähmen aber zugleich das Publikum, indem sie aus der Düsterkeit noch ästhetische Reize destillieren. Die »schwarze Poesie« stellt eine der wenigen Konstanten französischen Filmschaffens dar: sie ist schon in einigen Filmen der »Impressionisten« nachweisbar, so in Dellucs *Fièvre*, und findet sich heute wieder in den Filmen von Georges Franju. Sie gründet sich auf eine totale Weigerung, die Gesellschaftsordnung als verbindlich anzuerkennen, aber auch auf einen Sinn für Tragik: in der Ästhetik der »schwarzen Poesie« halten sich letztlich Revolte und heroische Resignation die Waage.

Eine entscheidende Dimension gewinnt *Le Jour se lève* aus seiner Erzählstruktur. Der Film baut auf dem klassischen System der Rückblenden auf, die hier aber so nahtlos mit dem Rahmengeschehen verschmolzen sind, daß ein Gleichgewicht der Erzählzeiten erreicht wird. Der Film beginnt mit der Ermordung Berrys durch Gabin, dem Anrücken der Polizei und der Belagerung des Hauses. Dann wird als Erinnerung eingeschaltet, wie die Geschichte begann: Man erlebt das Rencontre zwischen Gabin und dem Mädchen und seinen ersten Besuch in ihrem Haus; danach kehrt der Film wieder in das von der Polizei belagerte Dachzimmer zurück, vor dessen zersplitterte Tür Gabin einen schweren Schrank schiebt. Jede Überblendung, die Gabin aus seiner Gefangenschaft für kurze Zeit freigibt, erinnert schmerzlich an den Verlust der Freiheit; und jedes Zurückkehren ins enge, verrammelte Zimmer ist wie eine Antwort und ein Kommentar zum gerade vorangegangenen Geschehen; jedesmal erscheint Gabin in einem neuen Licht, eine neue Seite seines Innern wird sichtbar. Die formale Einheit, die der Film aus seiner dramaturgischen Struktur gewinnt, seine moralistische Grundhaltung und seine bittere, prévertianische Würze lassen *Le Jour se lève* heute noch weit lebendiger erscheinen als etwa die vielbesungenen *Les Enfants du paradis*, die Carné 1945 drehte – ein Film, der gegenüber der Wirklichkeit viel unverbindlicher bleibt.

Julien Duvivier

Im Werk Duviviers finden sich, wenn auch in einer weniger »reinen« Ausprägung, ähnliche Züge wie bei Carné. Julien Duvivier (geb. 1896), der bis heute weit über fünfzig Filme realisiert hat, besitzt nicht die künstlerische Persönlichkeit Carnés oder René Clairs; seine Stärke ist die sichere Beherrschung des Metiers, die ihn nicht eben selten zum Kommerzialismus hat abgleiten lassen. Doch spiegeln seine Filme die dominierenden Tendenzen der Epoche; besonders in den dreißiger Jahren schuf er Werke von künstlerischem Rang.

Schon in der Stummfilmzeit drehte Duvivier etwa zwanzig Filme, die aber kaum Erwähnung verdienen. Sein erster Tonfilm, *David Golder* (1930), erregte Aufsehen durch wagemutige Anwendung der Tontechnik. *Poil de Carotte* (Rotfuchs, 1933), nach dem Roman von Jules Renard, den Duvivier übrigens 1925 schon einmal verfilmt hatte, fesselte durch das unbekümmerte und graziöse Spiel der kindlichen Interpreten und durch eine Fotografie, die sich landschaftlichen Reizen aufgeschlossen zeigte. *La Bandera* (1935) und *Pépé le Moko* (1936) waren Abenteuer- und Gangsterdramen im nordafrikanischen Milieu, die konventionelle Intrigen durch sorgfältige und originelle Ausführung interessant machten; im Mittelpunkt beider Filme stand Jean Gabin; sie spiegelten deutlich jene fatalistische Romantik, die auch ins Werk Prévert-Carnés eingegangen ist.

Besonders kennzeichnend für seine Zeit war Duviviers 1936 entstandener Film *La Belle équipe* (Zünftige Bande). Aus diesem Werk sprachen die optimistischen Strömungen der Volksfrontzeit und das Ideal kollektiver Zusammenarbeit. Fünf Arbeitslose gewinnen in der Lotterie. Sie beschließen, den Gewinn gemeinsam auszuwerten, indem sie zusammen ein Ausflugslokal an der Marne, eine »guinguette«, einrichten und als Kooperative bewirtschaften. Doch die Kameraderie, die die fünf anfangs noch verbindet, ist nicht von Dauer; private Eifersucht stellt sich ein, und am Schluß hat das »schmutzige Leben« doch wieder die Oberhand und treibt die letzten Freunde auseinander. Die Bitterkeit des Films kommt, abgesehen von den Schlußsequenzen, nur heimlich zum Ausdruck; sonst herrschen hier Fröhlichkeit, Begeisterung und Humor, und Duvivier gelang es, einen volkstümlichen Realismus mit vielen gelungenen Typenporträts zu entfalten; besonders gilt das für die Szenen, die die fünf noch in einem schäbigen Hotel wohnend zeigen. Das Drehbuch des Films wies einige Unebenheiten auf; trotzdem ist *La Belle équipe* der lebendigste und im Thema interessanteste Film Duviviers geblieben.

Un Carnet de bal (Spiel der Erinnerung, 1937) hatte großen Erfolg, weil Duvivier hier zum erstenmal die Formel des Episodenfilms erprobte: Eine Frau blättert in ihren Ballerinnerungen und sucht noch einmal ihre alten Bekanntschaften auf. Der Film zeigte ein sehr ungleiches Niveau der Episoden, von denen einige ärgerlich sentimental wirkten; sein Pessimismus geriet wiederholt zur ästhetischen Pose. Bemerkenswert war das Porträt Louis Jouvets als aristokratischer Gangster im Frack. *La Fin du jour (Lebensabend*, 1938) beschrieb das Leben alter Schauspieler in einem Heim; Michel Simon und Louis Jouvet standen im Mittelpunkt des Films, der sein Thema aus dem Kontrast zwischen wirklichen und angenommenen Rollen der Personen entwickelte.

1939 verließ Duvivier Frankreich und ging in die USA, wo er bereits 1937 *The Great Waltz (Der große Walzer)* gedreht hatte. Er verstand sich ohne Schwierigkeiten den industrialisierten Fertigungsmethoden Holywoods anzupassen. Erfolgreich beutete er das Schema von *Un Carnet de bal* in mehreren amerikanischen Episodenfilmen aus, die allerdings kaum der Erwähnung wert sind. 1946 kehrte Duvivier nach Frankreich zurück.

Jean Renoir

Muß man in René Clair einen Stilisten und Ironiker und in Carné einen sich realistisch gebenden Romantiker sehen, so vermag nur Renoir eigentlich als Realist zu gelten. Seine Filme zeigen nicht allein soziales Engagement, sondern auch Einsicht in gesellschaftliche Zusammenhänge. Sie fixieren Typen. Situationen und Konflikte aus der Gegenwart; in ihrer Gestaltung, obgleich persönlich und souverän, sensibel, oft impressionistisch, triumphiert doch nie Subjektivität über die Wirklichkeit, wie bei Carné. Im Werk Renoirs fand der französische Film der Vorkriegsjahre seinen reifsten und fortgeschrittensten Ausdruck.

Jean Renoirs (geb. 1894 als Sohn des Malers Auguste Renoir) Anfänge standen noch im Zeichen der Avantgarde. Renoir, der zunächst Keramiker werden wollte, gelangte zum Film unter dem Eindruck Chaplins und Mosshuchins und durch seine Freundschaft mit Alberto Cavalcanti. Die Ideale der »impressionistischen« Avantgarde und ihre Technik spiegeln sich noch in den Bildern aus Renoirs erstem Film, *La Fille de l'eau* (Das Mädchen vom Wasser, 1924). Bekannter ist *La Petite marchande d'allumettes* (Die kleine Streichholzverkäuferin, 1928), die poetisch-puppenhafte Filmwiedergabe des Märchens von Andersen in einer künstlichen Dekorationswelt. Im Mittelpunkt beider Filme stand die Schauspielerin Catherine Hessling, Renoirs Frau.

Die zerebrale Phantastik der Avantgarde lag Renoirs Temperament jedoch auf die Dauer wenig. Schon bald wandte er sich von dem Irrealismus seiner ersten Filme ab. *Nana* (1926), nach dem Roman von Emile Zola in deutschen Studios gedreht, ist zwar immer noch weit von der exakten Milieuschilderung entfernt, wie sie Renoir später entwickeln sollte und wie sie zur gleichen Zeit auch schon Feyder in *Crainque-*

bille demonstrierte. Neben einem Rest theaterhafter Stilisierung trat aber in *Nana* schon das Interesse Renoirs an psychologischer Wahrhaftigkeit der Personenzeichnung hervor.

Nana erschöpfte die finanziellen Mittel, aus denen Renoir bisher selbst die Produktion seiner Filme bestritten hatte. Für eine Zeit mußte er sich in den Augen der Produzenten »bewähren«; aus den Jahren 1928–1931 datieren daher eine Reihe minder bedeutender Filme: *Tire-au-flanc* (Drückeberger, 1928), *Le Tournoi* (Das Turnier, 1929); *On Purge bébé* (Baby bekommt ein Abführmittel, 1931) war Renoirs erster Tonfilm. Aber erst in *La Chienne* (Die Hündin, 1931) hatte Renoir Gelegenheit, wieder einen Film ganz nach seinen Wünschen zu gestalten. Die unverbindliche Vorlage des Erfolgsautors La Fourchadière verarbeitete er zu einem bitter-pessimistischen Kleinbürgerdrama, das später zum oft zitierten Vorbild des »film noir«, des »schwarzen« Films, erhoben wurde: Ein vertrottelter, sonntagsmalender Bankkassierer, der unter dem Pantoffel seiner megärenhaften Frau steht, verliebt sich in ein junges Mädchen zweifelhafter Abkunft, das indessen nur auf seine Bilder erpicht ist und ihn betrügt. Als der Alte das Spiel durchschaut, nimmt er blutige Rache; zum Clochard geworden, muß er zusehen, wie eines seiner Bilder von reichen Kunden aus einer Kunsthandlung abtransportiert wird. Aus der Milieuschilderung des Films spricht ebensoviel Liebe wie Grausamkeit, auf jeden Fall aber Sensibilität und Beobachtungsgabe; Katzen, Biergläser und Rinnsteine voller Papierfetzen, stickige, überdekorierte Salons sind der Hintergrund, vor dem sich behäbige Conciergen und andere Volkstypen bewegen.

Die folgenden Filme Renoirs muß man wieder mehr als Gelegenheitsarbeiten ansehen: *La Nuit du carrefour* (Die Nacht an der Kreuzung, 1932), *Chotard et Cie* (1933), *Madame Bovary* (1934). Zu Unrecht der Vergessenheit anheimgefallen ist jedoch die Farce *Boudu, sauvé des eaux* (Boudu, aus dem Wasser gerettet, 1932). Hinter dem Anschein einer freundlich-humorvollen bürgerlichen Idylle spürt man hier den Geist anarchischer Unruhe. Ein versponnener pariser Antiquar rettet den Clochard Boudu aus der Seine, nimmt ihn in sein Haus auf, erduldet alle durch den ungebärdigen Gast provozierten Mißgeschicke und will Boudu schließlich mit dem Dienstmädchen verheiraten. Doch kurz vor der Hochzeit entzieht sich der Bräutigam dem geregelten Dasein und optiert erneut für das zwar unbequeme, aber freiheitliche Vagantentum. Wieder spielt Michel Simon, wie in Vigos *L'Atalante*, einen bärtig-zerzausten Faunstyp, und wiederum liegt der besondere Reiz des Films in seiner Milieuschilderung, in den naturalistisch genau verzeichneten ironischen Randdetails. Aber der romantische Triumph der Freiheit am Schluß verrät, wo Renoirs Sympathien in diesem Film liegen. Hier deutete sich ein freilich noch unartikulierter gesellschaftskritischer Standpunkt an.

Einen Film wie *Toni* (1935), der zu den besten Renoirs gehört, muß man aus der Atmosphäre sozialer Kämpfe verstehen, die zur Entstehungszeit dieses Films in Frankreich herrschte. Streiks, Ministerkrisen, Manifestationen leiteten den großen Linksrutsch ein, der 1936 zur Bildung einer Volksfrontregierung aus Sozialisten, Liberalen und Kommunisten führte. Jean Renoir, der aus seiner Sympathie für die »Niederen« und Ausgebeuteten nie ein Hehl gemacht hatte, zögerte nicht, die in der Luft liegenden Themen aufzugreifen. In *Toni* fand Renoir zu seinem eigentlichen Stil. Der Film erzählt die Geschichte eines italienischen Fremdarbeiters, wie sie damals mit jedem Zug in der Provence eintrafen. Wenngleich diese Geschichte auch melodramatische Grundzüge trägt und sich im wesentlichen um komplizierte Liebeskonflikte dreht, so greifen doch reale Elemente in sie ein: Der autoritäre Vorarbeiter Albert

King Vidor
The Crowd
(Die Menge)
1928

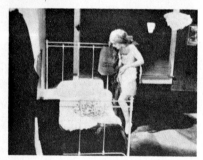

Erich von Stroheim
Greed
(Gier)
1924

Charles Chaplin
**The Circus
(Der Zirkus)**
1928

163

Buster Keaton und
Clyde Bruckman
**The General
(Der General)**

1926

Fritz Lang
M
1930

Josef von Sternberg
Der Blaue Engel
1930

Slatan Dudow
Kuhle Wampe
1932

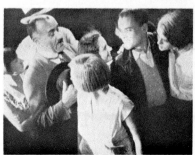

Jean Vigo
**Zéro de conduite
(Betragen ungenügend)**
1933

René Clair
A nous la liberté
(Es lebe die Freiheit)
1931

Marcel Carné
**Quai des brumes
(Hafen im Nebel)**
1938

Jean Renoir
**La Règle du jeu
(Die Spielregel)**
1939

Georgi und Sergej Wassiliew
Tschapajew
1934

Lewis Milestone
**All Quiet on the Western Front
(Im Westen nichts Neues)**
1930

Walt Disney
Skeleton Dance
(Skelett-Tanz)
1929

Frank Capra
**Mr. Deeds Goes to Town
(Mr. Deeds geht in die Stadt)**
1936

John Ford
**The Grapes of Wrath
(Die Früchte des Zorns)**
1940

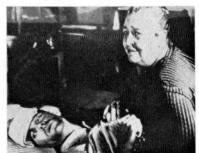

vergewaltigt im Steinbruch eine spanische Arbeiterin und zwingt sie, ihn zu heiraten; ein französischer Grundbesitzer, der vorher schon gegen die »ausländische Invasion« wetterte, erschießt Toni, den Helden des Films, der zu Unrecht eines Verbrechens verdächtigt wird. Marcel Pagnol, der Produzent dieses Films, stand mit seinen Volkstypen und mit seiner Betonung des meridionalen Milieus in *Toni* Pate. Aber Renoir gelang es, diese Volkstypen weit über die Unverbindlichkeit hinauszuführen, die sie in den Filmen Pagnols – *Marius* (1931, Regie Alexander Korda), *Fanny* (1932, Regie Marc Allégret) und *Angèle* (1934, Regie Pagnol) – bei allem Charme und aller Vitalität doch besaßen. Während Pagnol den Film nur als ein Mittel zur Konservierung seiner eigenen Theaterstücke ansah, situierte Renoir seine Geschichte nicht nur in der Gesellschaft, sondern auch in der spezifischen Natur und Landschaft der Provence. Der Stil von *Toni* gleicht dem einer dokumentarischen Chronik; deswegen hat man diesen Film oft als einen Vorläufer des italienischen Nachkriegsrealismus bezeichnet.

Jacques Prévert schrieb das Drehbuch zu *Le Crime de Monsieur Lange* (Das Verbrechen des Herrn Lange, 1936). Dieser Film zeigt noch verstärkt die sozialkritische Thematik und das Klassendenken von *Toni*. Die Story dreht sich um eine Hinterhofwäscherei und einen dubiosen Druckereibesitzer. Der Druckereibesitzer, Herr Batala, produziert »Arizona-Bill«-Hefte, deren Autor – den bescheidenen Amateurschriftsteller Lange – er unverschämt ausnutzt; als sein Betrieb in Konkurs geht, verschwindet er plötzlich, worauf die Arbeiter den Betrieb als Kooperative weiterführen. Plötzlich taucht Batala wieder in der Verkleidung eines Priesters auf; Lange, der die Kooperative gefährdet sieht, erschießt ihn. Bei all ihrer Realistik besaß diese Geschichte symbolische Untertöne: Batala, der als Inkarnation gewinnsüchtiger und skrupelloser Gemeinheit erscheint (und auch – eine Parallele zu *Le Jour se lève* – von dem verkniffen lächelnden Jules Berry gespielt wird), vertritt das kapitalistische Besitzbürgertum, das die soziale Revolution zu torpedieren sucht; typisch sein Wiederauftauchen, nachdem man ihn bereits für tot hielt, in der Verkleidung eines Priesters, und eine spezifisch prévertianische Ironie, den falschen Priester Batala, als er von Langes Kugel getroffen ist, nach einem echten Priester rufen zu lassen; der Mord an Batala ist symbolisch, ebenso wie das Niederreißen einer Reklamewand, die einer Wohnung Licht und Luft wegnahm. Trotz einzelner makabrer Szenen ist der diesem Film zugrunde liegende soziale Optimismus bemerkenswert. Renoir dokumentierte sein Talent in der lebendigen Gestaltung des Films, im veristischen Gestus der Darsteller, in der pointierten Milieuzeichnung.

Le Crime de Monsieur Lange blieb der einzige Film, bei dem Jacques Prévert und Jean Renoir zusammenarbeiteten. Nach *La Vie est à nous* (Das Leben gehört uns, 1936), einem kurzen Propagandafilm, den er für die kommunistische Partei gedreht hatte, versuchte Renoir sich an einer modernisierten Version von Gorkis *Nachtasyl: Les Bas-fonds* (1936). Die Transposition des Stoffes ins französische Milieu scheint nicht ganz gelungen und betont nur die Bizarrheit der Figuren. Louis Jouvet, als bankrotter Graf inmitten der Misere stets auf Wahrung seines aristokratischen Ansehens bedacht, kann zwar in geschliffenen Wendungen brillieren, weniger aber den Gehalt des gorkischen Stückes interpretieren.

Humanitäres Pathos und Verständigungsappell über die sich abzeichnenden politischen Fronten hinweg sprachen aus *La Grande illusion* (Die große Illusion, 1937). Im Verlauf einer Handlung aus dem Ersten Weltkrieg stellten Renoir und der Szenarist Charles Spaak einem deutschen Junker (Erich von Stroheim) drei französische Kriegsgefangene gegenüber. Der soziale Blick Renoirs bewies sich im Hervorheben der

»Klassenfronten« innerhalb einer Armee. Der pazifistisch angelegte Film wird indessen in ein zweideutiges Licht gerückt durch die sentimental verklärende Zeichnung des deutschen Offiziers als Repräsentant einer untergehenden Aristokratie.

In *Une Partie de campagne* (*Eine Landpartie*, 1937) zeigte sich wieder ein anderer Renoir – nicht der um Klassenunterschiede bemühte Sozialkritiker, sondern der Nachfahre der impressionistischen Malergeneration. In seiner Bearbeitung der Novelle Maupassants, die aus Finanzierungsschwierigkeiten unvollendet blieb und erst 1946 als Fragment aufgeführt wurde, setzte Renoir vor allem die Beschreibungskunst des Autors in subtile filmische Assoziationen um: ein stiller Flußlauf, schwankende Zweige, die flimmernde, lastende Mittagshitze, das alles wird in Bildern lebendig, die die spezifischen Werte französischer Landschaft einfangen. Dem atmosphärisch reizvollen Bilderbogen mangelt es auf der anderen Seite auch nicht an satirischen Elementen und an drastischem Humor. Auf den Spuren Maupassants variierte dieser Film das Thema der unmöglichen Liebe, das so viele Filme der dreißiger Jahre beschäftigte.

La Marseillaise (1938) nimmt insofern eine Ausnahmestellung im Werk Jean Renoirs ein, als dieser Film von der Volksfrontregierung in Auftrag gegeben und mit Gewerkschaftsmitteln finanziert wurde. Der Film will ein Panorama der Französischen Revolution in Paris und Marseille entwerfen. Überschwengliche Verherrlichung der Revolutionäre von 1789, Patriotismus und eine fast Stroheimsche Geißelung der Monarchie mischen sich hier mit Genreszenen aus dem marseiller Schiffermilieu. Trotz einiger filmischer Bravourstücke lag Renoir das episch-historische Genre weniger; der Realismus des Details, an den er gewöhnt war, zerstörte die Distanz, die das Geschehen verlangte.

La Bête humaine (*Bestie Mensch*, 1938), nach dem Roman von Zola, ist derjenige von Renoirs Filmen, der in Detailmalerei und Handlungsführung am meisten dem naturalistischen Ideal gerecht wurde. Ein besonderes »Klima« vermitteln die leitmotivisch wiederkehrenden, von schwärzlichem Rauch erfüllten Gleisschluchten des pariser Bahnhofs St-Lazare. Der Film enthält viele dokumentarische Szenen; am Beginn der Handlung steht die virtuos und dynamisch aufgenommene Fahrt einer Lokomotive von Le Havre nach Paris. Renoir drängt das Thema der Trinkerkrankheit gegenüber dem Roman stark in den Hintergrund, wenngleich er es nicht eliminiert. Jean Gabin spielt einen wortkargen und proletarischen Lokomotivführer, den sein Schicksal in den Tod treibt; aus Gabins Erscheinung spricht wieder das heroische Leitbild von *Quai des brumes* und *Le Jour se lève*. Doch verstand es Renoir, seinen Helden sozial genau zu charakterisieren; der Schilderung des Arbeitsalltags bei den Eisenbahnern wird breiter Platz eingeräumt, und die Szenen zwischen Gabin und seinem Heizer in der Kantine und auf dem Eisenbahnerball gehören zu den überzeugendsten des Films. Gegenüber der virtuosen filmischen Ausführung fallen allerdings die Schwächen des Drehbuchs auf.

Kurz vor Ausbruch des Krieges erschien *La Règle du jeu* (Die Spielregel, 1939) in den französischen Kinos. Dieser vielschichtige Film, der zunächst auf Unverständnis stieß, bezeichnet den Höhepunkt in Renoirs Schaffen und zugleich die bedeutendste Leistung des französischen Vorkriegsfilms. Renoir nennt *La Règle du jeu* im Vorspann ein »Divertissement«; in seiner Handlungsführung hat der Film viel gemein mit den Komödien von Musset, Marivaux und Beaumarchais. Aber hinter einem komplizierten Spiel der Verwechslungen und der Wahlverwandtschaften verbirgt sich eine Gesellschaftssatire von verzweifelter Bitterkeit. Aristokraten geben auf ihrem Landschloß ein Fest; dabei läßt Renoir die Intrigen der Herrschaft sich mit denen der Dienerschaft zu einem absurden Ballett der Leidenschaften überkreuzen, das deutlich macht, wie wenig die Welt der Höheren von der der Niederen unterscheidet.

Renoir spricht es nicht nur in den Verschachtelungen des Geschehens, sondern direkt in den tiefenscharf komponierten Bildern seines Films aus: Aristokratische Vornehmheit und Impassibilität ist nur eine Fassade, die Fassade eines Lebens der Inhaltlosigkeit und der Nichtigkeit, das die »Spielregel« erfand, um sich vor sich selbst zu täuschen. Diese Spielregel, eine Disziplin, die über jedem Augenblick wacht, ist die gesellschaftlich sanktionierte Lüge. Der Film fixiert einen Moment, in dem diese Regel durchbrochen wird, die Personen sich ihren Impulsen überlassen und die Leidenschaften augenblickslang emporschlagen. Während des Festes erzwingt der Flieger Jurieux ein Liebesgeständnis von Christine, der Frau des Grafen, und schlägt sich mit ihrem Mann, während der eifersüchtige Hausdiener Schumacher den Jagdhüter Marceau durchs ganze Haus jagt. Am Ende des Festes, durch einen doppelten Austausch der Kostüme genarrt, erschießt Schumacher Jurieux; aber jeder glaubt, daß der Graf sich an seinem Rivalen gerächt habe. Man täuscht einen Unfall vor, ein alter General rühmt die »Haltung« des Grafen, und die Gesellschaft kehrt wieder zur »Spielregel« zurück; dieser Szene unterlegte Renoir eine Musik von Mozart. Die dramatischen Auseinandersetzungen des Films kündigen sich schon in einer seiner meisterhaftesten Sequenzen an: der Treibjagd im Bezirk von Sologne. Kalt und brutal wird das Wild in der sumpfigen Ebene vor die Gewehre gelangweilter Jäger getrieben. Deutlicher konnte die Monstrosität des Zeitvertreibs, dem sich diese Gesellschaft hingibt, kaum gezeigt werden. Mit der Grausamkeit der Vorgänge stand die sensible, atmosphärische Landschaftsschilderung Renoirs in einem eigenartigen Kontrast.

La Règle du jeu war ein Meisterwerk – sowohl in seiner filmischen Form wie in seiner souverän vermittelten gesellschaftlichen Einsicht. Daneben manifestierte sich in La Règle du jeu ein neuartiger Realismus, der die Montage verschiedener Einstellungen, also die »Auswahl« des Materials durch den Regisseur, durch komplizierte Kamerabewegungen und durch systematische Tiefenschärfe des Bildes ersetzte – ein Stil, den Regisseure wie Wyler, Welles und Antonioni vervollkommnen sollten.

Nach einem abgebrochenen italienischen Film, Tosca, den der deutsche Regisseur Karl Koch 1940 beendete, ging Jean Renoir nach Hollywood. Dank seiner Anpassungsfähigkeit gelang es ihm, in den USA Fuß zu fassen; trotzdem bedeutet seine amerikanische Periode für ihn einen gewissen Abstieg. Eine Ausnahme bildet nur The Southerner (Der Mann aus dem Süden, 1945), die realistisch erzählte Geschichte eines Farmerehepaares, das sich gegen Schwierigkeiten in einer neuen Umgebung durchsetzen muß – ein Film, der nach Thema und Ausführung von John Ford stammen könnte; in The Diary of a Chambermaid (Das Tagebuch eines Zimmermädchens, 1946) wird die französische Aristokratie aus der Perspektive eines Dienstmädchens gesehen. Jean Renoir fand erst spät wieder nach Frankreich zurück; seine letzten Filme sind nur mehr ein Abglanz seines Vorkriegswerks.

Der Aufstieg des britischen Spiel- und Dokumentarfilms

Seit 1916 besaßen die Amerikaner die fast absolute Herrschaft über den britischen Filmmarkt. Die ganzen zwanziger Jahre hindurch produzierten englische Gesellschaften jährlich kaum mehr als fünfundzwanzig Spielfilme, deren Renommee, von wenigen Ausnahmen abgesehen, im Ausland und in England gleich gering war. Fünfundneunzig Prozent der Spieltermine in englischen Filmtheatern wurden von amerikanischen Filmen belegt.

Den Forderungen der einheimischen Filmindustrie nach verbesserten Wettbewerbsbedingungen trug das Unterhaus 1927 durch die Verabschiedung des ersten *Cinematograph Film Act*, auch *Quota Act* genannt, Rechnung. Darin wird das Blind- und Blockbuchungssystem, das Filmtheater zur Abnahme unbekannter und unerwünschter Filme zwang und ausnahmslos den amerikanischen Großverleihern zugute kam, verboten, und nach deutschem und italienischem Vorbild wurde Verleihern wie Theaterbesitzern eine »Quote« auferlegt: Sie mußten einen bestimmten Prozentsatz ihres Programms Filmen britischer Herkunft einräumen. Dieser betrug für 1928/29 siebeneinhalb, er stieg bis 1935/36 auf zwanzig an. Teilweise bewirkt durch die Quota-Akte, teilweise unter dem Einfluß des Tonfilms, der das Publikum von Filmen mit ausländischem Idiom abhielt, erlebte die britische Filmindustrie ab 1928 einen Boom. Wurden 1926, in dem Jahr vor Verabschiedung der Akte, nur sechsundzwanzig Spielfilme produziert, so stieg die Zahl schon 1927, noch vor dem Inkrafttreten des Gesetzes, auf achtundvierzig, 1929 auf hundertachtundzwanzig, 1932 – nach einem kurzen, durch die Wirtschaftskrise bewirkten Rückgang – auf hundertdreiundfünfzig. 1934, als hundertneunzig Filme gedreht wurden, räumten die Filmtheater einheimischen Filmen bereits doppelt soviel Termine ein, wie das Gesetz verlangte. Seinen Höhepunkt erreichte der Boom 1937 mit einer Jahresproduktion von zweihundertfünfundzwanzig Filmen, die auf der Welt zu dieser Zeit nur von den Vereinigten Staaten übertroffen wurde.

Im selben Jahr begann sich aber auch der Scheincharakter der Blüte bemerkbar zu machen. Der Boom hatte viele Abenteurer angelockt, die billigen Kredit für teure Filme fanden, deren Absatz dann Schwierigkeiten bereitete. Ihre Filme, die sich ohne Export nicht amortisierten, spielten die Produktionskosten nicht ein. Hinzu kam, daß ausländische Verleiher, um die Bestimmungen der Quota-Akte zu erfüllen, billige Filme als »englisches Erzeugnis« herstellten, sogenannte »Quota Quickies«, deren Minderwertigkeit den Ruf des englischen Films untergrub. Im rapiden Absinken der Produktionszahlen – von zweihundertfünfundzwanzig (1937) auf hundertsechzehn (1938) und hundertdrei (1939) spiegelte sich die Krise.

Der Spielfilm in der »Ära Korda«

Glanz und Niedergang des britischen Vorkriegsfilms sind aufs engste verbunden mit dem Namen des Produzenten und Regisseurs Alexander Korda. Dieser gebürtige Ungar verstand es, den englischen Film internationalen kommerziellen Standards anzupassen. Alexander Korda (1893–1958) hatte zuerst in Ungarn gearbeitet, dann in Deutschland *(Der unbekannte Morgen*, 1923), den USA *(The Private Life of Helen of Troy* – Das Privatleben der Helena von Troja, 1928) und Frankreich *(Marius*, 1931) Filme von unterschiedlichem Wert inszeniert. In eigener Produktion drehte er 1933 in England *The Private Life of Henry VIII (Das Privatleben Heinrichs VIII.)*. Der Film wurde zu einem der größten Erfolge der englischen Filmgeschichte und fand als erster englischer Tonfilm seinen Weg in kontinentale und amerikanische Kinos. Wie die meisten Sensationserfolge, so basierte auch dieser auf einem wohldosierten Verstoß gegen eingeschliffene Formeln und geheiligte Traditionen. Seitdem Lubitsch in Hollywood vergeblich versucht hatte, das von ihm in Deutschland um 1920 begründete Genre des historischen Ausstattungsfilms durchzusetzen, galt es als unpopulär; Korda begründete indessen seinen Erfolg auf der Imitation des alten Lubitsch-Stils. Selbst das Thema entlehnte er einem Film seines Lehrmeisters aus dessen deutscher Periode, der *Anna Boleyn* von 1921. Er zeigte, gleich Lubitsch, dem »Great Humanizer of History«, ein Stück Geschichte aus der Kammerdienerperspektive. Das »Epos der königlichen Bettlaken« (J. Grierson[8]) wurde von Korda mit einem Talent zum Schaueffekt und zur ironischen Untertreibung erzählt, die des Vorbildes würdig waren. Nicht wenig trugen die opulenten Bauten und Kostüme und die elegante Fotografie – für sie hatte sich Korda den Franzosen Georges Périnal engagiert – zum Erfolg des Films bei. Indem er einen britischen Monarchen als mehrfachen Mörder darstellte, rührte Korda zwar stärker an nationale Tabus, als ein englischer Regisseur es vermutlich gewagt hätte. Eine zeitgenössische Kritik warf ihm vor, »eine große Zeit zu schmähen, einen großen König zu karikieren und jedes geeignete Mittel zu benutzen, britische Institutionen und Ideale lächerlich zu machen«[9]. Solche Stimmen blieben indessen vereinzelt. Kordas »Nonkonformismus« ging nur genau so weit, wie er vom herrschenden Bewußtsein noch ironisch hingenommen werden konnte. Dafür, daß er nicht in offenen Widerspruch zur offiziellen Ideologie geriet, sorgte er, indem er noch dem Ungeheuerlichen einen Aspekt des Menschlichen und Großartigen abgewann.

Den Erfolg seines ersten englischen Films suchte Korda mit einer Reihe weiterer »Private Lives« zu wiederholen, wie einem *The Private Life of Don Juan* (1934) und einem *Rembrandt* (1936) unter eigener Regie. Andere Regisseure unternahmen es, teilweise unter seiner Produktionsleitung, seine Formel zu imitieren, so Paul Czinner mit *Catherine the Great (Katharina die Große*, 1934), Harold Young mit *The Scarlet Pimpernel (Das dunkelrote Siegel*, 1935), Herbert Wilcox mit *Victoria the Great (Königin Viktoria*, 1937). Keiner der Filme erreichte indessen entfernt die Besucherzahlen des ersten Streifens der Serie. Die erheblichen Produktionskosten der Ausstattungsfilme fraßen allmählich das gesammelte Kapital der Korda-Produktion wieder auf. 1939 verließ er England zum erstenmal wieder, nicht reicher, als er es 1933 betreten hatte. Er arbeitete während des Krieges in Hollywood und kehrte 1945 nach England zurück. Am zweiten Boom des britischen Films, unmittelbar nach Kriegsende, nahm er mit dem gleichen Resultat teil wie an dem der Vorkriegsjahre.

Zeigten Kordas Filme ein kosmopolitisches Gesicht, so entstanden daneben vereinzelt, unabhängig von seiner Gesellschaft und unter englischen Regisseuren, Filme mit deutlich angelsächsischem Charakter. Vor allem leisteten Asquith und Hitchcock in den dreißiger Jahren ihren wichtigsten Beitrag zur Ausbildung einer Produktion mit nationalem Profil.

Anthony Asquith (geb. 1902), Sohn des ersten Earl of Oxford and Asquith, des Premierministers von 1908 bis 1916, debütierte 1926 als Drehbuchautor, Cutter und Regieassistent und drehte noch im selben Jahr seinen ersten Film. Seine Position als einer der führenden britischen Regisseure, die er seither behauptet hat, begründete er mit *A Cottage in Dartmoor* (Eine Hütte in Dartmoor, 1930). In den nächsten Jahren verarbeitete er geschickt Einflüsse des amerikanischen und des französischen Films und bewährte sich als geschmackssicherer Adapteur verschiedener Vorlagen von Shaw, Wilde und Rattigan.

In *Tell England* (Berichte England, 1931), seinem ersten Tonfilm, beschwor Asquith das Landungsunternehmen in Gallipoli. Für die quasi-dokumentarische Rekonstruktion der Schlacht verpflichtete er den Weltkriegskameramann Geoffrey Barkas als Assistenten. Dem Resultat rühmt Paul Rotha [10] nach, »kein Kriegsfilm, der bisher produziert wurde, war so überzeugend wie diese Landungsszenen, selbst nicht die oftzitierte Sequenz in Pudowkins *Ende von St. Petersburg* oder die langen Fahrtaufnahmen des französischen Angriffs in Milestones *All Quiet on the Western Front*«, von denen sich Asquith andererseits zu mehreren Sequenzen seines Films anregen ließ. Wie in den späteren Kriegsfilmen verdarb Asquith indessen die Kraft der dokumentarischen Passagen durch eine Handlung, die dem Kastengeist der konservativen britischen Oberschicht verhaftet blieb.

Dauerhafteren Ruhm brachten Asquith seine Komödien nach Shaw und Wilde ein. Mit *Pygmalion* (1938) lieferte er den Beweis, daß die Verfilmung einer Bühnenvorlage weder den Verrat am Original noch den am Film notwendigerweise mit sich bringt. Die späteren Shakespeare-Verfilmungen von Laurence Olivier nahmen von diesem Film ebenso ihren Ausgang wie die besten Komödien der Ealing-Schule. Asquith selbst setzte die Linie nach dem Krieg mit *The Winslow Boy* (Der Fall Winslow, 1948), *The Browning Version* (Konflikt des Herzens, 1951), *The Importance of Being Earnest* (Ernst sein ist alles, 1952) und *The Young Lovers* (Die jungen Liebenden, 1954) fort.

Der nur zaghaft ironisch distanzierte Konservatismus dieser Filme äußerte sich unverhüllt in seinen Kriegsfilmen, mit denen Asquith die Linie von *Tell England* fortsetzte, ohne je wieder die Kraft der Schlachtszenen in jenem Film zu erreichen. Während des Krieges feierte er den Heroismus von Unterseebooten und Bomberbesatzungen – in *We Dive at Dawn* (Wir tauchen bei Morgengrauen, 1943) und *The Way to the Stars* (Der Weg zu den Sternen, 1945). Fünfzehn Jahre später glorifizierte er in *Orders to Kill* (Der lautlose Krieg, 1958) den Einsatz militärischer Geheimagenten und lieferte eine Apologie des unbedingten Gehorsams.

Das originellste Talent unter den britischen Spielfilmregisseuren der dreißiger Jahre war Hitchcock. Intensive Bekanntschaft mit dem Film schloß Alfred Hitchcock (geb. 1899) nach 1920, als er von einer Filmfirma mit dem Abfassen von Zwischentiteln betraut wurde. 1922 bot sich ihm die erste Chance, Regie zu führen. Elf Filme drehte er, noch nicht dreißigjährig, bis zum Ende der Stummfilmzeit (den letzten davon, *Blackmail*, vertonte er nachträglich); vierzehn weitere entstanden in den dreißiger Jahren. 1939 verließ Hitchcock seine Heimat, um künftig in Hollywood zu arbeiten.

Hitchcocks Karriere wird von Anfang an durch seine Fruchtbarkeit und eine gelegentliche Unbedenklichkeit in der Themenwahl gekennzeichnet, vermöge der er sich im System der Kulturindustrie behaupten konnte. Von Anfang an akzeptierte Hitchcock bereitwillig die Forderungen der Industrie. Gelegentlich ließ er sich Sujets aufoktroyieren, die seinem spezifischen Talent nicht im geringsten entgegenkamen – so bei *Juno and the Peacock* (Juno und der Pfau, 1933) und *Waltzes from Vienna* (Walzer aus Wien, 1933). Seinen einzelnen Filmen und selbst einzelnen Teilen bestimmter Filme widmete er verschieden starke Aufmerksamkeit. Gänzlich indifferente Filme und Sequenzen stehen neben solchen von unverkennbarer Eigenart. Bereitwillig ließ sich Hitchcock schon früh das Etikett eines »master of suspense« aufkleben. Es waren seine Kriminalfilme, die sein Prestige begründeten, vor allem *The Lodger* (Der Mieter, 1926), *Blackmail* (Erpressung, 1929), *Number 17* (1932), *The Man Who Knew Too Much* (Der Mann, der zuviel wußte, 1. Fassung, 1934), *The 39 Steps* (39 Stufen, 1935). Andererseits begann er früh Filme zu drehen, die die Erwartungen seiner Anhänger brüskierten und regelmäßig zu kommerziellen Fehlschlägen führten – so *The Manxman* (Der Mann von Manx, 1929) und *Rich and Strange* (Reich und seltsam, 1932), die, wie später *Under Capricorn*, auf Thriller-Effekte verzichteten und auch den Mißerfolg dieses Films vorwegnahmen.

Die zentrale Thematik der meisten späteren Hitchcock-Filme, das Erlebnis des Identitätsverlusts, begegnet latent bereits in seinen frühesten Filmen, ebenso wie die meisten formalen Mittel seines Repertoires. Schon in *The Lodger* tritt das Motiv des falschen Verdachts auf: Ein biederer Untermieter wird als vermeintlicher Massenmörder verfolgt und fast gelyncht. Auch in *Downhill* (Bergab, 1927) fällt ein Durchschnittsbürger aus seiner Durchschnittsexistenz heraus. Als Ursache erscheint die Versuchung durch das weibliche Geschlecht, ein weiteres Lieblingsmotiv des katholisch erzogenen Hitchcock, das auch in *The Ring* (1927) auftritt. Beide Filme enthalten Sequenzen mit »subjektiver Kamera« (die Kamera nimmt die Position des Helden ein), in denen die Identitätsthematik unmittelbar die Form bestimmt. In *The Ring* fungiert ein Armband, das eine Schlange darstellt, als Leitmotiv. Requisiten von latenter sexueller Bedeutung spielen in fast allen weiteren Filmen des Regisseurs eine oft mehrdeutige Rolle und tragen dazu bei, eine Atmosphäre allseitiger Unsicherheit und unbestimmter Bedrohung zu schaffen. Dieselbe Funktion besitzen charakteristische Bewegungen der Kamera und der Objekte: horizontale und vertikale Fahrten der Kamera oder entsprechende Bewegungen der Gegenstände, die die unsichere Position des Helden spürbar machen. Eine bedeutungsvolle Liftpassage gibt es schon in *Downhill*, Stürze in *Blackmail* und *Sabotage*, über einem Abgrund hängt der Held, wie später noch oft, in *Number 17*.

Die britische Dokumentarfilmschule

Der britische Spielfilm der dreißiger Jahre ließ sich nur beiläufig auf eine Beschäftigung mit der zeitgenössischen Realität ein. Zur selben Zeit entwickelte sich aber, unabhängig von der Filmindustrie, die britische Dokumentarfilmbewegung. Ihr Initiator und führender Kopf war der Schotte John Grierson. Obwohl er nur einen Film in alleiniger Regie drehte, blieb er als Produktionsleiter und Publizist der geistige Motor der Bewegung. John Grierson (geb. 1898) wurde als junger Philosophiedozent 1924 in eine sozialwissenschaftliche Studienkommission in den Vereinigten Staaten berufen. Drei Jahre lang studierte er die Massenmedien und kam dabei auch zum erstenmal mit dem Film in Berührung. Dessen publizistische Möglichkeiten faszinierten ihn so sehr, daß er nach seiner Rückkehr eine Institution suchte, die bereit war, den Film in den Dienst der Volksausbildung zu stellen. Er fand sie im *Empire Marketing Board (EMB)*, dessen Leiter, Sir Stephen Tallents, es sich zur Aufgabe gemacht hatte, die Idee des Commonwealth zu beleben.

1929 konnte Grierson mit der praktischen Filmarbeit beginnen. In *Drifters* (Schleppdampfer, 1929) gab er eine realistische Schilderung der Arbeit auf einem Heringsfänger in der Nordsee. Dabei beschränkte er sich nicht darauf, thematisch in Neuland vorzustoßen, sondern unternahm es, die Dynamik des Alltags sichtbar zu machen. Beim Studium des *Panzerkreuzer Potemkin*, dessen englische Version er bearbeitet hatte, und anderer ausländischer Vorbilder hatte er sich mit den Prinzipien der dialektischen Montage vertraut gemacht. Sein erklärtes Ziel wurde es[II], »das Alltägliche zu dramatisieren und es der damals vorherrschenden Dramatisierung des Außergewöhnlichen entgegenzustellen«.

Grierson beschränkte sich im weiteren darauf, die Filmgruppe des *EMB* zu organisieren, ihr Programm festzulegen und die geeignetsten Mitarbeiter auszusuchen und auszubilden. Er holte Robert Flaherty, später auch Alberto Cavalcanti nach London; vor allem aber engagierte er eine Reihe junger Engländer, die entweder als Publizisten ihren Filmverstand bewiesen hatten, wie Paul Rotha, Autor einer kritischen Filmgeschichte, oder bisher in der Industrie gearbeitet hatten, der Routine aber müde geworden waren. Paul Rotha, Basil Wright, Harry Watt, Stuart Legg, Arthur Elton und andere bewiesen bald Talent und individuelle Eigenart, die die Dokumentarfilmschule vor drohender Monotonie bewahrte.

Zwischen 1930 und 1933 stellte die Filmgruppe des *EMB* über hundert Filme her. Die geringen Mittel beschränkten die Aktivität der Gruppe zunächst auf das Mutterland. Die Filme des *EMB* erschlossen dem Film den Alltag der Bauern, Fischer, Berg- und Industriearbeiter – zum erstenmal schenkte der Film außerhalb der Sowjetunion dem Proletariat seine Aufmerksamkeit. Freilich interessierte er sich dabei mehr für die Arbeit als für die Menschen, die meist anonyme Schemen blieben. Nur Robert Flaherty suchte, als er mit Grierson zusammen *Industrial Britain* (1933) drehte, hinter der Arbeit die »Seele« des Ausführenden zu entdecken. Dabei zwängte er indessen sein Thema in vorfabrizierte Schablonen und geriet ebenso in die Fallen romantischer Stilisierung wie bei seinen exotischen Filmen. Der Bruch mit Grierson konnte denn auch nicht ausbleiben, und Flaherty zog sich auf eine irische Atlantikinsel zurück, um dort seinen *Man of Aran* zu realisieren, den Hymnus auf das karge Leben der Fischer.

Begrenztheit der Mittel einerseits und die vorgeschriebene Aufgabenstellung andererseits fesselten die Dokumentaristen zunächst an bestimmte Themen. Einen Wandel brachte der Wechsel der Auftraggeber. Kurz nachdem Basil Wright mit *Windmill in Barbados* (Windmühle in Barbados, 1933) und *Cargo from Jamaica* (Fracht aus Jamaica, 1933) den ersten Vorstoß in die überseeischen Teile des Empires unternommen hatte, wurde das *EMB* aufgelöst. Die Filmgruppe wurde aber sogleich geschlossen vom *General Post Office (GPO)* übernommen. Die neue Aufgabenstellung belebte auch die formalen Experimente der Regisseure. Die Wiedergabe der komplizierten, Raum und Zeit übergreifenden Mechanismen der Nachrichtenübermittlung, die der Post oblag, erforderte neue Darstellungsformen. Besondere Bedeutung erlangte dabei der Ton. Von Geräuschen, Musik und gesprochenem Kommentar machten die englischen Dokumentarfilme einen originelleren Gebrauch als die meisten Spielfilme ihrer Zeit, abgesehen allenfalls von denen René Clairs, Fritz Langs und Walt Disneys. Die Geräusche telefonischer und telegrafischer Übermittlungen brachten disparate Bilder in einen Zusammenhang und machten damit die neuen Dimensionen sichtbar, die die moderne Realität durch die Medien der Kommunikation gewinnt. Die Filme des GPO waren die ersten, die überhaupt einem neuen Wirklichkeitsgefühl Rechnung trugen.

Zu einem Meisterwerk seiner Art geriet *Night Mail* (Nachtpost, 1936) von Basil Wright und Harry Watt. Die Reportage über den Transport der Abendpost von London nach Edinburgh wurde zu einem lyrischen Gedicht. Die fein abgestuften Tempi der Montage, der subtile Einsatz realer Geräusche, die genaue Integration der Verse von W. H. Auden und der Musik von Benjamin Britten in die Gesamtstruktur des Films trugen gleichermaßen dazu bei.

Bald fanden sich neben dem GPO auch weitere Auftraggeber, die den Regisseuren und Grierson gestatteten, sich mit anderen Themen zu befassen. Schon 1934/35 drehte Basil Wright für den *Ceylon Tea Propaganda Board* seinen *Song of Ceylon*. Geschichte und Gegenwart der Insel interpretierte er darin als Auseinandersetzung zwischen den Kräften der westlichen Kolonisation und der einheimischen Tradition. Bild- und Tonmontage dienten zur vielfältigen Darstellung des Kontrasts und der Synthese. Hatte in den Filmen des GPO der Einsatz des Tons den Zweck, ein Gefühl der Simultanität räumlich entfernter Vorgänge zu schaffen, so konstituierte er hier sinnfällig den Zusammenhang zwischen zeitlich auseinanderliegenden Ereignissen und gab damit eine Vorstellung von historischen Prozessen.

Auch für die Darstellung enger definierter Vorwürfe entwickelten die Dokumentaristen in der zweiten Hälfte der dreißiger Jahre neue Gestaltungsmethoden. Sie versuchten, dem Individuum in ihren Filmen mehr Profil zu geben. Arthur Elton in *Workers and Jobs* (Arbeiter und Arbeiten, 1935) und Edgar Anstey in *Housing Problems* (Wohnungsprobleme, 1935) bedienten sich des Interviews, um spontane Äußerungen zu erhalten. Indessen zeigte sich bald die Einbuße an künstlerischen Möglichkeiten, die die Beschränkung auf diese Methode mit sich brachte: Die Kamera konnte jeweils nur vom Sprecher auf den Gegenstand überspringen und mußte dann zu ihm zurückkehren. Als fruchtbarer erwies sich die Übernahme von Inszenierungsmethoden des Spielfilms. Statt nur zu filmen, was sich der Kamera darbot, gingen einzelne Regisseure dazu über, Wirklichkeit zu rekonstruieren. Sie holten Laien vor die Kamera, die fähig waren, sich selbst oder andere Personen auch in komplizierteren Handlungen darzustellen. Auf diese Weise konnten auch individuelle und psychische Reaktionen gestaltet werden, die sich dem strengen Dokumentarfilm verschlossen hatten. Nach mehreren Versuchen in dieser Richtung führte Harry Watts *North Sea* (Nordsee, 1938) zur ersten Vollendung dieses Typs. Der Film behandelt das Funktionieren des postalischen Funkdienstes während eines Sturms in der Nordsee, von dem ein Fischerboot in Mitleidenschaft gezogen wird. Er beschreibt dabei nicht nur die technische Prozedur, sondern vor allem das Verhalten der Fischer in höchster Sturmgefahr. Nicht nur in den Kriegsdokumentarfilmen mit ihren analogen Situationen, sondern auch in späteren Spielfilmen, wie *Whisky Galore* und *The Maggy*, ist der Einfluß dieses Films zu spüren.

Für das GPO konnte auch Len Lye seine abstrakten Zeichen- und andere Experimentalfilme herstellen, so *Colour Box* (Farbtopf, 1935) und *Rainbow Dance* (Regenbogentanz, 1936), rhythmisch arrangierte Farbkompositionen, die Lye direkt auf den Filmstreifen auftrug. Norman McLaren war in den dreißiger Jahren Lyes Schüler und führte später in Kanada seine Experimente fort.

1937 gab Grierson die Leitung der *GPO Film Unit* auf und widmete sich der Organisation einer zentralen Beratungsstelle, die die vielfältigen Aktivitäten von Dokumentarfilmgruppen koordinieren sollte. 1939 ließ er sich von der britischen Regierung nach Kanada schicken, um dort das staatliche Filminstitut, *National Film Board of Canada,* aufzubauen. Die Leitung der *GPO Film Unit* wurde Alberto Cavalcanti übertragen, unter dem sie – als *Crown Film Unit* – während des Krieges ihre schwerste Bewährungsprobe bestand.

Sowjetfilm und sozialistischer Realismus

In der Periode des ersten und zweiten Fünfjahresplanes, 1928 bis 1937, unternahm die Sowjetunion große Anstrengungen zum Ausbau ihrer Industrie. Neue Maßnahmen, von denen auch die Filmindustrie betroffen wurde, sahen auf allen Gebieten der Wirtschaft eine Stärkung der »ökonomischen Basis« und eine zentralistische Neuordnung vor. Die dreißiger Jahre brachten dem sowjetischen Film daher eine Kette organisatorischer Umwandlungen. 1930 wurde zum erstenmal eine zentrale Filmverwaltungsinstanz, *Sojuskino*, gegründet, um die Filmproduktion, den Verleih und die Vorführung von Filmen in der ganzen Sowjetunion zu vereinheitlichen. Nur das moskauer Studio der Produktionsgesellschaft *Meshrabpom* wurde wegen seiner alten Tradition von dem Zusammenschluß noch ausgenommen. Angegliederte »Trusts« kontrollierten den Filmverleih in den einzelnen Republiken, die Filmproduktion in entfernteren Regionen der UdSSR sowie die Fabrikation von Rohfilm und technischem Material. 1933 entschloß man sich, *Sojuskino* in eine *Hauptverwaltung der Film- und Fotoindustrie* umzuwandeln, die direkt dem Rat der Volkskommissare unterstand. Das bedeutete einen weiteren Schritt auf dem Wege zur Zentralisierung: die Produktionspläne aller einzelnen »Trusts«, also auch der Filmstudios, mußten jetzt im voraus von der Hauptverwaltung genehmigt werden. Die Organisation der Hauptverwaltung war fast ausschließlich einem einzelnen Manne unterstellt, dem allgewaltigen Boris Schumjatski, einem Manager, der bis 1937 die Geschicke des sowjetischen Films lenken sollte.

Durch die Einführung des Tonfilms geriet der sowjetische Film in keine wirtschaftliche oder künstlerische Krise. Allerdings vollzog sich die Umstellung der Filmproduktion auf das Tonverfahren recht zögernd. Obwohl sowjetische Erfinder ein eigenes Tonsystem entwickelt hatten, wurden die ersten sowjetischen Tonfilme noch mit ausländischen Geräten hergestellt. Vor allem wegen des Mangels an Tonfilmprojektoren fuhr die Filmindustrie zwischen 1930 und 1935 fort, neben Tonfilmen auch Stummfilme herzustellen. (1934 waren von sechsundzwanzigtausend Kinos erst tausend für Tonfilm ausgerüstet.) Dagegen gelang es schon 1932, fast sämtlichen Bedarf an Rohfilm, der bislang importiert werden mußte, aus der einheimischen Produktion zu decken.

Die Koordinierung des sowjetischen Filmwesens wurde bis 1935 vorwiegend nach ökonomischen Gesichtspunkten vorgenommen. Das paßte wenig in eine Periode verschärften ideologischen Kampfes, in dem auch der Film seine Rolle zu spielen hatte. So beschlossen der Rat der Volkskommissare und das Zentralkomitee 1936, die *Hauptverwaltung des Films* in einem *Allunions-Komitee für Fragen der Kunst* aufgehen zu lassen, dem nunmehr die zentrale Aufsicht über alle Zweige sowjetischer Kunst, also auch den Film, obliegen sollte. Man begründete diesen Schritt mit der Notwendigkeit, »das kulturelle Niveau der Werktätigen zu heben und ... die Lenkung und Entwicklung der Künste zu vereinheitlichen« [12]. Schumjatski wurde an die Spitze einer Filmabteilung dieses Komitees gesetzt, während man gleichzeitig das bisher unabhängige *Meshrabpom*-Studio in das regierungsbeaufsichtigte Studio für Kinderfilme *(Sojusdetfilm)* umwandelte.

Die Zentralisierung der Filmindustrie und ihre zunehmende ideologische Beaufsichtigung hatten jedoch zur Folge, daß viele Projekte im Netz der Instanzen hängenblieben. Die Zahl der jährlich produzierten Filme sank, während die Produktionskosten stiegen. Hatte man 1930 etwa hundert Spielfilme hergestellt, so erschienen 1935 nur noch vierzig; 1937 sank die Zahl auf fünfundzwanzig – bei hundertdreiundzwanzig ursprünglich geplanten Filmen. Schließlich wurde Schumjatski das Opfer seiner eigenen Politik: 1938 klagte man ihn als »Volksfeind« an, dessen »politische Blindheit« es erlaubt hätte, daß »Spione, trotzkistische und bucharinistische Agenten und Söldlinge des japanischen und deutschen Faschismus die sowjetische Filmindustrie schädigten [13]«, und verbannte ihn in die Provinz.

Nach Schumjatskis Entfernung wurde 1938 ein eigenes *Komitee für Fragen des Films* im Rang eines Ministeriums gegründet. Bis zur deutschen Invasion 1941 stieg die Produktion wieder auf etwa vierzig Filme jährlich an.

Experimente im Tonfilm

Die technische Revolution des Tonfilms fand erst spät Eingang in die Sowjetunion. Der erste sowjetische Tonfilm erschien im März 1930: *Plan welikich rabot* (Plan der großen Arbeiten), ein halb dokumentarischer Propagandafilm von Abram Room über den Fünfjahresplan; doch zur Zeit seiner Fertigstellung bestanden in der UdSSR erst zwei mit Tonapparaturen ausgerüstete Kinos. Die meisten Filme wurden daher 1930 und 1931 noch stumm gedreht und erst nachträglich mit Tonstreifen versehen – so Rooms *Gespenst, das nicht wiederkehrt* (1930), Protasanows *Fest des heiligen Jürgen* (1930) und Olga Preobraschenskajas *Stiller Don* (1931). Die zögernde Einführung des Tonfilms hatte aber auch ihre Vorteile. Man vermied Irrtümer, die in der ersten Tonfilmproduktion anderer Länder häufig waren, namentlich die allzu bequeme Verwendung des gesprochenen Dialogs. Die ersten Tonfilme der sowjetischen Produktion zeigen im allgemeinen ein sehr ernsthaftes Bemühen um die künstlerische Anwendung der neuen akustischen Möglichkeiten. Freilich traten die sowjetischen Regisseure dem Tonfilm nicht unvorbereitet entgegen. Bereits 1928, als sich die Ausbreitung des neuen Verfahrens in den USA und in Deutschland abzeichnete, erschien in der Zeitschrift *Shisn Iskusstwo* (Leben der Kunst) ein von Eisenstein, Pudowkin und Alexandrow unterzeichnetes Manifest über die Möglichkeiten und Gefahren des Tonfilms. Die drei Regisseure betonten in ihrer Erklärung, daß die Montage als zentrales Ausdrucksmittel des sowjetischen Stummfilms im Tonfilm nicht verlorengehen dürfe: »Die Tonaufnahme ist eine zweischneidige Erfindung... und höchstwahrscheinlich wird sie nach dem Gesetz des geringsten Widerstandes genutzt werden, d. h. zur Befriedigung simpler Neugierde... Nur eine kontrapunktische Anwendung des Tons im Verhältnis zum visuellen Montagestück vermag die Montage zu entwickeln und zu perfektionieren. Die erste experimentelle Arbeit mit dem Ton muß eine entschiedene Nicht-Übereinstimmung mit den optischen Bildern anstreben [14].«

Der Geist dieses Manifests ist in einer Reihe von Filmen lebendig, die in der Sowjetunion Anfang der dreißiger Jahre entstanden. Ekks *Der Weg ins Leben* (1931), Pudowkins *Ein gewöhnlicher Fall* (1932) und *Der Deserteur* (1933), Jutkewitschs

Goldene Berge (1931) – sie alle zeugen von dem Bemühen, die Ästhetik der Montage und des komprimierten visuellen Ausdrucks für den Tonfilm fruchtbar zu machen. Am lebendigsten geblieben ist bis heute Nikolai Ekks (geb. 1902) *Putjowka w shisn* (Der Weg ins Leben). Ekk, ein Absolvent der moskauer Filmhochschule, der auch am Meyerhold-Theater gearbeitet hatte, stellte in den Mittelpunkt seines Films das Problem der »Besprisorni«, der verwahrlosten Jugendlichen, die sich seit dem Bürgerkrieg noch immer in großer Zahl in der Sowjetunion herumtrieben und die Pädagogen wie Makarenko mit den Methoden der kollektiven Erziehung wieder für die Gesellschaft zurückzugewinnen trachteten. Mit dem Buch Makarenkos hat der Film allerdings nur den Titel und das Thema gemein. *Der Weg ins Leben* läßt Sergejew, einen jungen Kommunisten, den fast aussichtslosen Versuch unternehmen, eine zusammengewürfelte Gruppe abgebrühter Besprisorns durch die freiwillige Arbeit in einer Kollektivfarm zu erziehen. Schon die erste Reise im Zug wird zu einer Belastungsprobe. Der zum Einkauf von Lebensmitteln ausgesandte Mustafa scheint mit dem Geld auf und davon gegangen zu sein. Schon sieht Sergejew sein Experiment gescheitert, da erscheint Mustafa doch noch – mit einem Arm voll gekaufter Lebensmittel und einer gestohlenen Wurst. Besonders überzeugend ist die lebendige Charakterisierung der Jugendlichen in ihrem anfänglichen Mißtrauen, ihrer Schlauheit, ihrem plötzlich ausbrechenden Enthusiasmus; ihren Gesichtern haftet kein idealisierter Zug an (Ekk ließ in seinem Film ehemalige Besprisorns sich selbst spielen). Des öfteren erweckt die Fotografie noch Reminiszenzen an die Stummfilmzeit, etwa in der grafischen Stilisierung vieler Bilder: ein Eisenbahnzug fährt diagonal durchs Bild; Menschen erscheinen als ferne Silhouetten am Horizont; dann wieder wird die Arbeit am Bau einer Eisenbahnstrecke »symphonisch« zusammengefaßt. Trotz der Dialoge enthält der Film noch viele Zwischentitel, die einen eigenen Rhythmus erzeugen. Doch die Bildgestaltung des Films wirkt auf ingeniöse Weise mit Musik, Wort und Geräusch zusammen, wie etwa in der nächtlichen Szene, in welcher Mustafa nichtsahnend auf einer Draisine in sein Verderben fährt: sein fröhliches Lied mischt sich in das Quaken der Waldfrösche und das Geräusch der rollenden Räder.

Fragwürdig erscheint dagegen die Darstellung des Kollektivs in *Der Weg ins Leben*. Stets werden von Ekk aus der Menge der Jugendlichen privilegierte Führergestalten hervorgehoben, mit denen der Lehrer verhandelt. Sie repräsentieren das »fortschrittliche« Element – so Mustafa, der einstige Dieb, so der Bürgersohn Kolka –, sie schlagen auch die zersetzende Invasion der »Diebeswelt« zurück und zerstören die zur Demoralisierung der Kommune in der Nähe eingerichtete dubiose Waldschänke; ihnen gegenüber bleiben die anderen Jungen anonym. Fortschrittsgläubiges Pathos und Tragik sind dann wieder miteinander verschmolzen in der bitteren Schlußsequenz: Die Lokomotive fährt zu den Klängen der Internationale mit dem toten Mustafa in die erst jubelnde, dann erschreckte und trauernde Kommune ein.

Nikolai Ekk ist im Grunde der Regisseur eines einzigen Films geblieben. Sein *Grunja Kornakowa* (1936) besitzt nur Interesse, weil es sich hier um den ersten sowjetischen Farbfilm handelt; später verfilmte Ekk – gleichfalls in Farben – zwei Novellen Gogols.

Deutlich experimentellen Charakter trug eine Reihe weiterer Filme aus den Jahren 1930 und 1931. Dazu gehörte etwa *Semlja shashdjot* (Die Erde dürstet, 1930) von Raisman. Juli Raisman (geb. 1903), ein ehemaliger Assistent von Jakow Protasanow, hatte sich bereits 1928 einen Namen gemacht mit *Katorga* (Zwangsarbeit), einer grotesk-expressionistischen Chronik aus sibirischen Gefängnissen vor 1917. *Die Erde dürstet* schildert in dokumentarischer Manier den Kampf sowjetischer Ingenieure gegen einen turkmenischen Bei, der sich gegen die Einführung moderner Bewässerungsanlagen in seinem Dorf sträubt. Auch dieser Film strebte vor allem nach Montagerhythmus und Originalität der einzelnen Einstellung, setzte sich jedoch schon mit der lebendigen Realität auseinander. Raisman bestätigte sein Talent in *Ljotschiki* (Flieger, 1935) und vor allem in *Poslednaja notsch* (Die letzte Nacht, 1937), einer Erzählung von zwei Familien, die die Revolution in Moskau erleben. 1939 verfilmte er Scholochows Roman *Podnjataja zelina* (Neuland unterm Pflug).

Grigori Kosintzews und Leonid Traubergs erster Tonfilm *Odna* (Allein, 1931) war ursprünglich als Stummfilm aufgenommen worden. Der Handlung – eine junge Lehrerin aus Leningrad wird in die Einsamkeit des winterlichen Altaigebirges verpflanzt – fügte man nachträglich eine Musik von Schostakowitsch hinzu, die leitmotivische Funktionen besaß; Dialogfragmente unterbrachen den Fluß der von Melancholie geprägten Bilder. Der Film wurde wegen seines Pessimismus angegriffen. Doch zeigte sich auch bei Kosintzew und Trauberg die Abwendung vom Exzentrismus ihrer früheren Filme und das Streben nach einem neuen, gegenwartsnahen Realismus.

Übermütig, ideenreich, wenn auch nicht ganz ausgeglichen in der Machart, gab sich ein anderer Film der beginnenden Tonfilmzeit: Jutkewitschs *Slatje gori* (Goldene Berge, 1931). Sergei Jutkewitsch (geb. 1904), mit Kosintzew und Trauberg Begründer der *Fabrik des exzentrischen Schauspielers*, war 1928 mit *Krushewa* (Spitzen) hervorgetreten, einer Satire gegen Korruptionserscheinungen in der Arbeiterjugend. *Goldene Berge* erzählt von einem in die Stadt gekommenen Bauern, der sich von Unternehmern ausnutzen und zum Spitzel machen läßt. Theaterhafte Dekors und stilisierte Einstellungen sowie Großaufnahmen im Stile Eisensteins sind in diesem Film noch häufig, der vor allem durch seinen burlesken Charakter besticht. Ein auf seiten der »Herren« stehender Fabrikmeister, dick, mit Glatze und Schweinsäuglein, ist gleichzeitig der Leiter eines Kirchenchors; die Kamera macht ihn zum Popanz, wenn sie ihn vor einer gemütlichen Kaffeekanne erfaßt, wie er langsam und genußreich Krümel zum Munde führt. Jutkewitsch drehte später zusammen mit Ermler *Wstretschnij* (Gegenplan, 1932), ein Werk, das als beispielhaft für die neuen Tendenzen des sozialistischen Realismus erklärt wurde, *Schachtjeri* (Bergarbeiter, 1937) und *Tschelowjek s rushjom* (Der Mann mit dem Gewehr, 1938), die Geschichte eines naiven Soldaten, der durch ein Gespräch mit Lenin zur Revolution bekehrt wird. Jutkewitschs Sensibilität, Einfallsreichtum und psychologische Begabung geben seinen Filmen auch da Rang, wo ihre Inhalte stereotyp bleiben.

Von allen Regisseuren der dreißiger Jahre beschäftigte sich Pudowkin (neben Eisenstein) am intensivsten mit den neuen künstlerischen Problemen, die der Tonfilm stellte. Das Drehbuch seines neuen Filmes, *Otschen choroscho shiwjotsja* (Das Leben ist sehr schön), hatte Pudowkins Autor, Alexander Rscheschewski, schon 1929 verfaßt – die Geschichte eines Revolutionärs, der seine Frau und alte Kampfgenossin wegen einer anderen verläßt, dann aber wieder zu ihr zurückkehrt. Pudowkin arbeitete das Szenarium in allen Einzelheiten für die Gegebenheiten des Tonfilms um und begann mit den Dreharbeiten; dann jedoch stellten sich die vorhandenen Tonapparaturen als unzureichend heraus, und das Drehbuch mußte abermals umgeschrieben werden; schließlich erschien der Film 1932 in einer stummen Version, der man jetzt den Titel *Prostoi slutschai* (Ein einfacher Fall) gegeben hatte. Der Film fand weder beim Publikum noch bei der Kritik Anklang. Sein erster Tonfilm sollte erst *Desertir* (Der Deserteur, 1933) werden. In diesem Film griff Pudowkin ein Thema aus der deutschen Arbeiterbewegung auf: Der hamburger Dockarbeiter Karl Renn emigriert nach einem mißlungenen Streik in die Sowjetunion, sieht aber dann das Fragwürdige seines Schritts ein und kehrt in die Heimat zurück, um sich dort weiter am Kampf zu beteiligen. An diesem Sujet interessierte Pudowkin die Möglichkeit, den klassenkämpferischen Konflikt in eine optisch-akustische Dialektik zu übersetzen. Er montierte Tonstreifen in gleicher Manier wie Bildfolgen. In der Sequenz einer Arbeiterdiskussion ergeben einzelne Worte des Redners zusammen mit Zwischenrufen, Gemurmel und Hintergrundgeräuschen einen fast musikalischen Rhythmus; in ähnlicher Weise montierte Pudowkin die Dampfpfeifen und Sirenen vor Anker liegender Schiffe zu einem »Konzert«. Deutlichstes Beispiel für den erstrebten Bild-Ton-Kontrapunkt liefert aber die Szene einer Arbeiterdemonstration: Während die Demonstration von der Polizei auseinandergetrieben wird, behält die Musik ihren triumphierenden Charakter bei, bis endlich die rote Fahne den Händen der Polizisten wieder entrissen wird. *Der Deserteur* ist ein Film experimentellen Charakters, reich an kalkulierten Einstellungen und ausgeklügelten Montagen. Faszinierend sind die Sequenzen, die Leben und Arbeit im hamburger Hafen beschreiben. Im ganzen wirkt der Film freilich unausgeglichen; es gelang Pudowkin nicht immer, unter die brillant beschriebene Oberfläche der Ereignisse vorzudringen und der Person seines Helden psychologische Tiefe zu geben.

Die sowjetische Kritik reagierte kühl auf dieses »formalistische« Werk. Erst 1938 vermochte Pudowkin nach Überwindung vielfältiger Schwierigkeiten seinen nächsten Film fertigzustellen, *Pobjeda* (Sieg), der den Heroismus sowjetischer Arktis-Flieger schilderte; darauf folgte 1939 der historische Film *Minin i Posharski*. Keiner von beiden besaß den Rang von Pudowkins früheren Werken.

Auch Erwin Piscator behandelte in *Wosstannije rybakow* (Der Aufstand der Fischer, 1934) den Ton nach Montageprinzipien aus der Stummfilmzeit: Geräusche werden »aufgebrochen« und mit Sprache oder Musik durchsetzt. Der Film wurde von dem deutschen Theaterregisseur nach dem Roman von Anna Seghers gedreht, mit beträchtlichem Aufwand an Ideen und formaler Virtuosität; er geriet zu einem filmisch faszinierenden Lehrstück über die Notwendigkeit der proletarischen Revolution, das den Zuschauer zugleich distanziert und zu angespannter Aufmerksamkeit nötigt.

Zu den künstlerisch bemerkenswerten Filmen der beginnenden Tonfilmzeit gehören schließlich *Okraina* (Vorstadt, 1933) von Boris Barnet, die Chronik einer Kleinstadt aus den Tagen des ersten Weltkrieges, und *Peterburgskaja notsch* (Die petersburger Nacht, 1934), Grigori Roschals und Wera Strojewas Verfilmung zweier Dostojewski-Novellen.

Die Theorie des sozialistischen Realismus

Zu Beginn der dreißiger Jahre machte der sowjetische Film eine tiefgreifende Wandlung durch. Während in der Stummfilmzeit ein poetisch-metaphorischer Erzählstil dominierte, der weniger Wert auf die erzählende Fabel und den individualisierten Helden als auf Darstellung der Masse und abstrahiertes Pathos legte, begannen sich nun traditionellere Gestaltungsprinzipien im Film durchzusetzen. Man kehrte zur abgerundeten Handlung und zum psychologisch vertieften Helden zurück. Extravagante Fotografie und raffinierte Montagen machten allmählich einer sachlicheren, konkreteren »Prosa« filmischen Erzählens Platz. Zugleich breiteten sich neue Inhalte im

Film aus. Das Epos der Revolution, wie es bei Eisenstein und Pudowkin seine Gestaltung gefunden hatte, wurde abgelöst von der Gegenwartsthematik, von den Konfliktstoffen des industriellen Aufbaus. Hinter dem Stil- und Themenwandel des sowjetischen Films standen zwei Ursachen: Einmal forderte die Einführung des Tonfilms von den Filmautoren größeren Realismus und stärkere Betonung des individuellen Helden. Noch entscheidender war jedoch der Wandel des kulturellen Klimas in der Sowjetunion. Schon seit Beginn des ersten Fünfjahresplanes hatte man vom Film die Darstellung der Gegenwart gefordert, und schon Eisenstein (mit *Das Alte und das Neue*, 1929) und Dowshenko (mit *Erde*, 1930) waren dieser Forderung nachgekommen. Doch mit der zunehmenden Forcierung des industriellen Aufbaus und der sozialen Umgestaltung im Innern sollte auch der Film eine aktive Helferrolle bei dieser Entwicklung übernehmen. Es begann der Kampf um die »sozialistische« Interpretation der Gegenwart, der in die Erklärung des »sozialistischen Realismus« zur richtungweisenden Methode für alle Künste mündete. Es begann eine Zeit der dogmatischen Ablehnung aller »formalistischen« Tendenzen; als einzig verbindlich sollte von jetzt an der Inhalt, das »Typische«, der politische Extrakt eines Werkes gelten.

Der erste Schritt staatlicher Einflußnahme auf die Entwicklung der Künste war die 1932 verfügte Auflösung aller selbständigen literarischen Organisationen (einschließlich des *Russischen Verbandes proletarischer Schriftsteller*, der *RAPP*) und die Neugründung eines sowjetischen (Einheits-)Schriftstellerverbandes. Von diesem Augenblick an gehörte der Terminus »sozialistischer Realismus« zum gängigen Vokabular sowjetischer Kunstkritik. Die Mitglieder des Schriftstellerverbandes verpflichteten sich in ihrem Statut, die einstweilen wenig scharf definierte Methode des sozialistischen Realismus zu beachten; als dessen Ziel galt »die Schaffung von Werken hoher künstlerischer Bedeutung, durchdrungen vom heroischen Kampf des Weltproletariats und von der Größe des Sieges des Sozialismus, die die große Weisheit und den Heroismus der kommunistischen Partei widerspiegeln . . .[15]«. Auf der einen Seite sollte der sozialistische Realismus jene Epoche überwinden, in der unter der diktatorischen, halboffiziellen Herrschaft der *RAPP* (1929–32) zahlreiche schematische Werke von geringem literarischem Wert erschienen waren. Die Gestaltung des »neuen Menschentyps« der sozialistischen Gesellschaft hoben viele Schriftsteller als Ziel des sozialistischen Realismus hervor. Auf der anderen Seite verpflichtete die neue Kunstdoktrin die Künstler, die Gegenwart parteilich vom Standpunkt einer politisch festgelegten Zukunft aus zu betrachten, und engte damit ihre Darstellungsfreiheit ein.

Größere Klarheit in die Theorie des sozialistischen Realismus brachte der 1934 veranstaltete erste sowjetische Schriftstellerkongreß. Auf diesem Kongreß erklärte Gorki, dessen Stimme in der Sowjetunion besonderes Gewicht besaß: »Zum Haupthelden unserer Bücher müssen wir die Arbeit wählen, das heißt den durch die Arbeitsprozesse organisierten Menschen, der bei uns über die ganze Macht der modernen Technik verfügt, den Menschen, der seinerseits die Arbeit organisiert, der sie leichter, produktiver macht und auf die Stufe der Kunst emporhebt[16].« Auf demselben Kongreß fand Andrej Shdanow, der spätere Kulturpapst der Sowjetunion, die folgende Definition: »Genosse Stalin beschrieb unsere Schriftsteller als Ingenieure der menschlichen Seele. Was bedeutet das? Welche Pflichten erlegt dieser Titel Ihnen auf? Es bedeutet vor allem, daß Kenntnis des Lebens notwendig ist, um es wahrheitsgemäß in Kunstwerken abzubilden, nicht scholastisch, nicht leblos, nicht nur als ›objektive Realität‹, sondern um das wirkliche Leben in seiner revolutionären Entwicklung darzustellen. Dabei müssen Wahrhaftigkeit und historische Konkretheit der künstlerischen Darstellung mit der Aufgabe ideologischer Umformung und Umerziehung des werktätigen Volkes im Geist des Sozialismus verbunden werden. Diese Methode in der schöpferischen Prosa und in der literarischen Kritik nennen wir sozialistischen Realismus . . . [17]«

Zwischen der von Gorki angedeuteten Suche nach einem neuen, durch sein Verhältnis zur Arbeit definierten Menschentyp, zwischen der »revolutionären Romantik« und der kritiklosen Verherrlichung sowjetischer Ideale lagen auch die Möglichkeiten des sowjetischen Films in den dreißiger Jahren. Verschiedene Beispiele bewiesen, daß die Methoden des sozialistischen Realismus, solange man sie nicht dogmatisch anwandte, mit künstlerischen Leistungen durchaus zu vereinen waren; auf der anderen Seite provozierten sie eine Menge belehrender und konformistischer Thesenfilme, die in stets gleicher Manier idealisierte sowjetische Helden verkappten Agenten, »Diversanten« und »Schädlingen« gegenüberstellten.

Von solchem inhaltlichen Schematismus noch relativ frei zeigte sich einer der ersten Filme, die die neue Thematik des sozialistischen Aufbaus einzufangen trachteten: Friedrich Ermlers und Sergej Jutkewitschs Wstretschnij (Gegenplan, 1932). Friedrich Ermler (geb. 1898), ein ehemaliger Rotarmist und Schauspieler, hatte sich bereits in der Stummfilmzeit Renommee erworben mit Parishskij saposhnik (Der Schuster von Paris, 1928), einer kritischen Studie über das moralisch fragwürdige Verhalten junger Komsomol-Mitglieder, und mit Oblomok Imperii (Ein Überbleibsel des Imperiums, auch bekannt als: Der Mann, der sein Gedächtnis verlor, 1929). Besonders dieser Film, die Geschichte eines alten Soldaten, der erst viele Jahre nach einer Verwundung sein Gedächtnis wiederfindet und sich in der für ihn fremden Welt des neuen Regimes zurechtfinden muß, erwies Ermlers Talent zur Charakteranalyse und Darstellerführung; von überraschender formaler Modernität sind jene Sequenzen des Films, in denen der Alte blitzartig, in einer Folge sich überstürzender Montagebilder, sein verlorenes Gedächtnis wiederfindet.

Auch Gegenplan ist im Grunde die Charakterstudie eines alternden Menschen, der sich einer neuen Umgebung anpassen muß. Der ergraute Werkmeister Babtschenko hängt allzusehr dem Wodka an und verrichtet seine Arbeit in der Turbinenfabrik nur »nach Augenmaß«. Unter dem Einfluß des Werkkollektivs und des Parteikomitees vollzieht sich in ihm die Wandlung: Babtschenko lernt die Bedeutung seiner Arbeit und die Wichtigkeit des »Gegenplans« (einer Form des sozialistischen Wettbewerbs) verstehen, überwindet seine Leidenschaft zum Alkohol und tritt sogar in die kommunistische Partei ein. Bei aller Didaktik des Geschehens wirkt die Gestalt des Alten durch die darstellerische Leistung Wladimir Gardins (des Regieveteranen der zaristischen Zeit) und durch Ermlers subtile, menschlich pointierte und humorvolle Regie überzeugend. Besonders gelungen sind die Szenen, die Babtschenko mit seiner Frau am Frühstückstisch zeigen: ein stummes, ironisches Ballett der Gesten vollzieht sich, während eine eigenartige Musik von Schostakowitsch aus Sirenentönen dissonante Akkorde komponiert. Jutkewitsch oblag in Gegenplan die Führung der jüngeren Darsteller; auch hier vermochte der Film unkonventionelle und lebendige Porträts zu zeichnen.

Ermler drehte 1935 einen in der Milieuschilderung gelungenen, aber in der Story bereits schematischen Film: Krestjanja (Bauern), in welchem es um Schwierigkeiten in der Führung einer Kolchose geht. Ein Schädling raubt, mordet und stiftet Verschwörungen an, bis sein finsteres Treiben vom Parteisekretär aufgedeckt wird. Einmal hat die (paradoxerweise fortschrittlich gesinnte Frau) des Saboteurs einen Traum: Sie geht

– das wird als Zeichenfilm gezeigt – am Arm Stalins, der ihren kleinen Sohn auf dem Arm trägt, während im Hintergrund Traktoren vorbeidefilieren. Den Klischee-Elementen des Films stehen aber viele plastische Randfiguren und die meisterhaft inszenierte Sequenz von einem Klößchen-Wettessen entgegen. In dem zweiteiligen Film *Welikij grashdanin* (Ein großer Bürger, Teil I 1938, Teil II 1939) zeigte sich Ermler noch mehr auf die Parteilinie eingeschworen. Der Film erzählt – nicht ohne psychologisches Geschick und filmtechnische Brillanz – die Biographie Sergej Kirows, eines hohen leningrader Parteiführers, der 1934 angeblich von trotzkistischen Agenten, in Wirklichkeit aber mit Einverständnis Stalins ermordet wurde. Ermler folgte getreulich der offiziellen Version der Ereignisse.

Einer der größten Erfolge des sowjetischen Tonfilms, sowohl in den Augen der eigenen wie denen der westlichen Kritik, war *Tschapajew* (1934), ein Werk der (fälschlich zumeist als »Brüder« bezeichneten) Regisseure Georgi Wassiljew (1899 bis 1946) und Sergej Wassiljew (1900–1959). Dem Film lag der bereits 1923 publizierte gleichnamige Roman Dmitri Furmanows zugrunde, der im Bürgerkrieg eine Zeitlang politischer Kommissar des roten Armeekommandeurs Tschapajew gewesen war. Furmanow selbst taucht im Film als Berater, Freund und Gegenspieler Tschapajews auf, bleibt aber neben dem Protagonisten im Hintergrund. Vielleicht der größte Vorzug des Films ist die menschlich widerspruchsvolle Charakterisierung seiner Hauptfigur. Zunächst erscheint Tschapajew als Held, draufgängerisch, furchtlos und umsichtig, seinen Leuten eine Autorität. Dann – in der Auseinandersetzung mit dem Kommissar – treten seine Kurzsichtigkeit, sein störrisch-naives Temperament und seine Eitelkeit hervor, Eigenschaften, die ihn in Schwierigkeiten bringen. Die Charakterzüge seines Helden demonstriert der Film in einer Reihe kurzer, kaum miteinander verflochtener, aber intensiv gestalteter Szenen – etwa in der großspurigen und doch unsicheren Rede Tschapajews an seine »Genossen Kämpfer«, denen er das Plündern verbietet – eine Maßnahme, zu der er erst durch die Vorhaltungen Furmanows und die Intervention geschädigter Bauern bekehrt worden ist; oder in Tschapajews naiver strategischer Lektion, bei der er sich mit Kartoffeln behilft, eifrig gestikuliert und imaginäre Schlachtenvorgänge lenkt. Der Film endet tragisch, mit dem Tod seines Protagonisten, als er unter den Kugeln der Weißarmisten den Ural zu durchschwimmen sucht; doch löst sich die individuelle Tragik im vorwärtsweisenden Strom der Geschichte auf – eine Lösung, die der dialektischen Anlage des Films entspricht.

Ebenso profiliert wie die Hauptfiguren wirken aber auch die Nebengestalten des Films – etwa ein Offizier im weißrussischen Generalstab, ein elegischer und kultivierter Herr, der in Träumereien am Flügel versinkt, oder Tschapajews Adjutant Petjka und sein Mädchen Anna. *Tschapajew* war bewußt in einem optisch und dramaturgisch kunstlosen Stil gehalten; die Wassiljews bedienten sich mit Erfolg jener schlichten filmischen »Prosa«, die die meisten sowjetischen Filme der dreißiger Jahre charakterisiert. Aber durch die Aussparung aller unwesentlichen szenischen Details, den Realismus der Fotografie und durch die genaue Abstimmung jeder Bildwirkung mit dem psychologischen Geschehen des Films gewann dieser Erzählstil gleichwohl Intensität. Die späteren Filme der Wassiljews – *Wolotschajewskije dni* (Wolotschajewsker Tage, 1938) und *Oborona Zarizina* (Die Verteidigung von Zarizin, 1942) – litten darunter, daß sie den Erfolg von *Tschapajew* allzugenau zu wiederholen suchten.

Tschapajew war ein wichtiges Werk in der Entwicklung des sowjetischen Films, weil hier ein richtungweisendes Vorbild für die Gestaltung des individuellen, »sozialistischen« Helden gegeben wurde. Gleichzeitig erwies sich an *Tschapajew* freilich ein bezeichnender Umstand: die künstlerisch überzeugenden Filme des sozialistischen Realismus spielten fast immer in den Anfangszeiten der Revolution oder gar vor der Revolution. Weit seltener gelang dagegen mit den Methoden des sozialistischen Realismus die Darstellung der Gegenwart. ·

Auch das nächste Werk des Teams Kosintzew und Trauberg, die *Maxim-Trilogie*, stand im Zeichen der Suche nach dem individuellen Helden, in dessen Erlebnissen sich beispielhaft die kollektive Erfahrung der Revolution spiegeln sollte. Während die Wassiljews in *Tschapajew* sich aber auf eine historische Figur beriefen, zeichneten Kosintzew und Trauberg in *Junost Maksima* (Maxims Jugend, 1935), *Woswraschtschenije Maksima* (Maxims Rückkehr, 1937) und *Wyborgskaja storona* (Die wyborger Seite, 1939) das Porträt eines fiktiven Helden, der zunächst als unpolitischer junger Arbeiter im vorrevolutionären Petersburg auftaucht, allmählich in politische Kämpfe verwickelt wird, zum bewußten Kommunisten avanciert und nach der Revolution den Vorsitz einer Staatsbank erhält. Kosintzew und Trauberg gingen sehr gründlich an ihren Film heran. Sie werteten zahlreiche Memoiren alter Bolschewiken aus, forschten in Partei- und Fabrikarchiven, und doch begegneten sie geschickt der Gefahr, die Gestalt ihres Helden, an der der ganze Film hing, zu einer Summe historischer Fakten und politischer Standpunkte verflachen zu lassen. Sie zeigten Maxim, jedenfalls im ersten Teil der Trilogie, als einen unbedarften jungen Burschen, den vor allem seine jungenhafte, übermütige Fröhlichkeit und seine Neigung zur Musik charakterisiert.

Am überzeugendsten ist der erste Teil der Trilogie, *Maxims Jugend*. Maxim wird halb gegen seinen Willen in die Klassenantagonismen hineingerissen; aus Neugier und Abenteuerlust nimmt er der Revolutionärin Natascha ihre Flugblätter ab. Die Vorbereitung der Revolution läßt sich halb noch als burleskes Versteckspiel an, bei dem es vor aufgeblasenen zaristischen Gendarmen und geduckten, schnurrbärtigen Spitzeln auf der Hut zu sein gilt. Unversehens aber bricht die wahre Bedeutung der Vorgänge auf – etwa in der Fabrikszene, als der Unternehmer gezwungen wird, vor einem Toten die Mütze abzunehmen, oder in der Sequenz der Trauerdemonstration, die sich durch ihr Singen ankündigt und deren Nahen sich als Reflex auf wartenden Gesichtern spiegelt, ehe man sie selbst erblickt. Es gelang Kosintzew und Trauberg, die Sehnsucht der Unterdrückten nach gerechteren Verhältnissen zu individualisieren, so in dem Traum, den Maxims Freund von der Begegnung mit einem mythischen »Arbeiterzar« träumt. Wenn Kosintzew und Trauberg mit der *Maxim-Trilogie* auch den Schritt zum Realismus und zur »Prosa« vollzogen hatten, so waren in dem Werk trotzdem noch Elemente ihrer früheren dekorativ-romantischen Filme lebendig geblieben. Das zeigte sich in einer gewissen Stilisierung der Dekors und einem diskreten Lyrismus mancher Szenen. Die »Atmosphäre« spielt in der *Maxim-Trilogie* eine bedeutende Rolle – sie ergänzt das erzählerische Element; in ihr inkarniert sich der emotionale Unterton des Geschehens.

Maxims Rückkehr bringt den Helden mit einer Reihe neuer Figuren zusammen, namentlich einem exzentrischen Billardmeister, und polemisiert gegen die Menschewiken und die Korruption der Duma, des zaristischen Parlaments; schließlich erlebt man Maxim bei Barrikadenkämpfen in Petrograd. In *Die wyborger Seite* treten bereits Lenin und Stalin auf; politischer Schematismus rückt in den Vordergrund. Die Gestalt Maxims, dargestellt von dem Schauspieler Boris Tschirkow, erlangte in der Sowjetunion eine einmalige Popularität. Maxim erschien episodisch sogar in anderen Filmen, wie Ermlers *Ein großer Bürger*, und in der ersten Kriegswochenschau. Der

Maxim-Trilogie folgten eine Reihe anderer Fortsetzungsfilme – Donskois *Gorki-Tri-logie* (1938–40), Petrows *Peter I.* (1937–39), Ermlers *Ein großer Bürger* (1938–39), Romms *Lenin im Oktober* und *Lenin 1918* (1937–39). Alle diese Filme zeugten von einem zunehmenden Hang zur romanhaften Breite des Erzählens im sowjetischen Film.

Kosintzew und Trauberg drehten noch einen weiteren Film zusammen, der die Schwierigkeiten bei der Evakuierung einer Fabrik während des Krieges beschrieb: *Prostje ljudi* (Einfache Leute, 1945). Eine Resolution des Zentralkomitees verurteilte diesen Film jedoch als »fehlerhaft«, worauf er zurückgezogen und nicht mehr aufge-führt wurde. Nach diesem Fehlschlag trennten sich Kosintzew und Trauberg. Trau-berg maßregelte man 1949 wegen »bürgerlichen Kosmopolitismus«; später arbeitete er nur noch als Drehbuchautor. Kosintzew, dessen Karriere 1949 gleichfalls gefährdet schien (nachdem er noch 1947 den biographischen Film *Pirogow* gedreht hatte), zog sich auf Theaterarbeit zurück, trat jedoch 1957 nochmals mit der intelligenten Verfilmung eines klassischen Romans hervor: *Don Kichot (Don Quijote)*.

Das Schicksal der Klassiker: Dowshenko und Eisenstein

Während die Hauptströmung des sowjetischen Films in den dreißiger Jahren zur nüchternen Prosaerzählung tendierte, versuchten die Altmeister Dowshenko und Eisenstein, die Kontinuität ihres Werkes zu wahren und den metaphorischen Stil ihrer früheren Filme weiterzuentwickeln. Dowshenko ließ das poetisch-mythische Element seiner Stummfilme jetzt der Monumentalität »positiver Helden« zugute kommen; Eisenstein, der in den dreißiger Jahren überhaupt nur einen einzigen Film fertig-stellen konnte, drang über die Theorien vom »intellektuellen Film« hinweg zum kontrapunktisch ausgewogenen, opernhaften Epos vor, hinter dem sich das Ideal eines filmischen »Gesamtkunstwerks« abzeichnete, in dem alle Künste ihre Synthese fin-den sollten.

Seinen ersten Tonfilm, *Iwan* (1932), widmete Dowshenko einem aktuellen Thema: dem Bau eines Wasserkraftwerks am Dnjepr. Seinen Helden – einen zum politischen Bewußtsein erweckten Bauern – verlor der Film allerdings über der lyrisch exaltierten Beschreibung der Maschinen- und Arbeitswelt gelegentlich aus den Augen. *Aerograd* (1935) handelte vom Bürgerkrieg im sibirischen Osten. Über die Grenzen dringen japanische Agenten in fernöstliche Bezirke der Sowjetunion ein, um mit Hilfe ehemaliger Kulaken und Altgläubiger die Dorfbevölkerung gegen den Kommu-nismus aufzubringen; den Japanern stellen sich bärtige russische Recken entgegen, die die Eindringlinge bis in entlegene Schlupfwinkel des sibirischen Urwaldes ver-folgen. In *Aerograd* herrscht ein mythisches Klima, das sich auf ganz naive Weise mit politischen Inhalten verbindet. Schon die Japaner erscheinen eher als fremdartige Fabelwesen denn als reale Feinde. In den Einöden der endlosen Wälder sind die Men-schen wie verloren. Der Fluß der Handlung wird von poetischen Luftaufnahmen unterbrochen: zwischen ungeheuren Wolkengebirgen bewegen sich, scheinbar ste-hend, mit merkwürdig an- und absteigendem Motorengeräusch, sowjetische Flug-zeuge. Die rote Luftflotte thront über den Wolken, fern und allgegenwärtig. Ein ark-tischer Felljäger, der das Geräusch der Flugzeuge vernommen hat, eilt »achtzig Son-nen« lang auf seinen Schiern durch verschneite Regionen der Taiga, ein mongolisches Lied auf den Lippen, das die einzelnen Teile des Films wie ein Leitmotiv zusammenhält, um nach »Aerograd« zu gelangen, einer im Bau befindlichen – imaginären – sowjetischen Stadt am Rande des Pazifischen Ozeans. Gegen Ende des Films verdunkeln immer größere Geschwader von Flugzeugen den Himmel, dazwischen erscheinen rhythmisch die Namen russischer Städte; Fallschirmspringer schweben am Himmel, und auf einem Felsen wird eine Flagge gehißt. *Aerograd* kulminiert in einer Apotheose sowjetischer Macht; ein lederbejackter, strahlender Flieger verkörpert halbgöttliches Heldentum. Gelungen war in diesem Film, dessen Kamera Eduard Tisse bediente, vor allem die Schilderung der sibirischen Landschaft und ihrer Typen.

In *Schtschors* (1939) trat Dowshenkos Hang zur politischen Pathetik noch deutlicher hervor. Der Film, der auf eine Anregung Stalins entstand, schilderte die (historische) Persönlichkeit des roten ukrainischen Partisanenführers Schtschors und den Kampf seiner Truppen gegen ukrainische und polnische Nationalisten, wobei nicht wenige Retuschen an den tatsächlichen Ereignissen vorgenommen wurden; neben Schtschors sind fast alle Gestalten der Handlung erfunden. Der Film besitzt unbestreitbare visuelle Qualitäten. Eindrucksvoll, wie immer bei Dowshenko, sind die Aufnahmen ukrainischer Landschaft. Reiterscharen ziehen unter einem hohen Himmel über weite Schneeflächen; ameisenhaft, von oben gesehen, eine übers Eis flüchtende Menschenmenge. Mehr als einmal degenerieren die Bilder jedoch zu heroischer Schlachtenmalerei, so gegen Schluß, als man einen sterbenden Kosakenkommandeur durch ein endloses Kornfeld trägt, indes im Hintergrund Feuerschein aufflammt und Rauchwolken vorbeiziehen. Leben gewinnt der Film aber durch seine Nebenfiguren, etwa den erwähnten Kommandeur, der keine Karte zu lesen vermag und einen guten Tropfen liebt.

Humoristische Untertöne zeigen sich in *Schtschors*, als ein Trupp Rotarmisten in eine Bauernhochzeit gerät. Plötzlich rebellieren die Frauen gegen ihre Männer, die sie nicht aus Liebe geheiratet haben; die Braut verläßt ihren Bräutigam, beschimpft ihn als »Neutralisten« und folgt einem jungen Sowjetsoldaten. Leider unternimmt der Film nicht den Versuch, die Figur seines Protagonisten psychologisch zu durchdringen, sondern entwirft statt dessen ein unreflektiertes, pathetisches Heldenbild. Schtschors verkörpert den unfehlbaren positiven Helden von überlegener Moral, unbeugsamem Mut und nie versagendem Führertalent. Seine typische Haltung zeigt ihn mit hochgerecktem Arm und flammendem Auge; sein Mund kündet Wahrsprüche. Als lächerliche Karikaturen erscheinen die Gegner, die den Schlachtenlärm unterdrücken möchten, indem sie sich die Ohren zuhalten. Bedenkt man allerdings, daß jede kleinste Einzelheit, jedes Wort des Films die »mikroskopische Kontrolle Stalins« und seiner Mitarbeiter durchlaufen mußten[18], so überrascht es, daß dieser zweieinhalbstündige Film in vielen Randszenen und in seiner Fotografie immer noch starke Überzeugungskraft ausstrahlt.

Für Sergej Eisenstein bedeuteten die Jahre von 1929 *(Das Alte und das Neue)* bis 1938 *(Alexander Newski)* eine Folge von Niederlagen, gescheiterten Projekten und Maßregelungen. Der Regisseur des *Panzerkreuzer Potemkin* geriet erst mit dem Konformismus der amerikanischen Filmindustrie und dann mit der dogmatischen Strenge stalinscher Kulturpolitik in Konflikt.

Eisenstein verließ die Sowjetunion im August 1929 und begab sich zusammen mit seinem Assistenten Grigori Alexandrow und dem Kameramann Tisse auf eine Reise durch verschiedene Länder Europas, um die Entwicklung der Tonfilmtechnik zu studieren. In Paris begegnete Eisenstein dem Dichter James Joyce, mit dem er sich über eine Filmadaptation seines *Ulysses* unterhielt. In Paris begann Eisenstein auch mit der Arbeit an einem kurzen Tonfilm, *Romance Sentimentale* (1929), in dessen Mittelpunkt eine russische Sängerin stand, überließ aber wegen der Konventionalität des Stoffs Alexandrow und Tisse die Fertigstellung des Films. Da erging 1930 von Jesse Lasky im Namen der *Paramount* das Angebot an Eisenstein, zunächst für sechs Monate in den USA zu arbeiten. Eisenstein unterschrieb hoffnungsvoll den Vertrag und reiste nach Hollywood, gefolgt von Alexandrow und Tisse. Aber weder das Drehbuch über die Goldgräberinvasion von 1849, *Sutters Gold* (nach dem Roman *D'Or* von Blaise Cendrars), noch eine projektierte Filmbearbeitung von Dreisers Roman *Eine amerikanische Tragödie* fand bei den Gewaltigen der *Paramount* Anklang: Eisensteins Treatments schienen nicht genügend kommerzielle Anziehungskraft zu besitzen und offenbarten statt dessen gefährliche sozialkritische Tendenzen. Inzwischen hatten rechtsradikale Extremisten eine zunehmende Meinungskampagne gegen den »Juden und Bolschewisten« Eisenstein entfacht, der in den USA nichts zu suchen habe, so daß die *Paramount* nur zu gern ihren Kontrakt mit Eisenstein wieder löste.

Nunmehr kehrte sich Eisenstein seinem Lieblingsprojekt zu, einem Film über Mexiko, ein Land, das ihn seit seiner Inszenierung von Jack Londons *The Mexican* am *Proletkult*-Theater 1921 fasziniert hatte. Für die Finanzierung dieses Filmprojekts wandte sich Eisenstein an den sozialistischen Schriftsteller Upton Sinclair. Dieser zeigte sich einverstanden, den Film zu finanzieren.

Im Verlauf ausgedehnter Reisen durch Mexiko kam Eisenstein der – über sein ursprüngliches Projekt weit hinausgehende – Plan zu einem umfassenden Film über Mexikos Geschichte und Gegenwart, der vier Episoden, Novellen vergleichbar, einen Prolog und einen Epilog enthalten sollte. Eisenstein fixierte sein Thema von einem philosophischen Standort aus; was er in *¡Que viva Mexico!* (Es lebe Mexiko) darstellen wollte, war: »Die große mexikanische Weisheit vom Tod. Die Einheit von Tod und Leben. Das Dahingehen des einen und die Geburt des nächsten. Der ewige Kreis. Und die noch größere Weisheit Mexikos: die Freude an diesem ewigen Kreis . . . [19]« Das Team Eisenstein-Alexandrow-Tisse machte sich an die Aufnahmearbeiten zu den Episoden *Fiesta, Sandunga, Maguey* und *Soldadera*, in denen sich die allmähliche Entwicklung Mexikos von der biologisch-vegetativen Existenz, von der Herrschaft der Folklore und der mit ihr verwobenen christlichen Legenden zum erwachenden sozialen Bewußtsein widerspiegeln sollte. In einer Schlüsselsequenz, die zur Zeit der Diktatur des Porfirio Diaz (1905–1906) spielt, vollziehen herrschaftliche Haciendados ein barbarisches Gericht an rebellischen Peons: sie reiten mit ihren Pferden über die Köpfe der bis zum Hals Eingegrabenen hinweg. Am Schluß sollte das »soziale Prinzip«, »unsterblich und ewig«, über das »biologische Prinzip« triumphieren. »Wenn wir im Prolog Begräbnisse und eine verzweifelte Unterwerfung unter das schreckliche Symbol des Todes gesehen haben, so sehen wir dagegen, wie im Epilog dies Symbol vom Sarkasmus des Toten-Karnevals überwunden wird«, schrieb Eisenstein [20]. Die abschließenden Sequenzen vom Karneval der Totenmasken wollte Eisenstein als Satire auf das gegenwärtige mexikanische Regime und als Hymne auf die sich durchsetzende Lebenskraft des mexikanischen Volkes gestalten.

Freilich sollte diese Intention erst in der Montage Gestalt gewinnen. Doch da Eisenstein die vereinbarte Drehzeit und den veranschlagten Etat des Films überschritten hatte, sperrte Sinclair Anfang 1932 dem Team das Geld und machte es Eisenstein damit unmöglich, den Film zu beenden. Eisenstein mußte in die Sowjetunion zurückkehren, ohne die Möglichkeit zu haben, das von ihm gefilmte Material nach seinen ursprünglichen Plänen zu schneiden und zu montieren. Entgegen seinem Versprechen sandte Sinclair auch niemals das Negativ des Films an Eisenstein, sondern brachte kurze Extrakte von ¡Que viva México! unter dem Titel *Thunder Over Mexico* (Donner über Mexiko) und *Death Day* (Totentag) heraus, mit deren Erträgen er die Kampagne für seine Kandidatur für den Gouverneursposten von Kalifornien finanzierte. Eisenstein mußte sein Werk, an dem er ein Jahr lang gearbeitet hatte, vollständig verlorengeben. Auch Mary Seton edierte 1939 nur einen Bruchteil des Materials als *Time in the Sun* (Unter der Sonne Mexikos). 1941 und 1942 wertete man weitere Teile von Eisensteins Werk zu Unterrichtsfilmen über Mexiko aus, die manchmal zusammen unter dem Titel *Mexican Symphony* gezeigt wurden. Erst 1956, nach dem Tode Eisensteins, verlor Sinclair das Interesse an dem Film und überließ das noch vorhandene Material der Filmbibliothek des newyorker *Museum of Modern Art*. Jay Leyda stellte aus dem Material von ¡Que viva México! einen mehrstündigen »Studienfilm« zusammen, der jetzt wenigstens die ursprüngliche Konzeption Eisensteins in Ansätzen erkennen läßt.

Aus den vorhandenen Fragmenten von ¡Que viva Mexico! spricht schon mehr der spätere Eisenstein als der des Stummfilms. In seinem mexikanischen Werk ging es Eisenstein vor allem um die künstlerische Formung der einzelnen Einstellung, um architektonischen Bildaufbau, komponierte plastische Schönheit; der Film schien das »Wesen« Mexikos in poetische Metaphern und Symbole komprimieren zu wollen. Einen geheimen Mystizismus offenbaren insbesondere die Sequenzen religiöser und folkloristischer Prozessionen und das Fest der Totenmasken am Schluß, das Eisenstein zu einem symbolischen Angelpunkt seines Films machen wollte. Inwieweit diese mythischen Elemente von der Gesamtstruktur des fertig montierten Films aufgehoben und verwandelt worden wären, läßt sich nicht mit Sicherheit sagen.

Ein Künstler von der Orientierung Eisensteins mußte in der Sowjetunion der dreißiger Jahre notwendig als Fremdkörper erscheinen. Bereits 1931 war in der Zeitschrift *Internationale Literatur* ein negativ gehaltener Artikel über ihn erschienen; die Sowjetenzyklopädie von 1932 konstatierte in *Oktober* und in *Das Alte und das Neue* eine »Abweichung zum formalen Experiment« und klassifizierte Eisenstein nur mehr als »Vertreter der Ideologie des revolutionären Teils der kleinbürgerlichen Intelligenz, die dem Pfad des Proletariats folgt[21]«. Eisenstein, der Theoretiker der Montage und der »Kinematographie der Begriffe«, paßte nicht recht in die neue Strömung der realistischen Fabel und des individuellen Helden. Dazu kam ein von vornherein bestehender Gegensatz zwischen Eisenstein und Boris Schumjatski, dem autoritären Verwalter der sowjetischen Filmindustrie. Schumjatski wies alle Filmprojekte zurück, die Eisenstein ihm 1932 vorlegte. Für mehrere Jahre beschränkte sich Eisenstein darauf, Regiekurse an der moskauer Filmhochschule abzuhalten, und widmete sich der Entwicklung seiner Theorien.

Im Frühjahr 1935 begann Eisenstein endlich wieder an einem neuen Film zu arbeiten: *Beshin lug* (Die Beshin-Wiese). Den Titel und die Idee des Films hatte der Szenarist Alexander Rscheschewski Turgenjews *Aufzeichnungen eines Jägers* entnommen. Das Drehbuch erzählt die (authentische) Geschichte eines Kulaken, der seinen Sohn erschießt, weil dieser den Jungen Pionieren einen geplanten Sabotageakt seines Vaters verrät. Eisenstein suchte in diesem einigermaßen schematischen Thema symbolisch den »Urkonflikt« zwischen Vater und Sohn zu gestalten. Einzelne Episoden sollten wie »eine Fuge in vier Stimmen« komponiert werden[22]. Schumjatski zeigte sich mit dem fertiggestellten Teil des Films unzufrieden. Ein neues Drehbuch mußte geschrieben werden (damit wurde der Dichter Isaak Babel beauftragt, der wenig später in Ungnade fiel), und Eisenstein begann noch einmal von vorn; diesmal stellte der Film seinen Konflikt enger in den Rahmen der Kollektivierung und des realen Landlebens hinein. »Immer noch aber benutzte Eisenstein hauptsächlich ›Typen‹ und zeichnete nicht abgerundete Charaktere, die das Ziel der sowjetischen Kinematographie geworden waren..., und er konnte sich nicht von seinem leidenschaftlichen Interesse an Bildern, expressiven Gesichtern oder Gesten befreien« (M. Seton [23]). Schließlich ordnete Schumjatski im März 1937 an, die Arbeiten an dem Film abzubrechen, nachdem bereits zwei Millionen Rubel für *Die Beshin-Wiese* investiert worden waren. Schumjatski kritisierte in der *Prawda*, daß in dem Film der Klassenkampf als elementarer Kampf von Naturkräften erscheine. Eisenstein mußte auf einer dreitägigen Konferenz Anklagen über sich ergehen lassen und publizierte dann eine Selbstkritik, in der er zugab, den »breiten, schöpferischen Kontakt mit den Massen, mit der Realität« verloren zu haben [24].

Erst nach der Absetzung Schumjatskis konnte Eisenstein wieder einen Film nicht nur anfangen, sondern auch beenden. In *Alexander Newski* (1938) wandte er sich einem historischen Stoff zu. Gegen Ende der dreißiger Jahre fühlte sich die Sowjetunion zunehmend politisch isoliert; Kriegsgefahr lag in der Luft. Daher waren jetzt im sowjetischen Film historisch-patriotische Sujets, die die Vaterlandsliebe des Publikums verstärkten, gern gesehen. Aber noch aus einem anderen Grunde mochte Eisenstein das historische Thema bevorzugen. Die Gestalt des Prinzen Alexander Newski, der gegen Mitte des 13. Jahrhunderts die Einheit Rußlands herstellte und in der Schlacht auf dem Peipussee (1242) eine Armee des deutschen Ritterordens schlug, erlaubte Eisenstein jene mythisch-symbolische Stilisierung der Wirklichkeit, die er seit *¡Que viva Mexico!* anstrebte, die sich aber bei einem Gegenwartsthema aus ideologischen Gründen verbot. Die historische Ferne der Vorgänge bildete die Voraussetzung ihrer poetisch-legendären Interpretation. Auf diesem Gebiet konnte sich Eisenstein, der individuell-psychologischen Charakterzeichnung abhold, dem Experiment einer symbolischen Filmform anvertrauen, die den Widerspruch zwischen rationalem Erkennen und bildhaftem Erleben zu versöhnen trachtete.

Eisensteins Erzählprinzip in *Alexander Newski* ist die Reihung oder Kontrastierung statischer, in sich ausgewogener und »komponierter« Bilder. Die Bilder des Films besitzen aber nicht nur informativen Wert, sondern konzentrieren in ihrer Aufeinanderfolge den Grundgehalt, die »Idee« einer Situation. So formt sich aus den wenigen stilisierten Einstellungen vom Beginn der Schlacht auf dem vereisten Peipussee, die abwechselnd Newski silhouettenhaft auf einem hohen Felsen und die am Horizont heranrückende Frontlinie der Deutschen in ausgewogenem Rhythmus von Total- und Großaufnahmen zeigen, das Urbild herannahender Gefahr; in der Montage dieser Sequenz folgte Eisenstein übrigens einer Passage aus Miltons *Paradise Lost*. Totaleinstellungen von unten, die den Himmel ins Bild bringen, veranschaulichen die Weite der Landschaft. Die statisch-dekorative Anordnung der deutschen Krieger, die unbeweglich wie Statuen vor dem Hintergrund des brennenden Pskow stehen, während Rauch und Flammen das Bild durchziehen, bringt die Härte und abstrakte Grausamkeit der Invasoren zum Ausdruck. Eine symbolische Rolle spielen auch die weißen Gewänder der Ordensritter: die weiße Farbe wird zum Synonym des Vernichtungswillens und des Todes. Makaber schauen die seltsamen Topfhelme der Deutschen aus; skurril und dämonisch der in die Tasten einer transportablen Orgel greifende Mönch, wie überhaupt Eisenstein religiösen Mystizismus und Terror in einzigartigen

Bildern zusammenfließen ließ. Dabei hatten diese Szenen allerdings ein präzises Ziel: Eisenstein wollte in ihnen den deutschen Faschismus treffen.

Besonders genau abgestimmt war in *Alexander Newski* das Verhältnis von Ton und Musik. Prokofiews Kompositionen für den Film bilden einen integrierenden Bestandteil seiner Aussage; in einigen Episoden erreicht Eisenstein jenen subtilen audio-visuellen Kontrapunkt, den er schon 1928 gefordert hatte, namentlich in der Sequenz vor der Schlacht. Die Schlacht selbst, obgleich virtuos aufgenommen und montiert (sie diente Laurence Olivier als Vorbild in *Henry V*), wirkt in ihrer Überlänge – ein Drittel des gesamten Films – ein wenig monoton, zumal sich hier der Heroenkult störend in den Vordergrund schiebt. Nicht zu übersehen ist die Verherrlichung des Führertums in der Person des blonden Recken Newski. Es gibt zu denken, daß gerade die antisemitischen Filmhistoriker Bardèche und Brasillach *Alexander Newski* als einen »germanischen« Film verherrlichen[25]. *Alexander Newski* zeigte ein wenn auch ästhetisch sublimiertes opernhaftes Pathos, das sich auf einer höheren Stufe in *Iwan der Schreckliche* wiederfinden sollte. (Eisenstein inszenierte denn auch 1940 im *Bolschoi*-Theater Wagners *Walküre*.)

Der große Erfolg des Films ließ Eisenstein wieder zu hohem Ansehen in der UdSSR aufsteigen. Er wurde zum künstlerischen Direktor des *Mosfilm*-Studios ernannt und erhielt den Lenin-Orden. Während der Zeit des deutsch-sowjetischen Paktes (1939 bis 1941) wurde *Alexander Newski* in der Sowjetunion allerdings nicht aufgeführt.

Die Generation der dreißiger Jahre

In den dreißiger Jahren entwickelte sich ein eigenes Genre der sowjetischen Filmkomödie. Hauptvertreter dieser Gattung war Eisensteins einstiger Assistent Alexandrow. Grigori Alexandrow (geb. 1903) debütierte 1934 mit *Wesjolje rebjata* (Fröhliche Burschen), einer »Jazz-Komödie«. In diesem Film bewies Alexandrow eine Vorliebe für groteske Situationen und exzentrische Typen, der er auch in seinen späteren Werken treu bleiben sollte. Stilistisch verrät besonders *Fröhliche Burschen* das Vorbild amerikanischer Stummfilmgrotesken (die Porträts Chaplins, Lloyds und Keatons erscheinen vor Beginn des Films auf der Leinwand) und des Musicals. Stets gibt die Musik bei Alexandrow Mittelpunkt und Leitfaden der Handlung ab. In *Fröhliche Burschen* wird ein flötenspielender Hirt der Kolchose »Klare Quellen« mit einem italienischen Wunderdirigenten verwechselt, gerät auf eine Party im »Heim für unorganisierte Touristen«, wohin er durch sein Flötenspiel Ziegen, Kühe und Schweine anlockt; später avanciert er zum Dirigenten des Musikerkollektivs »Freundschaft«. *Wolga-Wolga*, Alexandrows gelungenster Film, ersetzte die amerikanischen Stilelemente durch komisch reflektierte russische Folklore und durch eine Satire der sowjetischen Gegenwart: im Vordergrund des Films steht ein säumiger und bürokratischer Aufseher für die Balalaika Produktion, der »für Einzelfragen keine Zeit hat« und nur auf seine Beförderung nach Moskau sinnt; sein Gegenspieler ist ein schnauzbärtiger Pferdekutscher; beide rivalisieren in der Führung von Laien-Musikensembles, die ihren Wettstreit auf Wolgadampfern austragen. In ähnlichem Stil inszenierte Alexandrow 1936 *Zirk* (Zirkus) und 1940 *Swetly put* (Der helle Pfad), eine modernisierte Version des Aschenputtel-Märchens.

Auch Iwan Pyrjew (geb. 1901) entwickelte sich zu einem Spezialisten der Komödie, nachdem er noch 1936 einen fragwürdigen Film über das »Diversanten«-Unwesen gedreht hatte: *Partijny bilet* (Das Parteibuch). Später kehrte Pyrjew zu dem Stil seines Erstlingsfilms *Postoronnaja shenschtschina* (Die fremde Frau, 1929) zurück, einer Satire auf die konservative Familienmoral. Pyrjew drehte Komödien, die sich streng an den gerade gängigen Normen des sozialistischen Realismus orientierten. Sowohl *Bogataja newesta* (Die reiche Braut, 1938) und *Traktoristi* (Traktoristen, 1939) spielen auf ukrainischen Kolchosen unter singenden Erntearbeiterinnen und akkordeonspielenden Traktorfahrern; daneben verherrlichen diese Filme die begeisterte Arbeit der Kolchosbauern. Pyrjews größter Erfolg wurde 1941 *Swinarka i pastuch* (Die Schweinezüchterin und der Hirt), eine musikalische Komödie, die die russischen Kinobesucher von den Sorgen des Krieges ablenken sollte. Doch fehlte Pyrjew der satirische Unterton Alexandrows; auch nach dem Krieg brachte er nur unverbindlich-apologetische Lustspiele zustande, in denen das komische Element zugunsten einer lehrhaften Fabel verkümmerte: *Skasanije o semlje sibirskoi* (Das Lied der sibirischen Erde, 1948) und *Kubanskije kasaki* (Die Kubankosaken, 1950), eine schönfärberische Darstellung des Kolchosenlebens. 1958 trat Pyrjew mit einer bemühten Verfilmung von Dostojewskis *Der Idiot* hervor.

Einer der sensibelsten und begabtesten sowjetischen Regisseure gelangte in den dreißiger Jahren zur Berühmtheit: Mark Donskoi (geb. 1901). Donskoi, ein ehemaliger Jurist, Schriftsteller und Boxer, drehte nach Absolvierung der staatlichen Filmschule seine ersten Stummfilme zusammen mit dem Regisseur M. Averbach und seinen ersten Tonfilm, *Pesnija o stschasje* (Das Lied vom Glück, 1934), zusammen mit Wladimir Legoschin unter der Leitung von Jutkewitsch; Sujet des Films war die Erziehung von Kindern aus der Wolgaregion. Sowohl Legoschin wie Donskoi sollten sich bald darauf ganz dem Kinderfilm zuwenden, nachdem 1936 die *Meshrabpom* in ein eigenes Studio für Kinderfilme umgewandelt worden war. Freilich spezialisierte man sich hier zunächst mehr auf Filme über Kinder als auf Filme für Kinder. In diesem weniger unmittelbar an die politischen Imperative des Tages gebundenen Genre brachten die beiden Regisseure es zu Leistungen, die zu den besten des sowjetischen Films überhaupt zählen. Legoschin realisierte 1937 *Beljejet parus odinokij* (Weiß blinkt ein einsames Segel) nach dem gleichnamigen Roman von Katajew, die frisch und poetisch erzählte Geschichte zweier Jungen aus dem Odessa von 1905, durch welche die Klassengegensätze des zaristischen Rußland und die sich anbahnende Revolution hindurchscheinen.

Die drei Gorki-Filme Donskois – *Detstwo Gorkowo* (Gorkis Kindheit, 1938), *W ljudjach* (Unter Menschen, 1939) und *Moi universiteti* (Meine Universitäten, 1940) – gingen auf Gorkis dreiteilige, 1913–23 erschienene Autobiographie zurück. Scheinbar eine epische Folge pittoresker oder humorvoller Episoden, gehorchen die drei Teile der Trilogie doch einer inneren Struktur. In ihrem Mittelpunkt steht der Prozeß der Bewußtwerdung eines Menschen; mit der Geschichte seiner Jugend und seines Aufwachsens in der Fremde zeichnet der Film gleichzeitig ein scharfes Bild des Rußlands der Jahrhundertwende aus der Sicht des jungen Gorki. Eine Fülle plastischer und zum Teil exzentrischer Charaktere taucht in den einzelnen Episoden auf. Da ist in der *Kindheit* der spitzbärtige, frömmlerische, despotische und in ständige Exzesse verfallende Großvater des kleinen Alexis (der eigentliche Name Gorkis lautete Alexej Peschkow); da sind die kindischen Onkel und die matronenhafte Großmutter; da ist der gnomhafte, eitle Bäckermeister aus *Meine Universitäten*. Im ersten Teil der Trilogie lebt Alexis noch in der poetischen, von Überraschungen und Wundern erfüllten Umgebung seiner Kindheit, wenngleich sich auch hier schon die Welt keineswegs freundlich gibt: Ein vorbeiziehender Trupp politischer Gefangener kündet von der Ungerechtigkeit der Verhältnisse. In *Unter Menschen* gelangt Alexis dann von der individuellen Revolte zur Erkenntnis der Gesellschaft und in *Meine Universitäten* zur Einsicht in seine eigenen Kräfte und Fähigkeiten – nachdem er eine Krise und einen Selbstmordversuch überwunden hat. Hier freilich tritt der thesenhafte Charakter des Geschehens stärker hervor, sowohl in der Verurteilung anarchistischen Rebellentums (ein wirrer Debattierklub von Schopenhauer-Anhängern) wie in der Hymne an das Leben (der herangewachsene Alexis mit einem neugeborenen Kind in den Händen). Wahrhaftigkeit erhält der Film jedoch durch das lebendige und natürliche Spiel seiner jugendlichen Interpreten. Donskois Regie verstand es, den Realismus jeder scheinbar zufälligen Szene mit dem Hauptthema des Films, dem Bewußtseinsprozeß seines Helden, zu verknüpfen.

Ein anderer bemerkenswerter Film aus der Produktion für Kinder war Alexander Ptuschkos *Nowyj Gulliver* (Der neue Gulliver). Ein Junger Pionier träumt sich ins Land der Liliputaner versetzt und wird dort zum Unterstützer einer Revolte der Liliputanersklaven. Ptuschko versuchte sich in dem frischen und ironischen Film an einer Kombination von Puppen und lebendigen Darstellern. Später sollte Ptuschko sich auf Märchen- und Legendenfilmen spezialisieren: *Kamenni zwetok* (*Die steinerne Blume*, 1946), *Sadko* (1951), *Ilja Muromez* (1955).

Eine ganze Reihe bedeutender sowjetischer Filme der dreißiger Jahre schöpfte ihren Stoff weiterhin aus den historischen Ereignissen der Revolution oder situierte ihre Geschehnisse zumindest in dieser Epoche. Dazu gehören – neben *Tschapajew* – Dsigans *Wir aus Kronstadt* und *Der Abgeordnete des Baltikums* von Sarchi und Cheifiz. Der junge Jefim Dsigan, der schon gegen Ende der Stummfilmzeit hervorgetreten war, verfilmte in *My is Kronstadta* (Wir aus Kronstadt, 1936) Wsewolod Wischnewskis *Optimistische Tragödie* nach einem Drehbuch des Autors. Aus dem Kampf der kronstädter Matrosen 1919 gegen die konterrevolutionäre Armee machten Dsigan und Wischnewski einen Film, der in seiner Monumentalität, im Hervorkehren der Masse als Akteur an Eisensteins *Potemkin* erinnert. Wischnewski hegte auch zunächst den Wunsch, sein Stück von Eisenstein verfilmen zu lassen, und ließ sich in einigen Episoden seines Drehbuchs direkt vom *Panzerkreuzer Potemkin* anregen. Doch verlieh man jetzt den Matrosen des Films ausgeprägtere Individualität. Eine expressive Fotografie ließ die revolutionäre Bedeutung der Ereignisse hervortreten; am Ende einer harten und für die Revolutionäre unglücklich ausgehenden Bataille werden die Matrosen mit Steinen vor der Brust von ihren Gegnern eine Steilküste herab ins Meer gestoßen – eine ohne Pathos gefilmte Sequenz, die durch die Komposition ihrer Bilder überzeugt. Sonst freilich dominierte in diesem Film, der seinem Drehbuchautor vielleicht mehr verdankt als seinem Regisseur, die politische Rhetorik.

Im Vergleich zu *Wir aus Kronstadt* ist Sarchis und Cheifiz' *Deputat Baltiki* (Der Abgeordnete des Baltikums, 1937) ein filmisches Kammerspiel. Alexander Sarchi (geb. 1908) und Josif Cheifiz (geb. 1905) studierten zusammen in Leningrad und arbeiteten während des ersten Fünfjahresplanes in einer Filmbrigade des Komsomol. Der Film, dem L. Rachmanows Theaterstück *Stürmischer Lebensabend* zugrunde liegt, erzählt die Geschichte eines greisen Biologieprofessors, der sich für die Revolution begeistert und vor Matrosen der roten Flotte Vorträge über »das Leben der Natur« hält. Darob tauschen seine Kollegen an der Universität hämische Bemerkungen aus; menschewistische Studenten randalieren in der Vorlesung und wollen sich nicht prüfen lassen; selbst ein Assistent verläßt ihn. Schließlich aber wird Professor Poleshajew als Vertreter der baltischen Flotte in den petrograder Sowjet gewählt. Die Gestalt Poleshajews – sie ging auf eine reale Figur zurück – gewinnt durch die ausgezeichnete Interpretation des Schauspielers Nikolai Tscherkassow Plastizität und Menschlichkeit; er bleibt stets der freundlich-kauzige Wissenschaftler und Philanthrop, dem jede Pathetik fernliegt. Besondere Überzeugungskraft bezieht der Film daraus, daß er das »Neue«, Revolutionäre nur in seiner Intention, nicht als imponierendes Resultat darstellt und daß er zu seinem Helden gerade einen Menschen erwählt, den sonst nichts zum Revolutionär prädestiniert. »Positive« heldische Gestalten tauchen in diesem Film nur am Rande auf.

Zwei weitere Regisseure von Bedeutung, deren Debüt in die dreißiger Jahre fällt, sind Gerassimow und Romm. Sergej Gerassimow (geb. 1906) war zunächst ein Mitglied des *FEKS*-Ateliers und spielte als Darsteller in Kosintzew-Traubergs *Das neue Babylon* und *Allein*. Als Regisseur wurde Gerassimow bekannt mit *Semero smelych* (Die kühnen Sieben, 1936), der abenteuerlichen Geschichte von sieben Komsomolzen, die in einer Arktisstation überwintern. Auch *Komsomolsk* (1937) war ein Film über die sowjetische Jugend: er schilderte die Erbauung der Stadt Komsomolsk an den Ufern des Amur durch Mitglieder der Komsomolorganisation aus der ganzen UdSSR. Der Film litt, obgleich realistisch im einzelnen, an einer schematischen Fabel: unter die Aufbauwilligen mischt sich ein Saboteur, der aber bald von dem NKWD zur Strecke gebracht wird.

Michail Romm (geb. 1901) debütierte 1934 mit *Puschka*, einer Verfilmung von Maupassants Novelle *Fettklößchen*. Darauf folgte *Trinadzat* (Die Dreizehn, 1937), die Geschichte einer Gruppe von Rotarmisten, die in der Wüste Karakum von konterrevolutionären Truppen bis auf einen Mann vernichtet werden. Größeren Ruhm brachten Michail Romm aber seine beiden Filme über Lenin ein, *Lenin w Oktjabre* (Lenin im Oktober, 1937) und *Lenin w 1918 godu* (Lenin im Jahre 1918; 1939). Romms Filme sollten eine ganze Serie von Werken einleiten, in denen sowjetische Führergestalten, allen voran Stalin, auf der Leinwand erschienen. Selbst wenn der Darsteller Lenins, Boris Schtschukin, eine schauspielerisch interessante Leistung zu bieten wußte und obgleich einige atmosphärische Szenen – vor dem Eintreffen Lenins in Petrograd – gelungen sind, so vermag das nicht für die politische Fragwürdigkeit von Romms Lenin Filmen zu entschädigen. Vor allem soll Lenin als Privatmann sympathisch erscheinen. Er gebärdet sich leutselig, zeigt goldenen Humor, ist kinderlieb; er schläft nie, wacht aber stets über den Schlaf seiner Mitarbeiter. Immer wieder wird der Blick des Zuschauers auf den entscheidenden Gegensatz zwischen den Bolschewiki und den reaktionären, mit Kerenski paktierenden Menschewiki und Sozialrevolutionären gelenkt: sie – und der Trotzki-Flügel der Bolschewiki! – sind die Todfeinde der Revolution. Letztlich scheinen die Lenin-Filme überhaupt nur gedreht, um der Person Stalins ununterbrochene Huldigungen darzubringen. Schon auf der Lokomotive, die ihn nach Petersburg bringt, fiebert Lenin Stalin entgegen; in jedem wichtigen Bild ist Stalin zugegen, hinter der rechten oder linken Schulter Lenins stehend, schweigend und wichtig sein Pfeiflein schmauchend. Auch in der Schlußapotheose von *Lenin im Oktober* tritt Stalin aus dekorativen Gründen wieder ins Blickfeld hinter Lenin. Reizvoll mögen die exzentrische Darstellung Kerenskis und die Szene von der Erstürmung des Winterpalais erscheinen; ansonsten zeugen Romms Lenin-Filme deutlich von der Erstarrung, die im Zeichen des Personenkults im sowjetischen Film zu herrschen begann.

Hollywood im Zeichen der Wirtschaftskrise

Die Einführung des Tonfilms 1926–1928 und die Wirtschaftskrise im Gefolge des Bankenkrachs vom Oktober 1929 bestimmten zusammen die wirtschaftliche, psychologische und künstlerische Verfassung des US-Films der dreißiger Jahre. 1926 brachte die *Warner Brothers*, um dem drohenden wirtschaftlichen Zusammenbruch zu entgehen, einen Tonfilm heraus, dessen Erfolg das Experiment rechtfertigte. Bis 1928 blieben indessen *Warner Brothers* und die *Fox* die einzigen Gesellschaften, die sich ganz auf den Tonfilm umstellten; nur zögernd folgten die anderen. Mit der Einführung des Tons erweiterten die newyorker Finanzgruppen ihren Einfluß auf die Filmproduktion erneut. Die Installation der Tonapparaturen in den Ateliers wie in den Theatern und der Bau schalldichter Studios erforderten neue Investitionen, durch die die Filmindustrie sich noch mehr als bisher in die Hand der Großbanken begab. Die hinter diesen stehenden Finanzgruppen waren identisch mit den Eigentümern der Elektrokonzerne, die ihrerseits die Patente der Tonaufnahme- und -wiedergabe-Apparaturen kontrollierten. Hinter der *American Telephone and Telegraph Co.*, für deren Tonverfahren sich zunächst die meisten amerikanischen Produktionsgesellschaften entschieden, stand die Morgan-Gruppe, die über mehrere Banken Miteigentümer mehrerer Konzerne war. Die *General Electric Co.*, der es bis 1936 gelang, einige Konzerne für ihr Tonverfahren zu gewinnen, gehörte der Rockefeller-Gruppe, die ebenfalls die Aktienmehrheit einiger Gesellschaften kontrollierte.

Von der Wirtschaftskrise schien die Filmindustrie zunächst nicht berührt zu werden. Im Gegenteil nahmen die Besucherzahlen zunächst noch zu – einerseits gerade unter dem Einfluß der Krise, die die Massen der Enttäuschten und Enteigneten dem Kino als dem billigsten und vollkommensten Ablenkungsmittel zutrieb, andererseits dank der erhöhten Attraktion des tönenden Films. Doch wurde der Film mit einer Verspätung von zwei Jahren auch in den Strudel der Krise hineingerissen. 1933, als die Zahl der Vollarbeitslosen die Zehn-Millionen-Grenze überschritten hatte, erreichte sie ihren Höhepunkt: von neunzehntausend Filmtheatern mußten sechstausend schließen, mehrere Konzerne mußten unter Zwangsverwaltung gestellt oder reorganisiert werden. Erst 1937 hatte sich die Filmwirtschaft von den Einbußen erholt.

Die freie Behandlung verschiedener aktueller Probleme zu Beginn der dreißiger Jahre ließ erneut den Ruf nach einer straffen Zensur laut werden. Im Oktober 1929 hatte die Filmindustrie eine Liste von Tabus akzeptiert, die aus elf »Don'ts« und fünfundzwanzig »Be Carefuls« bestand. Diese Liste war nicht darauf ausgerichtet, eine Gefährdung der verfassungsmäßig garantierten Freiheiten und der Gesetze zu verhindern; sie tabuierte vielmehr eine ganze Reihe von Vorurteilen, deren Verletzung der Industrie wirtschaftlichen Schaden zugefügt hätte. So verbot sie beispielsweise gänzlich die Darstellung von »Rassenschande« (»geschlechtliche Beziehungen zwischen Angehörigen der weißen und der schwarzen Rasse«). 1939 wurde die Liste ersetzt durch den *Production Code*, den der Jesuitenpater Daniel A. Lord ausgearbeitet hatte. Er systematisierte die Liste von 1927 und ergänzte sie durch ein detailliertes

Register von Verbrechen und Vergehen, die im Film nicht sympathisch dargestellt werden sollten. Zunächst hatte freilich die Industrie selbst ihren Kode ziemlich liberal interpretiert. Die Behandlung der offenkundigen Übelstände in der Realität verlangte zuweilen die Erwähnung von Vorgängen, bei deren Behandlung der Kode »Vorsicht« empfahl. 1933 lief eine Kampagne zur schärferen Beachtung der Kodevorschriften an, die von der katholischen *Legion of Decency* geführt wurde. Das Ergebnis der Kampagne war, daß ein neues *Production Committee* berufen wurde, das den Bestimmungen des Kode Geltung verschaffen sollte. Die Zensur wurde nun schärfer gehandhabt, eine Vorzensur der Drehbücher wurde zur Bedingung gemacht und die Vorführung nichtzensierter Filme vom Produzentenverband unter Strafe gestellt. Am Ende hatte sich ein Kontrollapparat etabliert, der die Herstellung nahezu jedes amerikanischen Films in allen Phasen des Herstellungsprozesses überwachte. Mehr Bedeutung als den Einzelbestimmungen des Kode muß dem System als solchem beigemessen werden; schwerlich kann ein Gedanke unbeschädigt Gestalt gewinnen, wenn seine Formulierung durch einen kaum übersehbaren Katalog starrer und detaillierter Verbote kontrolliert wird. »In der Furcht, sich Feinde zu machen und so am Gewinn Einbußen zu erleiden«, stellte Dudley Nichols, Präsident der Filmautoren-Gilde, in einer Rundfunksendung 1939 resignierend fest[26], »in seinem schwachsinnigen Begehren, die Vorurteile jeder Gruppe zu beschwichtigen, hat Hollywood sich einer immer stärker werdenden Zensur unterworfen, unter der es unmöglich wird, sich anständig mit der Wirklichkeit zu befassen.«

Die realistische Schule von 1930

In den Jahren der Prosperität, vom Ende des Ersten Weltkriegs bis zum Ausbruch der Wirtschaftskrise, hatte der amerikanische Film sich nur gelegentlich auf eine polemische oder kritische Beschäftigung mit der Realität eingelassen. Filme wie die Stroheims oder Vidors *The Crowd* blieben entweder unpopulär oder erzielten ihre Erfolge auf Grund von Mißverständnissen. Was in Chaplins Filmen an Sozialkritik enthalten war, wurde in den Augen des Publikums durch Komik und gelegentliche Sentimentalität weitgehend aufgehoben.

In den frühen dreißiger Jahren setzte hingegen eine vorübergehende Wendung zur Realität ein, die nicht nur die Filme einiger ambitionierter Regisseure, sondern auch die populären Genres ergriff. Die Einführung des Tons machte eine ungleich weitergehende Wirklichkeitswiedergabe möglich, als sie im stummen Film denkbar war. Regisseure wie Mervyn LeRoy, Howard Hawks und Lewis Milestone setzten bereits 1930 den Ton als realistisches Stilmittel ein. Die Montageprinzipien des Stummfilms wandten sie auf die Kombination von Bild und Ton und von verschiedenen Tonelementen – Geräusche, Dialog, Musik – an.

Milestones Stunde schlug, als ihn der Produzent Carl Laemmle mit der Adaptation von Erich Maria Remarques Kriegsroman *Im Westen nichts Neues* betraute. Lewis Milestone (geb. 1895) hatte, als er am Ende der Stummfilmzeit zur Regie kam, eine lange Ausbildung in verschiedenen Techniken der Filmgestaltung hinter sich. Der handwerklichen Vielseitigkeit des Regisseurs und der Integrität der Vorlage verdankt *All Quiet on the Western Front (Im Westen nichts Neues*, 1930) seine Qualitäten. »Eine gute Doktorarbeit« nannte Eisenstein[27] den Film. Milestone durfte auf jede Konzession verzichten und eine adäquate Transposition des Buches vornehmen. Die Genauigkeit, mit der er auch schwächere Passagen des Buches umgesetzt hat, verleiht dem Film eine Eindruckskraft, die ihn teilweise über das Buch hinaushebt. Unterstützt von dem aufwendigen Illusionsapparat Hollywoods, gelang Milestone eine umfassende Schilderung des Grabenkrieges. In langen seitlichen Fahrten erfaßt die Kamera die anstürmenden Franzosen, die im Feuer der deutschen Maschinengewehre unter grotesken Zuckungen reihenweise zusammenbrechen. Die Montage wird zu Ellipsen benutzt, wie in der inzwischen klassischen Stiefelsequenz: Ein Soldat nimmt einem tödlich verletzten Kameraden dessen Stiefel ab; er stirbt in ihnen; sie finden einen neuen Besitzer und so fort. Eine lange Detailaufnahme, die den Schluß des Films bildet (läßt man einen symbolischen Epilog außer acht), repräsentiert im Ausschnitt eine ganze Szene: Die Hand eines Soldaten streckt sich nach einem Schmetterling aus, ein Schuß fällt, die Hand sinkt schlaff herab.

Auch später hielten Milestones Filme stets das Niveau ihrer Vorlagen ein. *The Front Page* (Die Titelseite, 1931) war ein Melodram aus dem Pressemilieu mit realistischen Akzenten. Auch bei der Verfilmung von John Steinbecks *Of Mice and Men* (Von Mäusen und Menschen, 1940) blieb Milestone dem Original treu. Zur Thematik seines ersten großen Films kehrte er mit *A Walk in the Sun* (Ein Marsch in der Sonne, 1945) zurück. Ohne das pazifistische Pathos von *Im Westen nichts Neues*, aber auch ohne Beschönigung zeichnete er hier das Bild des Krieges.

Ein zweiter Regisseur, der um 1930 zur realistischen Wendung im amerikanischen Film beitrug, war Mervyn LeRoy (geb. 1900). Er hatte etliche indifferente Starfilme mit Coleen Moore gedreht, als er mit *Little Caesar* (Kleiner Cäsar, 1930) zugleich sein persönliches Prestige und den Erfolg eines Genres, des Gangsterfilms, begründete. Der Gangsterfilm wurde schlagartig zum populärsten und repräsentativsten Filmtyp der frühen dreißiger Jahre. Mit ihm trug Hollywood einem Umschlag im sozialpsychologischen Klima Amerikas Rechnung. Wirtschaftskrise und Massenarbeitslosigkeit hatten den leichtfertigen Optimismus der zwanziger Jahre schlagartig beendet. Die bestehende Ordnung erschien den Massen nun nicht länger als zuverlässiger Garant von Wohlstand und Sicherheit. Der Gangster wurde zum Symbol der kollektiven Malaise: er erschien als »das ›Nein‹ auf jenes große amerikanische ›Ja‹, das so breit und dick quer über die offizielle Kultur Amerikas gestempelt ist und doch im Grunde so wenig mit dem zu tun hat, was man als das eigentliche Leben empfindet« (R. Warshow[28]). Der Gangsterfilm forderte von Autoren, Regisseuren und Kameraleuten eine genauere Beobachtung der Wirklichkeit. Er brachte eine Reihe neuer Autoren nach Hollywood, die im Umgang mit der Realität erfahrener waren als die der Traumfabrik verpflichteten Autoren der vorangegangenen Dekade. Journalisten wie Ben Hecht, John Bright und Kubec Glasmon besaßen eine genauere Kenntnis von den Zusammenhängen zwischen sozialem Elend, Geschäft und Verbrechen als die meisten Amerikaner.

Die Hauptgestalt von Mervyn Le Roys *Little Caesar* ist ein skrupelloser Gangster, der durch allerlei Tricks öffentliches Ansehen erlangt. Der Film erteilt einerseits den konventionellen Vorstellungen von bürgerlichem Selbstbewußtsein und kleinstädtischer Wohlanständigkeit eine Absage, zugleich stilisiert er aber seine Hauptfigur zum negativen Supermann und rechtfertigt damit heimlich die Zustände, die ihn hervorgebracht haben. Der »tough guy« wurde durch *Little Caesar* zum aktuellen Leitbild des amerikanischen Publikums: er repräsentierte genau die Kaltblütigkeit, den Zynismus und das unbedingte Selbstvertrauen, die die Situation zu erfordern schienen. Nicht nur die Gangsterfilme faßten die negativen Aspekte der sozialen Realität von 1930 ins Auge. Ausgehend von wirklichen Vorkommnissen, schilderten etliche Filme Mißstände in Parteipolitik, Journalismus, Rechtsprechung und Strafvollzug. Mervyn LeRoy verfilmte mit *I Am a Fugitive From a Chain Gang* (Ich bin ein entsprungener Kettensträfling, 1932) den autobiographischen Bericht eines ehemaligen Gefangenen. Der Film zeigt dieselbe Authentizität des Details, dieselbe Knappheit des darstellerischen Gestus und der filmischen Bewegung wie LeRoys *Little Caesar*. Das Ende ist so angelegt, daß größte Beunruhigung im Zuschauer zurückbleibt: Der Held, ein ewig Gejagter, zieht sich in einen dunklen Hauseingang zurück. Die Kritik in diesem wie in anderen »topical films« war gezielt und wirksam. Hier führte sie zur Abschaffung des unmenschlichen Systems der Strafkolonien.

Die Brillanz der Drehbücher – fast ausnahmslos Originale – und das Niveau der technischen Mitarbeiter gestatteten es verschiedenen Regisseuren der zweiten Garnitur, hervorragende Filme zu drehen. William Wellman untersuchte in *Public Enemy* (Öffentlicher Feind, 1931) die Ursachen des Gangstertums. Er schilderte das Leben zweier Gangster-Brüder und suchte ihre Brutalität aus ihrer Herkunft zu erklären. Im Widerspruch zur herkömmlichen Dramaturgie bediente er sich einer episodischen, undramatischen Erzählweise, um die ganze Geschichte seiner Figuren berichten zu können. Aber auch dieser Film entging nicht der Zweideutigkeit des Genres: »Die Absichten von Bright und Glasmon (den Autoren) in diesem Film waren zweifellos soziologischer Natur, die Reaktionen des Publikums waren indessen romantisch« (R. Griffith[29]).

Howard Hawks' *Scarface* (Narbengesicht, 1932), nach einem Drehbuch von Ben Hecht, schildert den Aufstieg und Fall von Al Capone mit den historischen Gemetzeln, Ermordungen von Rivalen und Belagerungen durch die Polizei. In der genauen Rekonstruktion der Ereignisse und der treffenden Wiedergabe von Gestik und Idiom der Gangster erreichte dieser Film den höchsten Grad von Oberflächenrealistik. In ihm wurde auch am eindeutigsten die Absage des Gangsterfilms an den amerikanischen Mythos der »Chance« formuliert: über dem entseelten Körper des Helden leuchtet eine Reklameschrift auf: »Die Welt gehört dir!« Der Film wurde zunächst von der Selbstzensur nicht freigegeben; auch nachdem einige beschwichtigende Szenen nachgedreht worden waren, traf ihn der Bannstrahl lokaler Behörden.

Mit *Scarface* erreichte der kritische Trend in den Gangsterfilmen seinen Höhepunkt. Die verschärften Maßnahmen der Zensur führten in der nächsten Zeit dazu, daß an die Stelle der ambivalenten Darstellung des Gangsters die Verherrlichung des Detektivs trat. Die Nachfrage nach Sadismus befriedigten künftig auf streng legale Weise die Hüter des Gesetzes.

Fritz Lang in Amerika

Im zeitgenössischen Trend der »topical films« standen auch Fritz Langs erste amerikanische Filme. Lang erreichte Hollywood 1934, nachdem er in Frankreich mit geringem Erfolg Franz Molnars *Liliom* verfilmt hatte. Drei Filme drehte er in Amerika zwischen 1936 und 1938, ehe ihn der Mißerfolg des letzten für mehrere Jahre arbeitslos werden ließ. *Fury* (Zorn, 1936), *You Only Live Once* (Du lebst nur einmal, 1937) und *You and Me* (Du und ich, 1938), die wegen ihrer Verwandtschaft gelegentlich als Trilogie angesprochen worden sind, wurden von der zeitgenössischen amerikanischen Kritik als soziale Dokumente von erstaunlicher Realistik begrüßt. *Fury* führte einen

Fall von Massenhysterie und versuchtem Lynchmord vor; in *You Only Live Once* wird ein Unschuldiger zum Tode verurteilt und stirbt bei einem Ausbruchsversuch; *You and Me* zeigt die Mißgeschicke eines vorbestraften Paares.

Norman Krasna, Autor von Gangsterstücken, hatte zu *Fury* eine Vorlage geliefert, die mit Bitterkeit die kollektive Befangenheit in Vorurteilen attackierte, ohne sich doch auf ihre Ursachen einzulassen. Der Held wird unschuldig als Kidnapper festgenommen und inhaftiert. Das Gerücht von seiner Gefangennahme verbreitet sich in der Stadt, in der er lebt, und die enragierte Masse greift das Gefängnis an. Da der Häftling nicht zu erreichen ist, steckt man das Gebäude in Brand. Vor Gericht erscheinen die Täter wieder als biedere Bürger, doch eine Filmaufnahme überführt sie. Der Häftling, der unerkannt aus dem Gefängnis entkommen konnte, hält sich inzwischen verborgen: er will erleben, wie seine »Mörder« zum Tode verurteilt werden. (Das Happy-End – auf Drängen seiner Freundin stellt sich der Geflüchtete – geht auf das Konto der Produktion.)

You Only Live Once, Langs letztes Meisterwerk, folgt demselben Muster. Wieder gerät ein Unschuldiger in den Verdacht, ein Verbrechen begangen zu haben – diesmal handelt es sich um Banküberfall und Mord –, und wird aus Bitterkeit über das ihm zugefügte Unrecht wirklich zum Mörder. Zwar gingen diese beiden Filme in ihrer Verurteilung sozialer und psychologischer Mißstände weiter als die meisten kritischen Filme amerikanischer Zeitgenossen; was aber Lang an diesen beiden Sujets reizte, war schwerlich die Möglichkeit zur Kritik an sozialen Mißständen. Was als Kritik erscheint, ist sein allgemeiner Pessimismus, seine Misanthropie. Die Drehbücher legten ihn mehr auf die Realität fest, als es bei denen von Thea von Harbou der Fall gewesen war, aber er bemühte sich auch hier, das Geschehen seinen Neigungen unterzuordnen. Auch auf seine amerikanischen Vorkriegsfilme trifft noch zu, was er später eingestand[30]: »Überall in der Welt machten die Kulturschaffenden – ich gehörte selbst zu dieser Generation – die Tragödie zu ihrem Fetisch...« Die sozialen Kräfte, die den Helden von *Fury* und *You Only Live Once* ans Leben wollen und sie selbst schuldig werden lassen, sind lediglich Agenten desselben Schicksals, das die Helden der deutschen Filme ins Verderben führte.

Eben dieser Fatalismus bestimmt auch den Stil seiner ersten amerikanischen Filme, verleiht ihnen ihre Geschlossenheit. Licht und Schatten, Kameraperspektive, Requisiten und beiläufige Handlungsdetails umgeben Menschen und Gegenstände mit derselben Atmosphäre auswegloser Fatalität wie in deutschen Stummfilmen. Der Zug, der am Anfang von *Fury* die Freundin des Helden entführt, wird schräg von unten aufgenommen: das Unheil deutet sich bereits an. Regen schlägt an die Zugscheiben, als sie sich verabschieden; und als der Zug abfährt, gelingt es ihnen nicht mehr, sich die Hand zu geben. Lang macht keinen Versuch, die Hysterie der Menge zu erklären; er führt eine Serie von Gestalten vor, die schon durch ihre Physiognomie die Bereitschaft zur Gewalttätigkeit verraten, und eine Versammlung schwatzender Gerüchtemacher zieht er durch das einmontierte Bild eines Hühnerhofes ins Lächerliche. »Jede Einstellung ist einfach ein lebendiger, genauer, dramatischer Spiegel für Langs Misanthropie« (G. Lambert[31]). In *You Only Live Once* verheißen quakende Frösche, in Großaufnahme einmontiert, den Liebenden Unglück. Auch hier regnet es in der Szene, mit der das Unheil anhebt.

Später, als Lang den »Irrtum« seines Pessimismus einsah, erwies sich, daß gerade der Pessimismus seinen Filmen zu ihrer stilistischen Kraft verholfen hatte. Die Qualität von *Fury* und *You Only Live Once* hat er in keinem seiner zahlreichen späteren

Filme wieder erreicht. In drei Western, *The Return of Jesse James (Rache für Jesse James*, 1940), *Western Union (Überfall der Ogalalla*, 1941) und *Rancho Notorious (Engel der Gejagten*, 1951), bewies er lediglich das Fortbestehen seiner Passion für grafische Bildkompositionen. Drei Filme aus der Kriegszeit, *Man Hunt* (Menschenjagd, 1941), *Hangmen Also Die* (Henker sterben auch, 1942) und *The Ministry of Fear* (Ministerium der Furcht, 1943) stellten das Melodram in den Dienst antinazistischer Propaganda; nur *Hangmen Also Die*, nach einem Drehbuch von Bertolt Brecht und mit Musik von Hanns Eisler, enthält Sequenzen, in denen Langs Neigung zum Makabren mit dem Thema – Heydrichs Ermordung – zur Deckung kommt. In drei Filmen, die er nach dem Kriege selbst (gemeinsam mit Walter Wanger) produzierte, *The Woman in the Window (Gefährliche Begegnung*, 1941), *Scarlet Street (Straße der Versuchung*, 1945) und *The Secret Beyond the Door* (Das Geheimnis hinter der Tür, 1947), versuchte Lang den Kosmos seiner Filme aus den dreißiger Jahren noch einmal zu rekonstruieren. Er rekapitulierte hier viele Einzelheiten seiner früheren Filme: Wie in *M* überlagern sich in *Woman in the Window* in einer entscheidenden Einstellung das Spiegelbild des Helden auf einer Schaufensterscheibe und die Dekoration im Hintergrund; aber diese Mittel stehen im Dienst banaler und realitätsferner Intrigen. Von den vielen Filmen, die Lang auch in den fünfziger Jahren noch in Hollywood drehte – acht bis 1955 –, brachte nur *The Big Heat (Heißes Eisen*, 1953) noch einmal eine Begegnung zwischen amerikanischer Realität und spezifischen Stilmerkmalen des Regisseurs. Vollends die nach Langs Rückkehr nach Deutschland entstandenen Streifen (*Der Tiger von Eschnapur*, 1959, *Das Indische Grabmal*, 1959, *Die 1000 Augen des Dr. Mabuse*, 1960) wirken wie unfreiwillige Parodien auf seine allerersten.

Anfänge des Musicals

Der amerikanische Film der frühen dreißiger Jahre bediente sich des Tons nicht nur, um einen intensiveren Eindruck von Realität zu vermitteln, sondern auch, um ihr radikaler entrinnen zu können. In den illusionistischen Filmen der zwanziger Jahre waren Realität und Wunschtraum noch vermischt; in denen der dreißiger Jahre gesteht die Illusion sich als solche ein. Neben der Realistik des Gangsterfilms wären Filme unglaubwürdig gewesen, die es unternommen hätten, die Realität mit einem beschönigenden Schleier zu umgeben. Musik und Tanz hingegen boten die Möglichkeit, ihn ganz in den Dienst der Illusion zu stellen.

Gleich nach der Durchsetzung des Tons wurde eine Reihe erfolgreicher Broadway-Musicals auf die Leinwand gebracht. Die Übertragung erfolgte dabei zunächst auf völlig mechanische Weise. Aber diese Serien – *Broadway Melodies, Big Broadcasts, Vogues, Fashions* – brachten die besten newyorker Choreographen mit dem Film in Berührung. Der erste von ihnen, der das Arrangement der Revuenummern den besonderen Möglichkeiten des Films anzupassen begann und die Kamera von ihrer Funktion als bloße Aufnahmeapparatur befreite, war Busby Berkeley. Er knüpfte an die Stummfilmfotografie und die »entfesselte Kamera« an. Nicht nur riß er die Kamera aus ihrer Parkettperspektive und postierte sie zwischen den Tänzern: er machte sie selbst zum choreographischen Element, indem er sie in weitausladenden Fahrten und Schwenks die Bewegungen der Tänzer mit vollziehen und weiterführen ließ und schließlich die Choreographie ganz auf die Kamera ausrichtete.

Berkeleys Aktivität beschränkte sich aber auf die Ballettsequenzen; den Entwurf und die Ausführung der Spielhandlung, in die sie eingelassen wurden, überließ er Hollywoods Routiniers. Bei seinen erfolgreichsten Filmen, *42nd Street* (42. Straße, 1933) und *Footlight Parade* (1933), fungierte Lloyd Bacon als Regisseur. Die Storys in allen seinen Filmen sind bloßer Vorwand und bestehen aus Klischees. Die immer gleiche Geschichte vom Revuegirl, das zum Star avanciert, und von den Schwierigkeiten, eine Revue auf die Beine zu stellen, vermitteln nur andeutungsweise zwischen den einzelnen Nummern. Diese bilden indessen kleine Ballettfilme in sich. Sie huldigen dem Eros, und zwar nicht in der individuellen Gestalt einer bestimmten Tänzerin, sondern in der anonymen des Revue-Chors. Der Dekor – die marmornen Hallen und die breiten Treppen – die flutende Beleuchtung, die glitzernden, freimütigen Kostüme: sie schaffen um die Tänzerinnen eine Atmosphäre sexueller Spannung, die auch der Grund dafür ist, daß die Musicals, nächst den Gangsterfilmen, zu den bevorzugten Objekten der US-Zensur der dreißiger Jahre gehörten. Arme und Beine der Revuemädchen behandelte Berkeley als Material, aus dem er bewegte Ornamente formte, von deren Rhythmen aufs neue eine starke sinnliche Wirkung ausgeht. Zerrlinsen und Spiegeleffekte heben die Realität der Bühne auf und schaffen eine Welt für sich; Kameraperspektiven, die für einen Zuschauer im Theaterparkett nie nachzuvollziehen wären, ermöglichen es, die Tänzer zu Ornamenten zu formieren; der Dekor selbst bewegt sich vermöge eines Mechanismus, der sich in einem Theater nicht installieren ließe.

Anregungen zu einer Form, die Erzählung, Tanz und Musik miteinander verbindet, ohne eines dieser Elemente zu vernachlässigen, gingen vom europäischen Film aus. Die ersten Tonfilme René Clairs, Eric Charells *Der Kongreß tanzt* und Wilhelm Thieles *Die drei von der Tankstelle* führten vor, wie Chanson und Tanz einer regulären Spielfilmhandlung organisch eingefügt werden konnten. Ernst Lubitschs Filmoperetten, wie *The Love Parade* und *The Smiling Lieutenant*, zeigten, daß Gesangseinlagen Handlung und Bewegung nicht notwendigerweise zum Stillstand bringen mußten. In *Monte Carlo* illustrierte Lubitsch beispielsweise einen Song von Jeanette McDonald mit Bildern von einem fahrenden Expreßzug. Rouben Mamoulian übernahm von Lubitsch nicht nur das Paar Chevalier-McDonald, sondern auch die Methode, Musik bildhaft umzusetzen. Sein *Love Me Tonight* (Lieb mich heute nacht, 1932) beginnt mit einer musikalisch interpretierten rhythmischen Montage über eine erwachende Stadt. Am glücklichsten bewährte sich Lubitschs und Mamoulians Ehrgeiz, wirkliche Handlungsvorgänge mit Musik zu verbinden, in ironisch gefärbten Lustspielen; Versuche, ein musikalisches Drama zu kreieren, blieben dagegen erfolglos.

Berkeleys choreographische Experimente und Lubitsch-Mamoulians dramaturgische liefen nebeneinander her, ohne sich zu beeinflussen. Berkeley vernachlässigte weiterhin die Handlung, Lubitsch und Mamoulian interessierten sich nicht für den Tanz. Es war ein Tänzer, der Tanz- und musikalischen Handlungsfilm zusammenführte und damit das Genre des Filmmusicals schuf: Fred Astaire. Nicht mehr die spektakulären Chornummern charakterisieren bei ihm den Tanzfilm, sondern die intimen Pas de deux. Astaire und seine erste Partnerin, Ginger Rogers, tanzten nicht in Marmorhallen und über phantastische Treppen, sondern bewegten sich zwischen dem Dekors des Alltags, im Schlafzimmer, in einem Park, in einer Hotelhalle. Die Geschichten, in denen sie auftraten, waren Alltagsgeschichten, die den geistigen Ansprüchen auch erwachsener Zuschauer genügen konnten. Die Tanznummern waren nicht aufgesetzt und sprengten nicht den Zusammenhang der Handlung, diese kulminierte vielmehr in ihnen. Wie bei Lubitsch die Helden in Gesang ausbrechen, wenn ihnen Worte nicht mehr genügen, so Astaire und Rogers in Tanz. Der Tanz gab sich dabei als unrealistisches Moment offen zu erkennen. Während in den Revuefilmen die Tänzer stets in der Handlung selbst als Tänzer vorgestellt wurden, spielte Astaire oft Alltagshelden, denen seine brillanten tänzerischen Fähigkeiten keineswegs zuzutrauen sind. Auch die dramaturgischen Eselsbrücken, die anfangs den Übergang von Aktion zu Tanz noch motivieren mußten, ließ Astaire bald fallen: Wenn der Moment gekommen ist, daß Wort und Geste nicht mehr hinreichen, um den Überschwang des Gefühls auszudrücken, setzt Musik ein, und der Liebende verwandelt sich in einen Tänzer; im Tanz transzendiert er die Wirklichkeit.

Bis zum Ende der dreißiger Jahre fand das Musical indessen nicht das Talent, das seine verschiedenen Elemente, Handlung, Tanz, Musik, zur vollen Synthese bringen konnte. Berkeley hatte tänzerische Bewegung und Kamera einander nahegebracht, Astaire die Synthese von Handlung und Tanz von der Choreographie her vorbereitet, aber erst die vierziger Jahre brachten dem Musical in Vincente Minnelli seinen ersten Regisseur.

Walt Disney

Wie keine andere Filmform, selbst das Musical nicht, gestattete der Zeichenfilm, der Realität zu entrinnen und eine Gegenwelt zu konstituieren. Daß er gerade in den dreißiger und frühen vierziger Jahren den Gipfel seiner Beliebtheit erlangte, ist kein Zufall. Kein anderer Name repräsentiert so sehr den amerikanischen Film der dreißiger Jahre wie der von Walt Disney, mit dem bis zum Kriegsende der Zeichenfilm fast identisch war. Erst der Zweite Weltkrieg brachte den Niedergang Disneys und die Spaltung des Zeichenfilms in eine künstlerische Avantgarde und eine populäre Form, die zur bloßen Kinderbelustigung absank.

Als Reklamezeichner in Kansas City stellte Walt Disney (geb. 1901) zwischen 1922 und 1924 seine erste Serie von Zeichenfilmen her, *Little Red Riding Hood* (Rotkäppchen), *Jack the Giant Killer* (Jack der Riesentöter), *The Town Musicians of Bremen* (Die Bremer Stadtmusikanten) und andere. Nach Hollywood übergesiedelt, begann er 1923 die *Alice*-Serie, der 1926 die Serie um *Oswald the Lucky Rabbit* (Oswald, das fröhliche Kaninchen) folgte. Dann startete er eine dritte Serie, deren Held die Maus Mortimer, später »Mickey Mouse« genannt, war. *Steamboat Willy* (Dampfschiff Willy, 1928), der dritte *Mickey-Mouse*-Film, war Disneys erster Tonfilm. Sein Erfolg begründete Disneys führende Position im Zeichenfilm der dreißiger und vierziger Jahre. In weit über hundert Kurzfilmen trat Mickey Mouse bis in die fünfziger Jahre hinein auf. Weitere Kreationen Disneys waren *Pluto* (achtundvierzig Streifen ab 1937), *Donald Duck* (einhundertzwanzig Streifen ab 1937) und *Goofy* (sechsundvierzig Streifen ab 1939). Siebenundsiebzig *Silly Symphonies* entstanden außerdem zwischen 1929 und 1938.

Disneys frühe Filme reflektierten ihre Zeit und führten zugleich aus ihr heraus. Mickey Mouse boxte, stieß und trat sich fröhlich ihren Weg durch die mannigfachen Widerstände, die sich ihr entgegenstellten. Sie war so hart, wie die Zuschauer es hätten sein müssen, um mit ihrer Lage fertig zu werden, und wie es doch nur eine Phantasiefigur sein konnte. In ihr manifestierte sich der Sieg der Phantasie über die triste Mechanik des reglementierten und vom Lebenskampf definierten Daseins. »Die Trickfilme waren einmal Exponenten der Phantasie gegen den Rationalismus. Sie ließen den durch ihre Technik elektrisierten Tieren und Dingen zugleich Gerechtig-keit widerfahren, indem sie den Verstümmelten ein zweites Leben liehen« (M. Hork-heimer/Th. W. Adorno [32]). Der Irrealismus der Form legitimierte die Unwahrschein-lichkeit von Mickey Mouses Erfolgen – in den Jahren der Depression ermöglichte der Zeichenfilm die einzige legitim optimistische Filmgestaltung. Sein Optimismus traf sich von ungefähr mit dem offiziellen der beginnenden Ära Roosevelt: Der Song »Wer hat Angst vorm bösen Wolf?« aus *Three Little Pigs* (Drei Schweinchen), einer der *Silly Symphonies*, wurde 1933 zum populären Schlager.

Das Hinschwinden des Optimismus der ersten rooseveltschen Amtsperiode wurde durch die Filmserie signalisiert, die Disney ab 1937, im Jahre von Roosevelts erster Wiederwahl, zwei Jahre vor Kriegsbeginn, lancierte: der *Donald-Duck*-Serie. Do-nald Duck, die Ente mit der unverwüstlichen Natur, stellte die Popularität von Mickey Mouse bald in den Schatten. »Geschieht dies, weil Donalds Verzweiflung dem Zeit-geist näher kommt als Mickeys triumphierende Aggressivität?« fragte L. Jacobs 1939 [33]. Donald Duck war passiv, wo Mickey Mouse aktiv gewesen wäre. Seine Stärke war nicht Findigkeit und Kampfbereitschaft, sondern »Härte im Nehmen«. Ein Publi-kum, das seit bald zehn Jahren unter dem Eindruck der Arbeitslosigkeit stand, mochte diese Qualität für nützlich halten. »Donald Duck in den Cartoons wie die Unglück-lichen in der Realität erhalten ihre Prügel, damit die Zuschauer sich an die eigenen ge-wöhnen [34].«

Ohne die formale Revolution des Zeichenfilms, die Disney mit seinen ersten *Mickey-Mouse*-Filmen und *Silly Symphonies* einleitete, wäre auch ihr Erfolg nicht denk-bar gewesen. Aus einer Art unbeholfen bewegter Kinderbuchillustrationen machte er den Zeichenfilm zu einem dramatischen Genre. Er dynamisierte die Zeichnung, indem er seine Gestalten um Gerüste herum aufbaute, die sich aus Bögen zusammensetzten und schwungvolle Bewegungen gestatteten. Die Aktion faßte er in übersichtliche und flächige Vorgänge: Stets bewegen sich nur die Figuren, nie die Kamera. Das be-deutet: der Kamera ist keine Realität vorgegeben, erst auf dem Streifen manifestiert sich eine neue Welt, die ganz dem Willen des Zeichners gehorcht.

Die größte Freiheit seiner Phantasie gewann Disney in den frühen *Silly Sympho-nies*, etwa dem *Skeleton Dance* (Skelett-Tanz, 1929). Zur Musik der *Danse Macabre* von Edvard Grieg führen zur Geisterstunde auf einem Dorffriedhof die Skelette der Begrabenen ein makabres Ballett auf. Der Witz dieser frühen *Silly Symphonies* war noch völlig frei von der Sentimentalität, die die späteren Disney-Filme verdarben; er hatte die trockene, absurde Qualität der Stummfilm-Grotesken, von denen Disney die Dramaturgie des Gags gelernt hatte.

Ton und Farbe setzte Disney anfangs kontradiktorisch ein: die Bewegungen im Bild verursachen unerwartete Geräusche, Musik verleiht den Bewegungen einen neuen Sinn; ebenso richten sich die Farben nicht nach dem Naturvorbild, sondern signalisie-ren innere Vorgänge in den Figuren.

Längst sind Disneys Hervorbringungen seither auf die Linie biederer Wirklichkeits-verniedlichung abgeschwenkt. Waren die *Mickey-Mouse*-Filme realistisch, indem sie sich unrealistisch gaben, so imitierten umgekehrt die abendfüllenden Filme der vierziger und fünfziger Jahre das Erscheinungsbild der Wirklichkeit und erzählten un-wirkliche Geschichten, in denen ein milder Geist regiert. Schon im Lauf der dreißiger Jahre wurden Disneys Einfälle im selben Maße schwächer, wie seine Herstellungs-technik sich perfektionierte. Schon die drei kleinen Schweine aus dem Film von 1933 sind nur mehr artige Kopien der Wirklichkeit. In seinem ersten abendfüllenden Film,

Snow White and The Seven Dwarfs (*Schneewittchen und die sieben Zwerge*, 1937), kopierte Disney buchstäblich einige der Hauptgestalten nach lebenden Vorbildern: ihre Bewegungen wurden abgefilmt und die Silhouetten auf Zelluloidfolien durchgepaust. Verbravt und verbiedert wie diese Figuren ist bald die ganze optische Darbietung. Die Hintergründe sind naturalistisch ausgemalt, die Farbe ist statisch und idyllisiert die Natur; die Musik liefert die aus Hollywood-Filmen vertraute Tonkulisse.

Die langen Filme der vierziger Jahre, vor allem *Pinocchio* (1940), *Dumbo* (1941), *Bambi* (1942), *Cinderella* (1950), *Alice in Wonderland* (*Alice im Wunderland*, 1951), *Peter Pan* (1953) und *Lady and the Tramp* (*Susi und Strolch*, 1955) enthalten immer seltener Passagen, die an die skurrilen Einfälle der *Silly Symphonies* erinnern. Deren Verfahren, Programmusik optisch und erzählerisch auszudeuten, führte bei *Fantasia* (1940) zu grotesken Resultaten: zu Musik von Bach und Beethoven führten Comic-Strip-Figuren einen Reigen auf, und der Hintergrund prangt in allen Farben des Regenbogens.

Schließlich landete Disney folgerichtig beim Genre des Naturfilms, das er mit *The Living Desert* (*Die Wüste lebt*, 1953), *The Vanishing Prairie* (*Wunder der Prärie*, 1954) und weiteren Filmen kultivierte und das seit 1954 den Hauptteil seiner Produktion bildet. Versöhnen die späten Zeichenfilme das Märchen trügerisch mit der Realität, so wird in diesen Dokumentarfilmen die Natur trickhaft – durch Schnitt, Zeitraffer, Farbfilter – entwirklicht. Beide Genres zeigen dieselbe synthetische Welt, die man für real halten soll, wo sie es nicht ist, und die sich irreal gibt, wo sie die Realität nachahmt. Die Kraft der Phantasie, die sich die Welt ganz anders vorzustellen vermag, als sie ist, wird ebenso gefesselt wie der klare Blick, der zu durchschauen vermöchte, wie sie ist.

Frank Capra

Auf dem Gebiet des Realspielfilms – wenn man also von Disney absieht – ist kein Regisseur so charakteristisch für das Amerika der *New-Deal*-Ära wie Frank Capra. Seine Filme formulieren, was das amerikanische Kleinbürgertum in den ersten Amtsperioden Roosevelts empfand und dachte.

Frank Capra (geb. 1897) hatte in den zwanziger Jahren erst als Gagman und dann als Regisseur für den Lustspielproduzenten Hal Roach gearbeitet. 1926 verband er sich mit Harry Langdon, dessen beste Filme er inszenierte. In der knappen und scharfen Charakterisierung seiner Gestalten und in seiner Gagtechnik blieb Capra auch später der Schule des Slapstick verpflichtet. Sein Name stand indessen im Schatten des Stars, und nach seiner Trennung von Langdon mußte er sich auf Melodramen mit niedrigem Produktionsbudget (»quickies«) spezialisieren. Vierundzwanzig Filme hatte er bereits gedreht, ehe er mit *It Happened One Night* (Es geschah eines Nachts, 1934) seinen Ruf als Meister der »Amerikanischen Komödie« etablieren konnte. Der Erfolg, den dieser Film hatte, wiederholte sich mit *Mr. Deeds Goes to Town* (*Mr. Deeds geht in die Stadt*, 1936) und *You Can't Take it With You* (*Lebenskünstler*, 1938), zu denen ebenfalls Capras langjähriger Mitarbeiter Robert Riskin die Drehbücher verfaßte. 1938 besaß Capra drei »Oscars« und verfügte unter den Hollywood-Regisseuren über das höchste Einkommen. *Mr. Smith Goes to Washington* (Mr. Smith geht nach Washington, 1939 und *Meet John Doe* (Gestatten: John Doe, 1941) schlossen den Zyklus der prominenten Capra-Filme ab.

Capras »Ziele und Interessen stimmen glücklich überein mit dem kommerziellen Standard« (L. Jacobs[35]); zugleich haben seine Filme aber auch zur Etablierung dieser Standards beigetragen. Für *It Happened One Night* hatte sich die Produktionsgesellschaft keineswegs besondere Chancen ausgerechnet, und noch *Mr. Deeds Goes to Town* wurde von der Fachpresse ein kommerzieller Fehlschlag vorausgesagt, aber beide Filme trafen so präzis die Disposition des Publikums wie 1930 LeRoys *Little Caesar*.

Dieses Publikum war nicht mehr dasselbe wie auf dem Höhepunkt der Krise. Roosevelts Amtsantritt, seine Rhetorik und die ersten Erfolge seines Reformprogramms hatten etwas von dem geschwundenen Optimismus zurückkehren lassen. Der »neue Optimismus« war nicht blind gegenüber den Defekten der Gesellschaft wie der der zwanziger Jahre; aber er glaubte, sie durch »die Rückkehr zu den Prinzipien, auf denen unser Staat gegründet wurde«, beseitigen zu können.

Longfellow Deeds, der Held aus *Mr. Deeds Goes to Town*, ist ein biederer Kleinstädter, der in der Stadtkapelle die Tuba bläst und Postkartenpoeme verfaßt – bis er überraschend zwanzig Millionen Dollar erbt. Von seinen ungebetenen Anwälten nach New York verschleppt, läßt er sich in die Maschinerie des Wohlstandes einspannen: nicht er besitzt die Millionen, sie besitzen ihn. Als er, enttäuscht von dem Mädchen, das er verehrt – sie hat Indiskretionen über ihn in die Presse gebracht –, in seine Heimat zurückkehren will, bedroht ihn ein verarmter Farmer. Bewegt durch dessen Not, startet Deeds ein großzügiges Hilfsprogramm, kauft Land und verteilt es unter die Farmer. Seine Freigebigkeit alarmiert die Anwälte. Ein Prozeß zu seiner Entmündigung wird angestrengt, den er aber – ermutigt durch die inzwischen »gewandelte« Freundin – zum glücklichen Abschluß führt. Diese Konstellation: reiner Tor wider die Repräsentanten der sozialen Macht, findet sich in den anderen charakteristischen Capra-Filmen wieder. In *You Can't Take it With You* widersetzt sich der Held erfolgreich dem Räumungsbefehl einer Großbank, in *Mr. Smith Goes to Washington* bekämpft er die Korruption im Senat, in *Meet John Doe* begegnet er einem Diktator faschistischer Provenienz. *Meet John Doe*, der Titel seines letzten Films vor Amerikas Kriegseintritt, gilt auch für seine anderen Filme: in der Begegnung mit dem kleinstädtischen US-Normalbürger sollen die Mächte der Finsternis unterliegen.

Die Ideologie der Capra-Filme war bereits zu ihrer Entstehungszeit antiquiert. Der Krise und erst recht dem Faschismus war nicht mit subjektivem Idealismus beizukommen. Auch das kapitalistische Roosevelt-Regime konnte nicht warten, bis idealistische Millionenerben für die enteigneten Farmer Land erwarben. Beim Erscheinen von *Meet John Doe* – im Jahr von Pearl Harbor – wurde der Widerspruch des Films zur Realität bereits den meisten Betrachtern deutlich. Capra selbst widmete sich während des Krieges der Redaktion der Dokumentarfilm-Serie *Why We Fight*. Seinen einzigen späteren Erfolg errang er mit *Arsenic and Old Lace* (*Arsen und Spitzenhäubchen*, 1944), der Bearbeitung einer Gruselkomödie. Vergeblich versuchte er in *It's a Wonderful Life* (Das Leben ist wundervoll, 1946) und *State of the Union* (1948) seinen überholten Botschaften erneut glaubwürdigen und wirksamen Ausdruck zu verleihen.

Capras Sozialkritik glich dem Spott eines Dörflers über die »verrückten Stadtmenschen«. Das hinderte sie aber nicht daran, die psychischen Defekte der vom Macht- und Konsumdenken Besessenen scharf zu erfassen: die ironischen Porträts von Bankiers, Rechtsanwälten, Journalisten, Senatoren und Psychoanalytikern in Capras Filmen treffen das Typische. Gewiß diente der naive Glaube an die Überlegenheit der Tugend den Interessen der Herrschenden, indem er jeden Gedanken an kollektive politische

Aktion ausschloß. Schon den einsichtigen Zeitgenossen erschienen indessen Capras Filme weniger als realistische Darstellungen der Verhältnisse denn als deren märchenhafte Transposition. »Phantasie of Goodwill« nannte sie R. Griffith[36]. Als »Phantasien« erscheinen sie aber nicht nur durch ihre schematische Fabel und den Glauben an das Happy-End, sondern auch durch den Ton der Erzählung. In der liebevollen Ausmalung seiner Gestalten behauptete Capra das Recht auf Individualität und die Unverletzlichkeit des Privaten.

John Ford

Außer Capra errang kein Spielfilmregisseur der dreißiger Jahre – immer abgesehen von Disney – so viel Prestige wie John Ford (eigentlich Sean O'Fearna, geb. 1895). Fords Ansehen basierte hingegen nicht auf der Übereinstimmung mit einem herrschenden ideologischen Trend, sondern im Gegenteil auf der Konsequenz, mit der seine Filme eine eigene Welt konstituierten. Fords Bindungen an den alten Kontinent waren auch ungleich stärker als die Capras. Während Capra, obwohl gebürtiger Sizilianer, europäische Einflüsse nur auf dem Umweg über amerikanische Filme – diejenigen Ernst Lubitschs etwa – aufnahm, zeigen Fords Filme deutliche Einflüsse des deutschen Kammerspielfilms und der schwedischen Schule; auch widmete Ford mehrere Filme thematisch der Heimat seines Vaters, Irland.

Schon 1917 war Ford von der *Universal* als Regisseur für Kurzfilme engagiert worden, aber es dauerte bis 1930, ehe sich sein Stil und seine Haltung abzuzeichnen begannen. Und auch später sind seine indifferenten, vom kommerziellen Kompromiß gekennzeichneten Filme weitaus zahlreicher als seine persönlichen. In den drei Tonfilmjahrzehnten allein drehte er fast fünfzig Filme. *Men Without Women* (Männer ohne Frauen, 1930), an dessen Drehbuch erstmals Dudley Nichols, Fords späterer Szenarist bei vielen Filmen, mitarbeitete und der auf einem Roman des Regisseurs basierte, behandelte zum erstenmal Fords Lieblingsmotiv: eine Gruppe in einer gefahrvollen Situation. *The Lost Patrol* (Die verlorene Patrouille, 1934) wiederholte das Motiv in ungleich persönlicherer Gestaltung und begründete Fords Prestige. Der Erfolg versetzte ihn in die Lage, mit *The Informer* (Der Verräter, 1935) ungehindert ein Lieblingsprojekt zu realisieren: die Beschwörung der irischen Hauptstadt Dublin und die Darstellung eines irischen Schicksals. Der Film erhielt die meisten »Oscars« des Jahres und befestigte endgültig Fords Ruf als führender amerikanischer Regisseur. Dennoch mußte er sich wieder auf Kompromisse einlassen, die *Prisoner of Shark Island* (Der Gefangene von Shark Island, 1936) und *The Plough and the Stars* (Der Pflug und die Sterne, 1936) weitgehend verdarben. Erst *Stagecoach* (Höllenfahrt nach Santa Fé, 1939), obwohl ein Western, erneuerte Fords Thematik und seinen Stil.

In fast allen Filmen, deren Themen er frei wählen konnte, behandelte Ford das Verhalten einer Gruppe oder eines einzelnen in einer Situation der Gefahr. In *Men Without Women* wird die Besatzung eines U-Bootes in dem gesunkenen Schiff eingeschlossen; ähnliches widerfährt in *The Lost Patrol* einer britischen Patrouille in der mesopotamischen Wüste; der Held von *The Informer* sieht sich im nebligen Dublin von einer feindlichen Welt umgeben; in *Stagecoach* widersetzen sich die Insassen einer Postkutsche den Angriffen von Indianern.

The Informer war von Fords Filmen der dreißiger Jahre der ambitionierteste. Den Hintergrund bildet das Dublin der »Sinn Fein«-Rebellion von 1922. Das Geschehen vollzieht sich im Laufe einer Nacht. Gypo, ein dumpfer Bursche, verrät seinen Freund Frankie für zwanzig Pfund und verursacht damit seinen Tod. Vor einem Rebellengericht beschuldigt er einen anderen der Tat, verrät sich aber, entflieht, wird selbst verraten und kommt, verfolgt von den Rebellen, um. Diese schematisch angelegte Handlung diente Ford dazu, um seinen Helden eine Welt voll drohender Zeichen aufzubauen. Die Einheit von Ort, Zeit und Handlung, die er in den meisten seiner frei gestalteten Filme anstrebte, hat eine ähnliche Aufgabe wie in den deutschen Kammerspielfilmen: die Welt als abgeschlossen erscheinen zu lassen, keinen Ausweg freizugeben, den oder die Helden vor unausweichliche Tatsachen und Entscheidungen zu stellen. Das Dublin des Films ähnelt ebenfalls mehr der Atelierstadt eines deutschen Stummfilms als einer wirklichen Stadt. Alles ist in ungewisses Zwielicht getaucht, Nebel behindern die Blicke, die Menschen wirken wie Ausdünstungen der Mauern. Ein flatternder Zeitungsfetzen, ein Plakat werden zu Symbolen der Bedrohung, ein Blinder tappt mehrmals als Verkörperung von Gypos Schicksal durchs Bild. Dieser stilistische Rigorismus trug dem Film beim Erscheinen sein Ansehen ein, läßt ihn heute aber als veraltet erscheinen.

Künstlerisch minder ehrgeizige Filme, wie *The Lost Patrol* und *Stagecoach*, brachten Fords Qualitäten besser zur Geltung. Hier zeigte sich vor allem sein Talent, Bewegung durch Statik zu erzeugen. Der Ort der Handlung ist stets abgeschlossen – die Stellung der »verlorenen Patrouille«, die »Postkutsche«. Die Spannung resultiert aus der Gefahr, die von außen droht: die Araber der mesopotamischen Wüste, die Indianer der Prärie von Neumexiko. Sichtbar wird diese Gefahr erst im letzten Filmdrittel oder gar nicht, aber sie lastet auf den Protagonisten von Anfang an. Ford interessiert nicht die Niederringung der äußeren Gefahr, sondern ihr Reflex im Innern der Gruppe. Auch verzichtete Ford darauf, die Charaktere seiner Helden und ihre Motive zu analysieren. Unterschiedliche Verhaltensweisen im Angesicht der Gefahr, Bewährung, Versagen, Mut, Feigheit, Verrat werden lakonisch vorgeführt. In ihren Handlungen allein offenbaren sich Fords Helden; den Blick in ihr Inneres versagt sich der Regisseur. Darauf beruht auch seine besondere Affinität zum Western. Man hat wiederholt die Virilität von Fords Filmen betont; in der Tat ist ihm nie ein Frauenporträt wirklich geglückt. Dagegen verdankt der Film ihm eine lange Reihe unvergeßlicher Männergestalten; allein *Stagecoach* weist eine ganze Galerie davon auf: die beiden Kutscher, den ewig betrunkenen Arzt, den Gentleman-Spieler aus den Südstaaten, den betrügerischen Bankier, den frommen Schnapsreisenden. Die Bewährung des scheinbar Schwachen im Moment der Gefahr gab Ford das Motiv für einige seiner besten Szenen: der in *Stagecoach* etwa, in welcher der ständig betrunkene Arzt sich gewaltsam ernüchtern läßt, um eine Entbindung vorzunehmen.

Fords Stil entspricht seiner Haltung. Die Kamera entwickelt nicht, sondern konstatiert. Obwohl *Stagecoach* eine Fahrt zum Thema hat, sind die meisten Einstellungen hier, wie in anderen Ford-Filmen, starr; Ort der Handlung ist nicht die Prärie, die die Kutsche durchfährt, sondern das Innere der Kutsche. Die Kamera bewegt sich nur parallel zum Objekt (der Postkutsche); die Personen werden nicht umkreist, sondern starr in Front- und Seitenansichten hingesetzt, in Nah- und Halbnahaufnahmen zumeist, oft in Gruppen. Gerade die Starrheit der Bilder, die die innere Anspannung der Figuren verrät, verleiht Fords Filmen Spannung. Erst in den bewegten Aufnahmen des Kampfes im letzten »Akt« löst sich die Spannung auch optisch.

Dem Repertoire, das Ford bis *Stagecoach* entwickelt hatte, fügte er auch später wenig mehr hinzu. *The Grapes of Wrath* (*Die Früchte des Zorns*, 1940) erneuerte das bevorzugte Thema Fords: eine Gruppe – hier eine Familie enteigneter Farmer –, abgeschlossen in einem Raum – einem alten Auto –, in der Auseinandersetzung mit der Gefahr. Daß die Gefahr hier sozialer Natur war, bedeutete für Ford nicht viel; was der Film an Sozialkritik enthält, geht auf seine Vorlage, den Roman von John Steinbeck, zurück. Immerhin konnte sie Ford fast unversehrt (läßt man das vom Zensor verordnete Happy-End außer acht) bewahren. Der Begegnung mit Steinbeck verdankt Ford seinen bedeutendsten, wenn auch nicht individuellsten Film. Er erneuerte sie mit *Tobacco Road* (1941), der Geschichte einer Gruppe von Menschen in einem heißen, verrotteten Winkel der Südstaaten. Weniger vertraut fühlte er sich offenbar mit dem waliser Bergbaurevier, das er in *How Green Was My Valley* (*Schlagende Wetter*, 1941), und Graham Greenes Mexiko, das er in *The Fugitive* (*Befehl des Gewissens*, 1947, nach *The Power and the Glory*) zeigen wollte. Das Genre des Westerns, für das er wie kein anderer prädestiniert war, hat Ford nach *Stagecoach* um einige seiner schönsten Beispiele bereichert: um *My Darling Clementine* (*Faustrecht der Prärie*, 1946), *Fort Apache* (*Bis zum letzten Mann*, 1947), *She Wore a Yellow Ribbon* (*Der Teufelshauptmann*, 1949), *Rio Grande* (1950) und *The Searchers* (*Der schwarze Falke*, 1956). Mit *The Quiet Man* (*Der Sieger*, 1952) hat er Irland eine freundlichere Reverenz erwiesen als in *The Informer*. Fords Vorliebe für den Komplex Gefahr – Bewährung – Tod brachte ihn gelegentlich in die Nähe blinder Apologie des Kommißbetriebs, so in *The Long Gray Line* (*Mit Leib und Seele*, 1954), *The Last Hurrah* (*Das letzte Hurrah*, 1956) und *Sergeant Rutledge* (*Mit einem Fuß in der Hölle*, 1960).

Chaplins erste Tonfilme

Als einziger von den Großen des amerikanischen Stummfilms überschritt Chaplin die Schwelle zum Tonfilm, ohne an seiner künstlerischen Potenz und seiner Integrität Schaden zu nehmen. Während Griffith sich voll Bitterkeit ganz vom Film zurückzog und Stroheim nur mehr als Schauspieler arbeiten durfte, während hoffnungsvolle Talente wie Sternberg und Vidor rasch verfielen, schenkte Chaplin dem amerikanischen Film die beiden bedeutendsten Werke der Dekade: *City Lights* (*Lichter der Großstadt*, 1931) und *Modern Times* (*Moderne Zeiten*, 1936). Obwohl Chaplin der Ästhetik des Stummfilms verhaftet blieb, wirken diese Filme weniger veraltet als die gleichzeitig entstandenen jüngerer Regisseure. Denn während diese zumeist allzu unmittelbar den Geist ihrer Zeit reflektierten, hielt Chaplin seinem altmodischen Individualismus die Treue und versagte sich den propagandistischen Tagesforderungen.

Der Held von *City Lights* und *Modern Times* ist noch der alte Charlie. Aber schon hat die Welt, die ihn umgibt, sich verändert. *City Lights* beginnt mit der Enthüllung eines Denkmals, das »Frieden und Wohlstand« verherrlicht; aber als die Hüllen des Monuments fallen, zeigen sie den Vagabunden Charlie, der sich auf dem Schoß der Statue ausgeruht hatte. So direkt hatte Chaplin noch nie die Gesellschaft und ihre offiziellen Kundgebungen ironisiert. Der Charlie aus *The Gold Rush* und *The Circus* hatte in einer symbolischen Welt gelebt; mit *City Lights*, weit mehr noch in *Modern Times*, tritt er in die zeitgenössische soziale Wirklichkeit ein.

Weniger als Chaplins frühere Filme besteht *City Lights* aus einer Folge einzelner Sketches. Zum erstenmal stiften durchgehend nicht nur temporale, sondern auch kausale Beziehungen den Zusammenhang. Brillante »Nummern« wie der Brötchentanz in *The Gold Rush* sind seltener, dafür hat die Erzählung an Bedeutung gewonnen. Charlies Beziehungen zu zwei anderen Figuren bestimmen das Geschehen, in welchem sich subjektive private Impulse und objektive soziale Gegebenheiten durchdringen. Das blinde Blumenmädchen, das er liebt, hält ihn für einen Millionär. Der Millionär, dem er das Leben rettet, erweist sich menschlich nur, wenn er betrunken ist; ernüchtert, besinnt er sich auf seine soziale Stellung und wirft den Vagabunden aus seiner Villa (Bertolt Brecht verarbeitete das Motiv in seinem Volksstück *Herr Puntila und sein Knecht Matti*). Mit kleinen Listen muß Charlie diesmal nicht bloß der »Tücke des Objekts« begegnen; vielmehr hat er die soziale Ordnung zu überlisten, die den anderen zum Millionär, ihn aber zum Habenichts machte. Er geht auf das Spiel ein und erfaßt die Chance, die ihm die menschlichen Anwandlungen des Millionärs und der Irrtum des blinden Mädchens bieten, aber er verliert sich sogleich an die Illusion, daß sie von Dauer sein könnten, und empfängt erschrocken die Strafe für seine Leichtgläubigkeit.

Gleich die ersten Begegnungen mit dem Blumenmädchen und dem Millionär nehmen den weiteren Verlauf seiner Beziehungen zu den beiden vorweg. Das Mädchen hört eine Wagentür schlagen und hält Charlie, der sich durch einen parkenden Wagen hindurchgewunden hatte, um einem Polizisten auszuweichen, für den vornehmen Besitzer der Limousine. Von seinen letzten Cents kauft Charlie ihr eine Blume ab. Verzückt sieht er ihr zu, während sie dankbar dem abfahrenden Wagen mit dem vermeintlichen Wohltäter nachwinkt – dann entleert sie unabsichtlich das Wasser ihrer Vase auf Charlie, der geduldig stillhält. Als Charlie den lebensmüden Millionär davon abbringen will, sich das Leben zu nehmen, fällt er selbst ins Wasser und droht zu ertrinken. Diese Situationen wiederholen sich in wechselnder Form; Charlies Schwärmerei wird stets mit kalten Duschen bestraft. Das Ende ist zwiespältig: Charlie gibt sich dem Mädchen, dem er zur erfolgreichen Operation ihrer Augen verholfen hat, zu erkennen; über seinem verlegenen Gesicht, in dem Angst und Hoffnung miteinander kämpfen, blendet der Film ab. Charlie hat wohl die Lektion begriffen, die seine Niederlagen ihm erteilt haben, aber sein Herz hat die Hoffnung noch nicht fahrenlassen.

Chaplins Komik spielt in *City Lights* alle Register von der Satire bis zum absurden Ulk durch. In zwei Szenen bedient er sich dabei des Tons. Bei der Denkmalsenthüllung unterlegt er die Reden der Würdenträger mit dem quäkenden Getön eines Saxophons, so die Hohlheit ihres feierlichen Ernstes entlarvend. Auf einer Party des Millionärs verschluckt Charlie später eine Trillerpfeife und zieht sich dabei einen Schluckauf zu; mit rhythmischen Pfiffen aus seiner Luftröhre stört er erst die Darbietungen einer Sängerin und lockt dann ein Taxi und ein Rudel Hunde an.

Vom Spott über gesellschaftliche Repräsentation und die doppelte Moral der Besitzenden in *City Lights* geht Chaplin in *Modern Times* zum direkten Angriff auf die konkreten Zustände über. Gleich die ersten Bilder, die als Motto den Film eröffnen, schlagen einen bei Chaplin ungewohnten Ton an: Eine Schafherde wird in ein Gatter getrieben, Arbeiter strömen zur Arbeit – diesem Gleichnis haftet nicht einmal mehr die Komik an, die Chaplin sonst in den bittersten Situationen noch bewahrt hatte. Und nicht länger ist Charlie der einzige Getretene, sondern die Masse (*The Masses* war ursprünglich als Titel vorgesehen) teilt sein Schicksal. Aber Charlie paßt sich nicht an: er ist immer noch der alte Individualist, nur das Nichtstun hat er notgedrungen aufgegeben. »Es war genau mein alter Charlie-Charakter in den Umständen von 1936«, sagte Chaplin selbst[37]. Charlie hat das Vagabundieren aufgegeben. In einer

Zeit, da Arbeitslosigkeit von Millionen nur als Fluch empfunden werden konnte, wäre der Lobpreis des Nichtstuns ein blutiger Hohn gewesen. Auch böte die Gesellschaft dem Nichtstuer schwerlich mehr eine Chance, ihr Schnippchen zu schlagen.

Charlie am Fließband, dann verloren in einer riesenhaften Apparatur und schließlich als Testperson für eine »Frühstücksmaschine« – die drei Szenen, mit denen *Modern Times* beginnt, sind eine treffende Satire auf die totale Integration des einzelnen in den Produktionsprozeß. Nicht nur bei der Arbeit wird er zum willenlosen Teil des Apparats, selbst seine leiblichen Bedürfnisse werden von der ökonomischen Maschinerie erfaßt. Die Frühstücksmaschine schleudert Charlie, der sich ihr nicht anzupassen versteht, die Bohnen um die Ohren. Und das allgegenwärtige Fernsehauge des Direktors erspäht ihn selbst auf der Toilette, wohin er sich für eine Zigarettenlänge zurückgezogen hat. Da rebelliert Charlies unterdrücktes Ich: es spielt verrückt. Seine beiden Schraubenzieher hält er sich wie Hörner an den Kopf und vollführt einen Faunstanz, er hüpft durch die Fabrik auf die Straße und hantiert mit den Schraubenziehern an allem herum, was wie eine Schraube aussieht, so an den Knöpfen, die zum Kleid einer Passantin gehören. Diese Szene ist eine der witzigsten und sinnvollsten »Tanzeinlagen« bei Chaplin: in ihr befreit sich das Individuum vom Druck des Reglements und gibt zugleich erschreckend die Schäden zu erkennen, die es erlitten hat. Charlie muß irrsinnig werden, um den Charme seiner Gesten, wenn auch beschädigt, wiederzuerlangen.

Nicht nur der Fabrikarbeit begegnet Charlie mit seiner Unfähigkeit, sich anzupassen; auch den Aktionen der Arbeiter vermag er sich nicht anzuschließen. Er wird zwar als Streikführer verhaftet, aber dem liegt ein Irrtum zugrunde: Charlie hat eine rote Warnfahne aufgelesen, die von einem Wagen heruntergefallen war, und ist dem Wagen nachgelaufen, was streikende Arbeiter veranlaßte, ihm zu folgen. Charlie erfaßt, daß die freiwillige Solidarität der Arbeiter eine Reaktion auf die erzwungene der Arbeitswelt ist, der Unabhängigkeit des Individuums ebenso entgegensteht wie diese. Seine anachronistische Freiheitsliebe verweigert sich der kollektiven Aktion ebenso wie dem Arbeitsprozeß. Im Gefängnis wird er – ahnungslos wie immer – sogar zum Verräter an seinen Mitgefangenen, als er einen Ausbruchsversuch verhindert und dafür freigelassen wird.

Charlie muß aber auch die Aussichtslosigkeit seines privaten Kampfes ums Glück erfahren. Mit dem Mädchen, das er vor der »Fürsorge« gerettet hat, wie einst Jackie, »The Kid«, findet er eine Hütte, die er »Paradies« tauft; aber der Tisch, auf den er sich stützt, bricht zusammen, und der »swimming pool«, in den er sich mit einem kühnen Kopfsprung stürzt, erweist sich schmerzhaft als Pfütze von nur wenigen Zentimetern Tiefe. Die trügerische Utopie des kleinbürgerlichen Glücks zu zweit erfahren Charlie und seine Freundin nur in einem Wachtraum. Am Ende wandeln sie einer ungewissen Zukunft entgegen.

In seinen beiden Filmen der dreißiger Jahre bleibt Charlie stumm – bis auf eine Szene in *Modern Times*, in der er singt. Darin drückt sich nicht nur der Wunsch nach universeller Verständlichkeit aus, wie mehrere Autoren meinen, sondern die Einsicht, daß zu Charlies idealem Wesen das gesprochene Wort nicht paßt. Charlie bewegt sich in der Unschuld des Menschen vor dem Sündenfall, seine Gesten haben die Leichtigkeit und den Charme der Marionette. Die sprechende Stimme hingegen verrät Bewußtheit: sie bleibt den Rednern bei der Denkmalsenthüllung (stilisiert freilich mittels des Saxophons) und dem Fabrikdirektor auf dem Fernsehschirm vorbehalten. Erst in *The Great Dictator* spricht Chaplin.

Von Geld ist die Rede, von wem noch?

„Ich bin ein Wiener von Geburt" . . .

... schrieb der Mann, von dem hier die Rede ist, und: „Ich sage immer, ich bin auf dieser vierten Galerie (des Burgtheaters) geboren. Dort erblickte ich zum ersten Male das Licht der Bühne, dort wurde ich genährt."

Bevor er sich aber ganz von Bühne und Filmen ernährte, wurde er in eine Banklehre geschickt, für kurze Zeit nur. Er nahm Schauspielunterricht und debütierte im Alter von 17 Jahren. Damals mußten die Schauspieler die Kostüme ihres Repertoires noch selbst kaufen, und so klagte der Jungdarsteller: „Ich habe mir diesen Monat sehr viel anzuschaffen. So mußte ich mir allein an Fußbekleidungen schon für die erste Comödie griechische Sandalen zu F 4,–, für Stuart Sammtschuhe F 3.50, für modernes Lust- und Schauspiel Lackschuhe für F 7.50 u. Lackstulpen F 2.50 anschaffen. Für Wallensteins Tod hätte ich gelbe Ritterstiefel gebraucht, die mindestens F 12,– gekostet hätten." Bald war er das „ewige Bärtekleben, das Masken machen" leid, auch litt er darunter, daß in den naturalistischen Aufführungen oft auf der Bühne gegessen werden mußte, „meist Knödel und Kraut, was zwar gut war, aber einem mit der Zeit auch über werden kann". Er versuchte, eine eigene Bühne zu gründen. Und bald reiste er von Erfolg zu Erfolg. Zwar fraß das Bohemeleben anfangs viel Geld, so daß er einen Freund trösten mußte: „Wären wir nicht so gemeine Lumpen, und hätten wir nach gutbürgerlicher Art auch Bargeld gespart, so würde es sich von selbst verstehen, daß wir Dir auch einen Reisebetrag schicken würden." Aber schon wenige Jahre später erwarb er mit Hilfe stiller Gesellschafter ein Theater im Wert von zweieinhalb Millionen Mark, und seine Gastspiele überall in Europa brachten dem „Theatrarchen" so viel ein, daß er sich als Fünfunddreißigjähriger ein Schloß bei Salzburg kaufen konnte. In den finstersten tausend Jahren deutscher Geschichte wurde sein ganzer Besitz enteignet. Als Emigrant arbeitete er vor allem in den USA, verarmt und verhärmt zum Schluß. Von wem war die Rede?

(Alphabetische Lösung: 18–5–9–14–8–1–18–4–20)

Anhang

Anmerkungen

1895–1918

1 Maurice Bardèche / Robert Brasillach: *Histoire du Cinéma*, Bd. I., Paris 1953[3]. S. 15
2 René Thevenet: *Sur l'invention du cinéma*. In *Cinéma 55,* Nr. 2, Paris 1954. S. 74 f.
3 Georges Sadoul: *Histoire générale du cinéma*, Bd. III, 1. Paris 1951. S. 192
4 Georges Sadoul: *Histoire générale du cinéma*, Bd. II, Paris 1947. S. 414
5 Mrs. D. W. Griffith: *When the Movies Were Young.* New York 1925. Zit bei A. R. Fulton: *Motion Pictures*. Norman 1960. S. 79
6 Sergei M. Eisenstein: *Dickens, Griffith und wir.* In *Ausgewählte Aufsätze.* Berlin 1960. S. 157 ff.
7 Faksimile in Lewis Jacobs: *The Rise of the American Film.* New York 1939. S. 117
8 *Agee on Film.* New York 1958. S. 313
9 Robert Edgar Long: *David Wark Griffith.* Zit. bei Lewis Jacobs, a. a. O. S. 189
10 Sergei M. Eisenstein: *Dickens, Griffith und wir,* a. a. O. S. 216
11 Zit. bei Georges Sadoul: *Geschichte der Filmkunst.* Wien 1957. S. 136
12 *Mack Sennett, King of Comedy.* In *Cinéma 60,* Nr. 49. Paris 1960. S. 46
13 *Here Came the Clowns.* In *Sight and Sound.* Bd. 22, Nr. 3. London 1953. S. 110
14 *Dada-Almanach.* Berlin 1920. Zit. bei Will Grohmann: *Bildende Kunst und Architektur.* Berlin 1953. S. 422
15 André Malraux: *Esquisse d'une psychologie du cinéma.* Paris 1946. Abschnitt VI.
16 Theodore Huff: *Charlie Chaplin.* New York 1951. S. 33
17 Pierre Leprohon: *Charlie ou la naissance d'un mythe.* Paris 1936

1919–1929

1 Forsyth Hardy: *Scandinavian Film.* London 1952. S. 7
2 Georges Sadoul: *Geschichte der Filmkunst,* a. a. O. S. 146
3 Béla Balázs: *Der Film.* Wien 1961[2]. S. 299

4 *Ecrits de Carl Dreyer.* In *Cahiers du Cinéma*, Nr. 124. Paris 1961. S. 24

5 In *The Listener*, 30. 1. 1947. Zit. bei Ebbe Neergard: *Carl Dreyer. New Index Series*, Nr. 1. London 1950. S. 35

6 Ebbe Neergard, a. a. O. S. 27

7 Siegfried Kracauer: *Von Caligari bis Hitler*. Hamburg 1958. S. 86

8 Paul Rotha / Richard Griffith: *The Film Till Now*. London 1960[3]. S. 252

9 n. Paul Rotha / Richard Griffith, a. a. O. S. 716

10 Siegfried Kracauer, a. a. O. S. 41

11 Siegfried Kracauer, a. a. O. S. 43

12 Rudolf Kurtz: *Expressionismus und Film*. Berlin 1926. Auszüge in *Confrontation des meilleurs films de tous les temps*. Brüssel 1958. S. XII–6

13 Rudolf Kurtz, a. a. O. S. XII–8

14 Siegfried Kracauer, a. a. O. S. 60 ff.

15 Siegfried Kracauer, a. a. O. S. 65

16 Béla Balázs: *Der sichtbare Mensch*. Halle o. J.[2] S. 85

17 Raymond Borde / Freddy Buache / Francis Courtade / Marcel Tariol: *Le Cinéma réaliste allemand*. Lausanne 1959. S. 25

18 Theodor W. Adorno: *Warum nicht »Professor Unrat«?* In *Die Neue Zeitung*, 25. 1. 1952. München. S. 21

19 Siegfried Kracauer, a. a. O. S. 50

20 n. Lewis Jacobs: *The Rise of the American Film*. a. a. O. S. 363

21 u. a. bei Siegfried Kracauer, a. a. O. S. 109

22 s. Anmerkung 13

23 Siegfried Kracauer, a. a. O. S. 118

24 Georg Lukács: *»Größe und Verfall« des Expressionismus*. In *Probleme des Realismus*. Berlin 1955. S. 182

25 Abel Gance: *Conférence*, 22. März 1929. Zit. bei Pierre Lherminier: *L'Art du çinéma*, Paris 1960. S. 165

26 Riciotto Canudo: *L'Usine aux images*. Paris 1927. Zit. bei Pierre Lherminier, a. a. O. S. 212

27 Maurice Bardèche / Robert Brasillach, a. a. O. S. 212

28 Zit. bei Ulrich Gregor: *Der französische Film und die Wirklichkeit*. In *filmforum*, September 1957. Emsdetten

29 Germaine Dulac: *La Cinégraphie intégrale*. Paris 1927. Zit. bei Marcel Lapierre: *Anthologie du cinéma*. Paris 1946. S. 159

30 Jean Epstein: *Le Sens I bis*. In Marcel L'Herbier: *Intelligence du cinématographe*, Paris 1921. Zit. bei Siegfried Kracauer: *Nature of Film*. London 1961. S. 178

31 Germaine Dulac, a. a. O. S. 159

32 Zit. bei René Clair: *Vom Stummfilm zum Tonfilm*. München 1952. S. 64

33 Jean Mitry: *René Clair*. Paris 1960. S. 18

34 Jean Mitry, a. a. O. S. 54

35 Luis Buñuel / Salvador Dali: *Un Chien andalou*. Zit. bei Marcel Lapierre, a. a. O. S. 183

36 Ado Kyrou: *Le Surréalisme au cinéma*. Paris 1953. S. 211

37 Zit. bei Maurice Nadeau: *Documents surréalistes*. Paris 1948. S. 176

38 Jean Cocteau: *Le Sang d'un poète*. Monaco 1957. S. 112

39 Georges Charensol: *Panorama du cinéma*. Paris 1930. S. 139

40 N. Abramow / Dsiga Wertow / Esther Schub u. a.: *Dsiga Wertow – Publizist und Poet des Dokumentarfilms*. Berlin 1960. S. 8

41 In *Westnik Kinematografija*, Nr. 127. Moskau 1917. Zit. bei Jay Leyda: *Kino – A History of the Russian and Soviet Film*. London 1960. S. 109

42 In *Kino-Fot*, Nr. 3. Moskau 1922. Zit. bei Jay Leyda, a. a. O. S. 165

43 Vsevolod Pudovkin: *Film Technique and Film Acting*. New York 1960. S. 168

44 *Kino-Fot*, a. a. O.

45 In Lew Kuleschow: *Iskusstwo Kino*. Zit. bei Jay Leyda, a. a. O. S. 174
46 René Fülöp-Miller: *Geist und Gesicht des Bolschewismus*. Wien 1926. S. 166
47 René Fülöp-Miller, a. a. O. S. 180 f.
48 Sergei M. Eisenstein: *Montage of Attractions*. In *Film Form – The Film Sense*. New York 1959. S. II–230 f.
49 Sergei M. Eisenstein: *Über den Bau der Dinge*. In *Ausgewählte Aufsätze*, a. a. O. S. 291
50 Sergei M. Eisenstein: *Über den Bau der Dinge*, a. a. O. S. 294
51 Sergei M. Eisenstein: *A Dialectic Approach to Film Form*. In *Film Form – The Film Sense*, a. a. O. S. I–63
52 Vsevolod Pudovkin: *Film-Regie und Film-Manuskript*. Berlin 1928. S. 9
53 Jesuitow: *Pudowkin*. Moskau 1937. Zitiert in *Confrontation des meilleurs films de tous les temps*, a. a. O. S. VIII–18
54 Sergei M. Eisenstein: *The Cinematographic Principle and the Ideogram*. In *Film Form – The Film Sense*, a. a. O. S. I–37 f.
55 A. Marjamow: *Pudowkin – Kampf und Vollendung*. Berlin 1954. S. 120
56 In *Iskusstwo Kino*, Nr. 5. Moskau 1958. Zit. bei J. Dobin: *Poesie und Prosa im Film*. In *Kunst und Literatur*, Nr. 5. Berlin 1961. S. 544
57 Zit. bei Roberto Paolella: *Storia del cinema muto*. Napoli 1956. S. 455
58 Lewis Jacobs, a. a. O. S. 295
59 Forsyth Hardy (Hrsg.): *Grierson und der Dokumentarfilm*. Gütersloh 1947. S. 123
60 Forsyth Hardy (Hrsg.), a. a. O. S. 123
61 Erich von Stroheim: *Two Synopses*. In *Film Culture*, Bd. I, Nr. I. New York 1955. S. 33 ff.
62 *Griffith visto da Stroheim*. In *Erich von Stroheim (1885–1957)*. Rom 1959. S. 52 ff.
63 In: *Photoplay*, März 1922. Zit. bei Lewis Jacobs, a. a. O. S. 346
64 Jean Mitry: *Charlot ou la »fabulation« chaplinesque*. Paris 1957. S. 53
65 Jean Mitry, a. a. O. S. 127
66 *Agee on Film*, a. a. O. S. 15
67 J. P. Coursodon: *Les Comiques américains*. In *Cinéma 60*, Nr. 50. Paris 1960. S. 75
68 Zit. in *Agee on Film*, a. a. O. S. 14
69 Georges Sadoul: *Geschichte der Filmkunst*, a. a. O. S. 211 ff.

1930–1939

1 Paul Rotha: *Celluloid – The Film To-day*. London, New York, Toronto 1933. S. 119
2 Max Horkheimer / Theodor W. Adorno: *Kulturindustrie*. In *Dialektik der Aufklärung*. Amsterdam 1947. S. 150
3 René Clair: *Vom Stummfilm zum Tonfilm*, a. a. O. S. 83
4 Georges Charensol / Roger Régent: *Un Maître du cinéma – René Clair*. Paris 1952. S. 126
5 Léon Moussinac: *Panoramique du cinéma*. Paris 1929. S. 84
6 Jacques Feyder / Francoise Rosay: *Le Cinéma notre métier*. Génève 1944. S. 25
7 Arnold Hauser: *Sozialgeschichte der Kunst und Literatur*. Bd. II. München 1953. S. 482
8 Forsyth Hardy (Hrsg.): *Grierson und der Dokumentarfilm*, a. a. O. S. 110
9 Zit. in *Rotha on the Film*. London 1958. S. 123
10 Paul Rotha: *Celluloid*, a. a. O. S. 175
11 Forsyth Hardy (Hrsg.), a. a. O. S. 21

12 Paul Babitsky / John Rimberg: *The Soviet Film Industry.* New York 1955. S. 40
13 Paul Babitskey / John Rimberg, a. a. O. S. 42
14 Sergei M. Eisenstein / Vsevolod Pudovkin / Grigori Alexandrov: *A Statement.* In Sergei M. Eisenstein: *Film Form – The Film Sense.* New York 1959. S. I–258
15 Gleb Struve: *A History of Soviet Russian Literature.* Norman 1951. S. 239
16 Wsewolod Pudowkin / Michail Romm / Alexander Dowshenko / Lew Kuleschow u. a.: *Der sowjetische Film.* Berlin 1953. S. 20
17 Zit. bei Gleb Struve, a. a. O. S. 245
18 Jay Leyda: *Kino,* a. a. O. S. 354
19 Marie Seton: *Sergei M. Eisenstein – The Definitive Biography.* New York 1960. S. 197
20 Marie Seton, a. a. O. S. 507
21 Marie Seton, a. a. O. S. 248
22 Jay Leyda, a. a. O. S. 330
23 Marie Seton, a. a. O. S. 362
24 Marie Seton, a. a. O. S. 376
25 Maurice Bardèche / Robert Brasillach: *Histoire du cinéma,* a. a. O., Bd. II. Paris 1953. S. 188 f.
26 Zit. bei Lewis Jacobs: *The Rise of the American Film,* a. a. O. S. 508
27 Zit. bei Dwight D. Macdonald: *Notes on Hollywood Directors.* In Lewis Jacobs (Hrsg.): *Introduction to the Art of the Movies.* New York 1960. S. 177
28 Robert Warshow: *Helden aus dem Goldenen Westen.* In *Der Monat,* Nr. 66. Berlin 1954. S. 639
29 Paul Rotha / Richard Griffith, a. a. O. S. 435
30 Fritz Lang: *Und wenn sie nicht gestorben sind . . .* In *Der Monat,* Heft 7. Berlin 1949. S. 99
31 Gavin Lambert: *Fritz Lang's America.* In *Sight and Sound.* Bd 25, Nr. 1. London 1955. S. 18
32 Max Horkheimer / Theodor W. Adorno, a. a. O. S. 165
33 Lewis Jacobs, a. a. O. S. 499
34 Max Horkheimer / Theodor W. Adorno, a. a. O. S. 165
35 Lewis Jacobs, a. a. O. S. 478
36 Richard Griffith: *Frank Capra. New Index Series,* Nr. 3. London o. J. S. 3
37 Zit. bei Theodore Huff: *Charlie Chaplin,* a. a. O. S. 256

Bibliographien

Das folgende Verzeichnis erhebt keinen Anspruch auf Vollständigkeit. Es führt nur solche Arbeiten auf, die den Autoren nützlich waren und die sie dem Leser für eine weitere Beschäftigung mit dem Thema empfehlen.

Für die Taschenbuchausgabe wurde die Bibliographie um deutschsprachige Filmtitel erweitert, die seit 1962 erschienen und im Handel sind. Sie sind an der zusätzlichen Angabe des Verlagsnamens kenntlich.

Bibliographien

Traub, Hans / Hans-Wilhelm Lavies: *Das deutsche Filmschrifttum*. Leipzig 1940
Vincent, Carl (Hrsg.): *Bibliografia generale del cinema*. Rom 1953
Böger om Film. Kopenhagen 1961

Allgemeine Filmliteratur

Agee on Film. New York 1958
Agel, Henri: *Esthétique du cinéma*. Paris 1957
Agel, Henri: *Le Cinéma a-t-il une âme?* Paris 1952
Agel, Henri: *Le Cinéma et le sacré*. Paris 1953
Aristarco, Guido: *L'Arte del film*. Rom 1950
Aristarco, Guido: *Storia delle teoriche del film*. Turin 1960 [2]
Appeldorn, Werner v.: *Der dokumentarische Film. Dramaturgie, Gestaltung, Technik*. Dümmler Verlag, Bonn 1970
Arnheim, Rudolf: *Film als Kunst*. Berlin 1932
    Neuausgabe: Hanser Verlag, München 1975
Bächlin, Peter: *Der Film als Ware*. Basel 1945
    Neuausgabe: Fischer Athenäum TB 4043. Athenäum Fischer Verlag, Frankfurt am Main 1974
Bazin, André: *Qu'est-ce que le cinéma?* 3 Bde. ersch. Paris 1958–1961
    deutsch: *Was ist Kino? Bausteine zur Theorie des Films.* (DuMont Dokumente). M. DuMont Schauberg, Köln 1975
Balázs, Béla: *Der sichtbare Mensch, oder die Kultur des Films*. Wien/Leipzig 1924
Balázs, Béla: *Der Geist des Films*. Halle 1930
Balázs, Béla: *Der Film*. Wien 1961 [2]
Barbaro, Umberto: Film: *Soggetto e sceneggiatura*. Rom 1939
Barbaro, Umberto: *Il Film e il risarcimento marxista dell'arte*. Rom 1960
Bitomsky, Hartmut: *Die Röte des Rots von Technicolor. Kinorealität und Produktionswirklichkeit* (SL, 69). Luchterhand Verlag, Neuwied 1972
Canudo, Riciotto: *L'Usine aux images*. Paris 1927
Clair, René: *Réflexion faite*. Paris 1951
    deutsch: *Vom Stummfilm zum Tonfilm*. München 1952
Dadek, Walter: *Die Filmwirtschaft*. Freiburg i. B. 1957
Delluc, Louis: *Cinéma et Cie*. Paris 1919
Delluc, Louis: *Photogénie*. Paris 1920
Dost, Michael / Florian Hopf und Alexander Kluge: *Filmwirtschaft in der BRD*

und in Europa. Götterdämmerung in Raten. Hanser Verlag, München 1973

Dulac, Germaine: *La Cinégraphie intégrale.* Paris 1927

Eisenstein, Sergei M.: *Ausgewählte Aufsätze.* Berlin 1960

Eisenstein, Sergei M.: *Film Form / The Film Sense.* New York 1959 [3]

Eisenstein, Sergei M.: *Vom Theater zum Film.* Zürich 1960

Eisenstein, Sergei M.: *Schriften 1–3* (Reihe Hanser, 158, 135 und 184). Hanser Verlag, München 1973–1975

Eisler, Hanns: *Komposition für den Film.* Berlin 1949

Epstein, Jean: *Bonjour Cinéma.* Paris 1921

Epstein, Jean: *Cinéma.* Paris 1955 [2]

Epstein, Jean: *L'Intelligence d'une machine.* Paris 1946

Grafe, Frieda / Enno Patalas: *Im Off. Filmartikel.* Hanser Verlag, München 1974

Hardy, Forsyth (Hrsg.): *Grierson on Documentary.* London 1946
 deutsch: *Grierson und der Dokumentarfilm.* Gütersloh 1947

Iros, Ernst: *Wesen und Dramaturgie des Films.* Zürich 1957 [2]

Jarvie, I. C.: *Film und Gesellschaft. Struktur und Funktion der Filmindustrie.* Hanser Verlag, München 1974

Kracauer, Siegfried: *Kino. Essays, Studien, Glossen zum Film.* (st 126) Suhrkamp Verlag, Frankfurt am Main 1974

Kracauer, Siegfried: *Nature of Film. The Redemption of Physical Reality.* London 1961
 deutsch: *Theorie des Films. Die Errettung der äußeren Wirklichkeit.* Suhrkamp Verlag, Frankfurt am Main 1973

Kreimeier, Klaus: *Kino und Filmindustrie in der Bundesrepublik. Ideologieproduktion und Klassenwirklichkeit nach 1945.* (Scriptor-TB, 11). Scriptor Verlag, Kronberg 1973

Leirens, Jean: *Le Cinéma et le temps.* Paris 1954

Leirens, Jean: *Le Cinéma et la crise de notre temps.* Paris 1960

Lindgren, Ernest: *The Art of the Film.* London 1948

London, Kurt: *Film Music.* London 1936

Malraux, André: *Esquisse d'une psychologie du cinéma.* Paris 1946

Martin, Marcel: *Le Langage cinématographique.* Paris 1955

Metz, Christian: *Sprache und Film.* (Wissenschaftliche Paperbacks Literaturwiss., 24). Athenäum Verlag, Frankfurt am Main 1973

Morin, Edgar: *Le Cinéma ou l'homme imaginaire.* Paris 1956
 deutsch: *Der Mensch und das Kino.* Stuttgart 1958

Nilsen, Vladimir: *The Cinema as a Graphic Art.* London o. J.

Osterland, Martin: *Gesellschaftsbilder in Filmen. Eine soziologische Untersuchung des Filmangebots der Jahre 1949 bis 1964.* Hanser Verlag, München 1970

Pinthus, Kurt: *Das Kinobuch.* Verlag Die Arche, Zürich 1975

Prokop, Dieter: *Soziologie des Films.* (SL, 160). Luchterhand Verlag, Neuwied 1974

Pudowkin, Wsewolod I.: *Filmregie und Filmmanuskript.* Berlin 1928

Pudowkin, Wsewolod I.: *Film Technique and Film Acting. New York 1960* [2]
 teilweise deutsch: *W. I. Pudowkin über die Filmtechnik.* Zürich 1961

Reisz, Karel: *The Technique of Film Editing.* London, New York 1953

Rotha, Paul: *Documentary.* London 1952

Rotha, Paul: *Rotha on the Film.* London 1958

Scheugl, Hans: *Sexualität und Neurose im Film. Kinomythen von Griffith bis Warhol.* Hanser Verlag, München 1975

Spottiswoode, Raymond: *A Grammar of the Film.* London 1935

Stepun, Fedor: *Theater und Film.* München 1953

Straschek, Günter Peter: *Handbuch wider das Kino.* (es, 446). Suhrkamp Verlag, Frankfurt am Main 1975

Tyler, Parker: *Magic and Myth of the Movies*. New York 1947
Verdone, Mario: *Gli Intellettuali e il cinema*. Rom o. J.
Vertov (Wertow), Dsiga: *Schriften zum Film* (Reihe Hanser, 136). Hanser Verlag, München 1973
Wolfenstein, Martha / Nathan Leites: *Movies*. Glencoe (III.) 1950

Anthologien

Jacobs, Lewis (Hrsg.): *Introduction to the Art of Movies*. New York 1960
Lapierre, Marcel (Hrsg.): *Anthologie du cinéma*. Paris 1948
L'Herbier, Marcel (Hrsg.): *Intelligence du cinématographe*. Paris 1946
Lherminier, Pierre (Hrsg.): *L'Art du cinéma*. Paris 1960
Prokop, Dieter (Hrsg.): *Materialien zur Theorie des Films. Ästhetik, Soziologie, Politik*. (Fischer Athenäum TB, 2068). Athenäum Fischer Verlag, Frankfurt am Main 1974
Talbot, Daniel (Hrsg.): *Film*. New York 1959
Cinéma aujourd'hui. Paris 1946
Confrontation des meilleurs films de tous les temps. Brüssel 1946
Le Rôle intellectuel du cinéma. Paris 1937

Lexika

Krusche, Dieter: *Reclams Film-Führer*. Reclam Verlag, Stuttgart 1973
Kurowski, Ulrich (Hrsg.): *Lexikon des internationalen Films. I. und II. Filmgeschichte nach Ländern*. (Reihe Hanser, 172). Hanser Verlag, München 1975
Kurowski, Ulrich: *Lexikon Film. Hundertmal Geschichte/Technik/Theorie/Namen/Daten/Fakten*. (Reihe Hanser, 101). Hanser Verlag, München 1972
Pasinetti, Francesco / Charles Reinert: *Filmlexicon*. Mailand 1948
Reinert, Charles: *Kleines Filmlexikon*. Zürich 1946
Reinert, Charles: *Wir vom Film*. Freiburg i. B. 1960
Enciclopedia dello spettacolo. 5 Bde. Rom 1954–1958
Filmlexicon degli autori e delle opere. 3 Bde. ersch. Rom 1959

Geschichte des Films

allgemeine:

Agel, Henri: *Les Grands cinéastes*. Paris 1959
Bardèche, Maurice / Robert Brasillach: *Histoire du Cinéma*. 2 Bde. Paris 1953[3]
Bianchi, Pietro / Franco Berutti: *Storia del cinema*. Mailand 1959
Charensol, Georges: *Panorama du cinéma*. Paris 1930
Fulton, A. R.: *Motion Pictures*. Norman (Okl.) 1960
Ghiradini, Lino Lionello: *Storia generale del cinema*. 2 Bde. Mailand 1960
Jeanne, René / Charles Ford: *Histoire encyclopédique du cinéma*. 4 Bde. Paris 1947 bis 1958
Knight, Arthur: *The Liveliest Art*. New York 1957
Lapierre, Marcel: *Les Cent visages du cinéma*. Paris 1948
Leprohon, Pierre: *Histoire du cinéma*. 1 Bd. ersch. Paris 1961
Lo Duca: *Histoire du cinéma*. Paris 1958[6]
Moussinac, Léon: *Panoramique du cinéma*. Paris 1929
Pandolfi, Vito: *Il Cinema nella storia*. Florenz 1959
Paolella, Roberto: *Storia del cinema muto*. Neapel 1956
Rognoni, Luigi: *Cinema muto*. Rom 1952
Rotha, Paul: *Celluloid*. London, New York, Toronto 1933
Sadoul, Georges: *Histoire du cinéma mondial*. Paris 1959[5]

deutsch: *Geschichte der Filmkunst.* Wien 1957
Sadoul, Georges: *Histoire générale du cinéma.* 5 Bde. ersch. Paris 1947–1954
Toeplitz, Jerzy: *Historia szutki filmowej.* 2 Bde. Warschau 1956–1957
    deutsch: Band 1, *Geschichte des Films.* 1895–1928. Verlag Rogner & Bernhard, München 1975
Vincent, Carl: *Histoire de l'art cinématographique.* Brüssel 1939
Waldekranz, Rune / Verner Arpe: *Knaurs Buch vom Film.* München, Zürich 1956

einzelne Gattungen und Richtungen:

Alberti, Walter: *Il Cinema di animazione.* Turin 1957
Benayoun, Robert: *Le Dessin animé après Walt Disney.* Paris 1961
Kyrou, Ado: *Le Surréalisme au cinéma.* Paris 1953
Lo Duca: *Le Dessin animé.* Paris 1948
Scheugl, Hans / Ernst Schmidt: Eine Subgeschichte des Films. Lexikon der Avantgarde-, Experimental- und Undergroundfilms. (es, 471). Suhrkamp Verlag, Frankfurt am Main 1974
Schlemmer, Gottfried: *avantgardistischer Film 1951 1971: Theorie.* Hanser Verlag, München 1973
Thiel, Reinold E.: *Puppen- und Zeichenfilm.* Berlin 1960
Weiss, Peter: *Avantgarde Film.* Stockholm 1956

einzelne Länder:

Deutschland

Borde, Raymond / Freddy Buache / Francis Courtade / Marcel Tariol: *Le Cinéma réaliste allemand.* Lausanne 1959
Courtade, Francis / Pierre Cadars: *Geschichte des Films im Dritten Reich.* Hanser Verlag, München 1975
Eisner, Lotte: *L'Ecran démoniaque.* Paris 1952
    deutsch: *Die dänische Leinwand.* Wiesbaden 1955
Hembus, Joe: *Der deutsche Film kann gar nicht besser sein.* Bremen 1961
Höfig, Willi: *Der deutsche Heimatfilm 1947–1960.* Hanser Verlag, München 1975
Kracauer, Siegfried: *From Caligari to Hitler.* Princeton 1947
    deutsch: *Von Caligari zu Hitler.* Suhrkamp Verlag, Frankfurt am Main 1974
Kurtz, Rudolf: *Expressionismus und Film.* Berlin 1926
Schmieding, Walter: *Kunst oder Kasse. Der Ärger mit dem deutschen Film.* Hamburg 1961

Frankreich

Agel, Henri: *Miroirs de l'insolite dans le cinéma français.* Paris 1953
Borde, Raymond / Freddy Buache / Jean Curtelin: *Nouvelle vague.* Lyon 1962 [2]
Leprohon, Pierre: *Cinquante ans de cinéma français.* Paris 1954
Leprohon, Pierre: *Présences contemporaines – Cinéma.* Paris 1957
Régent, Roger: *Cinéma de France.* Paris 1948
Sadoul, Georges: *French Film.* London 1953
Sadoul, Georges: *Le Cinéma français.* Paris 1962
Siclier, Jacques: *Nouvelle vague?* Paris 1961

Großbritannien

Balcon, Michael / Ernest Lindgren / Forsyth Hardy / Roger Manvell: *Twenty Years of British Film.* London 1947

Low, Rachel / Roger Manvell: *History of the British Film*. 3 Bde. erschienen. London 1948–1951

Indien

Shah, Panna: *Indian Film*. Bombay, New York 1950

Italien

Aristarco, Guido: *Cinema italiano 1960*. Mailand 1961
Bo, Carlo (Hrsg.): *Inchiesta sul neorealismo*. Turin 1951
Calamandrei, Piero / Renzo Renzi / Guido Aristarco: *Dall'Arcadia a Peschiera*. Bari 1954
Carpi, Fabio: *Cinema italiano del dopoguerra*. Mailand 1958
Castello, Giulio Cesare: *Il Cinema neorealistico italiano*. Turin 1956
Chiarini, Luigi: *Il Film nella battaglia delle idee*. Mailand 1954
Ferrara, Giuseppe: *Il Nuovo cinema italiano*. Florenz 1957
Frank, Nino: *Cinema dell'arte*. Paris 1952
Freddi, Luigi: *Il Cinema*. Rom 1949
Gromo, Mario: *Cinema italiano 1903–1953*. Rom 1954
Hovald, Patrice-G.: *Le Néo-réalisme italien et ses créateurs*. Paris 1959
Jarrat, Vernon: *The Italian Cinema*. London 1951
Lizzani, Carlo: *Il Cinema italiano*. Florenz 1953 (franz.: *Le Cinéma italien*. Paris 1955)
Prolo, Maria Adriana: *Storia del cinema italiano muto*. Mailand 1951
Rondi, Brunello: *Il Neorealismo italiano*. Parma 1956
Rondi, Brunello: *Cinema e realtà*. Rom 1957
Vento, Giovanni / Massimo Mida: *Cinema e resistenza*. Florenz 1959
Verdone, Mario: *Il Neorealismo italiano*. Venedig 1951
Schlappner, Martin: *Von Rossellini zu Fellini*. Zürich 1958

Japan

Anderson, Joseph L. / Donald Richie: *The Japanese Film*. New York 1960[2]
Giuglaris, Shinobu / Marcel Giuglaris: *Le Cinéma japonais*. Paris 1956

Schweden

Béranger, Jean: *La Grande aventure du cinéma suédois*. Paris 1961
Hardy, Forsyth: *Scandinavian Film*. London 1952
Osten, Gerd: *Nordisk Film*. Stockholm 1951
Waldekranz, Rune: *Swedish cinema*. Stockholm 1959

Sowjetunion

Babitsky, Paul / John Rimberg: *The Soviet Film Industry*. New York 1955
Bryher, Winifred: *Film Problems of Soviet Russia*. Territet 1929
Dickinson, Thorold / Catherine de la Roche: *Soviet Cinema*. London 1958
Lawrenjew, Boris (Hrsg.): *Der russische Revolutionsfilm*. Zürich 1960
Leyda, Jay: *Kino. A History of the Russian and Soviet Film*. London 1960
Lunatscharsky, A. W.: *Der russische Revolutionsfilm*. Zürich, Leipzig 1929
Martin, Marcel: *Le Cinéma soviétique*. Brüssel 1960
Moussinac, Léon: *Le Cinéma soviétique*. Paris 1928
Pudowkin, Wsewolod / Michail Romm / Alexander Dowshenko / Lew Kuleschow u. a.: *Der sowjetische Film*. Berlin 1953

Vereinigte Staaten

Borde, Raymond / Etienne Chaumeton: *Panorama du film noir américain*. Paris 1955

Coursodon, Jean / Yves Boisset: *Vingt ans de cinéma américain (1940–60)*, Paris 1961

Inglis, Ruth: *Freedom of the Movies*. Chicago 1947
  deutsch: *Der amerikanische Film*. Nürnberg 1951

Jacobs, Lewis: *The Rise of the American Film*. New York 1939

Kahn, Gordon: *Hollywood on Trial*. New York 1948

Powdermaker, Hortense: *Hollywood, the Dream Factory*. Boston 1950

Rieuperout, Jean-Louis / André Bazin: *Le Western ou le cinéma américain par excellence*. Paris 1953

Rosten, Leo C.: *Hollywood. The Movie Colony – The Movie Makers*. New York 1941

Monographien / Zeitschriften
Siehe Band 2

Register

Alle Ziffern über 220 verweisen auf Band 2

Personenregister

Kursive Ziffern weisen auf Abbildungen hin.

233

Firmenregister

In diesem Register sind Produktions- und Verleihfirmen, Institute, Behörden, Clubs, Theater, Schulen, Zeitungen, Zeitschriften usw. zusammengefaßt.

Register der deutschen Filmtitel

Dieses Register enthält sowohl die Titel deutscher Filme als auch die Verleih- und übersetzten Titel ausländischer Filme. Bei Titeln, die im Original englisch, französisch oder italienisch sind, wird die deutsche Fassung des Titels im allgemeinen nur einmal nachgewiesen, und zwar an der Stelle, wo der betreffende Film ausführlich behandelt wird. Weitere Stellen sind sodann unter dem englischen, französischen oder italienischen Originaltitel nachzuschlagen. Kursive Ziffern weisen auf Abbildungen hin.

In dieses Register sind auch die Titel von Romanen, Dramen, Essays usw. aufgenommen worden.

Register der fremdsprachigen Filmtitel

Dieses Register enthält die Originaltitel ausländischer Filme. Sind die Originaltitel nicht englisch, französisch oder italienisch, so werden sie im allgemeinen nur einmal nachgewiesen, und zwar an der Stelle, wo der betreffende Film ausführlich behandelt wird. Weitere Stellen sind unter den Übersetzungen der Titel ins Deutsche nachzuschlagen. Kursive Ziffern weisen auf Abbildungen hin.
In dieses Register sind auch die Titel von Romanen, Dramen, Essays usw. aufgenommen worden.

Tafelverzeichnis

Filmbücher für alle, die schon immer wissen wollten, warum sie das «gewöhnliche» Kino so lieben

Grundlagen des populären Films

Programm Roloff und Seeßlen

Kino, das ist Faszination, Traum und Vergnügen. Das Kino spiegelt unsere Ängste und Wünsche. Das Kino entführt uns aus der Alltagswirklichkeit und ist doch zugleich ein Kommentar zu ihr. Das Kino verstehen heißt deshalb auch, die Gesellschaft und unsere Rolle in ihr verstehen.

Der populäre Film ist die Form des Kinos, die Unterhaltung für alle bieten will. Er bedient sich dazu bestimmter Genres. Sie werden hier zum erstenmal systematisch erschlossen: ihre Geschichte beschrieben, ihre Merkmale erklärt und ihre sozialen Bezüge ermittelt.

1 Western-Kino
Geschichte und Mythologie
des Western-Films
(7290)

2 Kino des Phantastischen
Geschichte und Mythologie
des Horror-Films
(7304)

3 Der Asphalt-Dschungel
Geschichte und Mythologie
des Gangster-Films
(7316)

4 Kino des Utopischen
Geschichte und Mythologie
des Science-fictions-Films
(7334)

5 Kino der Angst
Geschichte und
Mythologie des
Film-Thrillers
(7350)

6 Kino der Gefühle
Geschichte und Mythologie
des Film-Melodrams
(7366)

7 Ästhetik des erotischen Kinos
Geschichte und Mythologie
des erotischen Films
(7379)

8 Mord im Kino
Geschichte und Mythologie
des Detektiv-Films
(7396)

9 Der Abenteurer
Geschichte und Mythologie
des Abenteuer-Films
(7408)

10 Klassiker der Filmkomik
Geschichte und
Mythologie des
komischen Films
(7424)

HANSER
HANSER
HANSER
HANSER
H

›Arbeitshefte Film‹
Forum für Debatte, Dis-
kussion und Kontroverse

Die ›Arbeitshefte Film‹
werden herausgegeben
von Klaus Eder.

Sie sind eine Reihe mit aus-
gesprochenem Werkstatt-
charakter, publizieren
Texte von verschiedener
Herkunft, Originalbeiträge
ebenso wie Übersetzungen
und Nachdrucke nicht mehr
verfügbarer Arbeiten.
Regisseure reflektieren
über ihre eigenen Werke
und über das Kino. Kultur-
kritische Essays stellen
den Film in größere Zusammenhänge. Filmkritische
und filmwissenschaftliche
Arbeiten stellen einzelne
ästhetische, psycholo-
gische und soziologische
Aspekte dar.

Gemeinsam ist den Arbeits-
heften das Bemühen um
Diskussion und Erweite-
rung der Basis, auf der
hierzulande über Film und
Kino gesprochen wird.

Bisher sind erschienen:

1: <u>Syberbergs Hitler-Film</u>
Mit Texten von Sontag,
Zimmer, Oudard u. a.
88 S. Broschur DM 10,–

2/3: <u>K. Eder/A. Kluge
Ulmer Dramaturgien.
Reibungsverluste</u>
164 S. Broschur DM 15,–

4: <u>Robert Bresson
Noten zum Kinemato-
graphen</u>
84 S. Broschur DM 10,–

5: <u>Vadim Glowna
Desperado City – Wie ein
Film entsteht</u>
96 S. Broschur DM 10,–

6: <u>Guido Aristarco
Marx, das Kino und die
Kritik des Films</u>
Vorwort von Georg Lukács
100 S. Broschur DM 10,–

7: <u>André Bazin
Filmkritiken als Film-
geschichte</u>
108 S. Broschur DM 15,–

8: <u>Thomas Petz
Verlorene Liebe
Über Eric Rohmer</u>
100 S. Broschur DM 15,–